Karl Florenz
Japanische Mythologie
Nihongi

SEVERUS Verlag

Florenz, Karl: Japanische Mythologie. Nihongi. 2014
Neuauflage der Ausgabe von 1901
ISBN: 978-3-95801-013-0

Umschlaggestaltung: SEVERUS Verlag

Bibliografische Information der Deutschen Nationalbibliothek: Die Deutsche Nationalbibliothek verzeichnet diese Publikation in der Deutschen Nationalbibliografie; detaillierte bibliografische Daten sind im Internet über https://dnb.de abrufbar.

Der SEVERUS Verlag ist ein Imprint der Bedey & Thoms Media GmbH, Hermannstal 119k, 22119 Hamburg

SEVERUS Verlag, 2014
http://www.severus-verlag.de
Gedruckt in Deutschland
Der SEVERUS Verlag übernimmt keine juristische Verantwortung oder irgendeine Haftung für evtl. fehlerhafte Angaben und deren Folgen.

Karl Florenz

Japanische Mythologie
Nihongi

SEVERUS
SEVERUS

Japanische Mythologie.

NIHONGI

„ZEITALTER DER GÖTTER."

Nebst Ergänzungen aus andern alten Quellenwerken.

VON

Dr. KARL FLORENZ

BUNGAKU - HAKUSHI

PROFESSOR AN DER UNIVERSITÄT ZU TOKYO.

Mit Illustrationen.

VORWORT.

SEIT der Drucklegung meiner Uebersetzung und Erläuterung der zweiten, kürzeren Hälfte des NIHONGI („ Japanische Annalen "), welche die Geschichte Japans im siebenten Jahrhundert unserer Zeitrechnung, von Suiko-tennō bis Jitō-tennō, behandelt, ist eine vollständige englische Uebersetzung des NIHONGI von *W. G. Aston* veröffentlicht worden. Obgleich die vorliegende Arbeit im grossen und ganzen schon ausgeführt war, habe ich sie mit Benutzung des vortrefflichen Aston'schen Werkes noch ein Mal durchgearbeitet, und ich ergreife diese Gelegenheit, um für die mir dadurch zu teil gewordene Belehrung meinen Dank auszusprechen. Selbstverständlich sind alle hervorragenderen japanischen Kommentarwerke zu Rate gezogen worden. Während Aston sich, was Spezialkommentare zum NIHONGI anbelangt, im allgemeinen auf die Benutzung von *Kahamura's* SHOKI-SHŪGE (書 紀 集 解) und *Tanigaha's* NIHON-SHOKI-TSŪSHŌ (日 本 書 紀 通 證) beschränkt hat, habe ich mir den unschätzbaren Vorteil nicht entgehen lassen, die Forschungen der letzten Jahrzehnte, welche einen sehr bedeutenden Fortschritt über die älteren Werke hinaus bedeuten, gebührend zu berücksichtigen, namentlich Professor *Ihida's* (飯 田 武 鄉) NIHONSHOKI-TSŪSHAKU (日 本 書 紀 通 釋), den bei weitem besten Kommentar zum NIHONGI, und *Shikida's* NIHONGI-HYŌCHŪ (日 本 紀 標 註). Ueber diese und alle anderen erklärenden Schriften vergleiche man meine 1892 veröffentlichte EINLEITUNG ZUM

NIHONGI, Abschnitt VIII. Beim Citieren bediene ich mich, wie früher, der Kürze halber folgender Buchstaben:

A = Text der Ausgabe vom Jahre 1610.
O = Text der Ausgabe *Ohozeki's*.
Ts = TSŪSHŌ von *Tanigaha*.
Su = SHŪGE von *Kahamura*.
H = HYŌCHŪ von *Shikida*.
I = *Ihida's* TSŪSHAKU.

Motowori's und *Hirata's* Schriften sind teils direkt eingesehen, meist aber nach Citaten bei **I** und **H** benutzt worden. *Moribe's* Meinungen habe ich aus *Chamberlain's* KOJIKI, diejenigen *Suzuki Shigetane's* aus Ihida's Werk. Abgesehen von den gedruckten Kommentarwerken, ist mir auch mannigfache Förderung in mündlicher Belehrung von einigen japanischen Kollegen zu teil geworden, namentlich von den Herren Professoren *Kumazō Tsuboi*, *M. Kurokawa*, *T. Ihida*, und *S. Mikami*, sowie von meinen Freunden den Herren T. Fujishiro und T. Takeuchi. Herr Prof. *Kumazō Tsuboi* hat ausserdem mein Manuskript einer eingehenden Durchsicht unterzogen und eine Anzahl von wertvollen Bemerkungen dazu gemacht, für welche ich diesem vortrefflichen Gelehrten zu höchstem Danke verpflichtet bin.

Zur Anlage meiner Arbeit bemerke ich folgendes:

Um über das JINDAI-KI hinaus eine zulängliche Anschauung der alten japanischen Mythologie zu bekommen, ist in den Anmerkungen dem KOJIKI, KOGOSHŪI und den NORITO reichlich Aufmerksamkeit geschenkt worden; auch das KŪJIKI, das freilich in seiner jetzt vorliegenden Gestalt seit Motowori's Kritik von den japanischen Historikern als ein späteres und unzuverlässiges Machwerk betrachtet wird—nur die Abteilung 國造本紀 KUNI NO MIYATSUKO HONGI will man einigermassen gelten lassen—, wurde gelegentlich berücksichtigt. Der Appendix enthält ferner eine Anzahl von wichtigeren im Nihongi fehlenden Mythen, welche dem Kojiki und den echten alten Fūdoki entnommen sind. Obgleich aber somit in diesem Buche ein ziemlich umfassender Ueberblick über das älteste authentische Material geboten wird, muss dem tiefer eindringenden Leser die gleichzeitige Benutzung des *Chamberlain*'schen Kojiki, sowie der von *Sir Ernest Satow* begonnenen und von *mir* fortgesetzten Uebersetzung und Erklärung der Ancient Japanese Rituals (sämtlich in den Transactions of the Asiatic Society of Japan) empfohlen werden.

Vergleichungen mit Mythen anderer Völker sind in einer Reihe von Fällen herbeigezogen worden. Leider konnte es nicht im wünschenswerten ausführlichen Masse geschehen, da mir nur eine sehr beschränkte Anzahl von Büchern aus der grossen Mythen- und Sagen-Litteratur hier zur Verfügung steht.

Ein offenes Wort sei mir in Sache der *Etymologien*, welche keinen unbeträchtlichen Raum in der vorliegenden Arbeit einnehmen, gestattet. Ich habe die feste Ueberzeugung, dass die bisherige Methode der Erklärung, mit der Absicht alles und jedes zu erklären und jedes Wort immer weiter in sinnbedeutende Elemente zu zerlegen, des Guten zu viel thut. Es wird jetzt vieles erklärt, was von einer entwickelteren kritischen Wissenschaft als unerklärbar einfach aus der Tagesordnung gestrichen werden wird; auf der anderen Seite wird die vergleichende Sprachforschung, wenn es ihr gelungen sein wird, die japanische Sprache definitiv in die altaische Sprachfamilie einzureihen und den verwandten Wortschatz klarzustellen, zweifellos sehr vieles umwerfen, was jetzt als sicher gilt. Die gegenwärtige japanische Sprachwissenschaft

ist auf rein japanischer, mithin einseitiger Grundlage aufgebaut,
und es kann daher billiger Weise kaum mehr von ihr verlangt
werden, als sie in der That geleistet hat. Wenn ihre Leistungen
auch nicht mit denen der Inder sich messen können, so bestehen
sie doch mit Ruhm neben denen der meisten Völker, welche aus
eigenem Zeuge schufen. Wie die moderne Indogermanistik
in dem etymologischen Wirrwarr der einzelnen indogermanischen Sprachen nur durch Vergleichung der Idiome des
ganzen Sprachgebietes Luft und Licht geschaffen hat, so
ist eine wirklich zuverlässige, wissenschaftliche japanische
Etymologie auch nur unter reichster Benutzung der Resultate
aus einer Vergleichung des Japanischen mit seinen verwandten
Sprachen denkbar. So lange uns diese Lichtquelle verschlossen
ist, bleibt freilich weiter nichts übrig, als auf dem bisher
betretenen Wege mit möglichster Umsicht, Vorsicht und
Bedächtigkeit weiterzuschreiten. Nur einen Schritt können
und sollen wir schon jetzt thun: die Gestalt und Bedeutung der
mutmasslichen Wurzeln, die Stammbildungen und die Laut-
gesetze der japanischen Sprache, wie sie in älteren und neueren
Litteraturdenkmälern und den gesprochenen Dialekten vor
uns liegen, erforschen. Es ist bis jetzt wunderbarer Weise
versäumt worden, auch nur die einfachsten Statistiken zu
diesem Zwecke anzulegen, so dass wir uns beim Etymolo-
gisieren oft in unangenehmster Unklarheit darüber befinden,
ob ein Laut oder eine Silbe wesentlich zum Stamm eines
Wortes gehört, oder ein eliminierbares Affix ist, oder dergleichen.* Ich habe für meine eigenen Bedürfnisse eine

---

* Ganz besonders bedenklich sind die zahlreichen Erklärungen aus radi-
kalen Abkürzungen und Kontraktionen, z. B. *ho* aus *oho, ohoshi, hogi,* u. s. w;
sa aus *saka* (I, Anm. 7); *koya* aus *koto aya* (im Namen Koyane, VI, 18);

diesbezügliche Erforschung des japanischen Wort- und For-
menschatzes unternommen, bin aber noch nicht weit genug
damit vorgedrungen, um die sich dabei ergebenden Resultate
für das gegenwärtige Buch in weiterem Masse nutzbar machen
zu können. Ich bin daher fürs erste noch, wenn auch mit
einigem Widerwillen, in die Fusstapfen meiner Vorgänger
getreten. Im allgemeinen darf ich für meine Arbeit wohl in
Anspruch nehmen, dass ich die bei der Interpretation und
Erläuterung aufstossenden zahlreichen Schwierigkeiten zwar
keineswegs auch nur annähernd gelöst habe, ihnen aber auch
nirgends aus dem Wege gegangen bin, und ich gebe mich der
Hoffnung hin, durch Beibringung reichlicher Materialien eine
brauchbare Grundlage für weitere, eingehendere Forschungen
geschaffen zu haben. Aus den vorliegenden Rohstoffen eine
wirkliche geordnete japanische Mythologie zu gestalten, ist
eine Aufgabe der Zukunft, die jetzt schon zu unternehmen
noch verfrüht sein dürfte.

Die *Varianten*, welche im Originaltext um ein Zeichen
tiefer stehen (beginnend mit der Floskel 一 書 曰 „ in einer
Schrift heisst es "), sind vom Text durch Einrücken der Zeilen
unterschieden; die *Glossen* sind in Kursivschrift gegeben. In
der Schreibung der *altjapanischen* Wörter berücksichtige ich,
um FUER ETYMOLOGISCHE ZWECKE MOEGLICHSTE GENAUIGKEIT
anzustreben, das japanische Kanasystem, welches den Lautcharakter des Altjapanischen ziemlich treu bewahrt hat. Demnach
unterscheide ich z. B. auch gegenüber den stimmlosen Konsonanten *sh* (in *shi*, aus urspr. *si*), *ch* (in *chi*, aus urspr. *ti*), *s*
(in *su*) und *ts* (in *tsu*, aus urspr. *tu*) die stimmhaften Korres-

---

Nakatomi aus *Naka-tori-mochi* (VI, 19); *imi* (in Imibe, VI, 21) von *ihahi;*
shiho aus *shiri-oho* (Buch 2, Kap. IV, Anm. 103) u. s. w., u. s. w.

pondenten *z* (*zi*), *j* (*ji* aus *di*), *z* (*zu*) und *dz* (*dzu* aus *du*), obwohl man neuerdings in der Aussprache meist *zi* von *ji*, und *zu* von *dzu* nicht unterscheidet. Rationeller wäre die Schreibweise stimmlos *si, ti, su, tu*, stimmhaft *zi, di, zu, du* gewesen, doch zog ich vor, mich von der jetzt allgemein üblichen sog. Hepburn'schen Orthographie nicht mehr als unbedingt nötig zu entfernen. Für die Aussprache der Japanischen Wörter gilt also, dass die Vokale wie im Deutschen (aber *ei* etwa wie *ē*), die Konsonanten ungefähr wie im Englischen (aber *z* vor *i=j*, *z* vor *u=dz*, *h* vor *i* etwa wie *ch* im deutschen *ich*) zu sprechen sind. Wie weit die jetzt gang und gäbe Aussprache von der Kanaschreibung abweicht, mag man aus der folgenden kurzen Tabelle ersehen:

KANASCHREIBUNG.	MODERNE AUSSPRACHE.
Afumi	Ōmi
Aha (Ahaji, ahamashi etc.)	Awa (Awaji, awamashi etc.)
ahezu	aezu
awo	ao
Chi-gaheshi	Chi-gaeshi
hafuri	hafuri (od. hōri)
Hahaki	Hōki
harahe, harahi	harae, harai
he (Seite)	e
hiki-matsufu	hiki-matsū
hiwe	hie
iha, Ihare	iwa, Iware
ihahi, ihafu	iwai, iwō
ihaho	iwao
ihi, Ihida	ii, Iida (ī, īda)
Isawo	Isao

kaha,-gaha	kawa, -gawa
kahi	kai
kohi	koi
kuhi, -guhi	kui, -gui
maguhahi	maguwai
mazinahi	majinai
mayu	mai
naho	nao
niha	niwa
nihi, nuhi	nii, nui
oho (gross), ohoshi	ō, ōshi
saha	sawa
sahi	sai
Sayeki	Saeki
shiho	shio od. shiwo
Sohori	Sōri
Suminoye, Suminowe	Suminoë
Susa no Wo	Susanoo, Susanō
tahi	tai
Taniha	Tamba
tomoye	tomoë
tsuwina	tsuina
Uha	Uwa
Unewo	Uneo
wadzurahi	wadzurai
wazahahi	wazawai
we	e (oder ye)
wi	i
wo (z. B. wo-bashira, woji, worochi, Woto)	o (obashira, oji, orochi, Oto)
wo (Objektspartikel)	wo
Wohari	Owari
ya-he	yaë
ye, yebi etc.	e, ebi etc.

KANASCHREIBUNG.	MODERNE AUSSPRACHE.
yosohi, yosowohi	yosoi, yosooi
yufu	yū
yuwe	yuĕ

Es ist mir schliesslich eine ehrenvolle Pflicht zu berichten, dass auf Grund eines Gutachtens der Philosophischen Fakultät der Kaiserlichen Universität zu Tōkyō über die vorliegende Arbeit Seine Excellenz der Herr Unterrichtsminister mir den japanischen Gelehrtentitel 文學博士 *Bungaku-hakushi* verliehen hat.

Karl Florenz.

Tōkyō, im Sommer 1899.

INHALT.

TAFELN:

NIHONGI.

ERSTES BUCH.

Des Götterzeitalters* erster Teil.

———

KAPITEL I.[1]

[ANFANG VON HIMMEL UND ERDE.   DIE SIEBEN GÖTTER-
GENERATIONEN.]

Vor alters, als Himmel und Erde noch nicht [von ein-
ander] geschieden, und das weibliche und männliche Prinzip[2]

<hr>

KOMMENTAR.

———

BUCH I.

* Buch 1 und 2 des NIHONGI enthalten die eigentliche japanische Mytho-
logie und werden gewöhnlich kollektiv als 神代紀 JIN-DAI-KI „Götter-Zeitalter-
Annalen" bezeichnet. Das erste Buch des KOJIKI und ein Teil des KŪJIKI
bilden das Pendant dazu mit vielerlei Variationen. Sie zusammen bilden die
Grundlage der Shintō-Religion. Der spezielle Titel von Buch 1 ist 神代上
Kami-yo no Kami-tsu-maki „oberer Band des Götterzeitalters."

Das Original hat keine Kapiteleinteilung. Aus praktischen Bedürfnissen
ist jedoch hier eine solche in groben Umrissen vorgenommen worden, wie in
ähnlicher Weise Chamberlain im Anschluss an Motowori bei seiner Uebersetzung des KOJIKI gethan hat. Zur Erleichterung des Vergleiches beider
Werke sind gelegentlich Verweise auf die Chamberlain'sche Kapiteleinteilung
des Kojiki gegeben. Es sei bemerkt, dass meine Ueberschriften der Kapitel den
Inhalt derselben nicht erschöpfen, sondern nur im grossen ganzen andeuten
sollen.

———

KAPITEL I.

[1] Vgl. Chamb. K. sect. I und II.

[2] 陰, 陽, *Yin* und *Yang* (jap. *me-wo* „Weib und Mann" umschrieben)
sind das sog. *weibliche* und *männliche* Prinzip der chinesischen Philosophie,

nicht getrennt waren, bildeten sie ein Chaos gleichsam wie ein Hühnerei, und in ihrer chaotischen Masse war ein Keim enthalten.

Das Reine und Helle davon breitete sich dünn aus und wurde zum Himmel; das Schwere und Trübere blieb schwerfällig zurück und wurde zur Erde.

Bezüglich der Vereinigung des feinen [Elementes] war das Zusammenballen leicht; [dagegen] das Gerinnen des schweren und trüben [Elementes] wurde nur schwer vollständig zu Stande gebracht.

Daher ward der Himmel zuerst, und erst hiernach nahm die Erde eine bestimmte Form an.

Hierauf entstanden zwischen ihnen göttliche Wesen.[3]

---

hervorgegangen aus dem *Urprinzip Tai-k'ih.* Vgl. G. von der Gabelentz: Thai-kih-thu, des Tscheu-tsze Tafel des Urprinzipes mit Tschu-hi's Kommentar, Dresden 1876; sowie Mayers, Chinese Reader's Manual, p. 293 No. 3.

Die Vorstellung, dass Himmel und Erde ursprünglich nicht von einander geschieden waren, sondern dass sich die Trennung erst später vollzog, indem sich der Himmel nach oben verflüchtigte, findet sich auch in anderen Mythen, z. B. in der Maori Mythe, allerdings mit anderen Einzelheiten.

[3] Der ganze Eröffnungspassus bis hierher, im Originaltext 65 chinesische Zeichen, gehört nicht der echten japanischen Mythologie an, sondern ist von den nach gelehrter rationalistischer Darstellung strebenden Kompilatoren des Nihongi aus chinesischen Quellen gezogen, als welche von den Kommentatoren (siehe die Einzelangaben in **SU** und **I**) das 淮 南 子 HUAI-NAN-TSZE von *Liungan* (handelt von der Lehre vom Tao oder Logos) und das 三 五 曆 記 SAN-WU-LI-KI citiert werden. Er wird daher von den Shintoisten der strengen Schule verworfen.

Die betreffende Stelle lautet im KŪJIKI (Text der Kollektion KOKU-SHI-TAI-KEI vol. 7, Seite 173): „Vor alters war die Uressenz eine chaotische Masse, und Himmel und Erde waren noch nicht von einander getrennt, sondern waren wie ein Ei, von unbestimmten Grenzen und enthielten Keime. Hierauf stieg die reine Essenz allmählich und breitete sich dünn aus und wurde zum Himmel. Die schwimmende trübere [Essenz] sank schwer, setzte sich und wurde zur Erde. Das was man Land (*kuni*) nennt, entstand durch Oeffnen, Spalten und Teilen der Erde, wie sie dahinschwamm. Es war mit dem Schwimmen eines spielenden Fisches auf dem Wasser zu vergleichen. Der Himmel entstand zuerst, und hiernach wurde die Erde bestimmt.“

Daher heisst es, [4] dass im Anfang der Weltschöpfung das Umherschwimmen des Länderbodens zu vergleichen war mit dem Schwimmen eines spielenden Fisches auf dem Wasser.

Nun entstand zwischen Himmel und Erde ein Ding, welches in der Form einem Schilf-Schössling glich. Hierauf verwandelte es sich in einen Gott [5] mit dem Namen Kuni no

---

[4] Uebergang zur echten japanischen Mythologie. Das „*daher*" soll fälschlich den Anschein erwecken, als wenn zwischen dem Vorhergehenden und Folgenden ein Zusammenhang bestände.

[5] 神 *kami*. *Kami* heisst ursprünglich „oben," „Oberer" ganz im allgemeinen; deshalb heisst z. B. das Haar oben auf dem Kopfe *kami* oder *kami no ke*, die Regierung *o-kami* „das geehrte Obere;" der Kaiser in der Hofsprache *o-kami*, d. i. etwa „Seine Majestät;" *kami* = „ oberster Beamter," „Gouverneur" ist in den letzten Büchern des Nihongi oft gebraucht. Wenn mit dem Zeichen 神 geschrieben, bedeutet es etwa „ höheres Wesen;" unsere vergeistigte Idee der *Gottheit* darf nicht hineingelegt werden, was bei der allgemein üblichen Uebersetzung durch „Gottheit" wohl zu beachten ist. *Kami* kann sowohl eine *männliche* als eine *weibliche* Gottheit bezeichnen, und das Geschlecht wird meist nicht näher bezeichnet. Obgleich daher die Uebersetzung „ Gottheit " am rationellsten wäre, habe ich doch vielfach die nähere Bezeichnung „ Gott " oder „ Göttin" vorgezogen, um dem Leser eine klarere Vorstellung zu ermöglichen.

Vielen Philologen ist die oben gegebene Erklärung von *kami* zu einfach und natürlich und gemeinverständlich, warum sie die wunderlichsten Hypothesen erfunden haben. So erklärt z. B. Shikida (Verfasser von **H.**, d. i. Nihongi-hyochu, siehe Einleitung), dass die erste Silbe *ka* von dem Adjektiv *kashikoki* „ehrfurchtgebietend " komme, und *mi* gleich dem *mi* in den Wörtern *kimi* „Herr," *omi* ein Titel, *tami* „Volk" (*mi* = Körper) sei. Hirata versuchte *kami* aus *ka* (Demonstrativpronomen) und *bi* „ wunderbar," oder aus *kabimoye* „spriessend wachsend" abzuleiten; etc. etc. Es sei hier gleich bemerkt; dass die Auslegung der alten Namen von Göttern, Personen und Orten oft unüberwindbare Schwierigkeiten bietet, und es oft ebenso viele verschiedene Interpretationen als Gelehrte giebt. Da die meisten Namen im Urtext ideographisch geschrieben sind, so könnte man glauben, dass man sich nur an die Bedeutung der chinesischen Charaktere zu halten brauche. Dies wäre jedoch gänzlich irreführend, da die chinesischen Schreibungen der Namen in den Fällen, wo ideographische, nicht phonetische Schreibung beabsichtigt ist, zwar wohl die etymologischen Deutungen der Verfasser repräsentieren, aber nur zu oft willkürlich angesetzt sind, woran zum guten Teil der Umstand

Toko-tachi no Mikoto.“—Das Zeichen 尊 „son“ wird [wie in diesem Falle] gebraucht in Bezug auf Jemand vom allerhöchsten Adel; für die Uebrigen wird das Zeichen 命 „mei“ gebraucht; beide Zeichen werden „Mikoto“ gelesen. Im folgenden wird es immer so gehalten.—

---

schuld ist, dass den Kompilatoren des Nihongi (wie des Kojiki und Kūjiki) selbst in vielen Fällen die wahre Etymologie der Namen unbekannt war, sie aber trotzdem immer wie mit bekannten Grössen operierten. Die Aufgabe des europäischen Erklärers geht vorläufig im allgemeinen nicht viel weiter, als aus den Hypothesen der japanischen Philologen die wahrscheinlicheren auszuziehen. Chamberlain hat in seinem Kommentar zum KOJIKI der Namenfrage grosse Aufmerksamkeit zugewendet und die bezüglichen Arbeiten der älteren Japanologen, wie *Mabuchi*, *N. Mo'owori*, *Hirata*, *Moribe* etc. sorgfältig gesichtet. Ich habe als Ergänzung dazu die oft einen grossen Fortschritt in der jap. Altertumskunde bezeichnenden Arbeiten aus den letzten Jahrzehnten von Gelehrten wie *Shikida* (**H**), *Ihida* (**I**), *Suzuki Shigetane*, *Motowori Toyokahi*, *Kurokawa Mayori* etc. herbeigezogen.

Die von Batchelor, The Ainu of Japan, p. 248 f. vorgebrachte Hypothese, dass das jap. *kami* vom Ainu *kamui* „Gott“ mit der Urbedeutung "he who covers," "that which overshadows" hergenommen sei, betrachte ich als höchst unwahrscheinlich, so lange die von mir oben angegebene Erklärung nicht durch gewichtige Gründe entkräftet werden kann. Da der Gleichklang des jap. und des Ainu Wortes kaum auf Zufall beruhen dürfte, so bin ich in der That geneigt, dem Ainu *kamui* jap. Ursprung zuzuschreiben. Dass wir es in dem Worte *kami* mit einem uralten ural-altaischen Worte zu thun haben, wird mir durch das altmongolische Wort für „Priester,“ auf welches mich Prof. K. Tsuboi aufmerksam machte, fast zur Gewissheit. *Kami* ist nämlich bei den alten Mongolen die Benennung für „Priester“ (sonst *Shaman* genannt). Raschêd ud-din sagt beim Tode Tuluis: "Ce prince étant allé voir Ogotaï malade, vit auprès de son lit un vase de bois qui contenait une liqueur avec laquelle les *Cames*, appellés pour guérir le Caan par leurs sortiléges, avaient humecté la partie douloureuse de son corps." etc. (D'Ohosson, Histoire des Mongols. Tom. II, Liv. II, Chap. II, p. 58, Note).

⁶ *Mikoto* besteht aus *mi* „hehr, erlaucht“ und *koto* „Ding,“ also =„hehres Ding.“ Der Zusatz *no Mikoto* (*no* ist Genetivpartikel) ist ein ehrendes Prädikat, welches an die Namen von Gottheiten und erlauchten menschlichen Persönlichkeiten angehängt wird, und lässt sich etwa durch „Seine Hoheit, Ihre Hoheit“ wiedergeben. Das in der Glosse über die Schreibung von *Mikoto* Erwähnte ist eine willkürliche Unterscheidung, welche übrigens nicht einmal konsequent durchgeführt wird. Im folgenden sind *phonetische Glossen*,

Sodann [kam] Kuni no Sa-dzuchi no Mikoto,[7] sodann
Toyo-kumu-nu[8] no Mikoto [zum Vorschein], im ganzen drei
Gottheiten.[9]

---

welche die japanische Aussprache für die mit chinesischen Zeichen geschriebenen Wörter geben, überaus zahlreich. Da sie für unseren Zweck
belanglos sind und wohl auch meistens dem Urtext nicht angehören, sondern
von Späteren, allerdings in der Absicht die alte echte Leseweise zu retten,
hinzugefügt wurden, habe ich sie einfach weggelassen.

Kuni no Toko-tachi no Mikoto „Seine Hoheit der auf der Erde ewig
Stehende.“ *kuni* „Land“ steht oft im Gegensatz zu *ame* „Himmel“ und ist
dann etwa im Sinn von „Erde“ zu nehmen. *Toko* „ewig,“ von Motowori
und Hirata = *soko* „Boden“ gesetzt. I *toko* = *soko* „der äusserste Ort, das Aeus-
serste;“ *tachi* nicht von *tatsu* „stehen,“ sondern = *tsuchi* (vgl. weiter unten), ein
Honorificum (ehrendes Beiwort), also etwa: „der, soweit das Land reicht,
herrschende Altehrwürdige.“

[7] Nach I: *sa* = „schmal,“ *tsuchi* Honorificum (im Kompositum nigoriert
zu *dzuchi*). Das Zeichen für *tsuchi* 槌, welches „Schlägel“ bedeutet, ist
jedenfalls blos als Lautäquivalent zu betrachten; vielleicht ist *tsuchi* „Erde“
darunter zu verstehen: „des Landes schmale Erde.“ Chamberlain folgt N.
Motowori: *sa* = *saka* „Abhang, Pass,“ *dzu* = *tsu* Genetiv Partikel, *chi* „der
Alte“ (elder): “der Alte der Pässe.“ Diese Erklärung von *sa* halte ich für
zu gezwungen. Aston nimmt *sa* als Honorificum „just, right,“ welches er
sich wohl auch von *sa* „schmal, klein“ abstrahiert denkt. Ich halte dafür,
dass alle sogenannten Honorifica auf sinnfälligere Bedeutungen zurückzuführen
sind, wenn wir auch nicht immer mehr im Stande sind, jetzt die richtige
Etymologie aufzustellen.

[8] *Toyo-kumu-nu*: *toyo* „üppig, reichlich;“ *kumu* wohl „sprossen, spriessen,“
wozu man die offenbar als Komposita zu betrachtenden Verba *me-gumu* und *tsuno-
gumu* „sprossen, keimen“ vergleichen möge. *nu* ist entweder „Gefild“—im Kojiki
steht dafür das Zeichen 野 —, oder, wofür ich mich nach Motowori's und
Hirata's Ansicht entscheide, die oft gebrauchte apokopierte Form von *nushi* Herr,
also: „Ueppig-sprossender-Herr.“ Aston's rich-form-plain scheint mir nicht
empfehlenswert. Auch Mabuchi's „fest gewordener-Schlamm“ geht nicht an.
Die Zeichen 豐斟渟 bedeuten „reichlich-schöpfen-stehendes Wasser.“ Im
KOJIKI heisst der Gott *Toyo-kumo-nu no kami*; vgl. Chamb. pag. 16, Anm. 2.

[9] 三神 drei Gottheiten, umschrieben durch *mi-hashira no kami* drei Pfeiler
Gottheiten, wobei *hashira* „Pfeiler“ ein Zählwort für Gottheiten ist, analog
unserer Redeweise „hundert Mann Soldaten,“ „zehn Stück Vieh“ etc. Ich
bin, wie Aston, überzeugt, dass dies eigentümliche Zählwort ein Ueber-
kommnis aus einer Zeit ist, wo die Japaner, wie noch jetzt die Koreaner,

Das Prinzip des Himmels [10] für sich allein brachte sie
hervor, und daher entstanden diese absolut-reinen Männer.

> I.—In einer Schrift heisst es: [11]—Als Himmel und Erde
> sich zuerst von einander trennten, befand sich mitten
> im Leeren [12] ein Ding von schwer zu beschreibender
> Gestalt.

Götzenbilder besassen, die in einem hölzernen Pfeiler mit oben ausgeschnitztem
Kopf, oder grob geschnitzter ganzer Menschengestalt, bestanden. Auch im
Amurgebiet sind Pfeiler-Götzen eine ganz allgemeine Erscheinung, wie aus
Kohn u. Andree's Sibirien und das Amurgebiet hervorgeht. Einen solchen
Pfeiler-Götzen aus Korea kann man am Treppenaufgang im Museum von
Uyeno in Tōkyō aufgestellt sehen. Aston berichtet, dass die als Meilensteine
dienenden Pfosten in Korea am oberen Ende die Gestalt von Götzenbildern
haben, und dass diesen pomphafte Namen gegeben werden; ferner dass er bei
einem Dorfe in der Nähe der Hauptstadt Soul, am Wege nach Wönsan, etwa
ein Dutzend solcher Pfeiler-Götter gesehen habe, welche als Beschützer der
Einwohner während einer Pockenepidemie dort errichtet worden waren. Der
Shintoismus der historischen Zeit besitzt solche Götzenbilder nicht mehr;
sonst kennt der Shintoismus nur wenige in Holz, Stein etc. ausgeführte
Götterfiguren, wie den *Inari-sama* (Reisgott, ein alter Mann mit einem
Reisbündel über der linken Schulter, eventuell auf einem weissen Fuchse
stehend), die beiden geflügelten *Tengu-sama* (Himmelshunde, mit langen
Nasen. Nach Professor K. Tsuboi's Ansicht sind sie wohl aus Indien überkommen; jedenfalls sind sie auch in Thibet bekannt. Vgl. Waddell, Buddhism
of Thibet. Als eine Gestalt des Höllenteufels erscheinen die Tengū in
religiösen Komödien des Lamaismus), den *Dōryu-sama*, den *Sui-tengū-sama*
(eine Verschmelzung der Meergötter von Sumiyoshi mit dem indischen Meergott
Suiten d. i. Varuna, dann identificiert mit dem jugendlichen Kaiser Antoku-
tennō) etc.

[10] D. i. das Yang-Prinzip. Unjapanisch! Vgl. Anm. 2.

[11] 一書曰 *aru fumi ni ihaku.* Ueber diese Art von Glossen habe ich im
sechsten Abschnitt meiner Einleitung Seite XII–XIV „Glossen und Varianten
im Text des Nihongi“ ausführlich gehandelt. Sie gehören zum ursprünglichen
Text des Nihongi, sind aber durch die Schreibweise schon äusserlich gekenn-
zeichnet, was ich durch Einrücken der betreffenden Stellen nachgeahmt habe.

[12] 虛 *sora* oder *oho-zora* „das Leere, der Luftraum zwischen Himmel und
Erde.“ Der eigentliche Himmel, das Firmament heisst *ame* oder *ama*, aus-
führlicher *takama* (aus *taka* „hoch,“ *ama* „Himmel“ kontrahiert) *no hara* „das
Gefilde des Hohen Himmels.“

Darinnen entstand von selbst eine Gottheit, mit Namen Kuni no Toko-tachi no Mikoto, auch Kuni no Soko-tachi[6] no Mikoto genannt. Ferner Kuni no Sa-dzuchi no Mikoto, auch Kuni no Sa-dachi[13] no Mikoto genannt. Ferner Toyo-kuni-nushi[14] no Mikoto, auch Toyo-kumu-nu[15] no Mikoto, oder auch Toyo-kafushi-nu[16] no Mikoto, oder auch Uki-fu-nu-Toyo-kahi[17] no Mikoto, oder auch Toyo-Kuni-nu[18] no Mikoto, oder auch Toyo-kuhi-nu[19] no Mikoto, oder auch Ha-ko-kuni-nu[20] no Mikoto, oder auch Mi-nu[21] no Mikoto genannt.

II.—In einer Schrift heisst es:—Vor alters, zur Zeit da das Land jung war und die Erde jung war, schwamm es umher etwa wie schwimmendes Oel. Zu dieser Zeit entstand im Inneren des Landes ein Ding, das an Gestalt wie ein Schilf-Schössling im Hervorspriessen

---

[13] *dachi* von *tatsu* „stehen,“ oder nach **H** Honorificum wie *tsuchi*.

[14] „ Ueppig-Land-Herr “ (Des üppigen Landes Herr).

[15] Vgl. Anm. 8.

[16] „ Ueppig-wunderbar-Herr,“ nach **H**. **I** liest *Toyo-kafu-nu*, und setzt *kafu* = *kumu*, was er wie Motowori erklärt; vgl. Anm. 8. Nach den Zeichen: *Toyo-ka-fushi-nu* „ üppig-Duft-Glied-Gefild.“

[17] *uki* „ Schlamm,“ *fu* „ enthalten,“ *nu* „ Herr,“ *toyo* „ üppig,“ *kahi* (買 kaufen) **H** „ Pfahl,“ **I** *kahi* = *kafu* mit der Bedeutung von *kumu*.

[18] „ Ueppig-Land-Herr “ (Zeichen: üppig-Land-Gefild).

[19] „ Ueppig-Pfahl-Herr,“ nach **I** = *Toyo-kafu-nu*. Nach den Zeichen „ reichlich-beissen-Gefild.“

[20] **H**: „ Zuerst-gerinnen-Land-Herr,“ „ Herr des zuerst geronnenen (in festen Zustand übergetretenen) Landes.“ Nach **I** wäre *hako* aber = „ spriessen “ oder „ enthalten.“ Die Zeichen sind „ Blatt-Baum-Land-Gefild.“

[21] *Mi-nu* „ hehrer Herr,“ oder „ hehres Feld “ phonetisch 見野 „ sehen-Feld “ geschrieben; **I** liest im Anschluss an das Eikyō-bon Msc. 國見野 *Kuni-mi-nu* statt 見野 *Mi-nu* und meint, dass *mi* sich eingeschlichen und es ursprünglich *Kuni-nu* geheissen habe, wobei er *kuni* = *kumi* 斟 setzt (höchst unwahrscheinlich !); sonst könnte auch, meint er, 見 statt 國 verschrieben sein. Ich halte eine Emendation für überflüssig.

war. Daraus entstanden durch Transformation Gott-
heiten, mit Namen Umashi-ashi-kabi-hiko-ji [22] no
Mikoto, ferner, Kuni no Toko-tachi no Mikoto, ferner
Kuni no Sa-dzuchi no Mikoto.

III.—In einer Schrift heisst es:—Als Himmel und Erde in
chaotischem Zustande waren, da waren zuerst göttliche Wesen, mit Namen Umashi-ashi-kabi-hiko-ji
no Mikoto, und ferner Kuni no Soko-tachi no
Mikoto.

IV.—In einer Schrift heisst es:—Als Himmel und Erde
sich zuerst von einander trennten, da waren zuerst
gleichzeitig-mit-einander entstandene Gottheiten, mit
Namen Kuni no Toko-tachi no Mikoto und Kuni
no Sa-dzuchi no Mikoto.

IV a.—Ferner heisst es: Die Namen der auf dem
Hohen Himmelsgefilde [23] entstandenen Gottheiten waren Ama no Mi-naka-nushi [24] no

---

[22] „ Lieblich-Schilf-Schössling-wunderbarer Sohn-traut.“ Mit *umashi* wird
alles bezeichnet, was den Sinnen gefällt. *hiko* „wunderbares Kind,“ nach **I**;
H : *hi-ko* „Sonnen-Sohn.“ *ji* ist eine Art Kosewort „traut, lieb;“ von **I** als ein
son-shō, d. i. auszeichnender Ausdruck bezeichnet. Wahrscheinlich ist es die
nigorierte Form von *chi* „ Alter,“ welches auch in *chichi* „Vater,“ *wo-ji*
„ Onkel “ etc. enthalten ist.

[23] *Takama no hara*, vgl. Anm. 11.

[24] **H** liest stets *ame no* „ des Himmels,“ wie viele andere Japanologen
thun, während im Kompositum die Form *ama* gebraucht wird. Gegen diese
Aussprache wendet sich jedoch **I** ganz energisch und zeigt an vielen Beispielen
aus alten Büchern, wo das Wort phonetisch geschrieben ist (阿 麻 能), dass
ama no allein berechtigt ist. Nur im 2. Band des KOJIKI findet sich einmal
die phonetische Schreibung 阿 米 能 迦 具 夜 麻 *Ame no Kagu-yama*, eine
Ausnahme, die er nicht anerkennt, sondern als irrtümlich beseitigt wissen
will. Vgl. NIHONSHOKI-TSŪSHAKU, vol. 1, S. 104 ff.

Ama no Mi-naka-nushi „Himmels-hehr-Mitte-Herr.“ Nach J. O'Neill,
Night of the Gods, p. 535/36 (citiert von Aston) wäre es der Polar-
Stern Gott.

Mikoto, ferner Taka-mi-musubi[25] no Mikoto, ferner Kamu-mi-musubi[26] no Mikoto.

V.—In einer Schrift heisst es:—Zur Zeit da Himmel und Erde noch nicht entstanden waren, waren sie etwa wie auf dem Meere schwimmende Wolken, welche nirgends einen Stützpunkt haben.

Mitten darinnen entstand ein Ding wie ein Schilf-Schössling, der zuerst in dem Schlamm wächst, und wurde durch Transformation zu einem [göttlichen] Wesen mit Namen Kuni no Toko-tachi no Mikoto.

VI.—In einer Schrift heisst es:—Als Himmel und Erde sich zuerst von einander trennten, entstand mitten im Leeren ein Ding, das einem Schilf-Schössling ähnelte, und sich hierauf in Gottheiten verwandelte, mit Namen Ama no Toko-tachi no Mikoto und Umashi-ashi-kabi-hiko-ji no Mikoto. Ferner[27] entstand mitten im Leeren ein Ding, das schwimmendem Oele ähnelte und sich hierauf in eine Gottheit verwandelte mit Namen Kuni no Toko-tachi no Mikoto.

Sodann waren da die Gottheiten U-hiji-ni no Mikoto und Su-hiji-ni[28] no Mikoto. Man nennt sie auch U-hiji-ne no Mikoto und Su-hiji-ne no Mikoto.—

---

[25] „Hoher-hehrer-Erzeuger." *Musubi* aus *musu* „erzeugen, werden, wachsen," auch erstes Kompositionsglied in *musu-ko* „Sohn," *musu-me* „Tochter;" *bi* nigorierte Form von *hi* „wunderbar," vgl. *hi-ko, hi-me* (wohl ursprünglich *hi* „Sonne"). Nach anderen ist *bi* die Wurzel des Verbalsuffixes *buru*.

[26] „Göttlicher-hehrer-Erzeuger." **H** kontrahiert in *Kami-musubi*.

[27] 又, **I** 亦. 又曰 (Aston: it is further stated) ist eine willkürliche Aenderung des Textes bei **SU**.

[28] *U-hiji* und *Su-hiji* bedeuten nach den Zeichen „Schlamm-Erde" und „Sand-Erde," und zwar hiessen nach Hirata die beiden Gottheiten so, weil sie die Keime dessen, was zur Erde wurde, enthielten. Diese Interpretation scheint die beste. Nach **H** aber (im Anschluss an Mabuchi) wären die Schreibungen von *u* und *su* nur phonetisch zu nehmen, nämlich *u* = *uki* „schwimmend," und *su* = „sinkend," also „Schwimm-Schlamm" und „Sink-

Sodann waren da die Gottheiten Oho-tono-ji[29] no Mikoto— *anders heisst sie Oho-tono-be—*, und Oho-toma-be no Mikoto; *dieselben heissen auch Oho-toma-hiko no Mikoto und Oho-toma-hime no Mikoto*; auch heissen sie Oho-tomu-ji[30] no Mikoto und Oho-tomu-be no Mikoto.—

Sodann waren da die Gottheiten Omo-taru[30] no Mikoto und Kashiko-ne[31] no Mikoto—*man nennt [die letztere] auch Aya-kashiko-ne[31] no Mikoto, oder auch Ayu-kashiki[32] no Mikoto, oder auch Awo-kashiki-ne[31] no Mikoto, oder auch Aya-kashiki no Mikoto.*

Sodann waren da die Gottheiten Izanagi[33] no Mikoto und Izanami[33] no Mikoto.

Schlamm." *Ni* ist gleich *ne* ein Kosewort: „lieb, teuer;" dasselbe soll auch in *ani* „älterer Bruder" enthalten sein, *a-ni* = „mein Lieber." *Su-hiji-ni* wird im Kojiki als jüngere Schwester (oder Weib; beide Wörter sind im Altjapanischen identisch) von *U-hiji-ni* bezeichnet.

[29] Nach den Zeichen 大 *oho* „gross." 戸 *to* „Thor," 之 *no* Gen., 道 *chi* „Weg;" 苫 *toma* ein grobe Mattenart, 邊 *be* (*he*) „Ort." Doch ist diese Schreibung teilweise phonetisch: 大 *oho* „gross" ist nur Honorificum, *tono* (戸 之) = 殿 „Palast," 道 *ji* „lieb, traut;" *toma* nach **H** = „Matte," nach **I** = *tomu* (富) weiter unten, welchem Worte **I** auf Grund einer keineswegs überzeugenden Argumentation aus verschiedenen Stellen des Kogoshūi die Bedeutung „Haus" geben will; *be* = *me* „Frau," eine ehrende Bezeichnung bei weiblichen Gottheiten, wie *ji* bei männlichen Gottheiten.

[30] *tomu* (富) nach **I** = „Haus," ob die Lesart *tomu* oder *tomi* besser sei, lässt er dahingestellt; **H** liest *tomi* und betrachtet es als Kontraktion von *toma-ami* „Mattenflechter" (phantastisch!). *Oho-toma-be* wird im Kojiki als jüngere Schwester von *Oho-tono-ji* bezeichnet.

[31] *Omo-taru* „Gesicht-vollkommen," d. i. vollkommen schön. **H** *omo* „Ceremonie," *taru* „vollkommen."

[32] *Kashiko* „ehrfurchtgebietend;" 根 *ne* „Wurzel" soll nach **I** so viel wie „Schamteil" bedeuten, während andere es als Honorificum (vgl. Anm. 28) betrachten. *Aya, ayu* und *awo* sind Interjektionen der Ueberraschung: ah! *Kashiki* = *kashiko*. Meine Lesung *Ayu-kas'iki* 吾 忌 橿 城 schliesst sich an die Emendation von **I** an, welcher 吾 vor 忌 ergänzt, 吾 忌 = *ayu*, während 忌 allein *imi* „Vermeidung, Abstinenz" zu lesen wäre, wie auch die meisten Texte thun. 吾 ist aber offenbar im Original nur durch ein Versehen ausgefallen.

[33] *Izana-gi* und *Izana-mi* sind abgeleitet vom Verbum *izanafu* „einladen,"

I.—In einer Schrift heisst es :—Diese beiden Gottheiten waren die Kinder von Awo-kashiki-ne no Mikoto.

II.—In einer Schrift heisst es :—Kuni no Toko-tachi no Mikoto erzeugte Ame-kagami[34] no Mikoto; Ame-kagami no Mikoto erzeugte Ame-yorodzu[35] no Mikoto; Ame-yorodzu no Mikoto erzeugte Awa-nagi[36] no Mikoto; Awa-nagi no Mikoto erzeugte Izanagi no Mikoto.

Im ganzen waren es acht Gottheiten. Sie hatten sich durch gegenseitige Verbindung der Prinzipien des Himmels und der Erde transformatorisch gebildet, weshalb diese männlichen und weiblichen [Gottheiten] gebildet wurden.[37] [Die Gesamtheit der Götter] von Kuni no Toko-tachi no Mikoto bis zu Izanagi no Mikoto und Izanami no Mikoto nennt man die Sieben Generationen des Götterzeitalters.[38]

---

gi=kimi „Herr," *mi* verwandt mit *me* „Weib," also: „einladender (auffordernder) Herr" und „einladendes Weib. Erwähnenswert, obgleich unsicher, ist die von Aston vorgebrachte Hypothese, dass *Izu* oder *Isa* ein Ortsname sein könnte. Weiter unten wird nämlich ein *im Himmel gelegener Isa Brunnen* erwähnt (V,29), auch giebt es einen Ort *Isa* in der Provinz Hitachi und einen *Isa no jinja* (Shintotempel von Isa) in der Provinz Idzumo. *na* möchte Aston dann als eine Variante der Genetiv Partikel *no* betrachten. N. Motowori zerlegt *izana* in *iza-izanafu* und *na*, das persönliche Pronomen der zweiten Person, also: „der dich einladende Herr," „das dich einladende Weib." Die obige Erklärung von *izana* als einheitliches Wort verdient aber entschieden den Vorzug vor dieser letzteren.

[34] „Himmels-Spiegel."

[35] „Himmels-Myriade." *yorodzu=*„zehn tausend," d. i. unendlich viel.

[36] „Schaum-Stille" (Meeresstille).

[37] Chinesische Vorstellung.

[38] Vgl. Chamb. KOJIKI section II. Die Traditionen sind überaus konfus. Zum Vergleich habe ich im Appendix die entsprechende Stelle aus dem Eingang des KŪJIKI (神代本紀 und 神代系紀) mitgeteilt, als direkte Fortsetzung des Auszugs in Anm. 3. Doch sei hier gleich bemerkt, dass die daselbst in interlinearer Version gegebene Erklärung der Namen zum Teil höchst problematisch ist. Manche der Gottheiten sind vielleicht, wie Aston meint, auch gar nicht japanisch, sondern koreanischen Ursprungs, und einige

I.—In einer Schrift heisst es:—Die männlichen und weiblichen paarweise entstandenen Gottheiten waren zuerst U-hiji-ni no Mikoto und Su-hiji-ni no Mikoto; sodann waren es Tsunu - guhi [39] no Mikoto und Ikuguhi [40] no Mikoto, sodann waren es Omo-taru no Mikoto und Kashiko-ne no Mikoto; sodann waren es Izanagi no Mikoto und Izanami no Mikoto.

---

werden Ortsnamen sein. Satow möchte im allgemeinen Recht haben, wenn er in Ancient Japanese Rituals, J. A. S. T. vol. 7, pag. 121 sagt: „Wir sollten eigentlich erwarten, dass der allererste Gott Ame no Mi-naka-nushi, und vielleicht das ihm folgende Paar Taka-mi-musubi und Kami-musubi eine grosse Rolle in den frühen Sagen der Japaner spielen würden, und dass auch Izanagi, der Erzeuger der Sonne und des Mondes, einen wichtigen Anteil an der Leitung der Ereignisse haben würde, aber in Wirklichkeit sehen wir, dass diese Gottheiten sehr wenig zu thun haben, mit Ausnahme des Taka-mi-musubi, welcher gewöhnlich als die Welt zusammen mit der Sonnengöttin regierend dargestellt wird. Izanagi und seine Gemahlin verschwinden von der Bildfläche, sobald als sie das Land, Meer, die Flüsse und Elemente geboren haben, und des Kind Izanagi's wird der Mittelpunkt der Mythologie und Verehrung der alten Japaner. Man kann schwerlich den Gedanken unterdrücken, dass die Sonne die erste unter den vergötterten Naturkräften gewesen ist, und dass die lange Reihe von Göttern, welche ihr in der Kosmogonie des Kojiki und Nihongi vorhergehen, und von denen sich die meisten durch ihre Namen als blosse Abstraktionen erweisen, erfunden wurde, um ihr eine Genealogie zu geben, in welche zwei oder vielleicht mehrere ihrer Attribute als besondere Gottheiten personificiert mit aufgenommen wurden." Hiergegen wäre nur einzuwenden, dass jedenfalls *Izanagi* und *Izanami* echte Gestalten der ältesten Mythe sind, während die vier ihnen vorangehenden Paare zweifellos spätere Erfindungen der Kosmogonen sind. Sogar Hirata betrachtet die letzteren nur als Bezeichnungen für die verschiedenen Stadien, durch welche Izanagi und Izanami hindurchgingen, ehe sie zur Vollkommenheit gelangten.

[39] *Tsunu-guhi* „Horn-Pfahl," nach den Zeichen; Chamberlain übersetzt nach einer landläufigen, aber wohl mindestens sehr unsicheren Erklärung „Keim enthaltende Gottheit" (Germ-Integrating-Deity).

[40] *Iku-guhi* „Lebender-Pfahl," in Analogie zum vorhergehenden Namen gewöhnlich „Leben enthaltende Gottheit."

KAPITEL II.

[IZANAGI UND IZANAMI'S VERMAEHLUNG UND LAENDERZEUGUNG.]

Izanagi no Mikoto und Izanami no Mikoto standen auf der schwebenden Brücke des Himmels[1] und beratschlagten mit einander und sprachen: „Ist unten am Boden nicht etwa gar ein Land?"

Hierauf stiessen sie mit dem himmlischen Juwelen-Speer[2]

KAPITEL II.

ZUM INHALT. VERGL. KOJIKI SECT. 3 BIS 5.

Ama no Uki-hashi, eine den Himmel mit der Erde verbindende Brücke. Sollte der Regenbogen Anlass zu dieser Vorstellung gegeben haben? Nach einer alten Ueberlieferung soll die sogenannte *Ama no Hashi-date* „Himmels-standleiter" in der Provinz Tango die umgefallene schwebende Brücke sein.

Die *Ama no Hashi-date* ist, wie mir Professor K. Tsuboi mitteilt, eine schmale Landzunge, eine Nehrung, die durch die vereinigte Kraft des Windes und der Wellen aus Sand und Steinchen zusammengehäuft wurde (eine andere bekannte *hashidate* oder Nehrung ist die in der Poesie berühmte Miho no Matsubara, der Schauplatz des lyrischen Dramas Hagoromo). Die bezügliche Sage lautet im TANGO-FŪDOKI: „Im nordöstlichen Winkel des Yosa-gohori giebt es ein Sato Namens Haya-ishi no Sato. Im Meere dieses Bezirks erstreckt sich eine lange, grosse Landzunge, deren Länge 2,229 Jō (1 Jō = 10 Fuss) beträgt, und die an einigen Stellen weniger als 9 Jō, an anderen Stellen zwischen 10 bis 20 Jō breit ist. Früher nannte man sie *Ama no Hashi-date*, später *Kushi no Hama* (hama = Strand). Der Grund für die Benennung ist folgender: Der landerzeugende grosse Gott Izanagi no Mikoto baute eine Leiter auf, um darauf gen Himmel zu steigen, daher der Name *Ama no Hashi-date* „Himmels-Standleiter." Als der Gott schlief, fiel sie um, und das ist sonderbar (jap. *kushibi*), und deshalb nennt man [den Strand] *Kushibi no Hama*. Den Zwischenraum dazwischen nennt man *Kushi*. Das Meer östlich davon heisst *Yosa no Umi* „Meer von Yosa," dasjenige im Westen *Aso no Umi*. In beiden Meeren leben allerhand Fische und Muscheln, aber an Hamaguri (Venusmuscheln) fehlt es."

Die Idee dieser Brücke erinnert unwillkürlich an die Himmel und Erde verbindende Brücke *Bifröst* der germanischen Mythologie.

[2] *Nu-boko* (oder auch *tama-boko*), ein mit Edelsteinen geschmückter Speer.

nach unten, und als sie damit herumtasteten, fanden sie da
das blaue Meeresgefilde. [3] Das von der Spitze des Speeres
herabtröpfelnde Meerwasser gerann und wurde eine Insel, [4]
welche den Namen Ono-goro-zima [5] bekam.

Die beiden Gottheiten stiegen hierauf herab und wohnten
auf jener Insel. Demnach wünschten sie miteinander Mann
und Frau zu werden und Länder zu erzeugen.

So machten sie Ono-goro-zima zum Pfeiler der Land-Mitte, [6]

Er wurde von Kami-musubi dem Izanagi als Symbol seiner Sendung gegeben.
Es wäre nicht unmöglich, dass der *nu-boko* mit dem im alten Japan so sehr
verbreiteten und noch jetzt nicht ganz ausgerotteten Phalluskult in Verbindung gestanden hat. In einem bei **Ts** gegebenen Citat wird der *tama-boko*
geradezu als die „Wurzel des Koitus“ bezeichnet. Hirata meint, dass der
nu-boko die Gestalt eines *wo-bashira*, lit. „ männlichen Pfeilers,“ gehabt habe
(*wo-bashira* sind die End- und Schlusspfeiler eines Geländers, einer Brücke
u. s. w., mit einer kugel- oder besser eichelförmigen Mütze, einem Penis nicht
unähnlich), also eine Phallusähnliche Gestalt. Interessant ist die von Aston
citierte Hypothese J. O'Neill's in "Night of the Gods," wonach dieser und
ähnliche mythische Speere nur Symbole der Erdachse und ihrer Verlängerung
wären, was sich zugleich auch mit der phallischen Interpretation vertrüge.
Für unseren Fall aber will mir diese Theorie nicht einleuchten, und ich ziehe
die oben zuerst gegebene einfache Erklärung vor.

[3] *Awo-una-hara*, eine stehende feierliche Floskel für „ Meer.“

[4] Im KOJIKI ausführlicher: „. . . . und rührten damit herum, und als
sie die Salzflut gerührt hatten, bis sie sich zäh verdickte und [den Speer]
heraufzogen, häufte sich die vom Ende des Speeres herabtropfende Salzflut an
und wurde eine Insel.“

[5] Die Insel *Ono-goro* ist nach gewöhnlicher Annahme die kleine Insel
dieses Namens im S. W. der grösseren Insel Ahaji (siehe unten). Nach **I** aber
läge sie im S. W. der Insel Tomo-no-shima, die ihrerseits wieder im S. W.
der Poststation Kada im Distrikt Ama von Kii liegt. *Ono-goro* bedeutet „ von
selbst verdichtet oder geronnen “ (*ono* „ von selbst,“ *koru* „ gerinnen “).

[6] Hirata giebt an, dass man in uralter Zeit einen *Pfeiler* errichtete, wenn
man etwas vornahm, und dass dies wahrscheinlich auch bei der Hochzeits-
ceremonie statt fand. Im KUJIKI wird unter anderem berichtet, das Izanagi
und Izanami den *nu-boko* zum Mittelpfeiler ihres Hauses gemacht hätten.
Hirata meint, der *nu-boko* sei auf der Insel Ono-goro errichtet worden, um
die Erde zu befestigen. Nach einer alten Ueberlieferung wurde aus diesem
Speer als Landpfeiler ein Hügel.

worauf die männliche Gottheit sich nach links[7] wendete und die weibliche Gottheit sich nach rechts wendete, und sie beide getrennt um den Pfeiler des Landes [in entgegengesetzter Richtung] herumgingen.[8] Als sie auf der einen Seite[9] zusammentrafen, da sprach die weibliche Gottheit zuerst und sagte: „O wie herrlich! Ich habe einen holden Jüngling angetroffen!" Die männliche Gottheit war darüber misgestimmt und sprach: „Ich bin ein Mann, und sollte von Rechts wegen zuerst sprechen. Wie kommt es, dass du als Weib im Gegenteil zuerst sprichst? Das war keine glückbedeutende Sache. Wir sollten noch einmal herumgehen." Hierauf gingen die beiden Gottheiten zurück, und als sie wieder einander begegneten, sprach dies Mal die männliche Gottheit zuerst und sagte: „O wie herrlich! Ich habe eine holde Jungfrau angetroffen!" Dann fragte er die weibliche Gottheit: „Giebt es an deinem Körper irgend etwas Geformtes?"[10] Sie antwortete und

---

[7] Die linke Seite gilt als vornehmer als die rechte, deshalb geht der Mann links, das Weib rechts. Für „männliche Gottheit" *wo-gami* und „weibliche Gottheit" *me-gami* sind die an die chinesische Philosophie anknüpfenden Ausdrücke 陽神 „Gott des männlichen Prinzips" und 陰神 „Gott des weiblichen Prinzips" gewählt, was den Japanologen vom reinsten Wasser wie Hirata u. s. w. einen Stich in die Seele versetzt.

[8] Das Herumgehen um einen Pfeiler war in der ältesten Zeit ein wichtiger ceremonieller Akt bei Schliessung einer Ehe. Wahrscheinlich wurde auch für das junge Paar stets eine besondere Hütte gebaut, worin sie ihren ehelichen Verkehr pflegten. Auch für Geburtszwecke, und wenn Jemand starb, wurde eine Hütte errichtet. Sollte dieser Pfeiler der Mittelpfeiler der neu errichteten Vermählungshütte gewesen sein und die Ceremonie zugleich die Einweihung des Hauses zu seinem künftigen Zwecke sein?

[9] D. h. auf der entgegengesetzten Seite.

[10] Lit. „Gewordenes." Das KOJIKI erzählt das folgende Gespräch etwas unverhüllter: „Da fragte er seine jüngere Schwester Izanami no Mikoto: „Wie ist dein Körper gebildet?" Sie antwortete und sprach: „Mein Körper wächst und wächst [immer], aber eine Stelle ist da, die nicht fortwährend wächst." Da sprach Izanagi no Mikoto: „Mein Körper wächst immer und wächst, aber eine Stelle ist da, die im Uebermasse wächst. Daher wird es gut sein, dass ich diese im Uebermasse wachsende Stelle meines

sprach: „An meinem Körper ist eine Stelle, welche der Ursprung der Weibheit ist." Die männliche Gottheit sagte: „An meinem Körper hinwiederum giebt es eine Stelle, welche der Ursprung der Mannheit ist. Ich habe den Wunsch die Ursprungs-Stelle meines Körpers mit der Ursprungs-Stelle deines Körpers zusammenzubringen. Hierauf pflegten die weibliche und männliche [Gottheit] zum ersten Male geschlechtlichen Verkehr und wurden Mann und Frau.

Als nun die Zeit der Geburt herangekommen war, wurde zunächst die Insel Ahaji [11] als Mutterkuchen betrachtet, und ihre Gemüter hatten keine Freude daran. Daher erhielt sie den Namen Ahaji no shima.

Hierauf wurde die Insel Oho-yamato no Toyo-aki-tsu-shima [12] erzeugt.— 日本 [*Nippon*] *wird hier Yamato* [13] *gelesen. Ebenso in allen Fällen weiter unten.—*

Körpers in die nicht beständig wachsende Stelle deines Körpers hineinstecke und so zeugend Länder hervorbringe;" ((u. s. w. Es folgt das Herumgehen um den Pfeiler mit demselben Gespräch wie im Nihongi, die eheliche Vereinigung, und die Zeugung des Blutegelkindes *Hiru-ko* und der Insel *Aha*.

[11] *Aha-ji no shima* ist phonetisch 淡路 „Schaum-Weg" geschrieben, und wird von Motowori als „der Weg nach der Schaum-Insel (*Aha-jima*)" erklärt indem die Insel auf dem Wege vom Hauptlande nach der Provinz Aha (der Insel Shikoku) läge. H adoptiert die Erklärung des KŪJIKI, nämlich *a-haji* meine Scham, meine Schande," aber besser ist vielleicht *ahaji* auf Grund des Zusammenhangs der Erzählung als Negativum von *afu* zu fassen: „die nicht zufriedenstellende." Das sind jedoch alles nur Volksetymologien. Die eigentliche Bedeutung von *Ahaji* ist wahrcheinlich „Hirse-Land."

[12] „Die üppig-herbstliche Insel Gross Yamato." Ich gebe *aki* die Bedeutung „Herbst, Ernte," *tsu* Genetiv Partikel. Die landläufige Erklärung von *Aki-tsu-shima* ist *akitsu-shima* „Libellen-Insel," mit Bezug auf eine Bemerkung des Kaisers Jimmu, dass das Land einer Libelle gleiche, welche ihr Hinterteil leckt (vgl. Buch 3, Kap. IX), doch ist dies nur eine wortspielende Veränderung des oben gegebenen echten und ursprünglichen Sinnes. *Shima* hat in der archaischen Sprache übrigens nicht nur die Bedeutung „Insel" sondern oft auch „Land," wie *kuni*.

[13] *Yamato* war nach Motowori zuerst nur Name eines Dorfes, dann eines Distriktes, und endlich wurde es der Name der ganzen noch jetzt so benannten

Sodann erzeugten sie die Insel Iyo no Futa-na; [14] sodann erzeugten sie die Insel Tsukushi; [15] sodann erzeugten sie in Zwillingsgeburten die Insel Oki [16] und die Insel Sado. [17] Dies

---

Provinz. Schliesslich bekam auch ganz Japan den Namen *Yamato*. Die einfachste und plausibelste von den vielen Erklärungen des Wortes *Yamato* (siehe Chamberlain, KOJIKI, pag. 23, note 26) scheint mir „Berg-Thor" *yama-to* zu sein. (Es sei hier bemerkt, dass der Name der benachbarten Provinz *Yamashiro*, worin Kyōto liegt, aus *Yama-ushiro* „hinter den Bergen" zu erklären ist, indem diese Provinz, von Yamato aus gerechnet, hinter einem Wall von Bergen liegt). 日 本 *Nippon* oder *Nihon* "Sonnenaufgang" als Bezeichnung für Japan ist erst im siebenten Jahrhundert nach Chr. aufgekommen, den Koreanern als officieller Name des Landes im Jahre 670 angekündigt. Wahrscheinlich rührt diese chinesische Bezeichnung ursprünglich gar nicht von den Japanern, sondern den Koreanern her, für welche Japan in der That im Aufgang der Sonne, d. h. im Osten liegt. Unser „Japan" ist eine Korrumpierung von *Nippon*, oder vielmehr der chinesischen Aussprache des Wortes: *Ži-pön*.

[14] D. i. die Insel *Shikoku*. *Futa-na* (nach den Zeichen 二 名 „zwei Namen") wird von **H** plausibel als „zwei Paare" (*na*=*nami* „Reihe") erklärt. Diese zwei Paare (von Provinzen), welche die Insel *Iyo* bilden (*Iyo* bezeichnet hier die ganze Insel Shikoku!), sind einerseits *Aha* und *Sanuki*, andererseits *Iyo* (Provinz) und *Tosa*. *Iyo no Futa-na* also wörtlich: „die beiden [Provinzen-] Paare der [Insel] Iyo."

[15] Die Insel Kyūshū. Das Shaku-Nihongi giebt vier Versionen für den Ursprung der Benennung von *Tsukushi*: 1°). Das Land ähnelt einer Eule (*Tsuku* im Japanischen) an Gestalt. 2°) Von dem den „Sattel aufreibenden Passe" (*kura tsukushi no saka*, weil der Pass sehr eng und steil ist; der Pass ist zwischen Chikugo und Chikuzen, die beide eine Provinz ausmachten). 3°) Vom Namen des Gottes *Hito no Inochi wo Tsukushi no Kami* „der die Menschenleben vertilgende Gott.' Er war ein sehr ungestümer Gott, und die Menschen wurden von ihm massenhaft getötet. 4°) Man fällte daselbst zu viel Bäume, um daraus Särge und Bahren für die Toten zu machen, so dass die Berge dieser Gegend von Wäldern ganz entblösst wurden: bezüglich der Wälder vertilgt (*tsukusu* alle machen). Alle vier Versionen sind natürlich weiter nichts als Volksetymologien.

[16] *Oki* „hohe See," so benannt, weil die Insel weit in der hohen See, im japanischen Meere, liegt.

[17] *Sado* nach **H** „Zufluchtsort;" nach Motowori „enges Thor," weil die Insel vielleicht Häfen mit engem Eingang habe.

ist das Urbild der Zwillingsgeburten, [18] welche manchmal bei
den Menschen dieser Welt vorkommen. Sodann erzeugten
sie die Insel Koshi ; [19] sodann erzeugten sie die Insel Oho-
shima ; [20] sodann erzeugten sie die Insel Kibi no Ko-zima [21]
Hieraus entstand zuerst die Bezeichnung Oho-ya-shima [22]
Land. Hierauf kamen die Insel Tsushima, [23] die Insel Iki [24]
und die kleinen Inseln der verschiedenen Orte alle durch
Gerinnen des Meerwasser-Schaums zu Stande.—Es wird auch
berichtet, dass sie durch Gerinnen des Schaums von Süsswasser
zu Stande gekommen seien.—

  I.—In einer Schrift heisst es :—Die Himmelsgötter sprachen zu Izanagi no Mikoto und Izanami no Mikoto :
  „ Es giebt ein Land Toyo-ashi-hara no Chi-i-ho-aki
  no Midzu-ho. [25] Du sollst dich dorthin begeben und

---

[18] Nach I ist jede einzelne der beiden Inseln als eine Zwillingsgeburt zu
betrachten. Die Insel *Oki* wird auch oft die Drillingsinsel *mitsugo no shima*
genannt, und die Insel *Sado* zerfällt in *Oho-Sado* „Gross Sado“ und *Ko-Sado*
„Klein Sado.“ Vergl. aber auch Chamb. Seite 22, Anm. 11.

[19] *Koshi* ist keine Insel, sondern die weite, den ältesten Japanern nur
sehr ungenau bekannte Länderstrecke im Nordwesten von Japan, welche
die jetzigen Provinzen Etchū, Echigo und Echizen einbegreift. *Koshi* ist
eigentlich der Name eines Distriktes in Echigo, und H meint, dass der Name
von dem Distrikt auf den ganzen Länderkomplex übertragen wurde.

[20] *Oho-shima* ist ein zur Provinz Suhō gehöriger Distrikt, ein Insel Distrikt
(nicht mit *Oho-shima*=Vries Island zu verwechseln !).

[21] *Kibi no Ko-zima* „die kleinen Inseln von Kibi“ ist ebenfalls ein insularer
Distrikt, zur Provinz Bizen gehörig. *Kibi* entspricht den jetzigen Provinzen
Bingo, Bizen und Bitchū.

[22] *Oho-ya-shima-kuni* „ das Land der grossen acht Inseln “ oder vielleicht
besser „ das grosse Land der acht Inseln.“

[23] *Tsu-shima* „ Hafen-Insel,“ wohl so genannt, weil sie einen Haltepunkt
für den Schiffsverkehr, gerade in der Mitte zwischen Japan und Korea, bildete.

[24] *Iki no shima*, nach H „ Schnee-Insel “ (*iki*=*yuki*), weil die Küste mit
ihrem weissen Sande von ferne aussieht, als sei sie mit Schnee bedeckt (*i*
wechselt dialektisch sehr häufig mit *yu*, z. B. auch in Tōkyō).

[25] „ Des üppigen Schilfgefildes frische Aehren von tausend fünfhundert
Herbsten (Ernten).“ *Toyo* üppig, *ashi* Schilf, *hara* Gefilde, *chi* tausend, *i-ho*
fünfhundert, *aki* Herbst, Ernte, *midzu* frisch *ho* Reisähre.

dort Ordnung herstellen. " Hierauf verliehen sie ihnen den himmlischen Juwelen-Speer. Darauf stellten sich die beiden Gottheiten auf die schwebende Brücke des Himmels, stiessen den Speer nach unten und suchten nach Land. Als sie dann das blaue Meeresgefilde damit rührten und ihn hinauf zogen, da gerann das von der Speerspitze herabträufelnde Meerwasser und wurde zu einer Insel, welche Ono-goro-zima genannt wurde. Die beiden Gottheiten stiegen hinab und wohnten auf jener Insel und errichteten einen Acht-Klaftern-Palast. [26] Auch richteten sie den Himmels-Pfeiler auf. Die männliche Gottheit fragte die weibliche Gottheit: „ Giebt es an deinem Körper irgend etwas Geformtes?" Sie antwortete und sprach: „ Mein Körper ist vollkommen geformt und hat eine Stelle, welche der Ursprung der Weibheit heisst. " Die männliche Gottheit sagte: „ Mein Körper ebenfalls ist vollkommen geformt und hat eine Stelle, welche der Ursprung der Mannheit heisst. Ich hege den Wunsch den Ursprung der Mannheit meines Körpers mit dem Ursprung der Weibheit deines Körpers zusammenzubringen." Nachdem sie so gesprochen hatten, waren sie im Begriff um den Himmels-Pfeiler herumzugehen, und gaben sich folgendes Verspre-chen: [27] „ Meine Liebe, [28] gehe du von links herum,

---

[26] 八尋之殿 *ya-hiro-dono* „ Palast von acht (d. i. vielen) Armspannweiten," d. h. ein grosser Palast. Der gleich darauf erwähnte Himmelspfeiler ist als in der Mitte des Palastes errichtet zu denken. Er ist identisch mit dem *Ama no Nu-boko* „ himmlischen Juwelenspeer."

[27] „Versprechen " oder „ Gelübde" *chigiri*, kontrahiert aus *te-nigiri* „ Hand-Ergreifen." Es war eine uralte Sitte der Japaner, beim Austausch eines Versprechens sich die Hand zu geben.

[28] *Imo* (jüngere Schwester) ist einfach als Kosewort gebraucht. In der alten Zeit wurde jede Frau mit *imo* angeredet, und eine Frau redete jeden Mann mit *e* oder *se* (Gemahl) an. Vgl. auch das Shir-ha-shirim (Hohe Lied)

während ich von rechts herumgehen will." Hierauf
gingen sie getrennt [in entgegengesetzter Richtung]
herum und trafen zusammen. Da sprach die weibliche
Gottheit zuerst und sagte: „Ach, wie schön! ein
lieblicher Jüngling!" Die männliche Gottheit antwortete darauf und sprach: „Ach, wie schön! Eine
liebliche Jungfrau!" Endlich wurden sie Mann und
Frau. Zuerst erzeugten sie das Blutegel-Kind,[29] das
sie sofort in ein Schilf-Boot[30] setzten und dahin-
schwimmen liessen. Darauf erzeugten sie Aha-shima.[31]
Auch diese schlossen sie nicht in die Zahl ihrer
Kinder ein.[32] Daher kehrten sie zurück und stiegen
wieder nach dem Himmel hinauf, wo sie von den

Kap. 4, Vers 9, 10 und 12, wo „Schwester" für Geliebte und Braut als
Kosewort gebraucht ist.

[29] *Hiru-ko* „Blutegel-Kind," so genannt, weil es wie ein Blutegel weich
(ohne Knochen) und schwach war. Später wurde *Hiruko* mit dem Gott *Ebisu*
dem Schutzgott des Handels und der Industrie, einem der sieben Glücksgötter,
identificiert. Die weiterhin von Hirata versuchte Identifikation mit *Sukuna-
biko-na* (siehe Kap. VII, Anm. 74) wird allgemein als unbegründet verworfen.

[30] Eine Analogie zur Aussetzung Moses', zur akkadischen Sargon Sage
u. s. w. Vgl. John O'Neill, Night of the Gods, pag. 410.

[31] *Aha-shima* 淡洲 „Schaum-Insel" soll ein Inselchen bei der Insel Ahaji
in der Provinz Sanuki gewesen sein. Shigetane erklärt *Aha-shima* für den
älteren Namen der Insel *Tomo no shima*, zur Provinz Kii gehörig (siehe
I pag. 215). Die Lage der Insel wird ungefähr klar aus einem Gedicht
des Kaisers Nintoku (KOJIKI, sect. 122: *Oshi-teru ya* etc.), welches derselbe
dichtete, als er von der Insel *Ahaji* aus in die Ferne schaute. Es lautet:

> „Wenn ich nach meinem Lande blicke,
> Nachdem ich aufgebrochen bin
> Vom wellenbespülten
> Naniha Kap,
> So werden [mir] sichtbar
> Die *Insel Aha*,
> Die Insel Onogoro,
> Und die Insel Ajimasa;
> Wird mir sichtbar die Insel Saketsu."

[32] Weil auch diese wie *Hiru-ko* als Fehlgeburt betrachet wurde.

Umständen genauen Bericht erstatteten. Da divinierte
der Himmelsgott [Taka-mi-musubi no Mikoto] darüber
vermittelst der grossen Divination [33] und belehrte sie
folgendermassen: „Wie konnten die Worte des
Weibes je zuerst gesprochen werden? Ihr müsst
noch einmal dorthin zurückkehren." Nachdem er
hierauf die [geeignete] Zeit durch Divination bestimmt
hatte, liess er sie hinab steigen. Demgemäss gingen
die beiden Gottheiten wieder um den Pfeiler herum,
die männliche Gottheit von links und die weibliche
Gottheit von rechts, und als sie zusammentrafen,
sprach die männliche Gottheit zuerst und sagte:
„Ach, wie schön! Eine liebliche Jungfrau!" Da-
raufhin antwortete die weibliche Gottheit und sprach:
„Ach, wie schön! Ein lieblicher Jüngling!" Hierauf
nun wohnten sie zusammen in demselben Palaste und
erzeugten Kinder, deren Namen waren: Oho-yamato
Toyo-aki-tsu-shima, sodann die Insel Ahaji, sodann
die Insel Iyo no Futa-na, sodann die Insel Tsukushi,
sodann die Drillings-Insel [34] Oki, sodann die Insel
Sado, sodann die Insel Koshi, sodann die Insel Kibi

---

[33] *Futo-mani* „grosse Divination." *Futo* ist hier ein blosses Honorificum.
Mani „Divination" erklärt **I** als *ma-ni* „in Gemässheit [mit dem göttlichen
Willen]." Anders **H**: er betrachtet *futo* nicht als Präfix, sondern giebt ihm
die Bedeutung *uragoto* „Weissagung;" *ma-ni* soll *ma-niru* „wahrlich ähneln "
sein. Die älteste Art der Divination bei den Japanern bestand nämlich
darin, dass man das Schulterblatt eines Hirsches über einem Feuer röstete
und je nach den durch die Hitze entstandenen Rissen prophezeite. Diese
Risse entsprechen, wie **H** etwas phantastisch meint, dem, was man wissen
wolle, sind ihm vollständig ähnlich, woher der Name *ma-ni*. Wenn überhaupt eine Analyse des Wortes berechtigt ist, so ist die von **I** vorzuziehen. Eine
ausführliche Besprechung der verschiedenen Arten der Divination bei den
alten Japanern siehe in Satow's Ancient Japanese Rituals, T. A. S. J. vol. 7,
part 4, pag. 425 ff. Vgl. auch Buch 2, Kap. IV, Anm. 65.

[34] Vgl. Anm. 18.

no Ko. In folge dessen nannte man sie das Oho-ya-shima Land [d. i. das Grosse-acht-Inseln-Land].

II.—In einer Schrift heisst es:—Die beiden Gottheiten Izanagi no Mikoto und Izanami no Mikoto standen inmitten des Nebels des Himmels und sprachen: „Wir wollen ein Land finden." So stiessen sie mit dem himmlischen Juwelen-Speer nach unten und suchten. damit umher, als sie die Insel Ono-goro fanden. Darauf zogen sie den Speer zurück und freuten sich, indem sie sagten: „Vortrefflich! Es ist ein Land da!"

III.—In einer Schrift heisst es:—Die beiden Gottheiten Izanagi no Mikoto und Izanami no Mikoto sassen auf dem hohen Himmelsgefilde und sprachen: „Es muss sicherlich ein Land geben." Hierauf rührten sie mit dem himmlischen Juwelen-Speer die Inser Ono-goro zusammen.

IV.—In einer Schrift heisst es:—Die beiden Gottheiten Izanagi no Mikoto und Izanami no Mikoto sprachen zu einander und sagten: „Da ist etwas, das fliessendem Oele ähnelt. In der Mitte davon ist vielleicht ein Land." Darauf rührten sie mit dem himmlischen Juwelen-Speer umher und formten eine Insel, welche den Namen Ono-goro-zima bekam.

V.—In einer Schrift heisst es:—Die weibliche Gottheit sprach zuerst und sagte: „Ach, wie schön! ein hübscher Jüngling!" Nun aber wurde es als nicht glückbedeutend betrachtet, dass die weibliche Gottheit zuerst gesprochen hatte. Als sie zum zweiten Mal wieder von neuem herumgingen, da sprach die männliche Gottheit zuerst und sagte: „Ach, wie schön! eine hübsche Jungfrau!" Schliesslich waren sie im Begriff miteinander den Koitus auszuüben, aber sie verstanden die Kunst nicht. Da war eine Bachstelze, welche herbeigeflogen kam und ihren Kopf und Schwanz hin und her bewegte. Die beiden Gottheiten sahen es und ahmten es nach und fanden so die Methode des Koitierens heraus.

VI.—In einer Schrift heisst es :—Die beiden Gottheiten vereinigten sich miteinander und wurden Mann und Frau. Zunächst, indem sie die Insel Ahaji als den Mutterkuchen [35] betrachteten, erzeugten sie die Insel Oho-yamato Toyo-aki-tsu-shima ; sodann die Insel Iyo ; sodann die Insel Tsukushi ; sodann erzeugten sie als Zwillingsgeburt die Insel Oki und die Insel Sado ; sodann die Insel Koshi ; sodann Oho-shima ; sodann Ko–zima. [36]

VII.—In einer Schrift heisst es :—Zuerst erzeugten sie die Insel Ahaji ; sodann die Insel Oho-yamato Toyo-aki-tsu-shima ; sodann die Insel Iyo no Futa-na ; sodann die Insel Oki ; sodann die Insel Sado ; sodann die Insel Tsukushi ; sodann die Insel Iki ; sodann die Insel Tsushima.

VIII.—In einer Schrift heisst es :—Indem sie die Insel Ono-goro als Mutterkuchen betrachteten, erzeugten sie die Insel Ahaji ; sodann die Insel Oho-yamato Toyo-aki-tsu-shima ; sodann die Insel Iyo no Futa-na ; sodann die Insel Tsukushi, sodann die Insel Kibi no Ko ; sodann erzeugten sie in Zwillingsgeburt die Insel Oki und die Insel Sado ; sodann die Insel Koshi.

IX.—In einer Schrift heisst es :—Indem sie die Insel Ahaji als Mutterkuchen betrachteten, erzeugten sie die Insel Oho-yamato Toyo-aki-tsu-shima ; sodann die Insel Aha-shima ; sodann die Insel Iyo no Futa-na ;

---

[35] 胞 *ye* (oder *yena*). Im KŪJIKI steht an der betreffenden Stelle 兄 *ye* „älterer Bruder," was wohl eine irrtümliche Auffassung ist.

[36] D. i. *Kibi no Ko-zima*, Anm. 21.

sodann die Drillingsinsel Oki; sodann die Insel Sado; sodann die Insel Tsukushi; sodann die Insel Kibi no Ko; sodann die Insel Oho-shima.

X.—In einer Schrift heisst es:—Die weibliche Gottheit sprach zuerst und sagte: „Ach, wie schön! ein lieblicher Jüngling!" Hierauf nahm sie die männliche Gottheit bei der Hand und schliesslich wurden sie Mann und Frau und erzeugten die Insel Ahaji und sodann das Blutegel-Kind.

KAPITEL III.

[GOETTERZEUGUNG. SONNENGOETTIN, MONDGOTT, BLUTEGELKIND UND SUSA NO WO NO MIKOTO GEZEUGT. ZEUGUNG DES FEUERGOTTES U. S. W. TOD DER IZANAMI NO MIKOTO.]

Sodann erzeugten sie das Meer;[1] sodann erzeugten sie die Flüsse;[2] sodann erzeugten sie die Berge;[3] sodann erzeugten

---

KAPITEL III.

ZUM INHALT VERGL. KOJIKI SECT. 6 UND 7.

[1] Die *Götter des Meeres* sind gemeint, wie auch im folgenden „Flüsse," und „Berge" als „Götter der Flüsse" und „Götter der Berge" zu verstehen sind. Auch bei den unmittelbar folgenden Namen sind die Epitheta *Kami* „Gott" oder *Mikoto* „Hoheit" weggelassen; der ganze Passus ist in lakonischer Kürze gegeben.

Der „Gott des Meeres" ist nach dem KOJIKI *Oho-wata-tsu-mi no Kami* „Gross-Ocean-Herr," als oberster Meergott; in Variante VI wird den Meergöttern überhaupt der Name *Wata-tsu-mi no Mikoto* „Meer-Herren" beigelegt.

[2] D. i. die Götter der Flüsse. „Flussgötter" *Kaha no kami* werden weder im NIHONGI noch KOJIKI mit Namen genannt, aber in ersterem ist unten Variante VI von „Göttern der Flussmündungen (Wasserthore), welche Haya-aki-tsu-hi no Mikoto hiessen" die Rede, und in letzterem sect. 6 heisst es: „sodann erzeugten sie den Gott der Flussmündungen (*minato no kami*) Namens Haya-aki-tsu-hiko no Kami, und sodann erzeugten sie seine jüngere Schwester Haya-aki-tsu-hime no Kami." Diese *minato no kami* kann man wohl überhaupt als „Flussgötter" betrachten.

[3] Der oberste Berggott führt den Namen *Oho-yama-tsu-mi no kami* „Gross-

sie Ku-ku-no-chi,[4] den Ahnen der Bäume.[5] sodann erzeugten sie Kaya-nu-hime,[6] die Ahnin der Gräser und Kräuter, *die mit anderem Namen auch Nu-dzuchi[7] heisst.*

Hiernach beratschlagten Izanagi no Mikoto und Izanami no Mikoto zusammen und sprachen: „Wir haben nun schon das Land Oho-ya-shima nebst Bergen, Flüssen, Kräutern und Bäumen erzeugt. Warum sollten wir nicht Jemand erzeugen, welcher der Herr der Welt[8] sei?“ Hierauf erzeugten sie mit-

---

Berg-Herr,“ die Berggötter überhaupt heissen *Yama-tsu-mi.* Siehe Variante VI, sowie Buch 2, Kap. III, Anm. 18.

[4] *Kuku-no-chi* etwa „Vater der Baumstämme.“ *Kuku* wird gewöhnlich als *kuki* „Stengel, Stamm“ erklärt (nach **I** ist *kuki* Verkürzung aus *kukuki* 莖木), könnte aber auch vokalharmonische Veränderung von *ki-ki* oder *ko-ko* „Baum-Baum“ sein; *no* Genetiv Partikel; *chi* ist wohl gleich dem modernen *chi-chi* (Geminierung von *chi?*) „Vater,“ hier als Honorificum gebraucht, etwa „der Altehrwürdige, Traute,“ wie *chi* in *tsuchi* (*tsu-chi*). Das Honorificum *ji* ist hiermit identisch, nämlich Nigorierung von *chi*. Demnach erscheint das suffigierte Honorificum *chi* in verschiedenster Weise grammatisch mit dem vorhergehenden Namenskomplex verbunden: a) ohne verbindende Partikel, z. B. *Ashi-nadzu-chi*, *Te-nadzu-chi* (Kap. 7, Anm. 4), *Umashi-ashi-kabi-hiko-ji* (Kap. 1, Anm. 22); b) mit der Genetiv Partikel *no* *Kuku-no-chi;* c) mit der Genetiv Partikel *tsu* (*dzu*) als ein häufig vorkommendes Suffix *tsu-chi* (*dzu-chi*): *Kuni no Sa-dzuchi no Mikoto, Shiho-tsuchi no Kami* u. s. w.

[5] *Ki no oya*, fast gleichbedeutend mit *ki no kami* „Baumgott;“ letzterer Ausdruck in Variante VI.

[6] *Kaya-nu-hime* „Dachstroh-Feld-Prinzessin.“ *Kaya*, jetzt gewöhnlich = „Schilf, Ried,“ war früher ein allgemeiner Name für jede Grasart, welche zum Decken der Dächer benutzt wurde.

[7] Die Glosse ist in **A** mit grossen Lettern wie der Text geschrieben, was auch **H** beibehält, dagegen haben **SU**, **I** u. s. w. sie (wie im KŪJIKI) in kleine Lettern umgesetzt.

Nu-dzuchi oder *Nu-tsuchi* „Feld-Altehrwürdige.“ *tsuchi, dzuchi* ist das oben Anm. 4 besprochene Honorificum; **H** aber betrachtet *dzuchi* als ein altes Wort für „Schlange, Drache“ und sieht in dieser Gottheit einen Schlangengeist.

[8] 天下 *tenka, ame no shita*, lit. „das unter dem Himmel Befindliche,“ ein Ausdruck, der bei den Chinesen (und dann bei den Japanern) einerseits die ganze Welt, anderseits das im wesentlichen damit identificierte chinesische (resp. japanische) Reich bezeichnet.

einander die Sonnengöttin, welche Oho-hiru-me no Muchi [9] genannt wurde.—*In einer Schrift heisst sie Ama-terasu Oho-[mi]-kami.*[10]*—In einer* [*anderen*] *Schrift heisst sie Ama-terasu-oho-hiru-me no Mikoto.* [11]—

Der schimmernde Glanz dieses Kindes durchstrahlte das ganze Universum.[12] Daher freuten sich die beiden Gottheiten und sprachen : „Obgleich unserer Kinder viele sind, so haben wir doch noch keines, welches diesem wunderbaren Kinde vergleichbar wäre. Wir sollten sie nicht lange in diesem Lande verweilen lassen, sondern sollten sie selbstverständlich schnell nach dem Himmel schicken und ihr die Angelegenheiten des Himmels [13] anvertrauen."

Zu dieser Zeit waren Himmel und Erde noch nicht weit von einander entfernt, [14] und daher schickten sie sie durch

---

[9] *Oho-hiru-me no Muchi* „Grosse-Mittag-Weib-Edle." *hiru* verhält sich zu *hi* „Sonne" wie *yoru* „Nacht" zu *yo* (im MANYŌSHŪ findet sich auch *yora* 與哀); *hiru*=„Mittag, helle Tageszeit, Tag." *muchi* ist ein suffigiertes Epitheton ornans zur selben Wurzel gehörend wie *mutsu, mutsumaziki* „freundlich, traut," und kann als Honorificum durch „Edler, Edle" wiedergegeben werden. Es findet sich noch in anderen Namen, wie *Oho-na-muchi no Kami, Michi-nushi no Muchi.* Man liest auch *muji.* (Die Erklärung von *muchi=mochi* „Besitzer" ist eine Volksetymologie.)

[10] *Ama-terasu Oho-mi-kami* „am Himmel scheinende grosse erlauchte Gottheit." *terasu* ist ehrende Causativform von *teru*, ohne Causativbedeutung, =*teru* „scheinen." Die manchmal gebrauchte Lesart *Ama-terasu no Oho-kami* ist nicht empfehlenswert und wird von den besten Autoritäten verworfen. Die sin-jap. Lesung *Ten-shō-dai-jin* ist in moderner Zeit sehr populär (auch *Ten-shō-kō-dai-jin*, mit Einfügung von 皇 *kō*).

[11] „Ihre Hoheit das am Himmel scheinende grosse-Tages-Weib." Derselbe Name auch im Zimmu-ki (Buch 3); MANYŌSHŪ Buch 2 findet sich auch *Ama-terasu-hiru-me no Mikoto.*

[12] 六合之內, lit. innerhalb der 6 Himmelsrichtungen, nämlich Norden, Süden, Osten, Westen, Zenith und Nadir, jap. *ame-tsuchi no uchi ni* gelesen.

[13] D. i. die Regierung des Hohen Himmelsgefildes; vgl. MANYŌSHŪ Buch 2 : *Ama-terasu Hiru-me no Mikoto ame wo ba shiroshimesu to.*

[14] Vgl. den Eingang zu Kap. I. Die Vorstellung gehört wohl nicht der eigentlichen japanischen Mythologie an. Eine ähnliche Mythe bei den

Vermittlung des himmlischen Pfeilers [15] nach dem Himmel hinauf.

Sodann erzeugten sie den Mondgott.—*In einer Schrift heisst er Tsuki-yumi no Mikoto, oder Tsuki-yo-mi no Mikoto, oder Tsuki-yomi no Mikoto.* [16]—Sein Glanz kam zunächst hinter dem der Sonne. Er sollte der Sonne zugesellt werden und [mit ihr] regieren. Daher wurde er ebenfalls nach dem Himmel geschickt.

Maori (Lang, Custom and Myth, pag. 45); „Im Anfang waren Rangi, der Himmel, und Papa, die Erde, der Vater und die Mutter aller Dinge. In enen Tagen lag der Himmel auf der Erde, und alles war Dunkelheit. Sie waren nie von einander getrennt gewesen.“

[15] Der „himmlische Pfeiler“ 天柱 *ama no mi-hashira* ist nach **I** der Himmelspfeiler, welcher auf der Insel Ono-goro bei Erbauung des Acht-Klaftern-Palastes (Kap. II, Anm. 26) errichtet wurde. Siehe Kap. II, Anm. 6. *Hashira* scheint etymologisch mit *hashi* „Brücke, Leiter“ zusammenzuhängen, und so könnte *ama no mi-hashira* auch eine „Himmelsleiter“ sein. Mehr beachtenswert ist aber **II**'s Auffassung, wonach *ama no mi-hashira* der „Wind,“ oder vielmehr der „Windgott“ ist. Der Wind (Luft) wird nämlich als Pfeiler zwischen Himmel und Erde, gleichsam als Träger des Himmels, betrachtet, und in den Norito heisst der Windgott *Ama no Mi-hashira no Mikoto, Kuni no Mi-hashira no Mikoto* „Himmels-Pfeiler, Land-Pfeiler.“ Vgl. Satow, Ancient Japanese Rituals, T. A. S. J. VII, S. 418.

[16] **I** liest überall *tsuku* statt *tsuki* in Compositis: *tsuku-yumi, tsuku-yo-mi, tsuku-yomi*. Die Etymologie ist nicht ganz sicher, aber am plausibelsten erscheint „Mond-Nächtler,“ wobei ich *mi* wie **I** als Epitheton ornans betrachte (nach Mabuchi *mi=mochi* „Besitzer,“ wie im Namen der Meergötter *Wata-tsu-mi* „Herren des Meeres).“ *Tsuki* bedeutet natürlich „Mond;“ *yumi* ist 弓 „Bogen“ geschrieben, *yo-mi* 夜見 „Nacht-sehen,“ *yomi* 讀 „zählen, lesen.“ **I** versucht eine geistreiche, aber wohl unhaltbare Erklärung von *tsuku-yo*. *Tsuku-yo* soll nur „Mond“ bedeuten, und jedes Element für sich, sowohl *tsuki* als *yo*, diese Bedeutung haben. Wie nämlich *hi* ursprünglich „Sonne“ und dann „Tag“ bedeute, so sei *yo* ursprünglich „Mond“ und dann die Zeit, wo der Mond scheint, die „Nacht.“ Eher möchte ich an einen Zusammenhang von *yo* „Nacht,“ wovon *yoru* abgeleitet, mit *yomi, yomo* „Hades, Dunkelheit“ (vgl. auch *yomosugara* „die ganze Nacht hindurch“) und ferner mit *yami* „Dunkelheit“ (vgl. die Ausrufungspartikel *yo* und *ya*) glauben. **II** giebt *yomi* die Bedeutung „zählen“ (Zählen der Tage), meint aber, es könne auch „nächtlich *ma-yo* „Augenbraue;“ die Erklärung von *yumi* als „Bogen“ beruht viel-

Sodann erzeugten sie das Blutegel-Kind, welches selbst nachdem es drei Jahre alt geworden war noch immer nicht auf den Beinen stehen konnte. [17] Daher setzten sie es in das himmlische Fels-Kampferholz-Boot [18] und überliessen es den Winden.

---

leicht auf einer Volksetymologie, welche durch die bogenförmige Gestalt des Mondes im ersten und letzten Viertel anheim gegeben wurde. MANYŌSHŪ sichtbar " bedeuten. Er erwähnt ausdrücklich, dass dies *yomi* von *yomi* „Hades" verschieden sei. *yumi* halte ich für eine blos phonetische Veränderung von *yomi;* analoge Fälle dazu sind z. B. *yume* oder *yome* „Traum," *ma-yu* oder Buch 7 kommt *tsuki-yomi* geradezu in der Bedeutung *tsuki* „Mond " vor: *tsuki-yomi no hikari sukunaki yo ha fuke ni tsutsu.* Der Mondgott ist ein *männlicher* Gott, vgl. MANYŌSHŪ Buch 6 und 7 den Ausdruck *tsuki-yomi-wotoko* (*wotoko* „Mann"), und Buch 10 *tsuki-hito-wotoko* 月人男. In der chinesischen Mythologie ist umgekehrt die Sonne eine männliche, und der Mond eine weibliche Gottheit.

Ich bin geneigt *tsuki* „Mond, Monat" mit *toki* Zeit (und ferner mit *toki, toko* „lange dauernd, ewig") in etymologischen Zusammenhang zu bringen; die Zeit wurde nach den Mondzeitabschnitten gerechnet, und so ist wohl die Bedeutung von *toki* eine sekundäre, von *tsuki* abgeleitete. Man vgl. hiermit, dass in den indogermanischen Sprachen die Wörter für „Mond" und „Monat" von der Wurzel *mē* „ messen" hergeleitet sind, also der Mond als Zeitmesser gedacht war. Sollte auch das Verbum *tsukuru* (jetzt *tsukiru*) „erschöpft sein, zu Ende sein" zu dieser Gruppe gehören?

In dem von ⅢⅠ citierten YAMATO-BIME SEI-KI 倭姫世記 wird als bildliche Darstellung des Mondgottes ein auf einem Pferde reitender Mann erwähnt. Woher diese Vorstellung stammt, vermag ich nicht zu entscheiden; sicherlich ist sie nicht altjapanisch und muss schon deshalb mit Vorsicht aufgenommen werden, weil das Yamato-bime Sei-ki, nach K. Tsuboi, ein erst ungefähr im Jahre 1129 in Ise entstandenes Machwerk ist.

[17] Siehe Kap. II, Anm. 29.

[18] *Ama no iha-kusu-bune,* ein Boot aus felsenhartem Kampferholz. Hirata wagt eine phantastische Erklärung von *kusu* „Kampferholz:" es soll = 奇 *kusu* „wunderbar" sein, weil dies wunderbare Holz im Laufe der Jahre versteinere! In Variante II wird die Zeugung des „Vogel-Felsen-Kampfer-holz-Bootes" als dritten Kindes erwähnt. Das KOJIKI, sect. 6, zählt das Boot als Gottheit auf: „Der Name der Gottheit, welche sie demnächst erzeugten, war *Tori no Iha-kusu-bune no Kami* (die Gottheit Vogels-Felsen-Kampferholz-Boot), mit anderem Namen auch *Ama no Tori-bune* (Himmlisches Vogel-Boot)."

Sodann erzeugten sie Susa no Wo no Mikoto.[19]—*In einer*

---

[19] *Susa* (oder auch *Sosa*) *no Wo no Mikoto* „Seine Hoheit der ungestüme Mann,“ mit vollerem Namen *Take-haya-susa no Wo no Mikoto* „Tapfrer-schneller-ungestümer Mann.“ *Susa* nach gewöhnlicher Herleitung Stamm des Verbums *susamu* „vorwärts drängen, ungestüm sein;“ vgl. auch *susamaziki* „schrecklich“ Eine geistreiche Konjektur bringt Aston: er möchte nämlich den Namen von dem Dorfe *Susa* inder Provinz Idzumo ableiten, also „Mann von Susa.“ Unter anderem sagt Aston: »Man wird sich erinnern, dass nach einer japanischen Ueberlieferung Idzumo die Heimat der Götter ist, und dass mehrere auf sie bezügliche Sagen mit dieser Lokalität in Verbindung stehen. Es ist jedoch wahrscheinlich, dass die ältere Ableitung wirklich eine Volksetymologie ist, die den über diese Gottheit erzählten Geschichten Kolorit verliehen hat. Idzumo ist heutzutage eine Hauptstätte der Verehrung Susa no Wo's. Eine von seinen Frauen hiess Susa no Yatsu-mimi, aber es ist Niemand eingefallen, aus ihr eine „ungestüme Frau“ zu machen.« Dieser Hypothese stehen jedoch einige Bedenken entgegen. *Susa no Yatsu-mimi* kann nach dem Ort *Susa* benannt sein, ohne dass deshalb *Susa no Wo* nach demselben benannt sein müsste. Ja, das IDZUMO-FŪDOKI, woraus Aston die Suggestion zu seiner Hypothese geschöpft hat, behauptet geradezu das Gegenteil. Die betreffende Stelle lautet nämlich vollständig: „Dorf Susa. Neunzehn Ri westlich vom Rathaus des Distriktes. Kamu-Susa no Wo no Mikoto sprach: Dies ist zwar ein kleines Land, aber doch ein Kuni-dokoro (d. i. ein geschlossenes, für sich ein Ganzes bildendes Land). Deshalb soll mein Name nicht an Holz oder Steine angehängt werden. So sagte er, und hierauf legte er die erlauchte Seele seiner eigenen Hoheit zur Ruhe und setzte *Oho-susa-da* (grosse Susa Reisfelder) und *Wo-susa-da* (kleine Susa Reisfelder) ein. Deshalb heisst [der Ort] Susa.“

Die landläufige Ansicht ist, dass Susa no Wo ein böser Gott sei, wogegen ihn Shigetane verteidigt. Wenn sein Name schon etwas Böses bedeutete, meint er, wie viele sagen, so würde er ihn nicht den Reisfeldern beigelegt haben. Man hat *Susa no Wo* in späterer Zeit sogar mit dem Gott *Go-dzu* "Ochsenkopf," dem ochsenköpfigen Kerkermeister der buddhistischen Hölle (gewöhnlich werden *go-dzu* und *me-dzu* „Ochsenkopf und Pferdekopf“ zusammen genannt; sie sind nach späterer Vorstellung Quälgeister in der Unterwelt) identificieren wollen, was natürlich Unsinn ist. Auf die einzig richtige Deutung *Susa no Wo's* aber als *Sturmgott* scheint keiner der japanischen Kommentatoren verfallen zu sein. Das Verdienst, diese Deutung zuerst gegeben zu haben, gebührt, glaube ich, E. Buckley, in seinem Aufsatz The Shinto Pantheon (New World for December, 1896), woselbst das Nähere auf S. 13 f. nachzulesen ist. Diese Deutung erfordert auch die Interpretation „ungestümer Mann“ für den Namen *Susa no Wo*, also die altüberlieferte,

Schrift heisst er Kamu-Susa no Wo [20] *no Mikoto oder Haya-Susa no Wo* [21] *no Mikoto.*—Dieser Gott hatte ein ungestümes Temperament und grausamen Sinn. Ueberdies hatte er beständig die Angewohnheit zu weinen und zu wehklagen. Daher verursachte er vielfach den vorzeitigen Tod von Bewohnern des Landes. Ferner bewirkte er, dass grüne Berge dürr wurden. Daher sprachen [22] seine Eltern, die beiden Gottheiten, zu Susa no Wo no Mikoto: „Du bist ein ausserordentlicher Bösewicht und darfst die Welt nicht als Fürst beherrschen. Wahrlich, du musst dich weit weg nach der Unterwelt [23] machen!“ So jagten sie ihn schliesslich von dannen.

---

und erledigt die Aston'sche Hypothese. Die Entstehung *Susa no Wo's* aus der Nase Izanagi's, also dem Organ des Atmens und Schnaubens, hat gewissermassen eine Parallele in der Entstehung des Windes aus dem Atem des *P'an-ku* (vgl. Mayers, Chinese Readers Manual, pag. 174). Letztere chinesische Mythe wäre, wie Buckley a. a. O. S. 13 in einer Note bemerkt, nicht klassisch chinesisch, und daher wahrscheinlich eine Volkssage der Ureinwohner Chinas, welche die einwandernden Chinesen in Ostasien vorfanden, weshalb ihre Aehnlichkeit mit der Shintō Mythe auf Verwandtschaft beruhen kann und nicht notwendig Entlehnung der einen von der anderen voraussetzt. Vgl. auch Kap. IV, Anm. 69. Die Angewohnheit des Gottes, zu weinen und zu wehklagen, ist wohl auf das Heulen des Sturmwindes zu deuten.

Das Geschlecht des erblichen Oberpriesters des grossen Shintōtempels in Kidzuki, des Idzumo no Oho-yashiro, leitet seinen Ursprung von *Susa no Wo no Mikoto* ab. Das gegenwärtige Haupt der Geschlechtes (Familie *Senge*, Baronsrang) betrachtet sich als 82. direkten Nachkommen von *Susa no Wo*. Der Oberpriester wird vom Volk gewöhnlich *iki-gami* „lebender Gott“ genannt.

[20] „Der göttliche ungestüme Mann.“

[21] „Der rasche ungestüme Mann.“

[22] 勅 *nori-tamahaku*, ein Ausdruck für „sprechen,“ welcher bei Fürsten gegenüber den Unterthanen gebraucht wird.

[23] 根國 *ne no kuni* „Wurzel-Land,“ ein anderer Ausdruck für 黄泉 *yomi* „Hades,“ weil er tief unten gelegen gedacht wird. In den NORITO *Ne no kuni Soko no kuni* (Boden-Land) genannt. Im 12. NORITO, gelesen beim Hoshidzume no Matsuri, wird *uha-tsu-kuni* „Oberwelt“ der *shita-tsu-kuni* „Unterwelt“ entgegengesetzt. Das Herz der Erde heisst *soko-tsu-iha-ne* „Felswurzeln des tiefen Grundes.“

I.—In einer Schrift heisst es:—Izanagi no Mikoto sagte: „Ich wünsche ein herrliches Kind zu erzeugen, das die Welt regieren soll." Als er hierauf in seine linke Hand einen Spiegel von weissem Kupfer[24] nahm, kam daraus eine Gottheit zum Vorschein. Diese nannte man Oho-hiru-me no Mikoto. Als er in seine rechte Hand den Spiegel von weissem Kupfer nahm, kam daraus eine Gottheit zum Vorschein. Diese nannte man Tsuki-yumi no Mikoto. Ferner als er seinen Kopf umdrehte und nach hinten blickte, entstand eine Gottheit. Diese nannte man Susa no Wo no Mikoto. Nun waren Oho-hiru-me no Mikoto und Tsuki-yumi no Mikoto beide in ihrer natürlichen Beschaffenheit glänzend und schön, und daher liess [Izanagi no Mikoto] sie auf den Himmel und die Erde herabscheinen. Susa no Wo no Mikoto dagegen war von Natur dazu geneigt Schaden und Verderben zu stiften, und deswegen sandte man ihn hinab und liess ihn die Unterwelt regieren.

II.—In einer Schrift heisst es:—Nachdem die Sonne und der Mond schon erzeugt waren, erzeugten sie zunächst das Blutegel-Kind. Als dieses Kind das Alter von vollen drei Jahren erreicht hatte, konnte es immer noch nicht auf den Beinen stehen. Der Grund, warum ihnen jetzt das Blutegel-Kind geboren wurde, war dass im Anfang, als Izanagi no Mikoto und

---

[24] So nach den Zeichen 白銅鏡; aber die altüberlieferte japanische Lesung *ma-sumi-kagami* „ganz (oker treffich) heller Spiegel" möchte vor den Zeichen den Vorzug verdienen und die echte Ueberlieferung repräsentieren. Der Ausdruck kommt im MANYŌSHŪ vor: *ma-somi-kagami* und *ma-so-kagami;* in NORITO 27: *ma-sobi-kagami* (*sobi*=*somi*); in späteren Gedichten *masu-kagami. Kagami* aus *kage-mi* „Reflex-sehen." Die Spiegel der Japaner waren seit der ältesten Zeit aus Metall gefertigt.

Izanami no Mikoto um den Pfeiler herumgingen, die weibliche Gottheit zuerst Worte der Freude äusserte und so gegen das Prinzip von Mann und Weib verstiess. Sodann erzeugten sie Susa no Wo no Mikoto. Dieser Gott war von boshafter Natur und war immer zum Wehklagen und Ergrimmen geneigt. Viel Volk des Landes starb, und die grünen Berge machte er dürr. Deshalb sprachen seine Eltern zu ihm: „Im Falle dass du dieses Land regiertest, würde sicherlich viel Schaden und Verderben entstehen. Darum sollst du die weit entfernte Unterwelt regieren." Sodann erzeugten sie das Vogel-Felsen-Kampferholz-Boot. [25] Hierauf nahmen sie dies Boot und setzten das Blutegel-Kind hinein und überliessen es der Strömung des Wassers. Hierauf erzeugten sie den Feuergott Kagu-dzuchi. [26] Dabei verbrannte sich Izanami no Mikoto an Kagu-dzuchi und verschied in Folge davon. Während sie im Begriff war zu verscheiden und darniederlag, gebar

---

[25] *Tori no iha-kusu-bune.* Siehe Anm. 18. Das Beiwort *tori no* „vogelgleich" ist nach **H** gesetzt, weil das Boot wie ein Vogel (Wasservogel) auf dem Wasser schwimmt, doch gebe ich der Erklärung Motowori's: „schnell wie ein Vogel" den Vorzug.

[26] *Kagu-dzuchi* „der glühende Altehrwürdige." *kagu* „glühen, wie Feuer leuchten" ist verwandt mit *kage* „Licht," *kagayaku* „glitzern, leuchten" u. s. w. *Tsuchi* das oben besprochene Honorificum, von **H** hier wieder als „Schlange" erklärt. Andere Namen des Gottes sind *Ho-musubi* „Feuer-Erzeuger" unten in Variante III und im 12. NORITO zum Ho-shidzume no Matsuri; im KOJIKI sect. 6 noch *Hi no Haya-yagi* (resp. *kagi*)-*wo no Kami* „Feuer-schnell-brennend (leuchtend)-Mann," *Hi no Kaga-biko no Kami* „Feuer-leuchtend-Prinz," und *Hi no Kagu-tsuchi no Kami* „Feuer-leuchtend-Altehrwürdiger." Er wurde in Nagusa in der Provinz Kii verehrt. Wie der japanische Feuergott bei seiner Geburt seine Mutter verbrennt und zum Muttermörder wird, so wird auch der indische Feuergott Agni zum Mörder seiner beiden Eltern, indem er die beiden Reibhölzer, welche das Feuer erzeugen, verzehrt. Vgl. Rig-veda X, 7,9.

sie die Erdgöttin [27] Hani-yama-bime [28] und die Wassergöttin Mitsu-ha no Me. [29] Hierauf nahm Kagu-
dzuchi die Hani-yama-bime zur Frau, und sie erzeugten

---

[27] *Tsuchi no kami.* Unter *tsuchi* „Erde" ist nicht die ganze Erde, der
Erdball, zu verstehen, sondern Lehm, Humus u. dergl., woraus die Pflanzen
wachsen und Thongefässe hergestellt werden.

[28] *Hani-yama-bime* „Prinzessin Lehm-Berg." Weiter unten Variante VI
heisst sie *Hani-yasu no Kami* „Lehm-Klebende Gottheit," wobei *hani-yasu* aus
hani-neyasu kontrahiert ist. Nach Variante IV ist sie aus den Exkrementen
der Izanami entstanden. Das Kojiki sect. 7 lässt aus ihren Exkrementen
zwei Gottheiten entstehen: einen Gott *Hani-yasu-biko no Kami* „Lehm-Klebrig-
Prinz" und eine Göttin *Hani-yasu-bime no Kami* „Lehm-Klebrig-Prinzessin."
Wie man sieht, sind die Begriffe Erde, Lehm, Dreck, Kot (*kuso*) zu einander
in Beziehung gebracht.

[29] *Mitsu-ha* ist mit den Zeichen 罔象 chin. *wang-hsiang* geschrieben, was
Giles No. 12512 erklärt: „ein imaginäres Ungetüm, welches das Gehirn der
Toten unter der Erde verzehrt." Nach *Ch'uang-tsze* und *Huai-nam-tsze* lebt es
aber im Wasser; ebenso nach einem Citat in den Hausgesprächen des Konfucius
K'ung-tsze Kia-iü, wo noch das Epitheton 龍 *lung* „Drache" vorgesetzt ist:
lung-wang-hsiang. Nun findet sich im Wamyōshō die Angabe: „魍魎 *wang-liang*
(Flussgeister; Giles 12518 im letzten Beispiel: spirits of river) wird im
Nihongi Wassergottheit (*midzu no kami*) genannt; der japanische Name ist
mi-tsu-ha." In dieser Angabe ist offenbar 魍魎 mit 罔象 verwechselt, was
jedoch nicht viel ausmacht. Aus den oben gegebenen Citaten glaubt **H** mit
Sicherheit feststellen zu können, dass wir es in dem *wang-hsiang* alias *mitsuha*
mit einem Drachenschlangengeist 龍蛇 zu thun haben, und er analysiert
mitsuha in 水 *mi* 津 *tsu* 蛇 *ha* „Wasser-Schlange." Zur Begründung dafür,
dass *ha* „Schlange" bedeute, citiert er die Stelle aus dem Kogoshūi, wo gesagt wird, dass eine grosse Schlange 羽羽 *haha* genannt werde; ferner citiert
er aus einer Reihe anderer ihm zur Verfügung stehender Beispiele die Namen
zweier Dörfer im Distrikt Shibukaha der Provinz Kahachi, welche 南蛇草
Minami-ha-kusa (Süd Schlangen-Kraut) und 北蛇草 *Kita-ha-kusa* (Nord Schlangen-
Kraut) heissen. Der Ausdruck *wang-hsiang* (=Drache) kommt auch im Sze-ki
des Sze-ma-tsien vor, und möchte wohl von da aus zu den Nihongi Kompilatoren seinen Weg gefunden haben. Nach **H** würden wir also *Mitsu-ha
no Me* mit „Wasser-Schlangen-Weib" oder „Wasser-Drachen-Weib" zu
interpretieren haben.

Eine andere Ansicht vertreten *Shigetane* und **I**: *mitsu*=*midzu* „Wasser,"
ha=生 „entstehen" (*ha* vielleicht identisch mit *ha* „Anfang, Ende, Extremität,"
was möglicherweise als Wurzelelement in *hashi* und *hazime* „Anfang" enthalten
ist; auch *haeru* „wachsen" könnte hierher gehören). Nach dieser Auffassung,

den Waku-musubi.[30] Oben auf dem Kopfe dieser Gottheit entstanden die Seidenraupe[31] und der Maulbeerbaum,[32] und in ihrem Nabel entstanden die fünf Körnerfrüchte.[33]

---

welche freilich besser der japanischen Mythe angepasst scheint, wäre *Mitsu-ha no Me* die Göttin, welche das Wasser hervorsprudeln lässt. Ich vermag mich weder für die eine noch die andere Theorie definitiv zu entscheiden.

[30] *Waku-musubi* oder *Waka-musubi* „Junger-Erzeuger." *Waku* ist eine alte häufig vorkommende Form für *waka* „jung;" die phonetische Schreibung des KOJIKI giebt ausdrücklich *waku.* *Waku* ist nach **H** in diesem Namen nur ein schmückendes Epitheton; ich glaube aber, dass doch etwas mehr darin liegt, indem es auf das immer wieder neue, frische Aufspriessen der jungen Saaten u. s. w. hindeuten wird. Nach KOJIKI sect. 7 ist *Waku-musubi no Kami* ebenso wie *Mitsu-ha no Me* aus dem Urin der Izanami entstanden, und die japanischen Kommentatoren haben viel diskutiert, ob diese Version oder diejenige des Nihongi den Vorzug verdiene. Offenbar haben wir es mit zwei alten und deshalb wohl gleichwertigen Ueberlieferungen zu thun, und ich halte dafür, dass wir nicht berechtigt sind die eine oder die andere Version als falsch zu verwerfen und wegzuinterpretieren. Die japanische Mythologie weist auch abgesehen von diesem Falle vielfache Verwirrungen und Widersprüche auf; sie entbehrt überhaupt einer festen planmässigen Entwicklung. Welche reichere Mythologie der Erde wäre aber von solchen Defekten ganz frei? Reichtum an Varianten zeugt gerade von immer wieder thätiger mythischer Schöpferkraft des Volkes, und nur der kann von ihnen unangenehm betroffen werden, welcher die Mythen mit geschichtlicher Wahrheit verwechselt und deshalb nach dem Grundsatze, dass die historische Wahrheit nur eine sein kann, sich immer nur für eine Fassung erklären, den anderen Fassungen aber als Fälschungen am Zeuge flicken will.

Nach dem KOJIKI hiess das Kind dieser Gottheit *Toyo-uke-bime no Kami* „Reichliche-Nahrung-Prinzessin," die Göttin der Erde und Nahrung (siehe Kap. IV, Anm. 3). Die Bildung des Namens zeigt Analogie zu *Taka-mi-musubi* und *Kami-musubi.*

[31] *Kahiko* „Seidenraupe;" *kahi* von *kafu* „halten, züchten," *ko* „Kind," so genannt, weil sie von den Menschen gehalten und gepflegt werden. In älteren Gedichten heisst sie 養蠶 *kafu-ko* „gehaltenes Kind," auch blos *ko* „Kind." Noch jetzt ist der Ausdruck *o-ko-sama* „geehrtes Herr Kind," besonders bei den Seidenraupenzüchtern, üblich. Vgl. Anm. 106.

[32] Dessen Blätter den Seidenraupen als Nahrung dienen. **H**'s Erklärung von *kuha* „Maulbeer" als Kontraktion aus *kuhi-ha* „Ess-Blätter" scheint mir plausibel.

[33] Die „fünf Körnerfrüchte," *go-koku* oder *itsu-kusa no tanatsumono,* eine

III.—In einer Schrift heisst es:—Als Izanami no Mikoto den Ho-musubi [34] gebar, wurde sie von dem Kinde verbrannt und verschied. [35] Als sie im Begriff war zu verscheiden, da gebar sie die Wassergöttin Mitsu-ha no Me und die Erdgöttin Hani-yama-bime. Ferner gebar sie den himmlischen Kürbis. [36]

IV.—In einer Schrift heisst es:—Als Izanami no Mikoto im Begriff war den Feuergott Kagu-dzuchi zu gebären, bekam sie Fieber und wurde krank. Infolge davon erbrach sie sich, und dies [Erbrochene] verwandelte sich in einen Gott, welcher Kana-yama-biko [37] genannt

---

chinesische Floskel, sind *kome* Reis, *mugi* Gerste und Weizen, *awa* Hirse (Milium), *kibi* Mohrhirse (Panicum miliaceum), und *mame* Bohnen (letztere sind zwar keine Körnerfrüchte, wurden aber von den Chinesen unter sie gezählt). Die Erwähnung der Seidenraupe und der fünf Körnerfrüchte deutet auf verhältnismässig späte Entstehung dieses Teils der Mythe. Vgl. auch Anm. 106.

[34] *Ho-musubi* „Feuer-Erzeuger." So lautet auch der Name des Gottes im Norito zum *Ho-shidzume no Matsuri*.

[35] 神退 *kamu-sari-mashinu* „ging göttlich von dannen." Eine darauf mit grosser Textschrift folgende phonetische Glosse lautet: „Auch heisst es 神避 *kamu-zakari-mashinu* „begab sich göttlich fort."

Dahinter die phonetische Glosse: "天吉葛 (*ten-kitsu-katsu*) wird hier *ama no yosadzura* gelesen; man liest auch *yosodzura*." Der Kürbis wurde in alter Zeit zum Wasserschöpfen gebraucht; mit dem darin enthaltenen Wasser sollte der Feuergott zur Ruhe gebracht (das Feuer gelöscht) werden, wenn er sich ungestüm geberdete. Im Norito zum Ho-shidzume no Matsuri „Fest der Besänftigung des Feuers" (gefeiert am Abend des letzten Tages des 6. und 12. Monats) heisst es etwa in der Mitte, nachdem Izanami noch einmal aus der Unterwelt zurückgekehrt war (siehe unten IV, Anm 31):))Sie gebar vier Arten von Dingen: die Wassergöttin, den Kürbis, die Flussalge und die Prinzessin Lehmberg, und unterwies und lehrte, dass die Wassergöttin mit dem Kürbis und die Prinzessin Lehmberg mit der Flussalge das schlechtgesinnte Kind [Ho-musubi] gefälligst zur Ruhe bringen sollten, wenn es sich ungestüm geberden würde.((Im Norito heisst der Kürbis *hisago;* die Flussalge *kaha-na* wurde als ein Mittel gegen Brandwunden gebraucht (*kaha-na = kaha-na-gusa* Nuphar japonicum; letzteres im KOKINSHŪ erwähnt).

[37] „Metall-Berg-Prinz," der Erzgott. Der Name deutet auf Bekanntschaft mit Bergbau. Im KOJIKI sind es ein Gott und eine Göttin: *Kana-yama-biko*

wurde. Sodann verwandelte sich ihr Urin in eine Göttin Namens Mitsu-ha no Me. Sodann verwandelten sich ihre Exkremente in eine Göttin Namens Hani-yama-bime.

V.—In einer Schrift heisst es :—Als Izanami no Mikoto den Feuergott gebar, verbrannte sie sich und verschied. Daher wurde sie in dem Dorfe Arima in Kumanu, [38]

---

no Kami und *Kana-yama-bime no Kami*. Diese einfache und natürliche Erklärung von 金山 *kana-yama* befriedigt Motowori nicht: er lässt es aus *kare-nayamasu* „ verwittern und leiden lassen " kontrahiert sein. Die Etymologie ist doch manchmal eine verzwickte Kunst!

[38] *Kuma-nu*, nach den Zeichen „Bären-Feld," wäre so nach einem dort erschienenen grossen Bären benannt, meint **H** ; **I** dagegen fasst *kuma* als „Winkel, Wegkrümmung :" der Ort sei so genannt, weil dort die Götter wohnten und die Wege für die Menschen unzugängliche Winkel gehabt hätten. *Kumanu* ist der allgemeine Name einer grösseren Landschaft im Distrikt Muro von Kii; das ganze Meer an der Südküste von Kii führt den Namen *Kumano-ura* „ Meerbusen von Kumano " (*Kumano* jüngere Form für *Kumanu*). Auch in der Provinz Idzumo giebt es eine Landschaft *Kumanu* (von **I** ebenfalls als 隈野 „ Winkel-Gefild " erklärt), von welcher später noch die Rede sein wird. Ueber die Lage des Dorfes *Arima* wird im TAMA-KATSUMA (玉勝間) Motowori's berichtet, dass es fünf Ri nördlich von 新宮 Shingu (Städtchen in Kii?). in der Richtung nach Ise zu, 20 Chō südlich (genauer südsüd-westlich) von dem Orte Ki-no-moto, liege. Dort befindet sich ein Shintōtempel *Ubuta-jinja* „ Geburtsfeld-Tempel " und die Höhle *Hana no ihaya* „ Blumen Felsenhöhle," worin Izanami begraben sein soll. Die Höhle heisst auch *Ubu-tachi no ihaya* „ Gebären-Stehen-Felshöhle." (Diesem *ubu-tachi* entspricht etymologisch das moderne *ubu-tate*, d. i. die erstjährige Geburtstagsfeier eines Kindes, dialektisch in *obotate* korrumpiert.) Die dortigen Bewohner nennen sie *Daihannya no ihaya* (大般若の窟 d. i. Mahā-prajñā Höhle), haben sie also mit dem Buddhismus in Beziehung gebracht, wahrscheinlich weil das jap. Wort *hana* „ Blume " dem bud.-sanskritischen *hannya* (*prajñā*) ähnlich klingt. Diese Transformation ins Buddhistische entspricht ganz dem, was wir in den Gegenden der Hauptwirksamkeit Kōbō-daishi's, des Gründers der schintōbud-dhistischen Mischreligion Ryōbu-Shintō, erwarten können. Einer anderen Ueberlieferung zufolge soll der Tempel *Ubuta-jinja* die Begräbnisstätte Izanami's sein, und die „ Blumen Felsenhöhle " die des Feuergottes.

Das KOJIKI sect. 7 hat eine verschiedene Version, wonach Izanami von Izanagi auf dem Berge *Hiba* an der Grenze der Provinzen Idzumo und Hahaki (Hōki) begraben wurde. Näheres im Kojiki-den Motowori's.

in der Provinz Ki,[39] begraben.[40] Die Einwohner
[dieses Dorfes] verehren den Geist dieser Göttin,
indem sie zur Zeit der Blumen ihr auch Blumen[41]
opfern; ferner verehren sie sie mit Handtrommeln,[42]
Flöten, Fahnen, Gesang und Tanz.

---

[39] Bis zum 6. Jahre Wadō, d. i. 713, muss man stets *Ki*, nicht *Ki-i* lesen
obgleich der Nihongitext die Schreibung 紀伊 *Ki-i* hat. *Ki no kuni* bedeutet
das „Land der Bäume" und war der Sitz des Gottes *Idakeru*, welcher Bäume
anpflanzt. Im 6. Jahre Wadō wurde ein Regulativ erlassen, wonach in
Anlehnung an chinesischen Brauch alle Länder- und Distriktnamen mit zwei
chinesischen Zeichen geschrieben werden sollten. So wurde *Ki* durch den
phonetischen Zusatz *i* zu *Ki-i* (vorher 木, dann 紀伊).

[40] 葬 mit *kakushi-matsuru* „ehrfürchtig verbergen" umschrieben, *kakusu*
„verbergen" weist auf die uralte Sitte hin, die Leichen in Felsenhöhlen
u. s. w. zu bestatten. Vornehme wurden in der ältesten historischen Zeit in
Steinsärgen beigesetzt. Daher der oft gebrauchte alte poetische Ausdruck
„das steinerne Schloss" für das Grab; *iha-gakuru* „sterben," lit. "sich im
Felsen verbergen," MANYŌSHŪ 2 vom Kaiser, NORITO 12 vom Sterben der
Izanami gebraucht.

[41] Daher die in Anmerkung 38 citierte Benennung der Grabhöhle als
„Blumen Felsenhöhle." Die Zeit der Blumen oder Blüten ist wahrscheinlich
der Frühling, namentlich wenn man unter den *hana* die Blüten par excellence,
die Kirschblüten, versteht. Diese Vermutung wird bekräftigt durch eine
Angabe in einem Werke Namens NA-CHI-MI-MAKI NO BUMI 那智三卷書
wonach ein Fest ganz derselben Beschreibung wie im Nihongi im Spätfrühling
jeden Jahres bei der angeblichen Begräbnisstätte der Izanami in *Arima* abge-
halten wurde. Nach wieder anderen Angaben (ASHIKABI 葦牙) wurden
der Göttin am ²/₂ und ²/₁₂ jeden Jahres Blumen der Jahreszeit geopfert;
statt des ²/₁₂ habe in noch früherer Zeit der ²/₉ gegolten. Im NAN-KI-MEI-
SHŌ-SHI 南紀名勝志 schliesslich wird der 1., 5. und 9. Monat als Zeit der
Blumenspenden genannt. Worauf sich diese widerspruchsvollen Angaben
gründen, ist mir unbekannt. Ich entscheide mich, wie oben angedeutet, für
den Frühling.

[42] *Tsudzumi*, ein wahrscheinlich onomatopoetisches Wort.

KAPITEL IV.

[WEITERE VARIANTEN. ZERHAUEN DES FEUERGOTTES. IZANAGI'S
FAHRT IN DIE UNTERWELT. RUECKKEHR. REINIGUNG. GOETTER-
SCHOEPFUNGEN. GOETTIN DER NAHRUNG].

VI.—In einer Schrift heisst es:—Nachdem Izanagi no
Mikoto und Izanami no Mikoto zusammen das Grosse-
acht-Inseln-Land erzeugt hatten, sagte Izanagi no
Mikoto: „Ueber dem Lande, das wir erzeugt
haben, ist nichts als Morgennebel,[1] der alles mit
seinem Duft erfüllt." Hierauf wurde der Atem, mit
welchem er [den Nebel] wegblies, zu einer Gottheit
mit dem Namen Shina-tobe[2] no Mikoto. Dieselbe

KAPITEL IV.

ZUM INHALT VERGL. KOJIKI SECT. 8 BIS 12 UND SECT. 17 (TOETEN
DER NAHRUNGSGOETTIN).

[1] 朝霧 *asa-giri*, nach Hirata *sa-giri* „feiner Nebel" zu lesen.

[2] Im KOJIKI sect. 6 wird nur *Shina-tsu-hiko no Kami* genannt, aber im
Norito zum Fest der Windgötter von Tatsuta ist klar und deutlich von zwei
Windgöttern, einem Gott und einer Göttin *hiko-gami* und *hime-gami* die Rede,
als deren Namen uns *Ama no mi-hashira* und *Kuni no mi-hashira* genannt werden.
In Tatsuta sind zwei kleinere Schreine dem *Tatsuta-hiko* und der *Tatsuta-hime*
geweiht. Wird schon hierdurch der Verdacht erregt, dass die beiden Namen
des Nihongi nicht einer einzigen Persönlichkeit angehören, sondern einer
männlichen und einer weiblichen Gottheit, so wird die Hypothese fast
zur Gewissheit, wenn wir die Etymologie der Namen näher betrachten.
Shina-tsu-hiko ist selbstverständlich ein Mann. *Shi* ist ein archaisches Wort
für *kaze* „Wind," wie es in *ara-shi* „Sturmwind," *ni-shi* „Westwind," *oro-shi*
„Wind aus den Bergen," *kogara-shi* „Winterwind, Herbstwind" u. s. w. noch
vorliegt. (I erklärt sich wie Motowori mehr für die Bedeutung *iki* „Atem;"
das Wort *shi* kann aber sehr wohl beide Bedeutungen eingeschlossen haben.
Auf letztere gründet sich die interessante Erklärung von *shinuru* „sterben"
als *shi-inuru* „abgehen des Hauches." Erwähnen will ich hier, dass *iku*
„leben" offenbar mit *iki* „Hauch, Atem" verwandt ist, und dass man das

heisst auch Shina-tsu-hiko[2] no Mikoto. Es ist der Windgott. Ferner das Kind, welches sie zeugten als sie hungrig waren, bekam den Namen Uka no Mi-tama[3] no Mikoto. Ferner erzeugten sie die Meergötter, welche Wata-tsu-mi[4] no Mikoto hiessen; und die Berggötter,

---

Wort *inochi* „Leben" als Kontraktion von *iki no uchi* „so lange der Hauch dauert" erklären will). *Na* wird wohl richtig als apokopierte Form von *naga* „lang" (auch im Nihongi mit dem Zeichen 長 geschrieben) erklärt, *shi-na* also „Atem-lang, langatmig." Demnach heisst *Shi-na tsu hiko* „Atem-langer Prinz." Die Silbe *be* in *Shina-tobe* ist augenscheinlich die häufig vorkommende lautliche Veränderung von *me* „Weib;" *to* könnte entweder die Genetivpartikel *tsu* sein (vgl. im MANYŌSHŪ den Wechsel von *mato* und *matsu* und den überhaupt häufigen Wechsel von *u* und *o*) oder, wie **H** erklärt, eine Verkürzung von *tozi*, der ehrenden Bezeichnung für eine Frau (vgl. Buch 29, Seite 1, Anm. 7), *tobe* oder *tome* also aus *tozi-me*. Jedenfalls scheint es eine weibliche Gottheit zu sein. Dieser Meinung ist auch Motowori im YAMA-KAGE, wo er ausführt, dass „dieselbe heisst *auch*" falsch sei statt „dieselbe heisst *anders*." **I** hält die Erklärung von *Shina-tobe* als weibliche Gottheit zwar nicht für unannehmbar, neigt aber mehr dazu, in ihr eine männliche Gottheit zu sehen, indem er dann *to* als „Ort" (=*tokoro*) und *be* als von *mi* abgeleitet betrachtet—eine recht wenig befriedigende Analyse. Aston giebt *tobe* (er liest *tohe*) die Bedeutung „chief, Häuptling," was aber wohl hier nicht angeht. *to* und *be* müssen von einander getrennt werden, wie *Shinato no kaze* im Oho-harahe und *Shinato no hara* in einem späteren Monogatari beweisen. Diese beiden letzteren Ausdrücke scheinen mir **H**'s Erklärung (*Shinato*=*Shina-tozi*) als die wahrscheinlichere hinzustellen.

[3] *Uka no Mi-tama* „der erlauchte Geist der Nahrung." *Uka* oder *uke* „Nahrung" ist hier mit den Zeichen 倉稲 „Speicher-Reis" geschrieben. Der gebräuchlichste Name der Göttin ist *Toyo-uke-bime no Mikoto* „Ueppige-Nahrung-Prinzessin;" im KOJIKI sect. 5 und 6 auch *Oho-ge-tsu-hime* „Prinzessin der grossen Nahrung," oder: „Grosse Prinzessin der Nahrung" (*ge*=*ke* „Nahrung") genannt. Sie ist die Göttin der Nahrung, Kleidung und Wohnung und wird im *Gekū* (*To-tsu-miya* äusserer Tempel) von Ise verehrt. Norito 17 und 21 werden im *Toyuke no miya* (*Toyuke* kontrahiert aus *Toyo-uke*), dem Tempel der Nahrungsgöttin, d. i. dem Gekū von Ise verlesen. Man geht wohl nicht fehl, diese Göttin auch als Göttin der (fruchtbaren) Erde zu betrachten.

[4] *Wata-tsu-mi* etwa „Herren des Meeres." *Wata* ist ein uraltes Wort für „Meer," *tsu* Genetivpartikel, *mi* dasselbe Honorificum wie in *Tsuki-yo-mi* und *Yama-tsu-mi*, welches ich aus Mangel einer zuverlässigeren Deutung mit „Herr" übersetze, ohne gerade von der Mabuchi'schen Herleitung von *mi* aus *mochi*

welche Yama-tsu-mi[5] hiessen; und die Götter der
Flussmündungen,[6] welche Haya-aki-tsu-hi[6] no Mikoto

„Besitzer“ überzeugt zu sein. Hier ist *wata-tsu-mi* mit den Zeichen 少童, im
Jimmu-ki Buch 3 海童 „Meer-Jungen,“ einer spezifisch chinesischen Ausdrucksweise für „Meergötter“ geschrieben (im WEN-SIUEN 海童 = 海神). **H**
hält *mi* für ein altes Wort für 蛇 „Schlange,“ und begründet diese Bedeutung
des zweifelhaften Wortes durch einen Hinweis auf die in Buch 2, Kap. V
enthaltene Sage, wonach *Toyo-tama-bime,* die Tochter des Meergottes, bei der
Geburt ihres Kindes die Gestalt eines Drachen als ihrer eigentlichen Gestalt
annahm. Diese Hypothese hat gewiss viel für sich (vgl. das Buch 1, Kap. VII
Anm. 89 Ausgeführte), besonders wenn man in Betracht zieht, dass weiter unten
(Text zu Anm. 26-28) die Berggottheit *Kura-yama-tsu-mi,* deren Name dasselbe
Suffix aufweist, im Zusammenhang mit *Kura-Okami* und *Kura-mitsuha,* zwei
unzweifelhaft in Drachen- oder Schlangengestalt gedachten Gottheiten, genannt
wird. Wenn die Drachengestalten nicht alle aus der chinesischen Mythologie
entlehnt sind, so scheint sich zu ergeben, dass die ältesten Japaner einen ziem-
lich ausgedehnten Schlangenkult besessen haben, was bei dem überaus häufigen
Vorkommen von Schlangen in dem gebirgigen Japan auch ganz erklärlich wäre.
Was aber den sprachlichen Teil der Frage anbetrifft, so hege ich die allerstärksten
Bedenken gegen die Annahme so vieler Wörter für „Schlange“ wie **H** thut.
Eine Gottheit kann recht gut in Schlangenform oder zum Schlangen- oder
Drachengeschlecht gehörig gedacht sein, ohne dass wir deshalb in ihrem
Namen mit Notwendigkeit ein „Schlange“ bedeutendes oder darauf anspielendes
Element finden müssen, oder gar einem etwa vorkommenden unbekannten
Bestandteil eines solchen Namens eine derartige Deutung geben dürfen. Der
Name der *Toyo-tama-bime,* einer eigentlich drachengestaltigen Gottheit, der
aber keine solche Anspielung enthält, ist eines von vielen Beispielen hierfür.

 [5] *Yama-tsu-mi* „Herren der Berge.“ Zu *mi* siehe Anm. 4. Den Berggöttern,
resp. dem obersten Berggott, sind viele Tempel geweiht, z. B. der *Oho-yama-
tsu-mi no jinja* im Distrikt Ochi von Iyo, der *Idzu-mi-shima-jinja* im Distrikt
Kamo von Idzu, u. s. w. Der im ENGI-GISHIKI-CHŌ genannte *Oho-yama-tsu-mi
no Mi-oya no Mikoto* ist wahrscheinlich derselbe oberste Berggott.

 [6] *Minato,* lit. „Thor des Wassers“ *mi-na-to.* Wir haben ausdrücklich den
Plural: *Minato no Kami-tachi.* Es ist nämlich eine männliche und eine weibliche
Gottheit zu verstehen, welche in KOJIKI sect. 6 *Haya-aki-tsu-hiko* und *Haya-
aki-tsu-hime* heissen. *Haya* nach dem Zeichen = „schnell;“ vielleicht ist aber *haya*
„glänzend“ darunter zu verstehen; *aki* ist 秋 *aki* „Herbst“ geschrieben,
was aber nur eine phonetische Schreibung sein kann. **I** nimmt *aki* in der
Bedeutung „klar, hell,“ wegen der im OHO-HARAHE erwähnten Thätigkeit
(siehe weiter unten), *tsu* als Genetivpartikel. Nach **H** aber ist *aki-tsu* = 開津
„offener Hafen.“ *Hi* ist das in *hi-ko* und *hi-me* enthaltene ehrende Präfix

hiessen; und die Baumgötter, welche Ku-ku no Chi[7] hiessen; und die Erdgöttin, welche Hani-yasu no Kami[8] hiess. Hierauf erzeugten sie alle Dinge insgesamt. Als es dazu kam, dass der Feuergott Kagudzuchi geboren wurde, verbrannte sich seine Mutter Izanami no Mikoto [an ihm] und verschied. Da geriet Izanagi no Mikoto in grimmen Zorn und sprach: „Ach dass ich für ein einziges Kind meine geliebte jüngere Schwester[9] ausgetauscht habe!" Wie er nun so ihr zu Häupten und ihr zu Füssen kroch und weinte und wehklagte, fielen seine Thränen herab und wurden zu einer Göttin. Es ist dies die Göttin, welche in Unewo no Konomoto[10] wohnt und

---

(wohl ursprünglich *hi* „Sonne"), also das geschlechtsindifferente Honorificum, welches sowohl *hiko* als *hime* einschliesst. *Haya-aki-tsu-hi* bedeutet demnach „Hellglänzend-Herrliche" (**I**) oder „Glänzend (schnell)-offner Hafen-Herrliche" (**II**) oder, wofür ich mich erkläre „Schnell- sich öffnende- Herrliche." Im Oho-harahe no Kotoba wird nur die weibliche Gottheit *Haya-aki-tsu-hime* genannt, in folgendem Zusammenhang: Wenn [die Göttin Se-ori-tsu-hime die Sünden] so [in das grosse Meeresgefilde] hinaustragend weggeht, so wird wohl die Göttin mit dem Namen *Haya-aki-tsu-hime*, welche sich an der Salzflut-Allzusammenflussstelle der vielhundertströmigen vielen Salzflutströme der frisch-salzflutigen Salzflut befindet, sie gluckgluck hinuntertrinken."

[7] *Ku-ku no Chi* „Vater der Baumstämme," „der Altehrwürdige der Bäume," siehe Kap. III, Anm. 4. Auch hier steht ausdrücklich *kami-tachi* „Götter," aber **I** meint, dass es nur *einen* Baumgott gegeben habe und dass daher das Pluralsuffix 等 *tachi* hier nicht am rechten Platze sei.

[8] Nach den Zeichen „Lehm-friedliche Gottheit." Vgl. Kap. III, Anm. 28, wo ihr anderer Name *Hani-yama-bime* kommentiert ist. *Hani-yama-bime* ist augenscheinlich der ursprüngliche Name der Gottheit, und der Name *Hani-yasu* scheint von dem im Jimmu-ki Buch, 3, Kap. IV erwähnten Orte *Hani-yasu* („Lehm-Ruhe" oder „Lehm-kneten" *hani-neyasu;* möglicherweise liegt ein Wortspiel zwischen *hani-yasu* und *hani-neyasu* vor) auf dem Berge Kagu-yama hergenommen, also ein sekundärer Name zu sein.

[9] *Imo* bedeutet sowohl „jüngere Schwester" als „Gemahlin." Vgl. Kap. II, Anm. 28.

[10] *Unewo no Konomoto* (auch *Kinomoto*). Sowohl *Unewo* als *Konomoto* scheinen Ortsbezeichnungen zu sein: „*Konomoto* in oder bei *Unewo*." Nach

Naki-saha-me [11] on Mikoto heisst. Schliesslich zog er das umgegürtete zehn Handbreiten [lange] Schwert [12] heraus und hieb damit den Kagu-dzuchi in drei Stücke, [13] deren jedes zu einem Gotte wurde. Hiernach wurde das von der Schneide des Schwertes herabträufelnde Blut zu dem fünfhundert [−stückigen] Fels, [14] welcher im Bett des himmlischen Acht-Strö-

dem ENGI-SHIKI lag im Distrikt Tōchi von Yamato ein Shintōtempel *Unewo Tsutamoto no zinja,* und im SEISHIROKU wird ein Geschlecht *Unewo no murazi* citiert, das seinen Namen wahrscheinlich von dem Ort *Unewo* herleitete. *Tsuta-moto* erscheint somit als alternativer Name für *Konomoto. Ko-no-moto* lit. „unter dem Baum" ist ein noch jetzt existierendes Dorf im Distrikt Tōchi von Yamato, das auch im YAMATO-SHI aufgezählt wird. Im KOJIKI sect. 7 heisst es: *Kagu-yama no Unewo no Konomoto* „Konomoto bei Unewo am (oder auf dem) Kagu-yama." Auch dieser Berg liegt im Distrikt Tōchi von Yamato. Eine andere ältere Interpretation der Stelle im KOJIKI, welche jedoch jetzt allgemein verworfen wird. war: „die Gottheit, welche unter dem Baum am sanften Hügelabhang (*une-wo*) des Kagu-Berges wohnt."

[11] Ein *Naki-saha*-yashiro (Schrein) liegt nach dem YAMATO-SHI im Dorfe *Konomoto.* 澤 *saha* „Sumpf" oder „Schlucht" ist zweifellos phonetisch; es könnte *saha* „viel, reichlich" sein, und *me* wäre dann wie das Zeichen 女 „Weib," also „Weinen-viel-Weib," d. i. „viel weinendes Weib." **H** betrachtet *sahame* als verlängerte Form von *same,* welches in der noch jetzt gebrauchten Phrase *same-zame to naku* „unter hellen Zähren weinen" vorkommt; dann wäre *Naki-sahame no Mikoto*=„die unter hellen Zähren weinende Hoheit." **I** endlich nimmt *saha-me* als *sa-ame: sa=ma* „recht." *ame* „Regen." Die Motowori'sche Erklärung von *saha = isaha* von *isatsu* „weinen" ist lautgesetzlich unmöglich.

[12] *To-tsuka no Tsurugi. Tsuka* oder *tsukami* ist eine Handbreite, die Breite der vier aneinander gelegten Finger einer Hand. Das Längenmass bezieht sich auf die Klinge (*mi*) des Schwertes. In den Varianten wird auch von dem Schwerte als einem neun resp. acht Handbreiten langen Schwerte gesprochen. Es hiess *Ama no Wo ha-hari* oder *Itsu no Wo ha-hari* resp. *Itsu no Wo-bashiri,* worüber vgl. Buch 2, Kap. II, Anm. 6.

Im selben Kapitel des KOJIKI finden wir für 御刀 „erlauchtes Schwert" die Lesung *mi-hakashi,* „das erlauchte Umgegürtete" (auch später noch *hakase* von *haku* „umgürten"); Analoga dazu sind *mi-torashi* „das erlauchte Gegriffene"=„Bogen," und *mi-keshi* „das erlauchte Angezogene"=„Kleid."

[13] KOJIKI sect. 8 schneidet er ihm nur den Kopf ab.

[14] *I-ho tsu iha-mura,* d. i. unzählig viele Felsstücke, *i-ho* 500 bedeutet eine sehr grosse Zahl; die Version des KOJIKI hat *yutsu* „viele" statt *i-ho.* Ich

mungen-Flusses [15] liegt. Derselbe war der Ahn von
Futsu-nushi no Kami. Ferner spritzte das von dem
Stichblatt [17] des Schwertes herabträufelnde Blut weg
und wurde zu Gottheiten, deren Namen Mika-haya-

---

halte es für ganz ausgeschlossen, dass die alte Sage unter den Felsstücken die *Sterne* (der Milchstrasse) verstanden haben soll. Man sah in der Milchstrasse vielmehr einen echten und rechten Fluss des Himmels, voll von Steingeröll wie alle japanischen Flüsse. Dass im HARIMA-FŪDOKI, im OHO-KAGAMI vol. 7 u. s. w. (ähnlich wie bei den Chinesen) vom Herabfallen von Sternen, welche zu Steinen wurden, die Rede ist, hat für die vorliegende Sage von der Milchstrasse absolut keine Bedeutung. Auch war den alten Japanern jedenfalls nicht bekannt, dass die Milchstrasse aus Sternen besteht. Für *hoshi* „Stern“ hat man übrigens eine interessante Etymologie aufgestellt: *hoshi* = 火石 *ho-shi* (*ho-ishi*) „Feuer-Stein.“ Ob sie annehmbar ist, kann blos die vergleichende Sprachwissenschaft lehren.

[15] 安河 *yasu-kaha* „ruhiger Fluss“ ist eine Korrumpierung von *ya-se-kaha* „acht-Strömungen-Fluss“ vielströmiger Fluss. Im KOGOSHŪI 天八瀾河原 *ama no ya-se-kaha-hara* „Gefilde des achtströmigen Flusses des Himmels.“ Die *Milchstrasse* ist gemeint.

[16] *Futsu-nushi* „Zisch-Herr.“ *Futsu* ist ein onomatopoetisches Wort, welches etwa unserem „schnapp“ entspricht, ein Laut der beim Zerreissen oder Durchschneiden u. dergl. entsteht, hier ein sausend-zischendes Geräusch repräsentierend und mit dem Zischen des Schwertes in Verbindung gebracht. So sagt man *fut-to kiru* (=*futsu to kiru*) „mit dem Laute *fut* schneiden;“ das entsprechende moderne Onomatopoeticum ist *putsuri*, z. B. *ito ga putsuri to kireta* „der Faden ist schnapp zerrissen.“ H will *futsu* mit *furu* (*furū*) „(ein Schwert) schwingen“ identificieren, was aber lautgesetzlich unmöglich ist.

Das KOJIKI weicht von der Darstellung des NIHONGI unbedeutend ab. Während in letzterem vom Herabträufeln und Wegspritzen des Blutes die Rede ist, entstehen in ersterem die Götter aus dem am Schwerte anklebenden und dann wegspritzenden Blute. Die weiteren Abweichungen sehe man in sect. 8 nach.

[17] 鐔 chin *hsün* „der Knopf am Stichblatt eines Schwertes“ (Giles), jap. *tsumiha*, was nach dem WA-KUN-SHIWORI aus *tsume-ha* 留刄 enstanden ist: *tsume* vom Verbum *tsumuru*, jetzt *tomeru* „fest machen,“ *ha* „Schneide, Klinge des Schwertes.“ Aus *tsume-ha* ist das moderne *tsuba* „Stichblatt“ geworden. An der entsprechenden Stelle des KOJIKI sect. 8 steht 本 *moto* „der obere Teil“ des Schwertes.

hi [18] no Kami und sodann Hi-haya-hi [19] no Kami
waren.   Dieser Mika-haya-hi no Kami war der Ahn
von Take-mika-dzuchi [20] no Kami.— [Nach einer
anderen Version] hiessen sie auch Mika-haya-hi no
Mikoto, sodann Hi-haya-hi no Mikoto, sodann Take-
mika-dzuchi no Kami.— Ferner spritzte das von der
Spitze des Schwertes herabträufelnde Blut weg und

---

[18] *Mika-haya-hi* (oder *bi*) *no Kami* „der Klingenglänzende schnelle wunderbare Gott" oder „der gewaltige schnelle wunderbare Gott." 甕 *mika* „Krug"
ist phonetisch gebraucht.   Motowori erklärt *mika* als identisch mit *ika*
„gewaltig" (vgl. *ikameshiki* „gewaltig"), was mir aber verdächtig ist, so
lange als für den Schwund des *m* keine überzeugenden Gründe vorgebracht
werden können.   Es müsste denn aus *mi-ika* „hehr gewaltig" kontrahiert
sein.   Ich neige daher mehr zu der mich allerdings auch nicht ganz befriedi-
genden, aber lautgesetzlich plausiblern Erklärung von I.   Danach wäre *mika*
eigentlich *mi-hika* „Klinge-glänzend (*hika* von *hikaru* „glänzen").   I meint,
dass der Felsen als Mutter und das Schwert als Vater zu betrachten, und
daher der Name mit Beziehung auf das Schwert zu erklären sei.   *hi* oder *bi*
ist das bekannte Honorificum; vgl. Kap. I, Anm. 25.

[19] *Hi-haya-hi* (oder *bi*) *no Kami* „Feuer-schnell-wunderbare Gottheit." Das
erste *hi* ist 熯 chin. *han* „rösten, trocknen" geschrieben und am besten als *hi*
„Feuer" zu erklären, was ja gut dazu stimmt, dass der Gott aus dem Blute
des Feuergottes entstanden ist.   I's Erklärung von *hi=mi* „Klinge" ist mir
unwahrscheinlich, wenn er auch einige Wörter anführt, wo *hi* statt *mi* stehen
soll: *Karasahi no tsurugi* und *Kure no ma-sahi*, wo *sa-hi=sa-mi* „treffliche
Klinge" sein soll.   Lautgesetzlich ist die Hypothese allerdings zu rechtfertigen,
da *hi—bi—mi* eine zusammengehörige Gruppe bilden.   Bei meiner Erklärung
habe ich nur dass Bedenken, dass ich mir nicht erklären kann, warum im
NIHONGI *hi* mit 熯 „rösten" und im KOJIKI mit 樋 *hi* „Wasserröhre,
Spund" geschrieben ist, wenn die Bedeutung eine so nahe liegende wie
„Feuer" ist.

[20] *Take-mika-dzuchi* „Tapfrer Klingenglänzender Altehrwürdiger." Erwähnt
sei hier, dass Shigetane *tsuchi=tachi* „Schwert" setzt, eine Hypothese, welche
weitere Untersuchung verdient, namentlich in Anbetracht des Umstandes, dass
tsuchi, wie schon früher bemerkt, mit dem Zeichen 槌 „Schlägel" geschrieben
ist.   Zu „Ahn" vgl. Buch 2, Eingang zu Kap· II, wo folgende Genealogie
aufgestellt ist: *Itsu no Wo-bashiri*, dessen Sohn *Mika-haya-hi*, dessen Sohn
Hi-haya-hi, dessen Sohn *Take-mika-dzuchi*.   Im KOJIKI sect. 8 haben wir für
ihn die Namen: „*Take-mika-dzuchi no Wo no Kami* (*Wo*=„Mann"), mit
anderem Namen *Take-futsu no Kami* (Tapfer-zischend), mit anderem Namen

wurde zu Gottheiten, deren Namen waren Iha-saku [21] no Kami, sodann Ne-saku [21] no Kami, sodann Iha-tsutsu no Wo [22] no Mikoto. (Dieser Iha-saku no Kami war der Ahn von Futsu-nushi no Kami. [23])—In einem anderem Bericht aber nennt man Iha-tsutsu no Wo no Mikoto und Iha-tsutsu no Me no Mikoto. [24]—

Ferner spritzte das Blut, welches vom Knopf [25] des Schwertes herabträufelte, weg und wurde zu

---

Toyo-futsu no Kami (Ueppig-zischend)." Der *Futsu-nushi* des NIHONGI (siehe Anm. 16) fehlt. Betrachten wir, was sehr wahrscheinlich, *Take-futsu* und *Toyo-futsu* des KOJIKI als identisch mit dem *Futsu-nushi* des NIHONGI (*Take* und *Toyo* sind nur Honorifica), so bleibt noch die Verschiedenheit, dass nach ersterer Quelle *Take-futsu* und *Toyo-futsu* alias *Futsu-nushi* mit *Take-mika-dzuchi* identisch sind, nach letzterer Quelle aber, wobei noch besonders Buch 2, Kap. II zu vergleichen, *Futsu-nushi* und *Take-mika-dzuchi* verschiedene Gottheiten sind. Die bessere und klarere Ueberlieferung wird hier auf Seiten des NIHONGI sein.

Zu bemerken ist noch, dass für *Take-mika-dzuchi* auch der Name *Take-ikadzuchi no Mikoto* etwa „gewaltiger Donner" vorkommt, was für die oben Anm. 18 citierte Motowori'sche Erklärung von *mika*=*ika* „gewaltig" zu sprechen scheint. Das erwähnte Bedenken bleibt aber trotzdem bestehen, und *Take-ikadzuchi* könnte sich als eine volksetymologische Umgestaltung des Namens erweisen.

[21] *Iha-saku* „Fels-Spalter," *Ne-saku* „Wurzel-Spalter." *Ne* bedeutet nach Motowori auch „Felsen" (Felswurzel), indem das z. B. in den NORITO oft gebrauchte *iha-ne* „Felswurzel" in seine zwei Bestandteile zerlegt sei. Desgleichen meint **H**, dass *ne* eine Reihe von nebeneinander liegenden Felsen bedeute. Shigetane aber versteht unter *ne* „Baumwurzeln." Für erstere Theorie spricht, dass Buch 2, Kap. II. *Iha-saku-Ne-saku no Kami* eine einzige Gottheit ist, also *Iha-saku* und *Ne-saku* thatsächlich wie die Spaltung aus einem tautologischen *Iha-saku-Ne-saku*=*Iha-ne-saku* aussieht.

[22] *Iha-tsutsu no Wo* „Felsen-Altehrwürdiger Mann." *tsutsu*=*tsuchi* Honorificum; nach **H**, gemäss seiner Schlangentheorie,=„Schlange" wie in *Nu-dzuchi*.

[23] Vgl. Buch 2, Kap. II, wo *Futsu-nushi* als Sohn von *Iha-tsutsu-wo* und *Iha-tsutsu-me*, den Kindern von *Iha-saku-Ne-saku*, aufgeführt ist.

[24] *Iha-tsutsu no Me* „Felsen-Altehrwürdige Frau."

[25] 頭 *Takami*, im KOJIKI-DEN als *tsuka* „Griff" erklärt (*ta*=*te* Hand, *kami* Oberes, also oberer Teil für die Hand).

Gottheiten, deren Namen waren Kura - Okami, [26]

---

[26] 闇龗 *Kura-Okami*, der Gott des Regens und des Schnees, der Regengott. Die Bedeutung des Namens ist zweifelhaft. *Kura* ist zwar mit dem Zeichen „dunkel" geschrieben, wird aber allgemein als phonetische Schreibung für *kura* „Abgrund, Thal, Schlucht" genommen. Die einzige Begründung für die Existenz dieses Wortes scheint aber nur MANYŌSHŪ 17 zu sein, wo man in dem Gedicht *Uguhisu no naku Kura-dani shi* etc *kura-dani* als einfach *tani* erklärt; es könnte aber ebensowohl „dunkles Thal" bedeuten. Das zweite Zeichen wird im 字書於箇美 als 龍 „Drache" erklärt, und im BUNGO-FUDOKI wird für 蛇龗 „Schlangendrache" die Lesung *okami* angesetzt. Hieraus und aus der späteren überlieferten Vorstellung dieser Gottheit ergiebt sich, dass wir es mit einer Drachen- oder Schlangengottheit zu thun haben, wenn sich auch *okami* nicht mit Sicherheit analysieren lässt. Ich halte es für eine Variante von *oho-kami* „grosse Gottheit," und finde eine Stütze dieser Hypothese darin, dass im HITACHI-FUDOKI gleich hinter einander 大神 „grosse Gottheit" und 大蛇 "grosse Schlange" *okami* gelesen werden. Eine andere Etymologie versucht **I**, indem er *okami* aus 大驅水 *oho-karu-mi* „grosser Wasser-treiber" (*karu* „treiben," *mi* „Wasser") erklärt und dazu den im Kojiki-den citierten Götternamen *Ame-shiru-karu-mi-tsu-hime* 天知迦流美豆比賣 (sie ist die Königin-Gottheit, d. i. Gemahlin des Erntegottes Oho-toshi no Kami) herbeizieht, als dessen eigentliche ideographische Schreibung er 雨知驅水姬 „Regen-regieren-Wasser Treiben-Prinzessin" ansetzt. *Karu* „treiben" soll sowohl das Hinauftreiben der Wasser in Dunstform nach dem Himmel, als das Hinuntertreiben der Wasser vom Himmel in Form von Regen oder Schnee in sich schliessen, und beide Operationen sollen von dem Gott ausgeführt werden.

In MANYŌSHŪ 2, 19, welches die Fujihara no Kisaki, eine Konkubine des Kaisers Temmu, dem Kaiser als Antwortsgedicht (auf 2, 18) widmet, sagt die Dame, dass sie den Gott *Okami*, welcher auf dem Hügel bei ihrem Heimatsdorf residiert, gebeten habe Schnee fallen zu lassen. Nach dem ENGI-SHIKI befinden sich in allen Provinzen dem Gott *Okami* geweihte Shintōtempel; im Distrikt Niibari von Hitachi liegt nach dem WAMYŌSHŌ auch ein *Okami no sato.* Variante VII wird ein Gott *Taka-Okami* „Hoher-Okami" genannt, und **I** bemerkt, dass dieser eine auf den Bergen residierende Drachengottheit sei, während *Kura-Okami* die in den Thalschluchten wohnende Drachengottheit wäre. Würden wir **I**'s Interpretation acceptieren, so hiesse *Kura-Okami* also etwa „der grosse [Regen]wasser-beförderer in den Thalschluchten," und *Taka-Okami* „der grosse [Regen]wasser-beförderer auf den Höhen."

Auch im KOJIKI sect. 8 entstehen *Kura-okami* und der weiter unten (Anm. 28) genannte *Kura-mitsu-ha* aus dem Blut, das sich am Schwertgriff ansammelte, mit dem Zusatz, dass es zwischen den Fingern Izanagi's hindurchrann.

sodann Kura - yama-tsumi,[27] sodann Kura - mitsu-ha.[28]

Hierauf folgte Izanagi no Mikoto [seiner dahingeschiedenen Gattin] Izanami no Mikoto und trat in die Unterwelt[29] ein. Als er sie eingeholt hatte.

Die oben angezogene Stelle des BUNGO-FŪDOKI lautet im vollen Wortlaut: „ Nahori-gohori, Kutami no Sato. In diesem Dorf ist eine Quelle. Bei dem Besuch des Kaisers, der im Palaste Makimuku no Tamaki regierte (d. i. Suinintennō) liess der kaiserliche Truchsess aus der Quelle schöpfen, um dem Kaiser einen Trunk vorzusetzen. Da war eine Wasserschlange—lies *okami*. Hierauf sprach der Kaiser:))Sicherlich wird ein Drache dort sein. Man lasse nicht daraus schöpfen! ((Daher nennt man diese Quelle *Kura-idzumi* (oder *Kura-midzu*). Daher ist es zum Ortsnamen geworden. Heutzutage nennt man [diesen Ort] *Kutami no Sato*, was eine korrumpierte Form ist (d. h. *Kutami* soll aus *Kuramidzu* korrumpiert sein, eine wenig überzeugende Etymologie).“

[27] *Kura-yama-tsu-mi* „ Herr der dunklen Berge “ oder „ der in den Thalschluchten [wohnende] Herr der Berge,“ ein Berggott. Zu *tsu-mi* vgl. Anm. 4 und 5. Nach **H** wäre *yama-tsumi*=Bergschlange.“ Im KOJIKI wird er nicht im gleichen Zusammenhang erwähnt, sondern etwas weiter unten als aus dem Geschlechtsteil des Feuergottes entstanden aufgeführt.

[28] *Kura-mitsu-ha* „dunkler Wasserdrache “ oder „ Thalschlucht-Wasserdrache.“ Siehe Kap. III, Anm. 29. Nach Motowori eine Wassergottheit in den Thälern. Augenscheinlich identisch mit *Mitsu-ha no Me* in Kap. III, Anm. 29.

[29] Die Charaktere geben die spezifisch chinesische Bezeichnung der Unterwelt wieder: 黄泉 *hoang-tsiuen* „gelbe Quelle.“ Die jap. Lesung ist *Yomi-tsu-kuni* oder *Yomo-tsu-kuni* „das Land *Yomi* oder *Yomo*.“ Wie schon Kap, III, Anm. 16 bemerkt, ist *Yomi, Yomo* möglicherweise mit *yo* „ Nacht “ in etymologischen Zusammenhang zu bringen und dann als „ das Land der Dunkelheit “ auszulegen. Andere in Kap. III, Anm. 23 erwähnte Namen des Hades sind *Ne no kuni* „Wurzelland “ und *Soko no kuni* „Boden-Land.“ Ganz willkürlich scheint mir die von Shigetane und **I** aufgestellte Herleitung aus *imi* „ Verabscheuung,“ also „ Land des Abscheus.“ Offenbar haben sich die alten Japaner von der Lage und Beschaffenheit dieses Landes, wohin alle Toten gehen, eine sinnfällige Vorstellung gemacht, wie schon aus der Bezeichnung *shita-tsu-kuni* „das Land unten “ im Gegensatz zu *uha-tsu-kuni* „ Oberland,“ aus der berichteten weiten Entfernung (80 Wegkrümmungen) von dieser Welt, dem Eingang zu ihr über einen flachen Abhang (*hira-saka*), und anderen Angaben hervorgeht. Die 80 Wegkrümmungen erinnern an die zahlreichen Schluchten und Höhlen, die zum Eingang des Hades der Griechen führten. Eine authentische Ueberlieferung darüber, wo man sich das Land

sprachen sie miteinander und Izanami no Mikoto sagte:
„Mein Herr und mein Gemahl, warum kommst du so
spät? Ich habe nun schon von Yomi's Kochherd

---

gelegen dachte, existiert nicht, und die Meinungen der Gelehrten gehen
auseinander. **I** meint, dass Izanagi in Kumanu von Ki (vgl. Kap. III, Anm.
38) den Eingang zum Yomi-tsu-kuni gefunden habe; in Arima in Kumanu
ist ja Izanami nach Variante V begraben. **H** dagegen verlegt die Unterwelt
nach dem Westen von Japan, und soweit wir überhaupt berechtigt sind der
Frage näher zu treten, verdienen seine im folgenden wiedergegebenen Aus-
führungen die meiste Beachtung. Im Distrikt Shimane der Provinz Idzumo
liegt ein Ort *Yomi*. *Yomi no Shima* ist eine Halbinsel (eine Halbinsel heisst
ja auch *shima*). Nach Prof. K. Tsuboi scheint es wahrscheinlich, dass *Yomi
no Shima* ein Sandspit ist, wie Ama no Hashidate, Miho no Matsubara und
viele Andere. Nun heisst es im IDZUMO-FŪDOKI in der Sage vom Länder-
ziehen: „Das Land, welches herbeigezogen und angenäht wurde, war der
Vorsprung *Miho*. Das Seil, womit es gezogen wurde, ist die Halbinsel *Yomi*
(*Miho* liegt ebenfalls im Distrikt Shimane).“   Dann heisst es weiter über
die Insel *Mukade:* „Von dieser Insel aus gelangt man zu *Yomi no shima*
in einem Distrikt der Provinz Hahaki (sprich Hōki).“   Wenn man diese
beiden Stellen zusammenhält, sagt **H,** so scheint der Name *Yomi* in den
ältesten Zeiten die Seeküsten von Idzumo und Hōki bezeichnet zu haben,
denn dem Distrikt Shimane von Idzumo gegenüber liegt im S. O. jenseits
des Binnenmeeres der Distrikt Ahemi (Aimi, = Afumi) von Hōki. Dieses
Binnenmeer ist im Süden vom Distrikt Nogi, im Westen vom Distrikt Ou
begrenzt; in der Mitte liegt eine Insel, welche *Oho-ne* 大根 (Grosse-Wurzel)
heisst, und die jetzt dem Distrikt Ou zugehört. Diese Insel ist ohne Zweifel
die *Yomi no Oho-ne-shima* der ältesten Zeit. Das *Ne no kuni* „Wurzelland“
(vgl. Kap. III, Anm. 23) ist diese *Oho-ne-shima* „Gross-Wurzel-Insel.“ Der
Name *Ne no katasu kuni* im KOJIKI, Sect 23, bedeutet wohl das Land *Ne*
an der Seitenecke, weil diese Gegend im N. W. des damals bekannten Reiches
liegt (*katasumi* = „Seitenecke“). Weil es ein weit entlegenes Land ist, so
heisst es auch *Soko no Kuni* („das ferne Land,“ *soko* in der von manchen
Gelehrten verlangten Bedeutung *so-ko* „jener Ort, der ferne Ort“ genommen.)
Der im KOJIKI (sect. 9) erwähnte *Ifuya-zaka* (Ifuya-Pass; die Stelle heisst:
„Was man den *Yomi-tsu-hira-saka* d. i. den flachen Hügel der Unterwelt
nannte, nennt man jetzt den Ifuya-Pass im Lande Idzumo“) liegt auch an
der Seeküste des Distriktes Ou, und das ENGI-SHIKI nennt einen Shintōtempel
Ifuya-jinja im selben Distrikte. Der Name *Ifuya* existiert noch jetzt als ein
Dorfname, von den Einwohnern in *Iya* korrumpiert. Weiter bemerkt **H,**
dass die oben erwähnte Insel *Mukade* wohl der Ort sei, wo am Kopfe der
grossen Gottheit sich viele *Mukade* „Tausendfüssler“ befanden (ebenfalls im
KOJIKI berichtet).

gegessen.[30] Trotzdem bin ich im Begriff mich zum Schlafen niederzulegen.[31] Bitte, sieh nicht her!" Izanagi no Mikoto hörte jedoch nicht auf sie, sondern

---

Im TŌ-GA von Arawi Hakuseki wird *Yomo, Yomi* als mögliche Korrumpierung von Sanskrit *Yama*, dem buddhistischen Höllengott (siehe Eitel's Handbook), bezeichnet. Trotz der Aehnlichkeit der Namen und mancher Züge in der betreffenden Mythe vermag ich mich nicht für die Annahme einer Entlehnung zu entscheiden. Wäre es wirklich so, so müssten wir wohl *Yomo, Yomi* höchstens als später hinzugekommenen sekundären Namen zu einem ursprünglicheren Namen wie etwa *Ne no Kuni* betrachten, denn die Vorstellung von einer Unterwelt überhaupt ist zweifellos schon Eigentum der ältesten Japaner, ohne fremde Beeinflussung. Bei einer etwaigen Entlehnung würde ich auch einen Schluss auf die Doppelform *Yomo, Yomi* ziehen, nämlich dass *Yomo = Yama*, und *Yomi = Yami*, die assistierende Schwester *Yama's* in der Unterwelt, ist, so dass also *Yomo* die Masculinform und *Yomi* die Femininform des betreffenden Sanskritnamens repräsentierte. Gegen Hakuseki's Hypothese spricht ferner der gewichtige Umstand, dass der Name des indischen Schattenfürsten *Yama* in der Form *Emma* von den Japanern (im Buddhismus) übernommen worden ist.

[30] D. i. in der Unterwelt Nahrung genossen. 竈 *he* fasst **I** als „Krug," aber die gewöhnliche Erklärung ist „Herd, Kochherd." Wir haben hier einen vielen Mythen gemeinsamen Zug. Zunächst erinnere ich an den *Raub der Proserpina*, der Tochter der Ceres, durch Pluto. Als Ceres erfuhr, wer den Raub begangen hatte, erbat sie von Jupiter ihre Tochter zurück. Dieser aber gewährte ihre Bitte nur unter der Bedingung, dass Proserpina mit ihrem Munde noch keine Speise im Orkus berührt habe. Nun hatte aber Proserpina inzwischen einen punischen Apfel gepflückt und dessen sieben Körner genossen, was bekannt geworden war und ihre Rückkehr nach der Oberwelt für immer unmöglich machte. Aus der indischen Mythologie ist die *Geschichte des Naciketas*, womit die Katha-Upanishad eröffnet, herbeizuziehen, wo es heisst:

„Drei Nächte bleibe in seiner (Yama's) Wohnung,

Doch koste nicht von seinen Speisen, wenn du auch sein Gast bist."

Aehnliche Vorstellungen finden sich in den Unterweltsmythen der Indianer, Melanesier, Finnen u.s.w. Im finnischen Kalevala besucht Wäinämöinen den Hades, Tuonela, hütet sich aber etwas zu sich zu nehmen, so dass er auf die Menschenwelt zurückkehren kann.

[31] Der Satz ist in diesem Zusammenhang ganz sinnlos. **H** schweigt sich darüber aus, **I** versucht eine unannehmbare Erklärung. Wahrscheinlich ist der Text korrumpiert. Rosny's Interpretation "je dois, en conséquence, aller me livrer au repos" geht nicht wegen des 雖 然 *shikuredomo*. Das KOJIKI sect 9 hat einen besseren Text. Dort antwortet die aus dem Thor des Palastes (der Unterwelt) heraus getretene Izanami auf Izanagi's Aufforderung

nahm heimlich seinen vielzähnigen [32] Kamm, brach den Endzahn [33] davon ab, machte daraus eine Fackel und sah nach ihr. Da [sah er, dass] eitrige Masse aufgesprudelt war und es von Maden schwärmte. Dies ist der Grund, warum heutigen Tages die Leute nachts vermeiden [nur] ein einziges Licht anzuzünden, und warum sie ferner nachts vermeiden einen Kamm

---

zur Rückkehr: „Wie schade, dass du nicht früher gekommen bist! Ich habe vom Kochherd des Hades gegessen. Trotzdem aber, da ich das hier Eintreten und Kommen meines geliebten Gemahls Hoheit zu schätzen weiss, wünsche ich [in die Oberwelt] zurückzukehren. Ausserdem will ich mich darüber mit den Göttern des Hades genau bereden. Sieh nicht nach mir." Nachdem sie so gesprochen hatte, ging sie wieder in das Innere des Palastes zurück, und da es sehr lange dauerte, konnte er nicht warten etc. Man vergleiche auch die betreffende Darstellung im Norito zum Ho-shidzume no Matsuri: Ihre göttlichen Hoheiten Izanagi und Izanami, zwei Gottheiten Frau und Mann, vermehrten sich und erzeugten 80 Länder von Ländern und 80 Inseln von Inseln, erzeugten 8 Millionen Götter; als den jüngsten Sohn gebar sie den Gott Ho-musubi, [wobei] ihre Scham versengt wurde und sie sich in ein Felsen [grab] verbarg und sagte: „Meines verehrten Gemahls Hoheit! sieh mich doch nicht sieben Nächte von Nächten und sieben Tage von Tagen!" Als er, noch ehe diese sieben Tage erfüllt waren, ihr Sich-verbergen seltsam fand und nachsah, da hatte sie Feuer geboren, wobei ihr die Scham verbrannt wurde. Damals sagte sie: „Während ich doch sagte, dass meines verehrten Gemahls Hoheit mich nicht sehen soll, so hat er mich doch entdeckt," und fuhr fort: „Meines verehrten Gemahls Hoheit soll die Oberwelt regieren, und ich werde die Unterwelt regieren." Als sie sich in dem Felsen verbarg und an dem flachen Hügel des Hades ankam, da dachte sie: „Auf der Oberwelt, welche meines verehrten Gemahls Hoheit regiert, habe ich ein schlechtgesinntes Kind geboren und gelassen und so bin ich hierher gekommen." So sprach sie und kehrte zurück und gebar wiederum Kinder. Sie gebar vier Arten von Dingen: die Wassergöttin, den Kürbis, die Flussalge und die Prinzessin Lehmberg, und unterwies und lehrte, dass die Wassergöttin mit dem Kürbis und die Prinzessin Lehmberg mit der Flussalge das schlechtgesinnte Kind ehrfürchtig zur Ruhe bringen sollten, wenn es sich ungestüm geberden würde." u. s. w. (Aufzählung der Opfergaben).

[32] *Yutsu-tsuma* „viel-zähnig;" nach Hirata aber *tsuma* von *tsumaru* „dicht neben einander stehen," also „viel- und dichtzähnig."

[33] *Wo-bashira*, lit. „männlicher Pfeiler," der grosse dickere Endzahn auf beiden Seiten des Kammes. Vgl. Kap. II, Anm. 2.

wegzuwerfen.³⁴ Da war Izanagi no Mikoto im höchsten Grade überrascht und sprach: „Ich bin unerwartet in ein pfui! scheussliches, schmutziges Land gelangt.“ Hierauf ergriff er schleunigst die Flucht und machte sich auf den Rückweg. Da erzürnte Izanami no Mikoto und sprach: „Warum hast du das Ausbedungene nicht beachtet und mir Schande zugefügt?“³⁵ Damit schickte sie die acht Scheusslichen Weiber³⁶

---

³⁴ Beide abergläubische Sitten bestehen noch, namentlich die letztere, welche z. B. in der Provinz Kadzusa, wie ich aus eigener Erfahrung weiss, aufs strengste befolgt wird. Im ADZUMA-KAGAMI wird auch der Aberglaube berichtet, dass derjenige, welcher einen weggeworfenen Kamm aufhebt, in eine andere Person verwandelt wird.

³⁵ Im Original steht „*Jetzt* (今) bin ich beschämt.“ Ich habe aber nach **I**'s Vorgang 今 in das Kausativzeichen 令 emendiert. Das Verbot der Izanami, nicht nach ihr zu sehen, welches nach der in Anm. 31 citierten Kojiki-Version eine Vorbedingung für ihre Rückkehr in die Oberwelt ist, erinnert an die Bedingung des Pluto, dass Orpheus sich nicht nach der ihm folgenden Eurydice umsehen darf, bis sie die Oberwelt erreicht haben. In beiden Fällen wird das Verbot übertreten, und die Folge davon ist der endgültige Verlust der Gemahlin, ihr Verbleiben in der Unterwelt. Die Geschichte von Hiko-hoho-demi und Toyo-tama-hime, welche in Buch II, Kapitel 5, erzählt wird, und in der die Verletzung einer gewissen Frauensitte den Verlust der Gattin zur Folge hat, verdient gleichfalls schon hier einen Hinweis. Die Flucht Izanagi's, namentlich das dabei stattfindende Niederwerfen von allerhand Gegenständen, die sich in magische Hindernisse für die Verfolger verwandeln, hat seine Parallele in vielen Mythen der allerverschiedensten Völker, z. B. der Jason-Sage, der Sage von Siati und Puapae in Samoa, u. s. w., worüber man das Kapitel A Far-travelled Tale in Lang's Custom and Myth (Seite 87 ff, besonders S. 92 ff.) einsehen möge. Man vergleiche auch die indische Laghmānī Sage, welche Grierson in der Z. D. M. G. vol. 54, Seite 586 f. mitteilt. Eine kannibalische Schwester will ihren Bruder fressen, der vor ihr entflieht und, um die Verfolgerin aufzuhalten, nach einander eine Nadel, Salz und ein Stück Seife hinwirft, die sich jedesmal in einen Berg verwandeln, den die Schwester mit Mühe übersteigt und die Verfolgung fortsetzt.

³⁶ *Shiko-me* „scheussliches, hässliches Weib.“ *Hisame* nach **H** „Stirnrunzelnde Weiber,“ von *hisomu* „[die Stirn] runzeln,“ und *me* „Weib“ (so auch **Ts**, welcher jedoch *me* in der Bedeutung „Auge“ nimmt). Nach

der Unterwelt—[*die Yomi tsu Shikome*], *auch Yomi tsu Hisame genannt*—um ihn zu verfolgen und festzuhalten. Izanagi no Mikoto zog daher sein Schwert, schwang es hinter seinem Rücken [36]* und lief davon. Dann warf er [ihnen] seinen schwarzen Kopfschmuck [37] hin, worauf sich dieser in Weintrauben [38] verwandelte. Die Scheusslichen Weiber sahen sie und nahmen und assen sie. Nachdem sie dieselben aufgegessen hatten, nahmen sie die Verfolgung von Izanagi no Mikoto wieder auf. Nunmehr

einer anderen Ansicht soll *hisame* von *hisomu* „sich verborgen halten" hergeleitet sein; dann würde es „die sich verborgen haltenden, im Hinterhalt liegenden Weiber" bedeuten. Erstere Auffassung verdient den Vorzug. Nach Hirata sind die acht *Shiko-me* acht verschiedene Donnergottheiten. Vgl. unter Variante IX. Die verfolgenden Scheusslichen oder Stirnrunzelnden Weiber der Unterwelt erinnern in etwa an die *Erinyen*, die man sich ja mit Schlangen im Haar, mit Fackeln oder Schlangen, Geissel oder Lanze auf den Frevler eindringend vorstellte.

[36]* Auch das Niederwerfen des Kopfschmucks, des Kamms, u. s. w. geschieht zweifellos, ohne dass Izanagi sich nach den verfolgenden Dämonen umschaut, Das *Sich-nicht-umschauen* bei dergleichen Handlungen ist ein oft vorkommender mythischer Zug. So warf man den unruhigen Seelen und ihrer Herrin Hekate mit abgewendetem Gesicht die Ueberreste der Reinigungsopfer hin, um sie von menschlichen Wohnungen abzuhalten; Odysseus muss beim Totenopfer sich ἀπονόσφι τραπέσθαι (Odyss. 10, 528); beim Sammeln der Zaubersäfte wendet Medea die Augen ἐξοπισω χερός; dasselbe ist Regel bei Opfern für χθόνιοι etc. Siehe Erwin Rohde, Psyche, p. 376 f.

[37] *Kadzura* „Kopfschmuck, Haarschmuck," ursprünglich nur ein Haarschmuck aus Blumen, Blüten oder Blättern, bezeichnet später jede Art von Haarschmuck. *Kadzura* oder *Katsura* ist aus *Kami-tsura* „etwas an das Haar Befestigte, ins Haar Gesteckte" kontrahiert: *kami* „Haar," *tsura* Stamm von *tsuranuru* „anreihen." Sowohl Männer als Frauen trugen in der ältesten Zeit dergleichen Schmuck im Haar, und je nach ihrer Beschaffenheit sprach man von 花鬘 *hana-katsura* (Blumen-K.), 菖蒲鬘 *ayame-katsura* (Iris-K.), 柳鬘 *yanagi-katsura* (Weiden-K.), 木綿鬘 *yufu-katsura* (Yufu-K.), 玉鬘 *tama-katsura* (Juwelen-K.) u. s. w. Worin der hier genannte *schwarze* Haarschmuck bestanden haben könnte, ist unklar.

[38] *Yebi-kadzura* wilde Weintraube, Vitis Thunbergii. In einer Zulu-Version dieser weitverbreiteten Fluchtsage (Lang a. a. O. S. 93) wirft das

warf ihnen dieser seinen vielzähnigen Kamm [39] hin,
worauf sich derselbe in Bambusschösslinge [40] verwandelte. Die Scheusslichen Weiber rissen auch
diese heraus und assen sie. Nachdem sie dieselben
aufgegessen hatten, nahmen sie die Verfolgung wieder
auf. Hierauf kam auch Izanami no Mikoto selbst und
verfolgte ihn. Inzwischen hatte aber Izanagi no
Mikoto bereits den Flachen Hügel [41] der Unterwelt
erreicht.

VI a.—Anderweitig wird berichtet, dass Izanagi no Mikoto
gegen einen grossen Baum Wasser liess, und dass

Mädchen Sesam auf den Boden, um dadurch die Kannibalen, welche ausserordentlich gern Sesam essen, in der Verfolgung aufzuhalten.

[39] Den er, nach dem KOJIKI, aus seinem rechten Haarschopf nahm.

[40] *Takamuna*, lit. „ Bambus-Spross-Kraut," *taka*, *take* Bambus, *me* Spross,
na Kraut. Zur Sache vgl. Lang, Custom and Myth, pag. 92: „ Das Hinter-
sich-werfen eines Kamms, der sich in ein Dickicht verwandelt, ist ein
häufig vorkommender Zug." In der Samoanischen Sage werfen die beiden
Flüchtlinge Siati und Puapae einen Kamm nieder, der sich in einen
Dornbusch verwandelt und die Verfolger, nämlich den Vater und die
Schwester der Puapae, zeitweilig im Nachsetzen hindert (Lang, a. a. O. S. 98).

[41] Der *Yomi tsu Hirasaka* 泉津平坂 „Flache Hügel oder Ebne Pass der
Unterwelt" bildet die Grenze zwischen dem Hellen und Dunklen, der Welt
der lebenden Wesen und dem Hades. *Hira* könnte auch von dem Verbum
hiraku „anfangen" hergeleitet sein, und dann *Hira-saka* die Bedeutung
„ Hügel des Beginnens, *Eingangspass*" haben. Wie aus dem folgenden hervorgeht, stellte man sich den *Hira-saka* selbst oder doch wenigstens den Weg
darüber als eine Art Engpass vor, den Izanagi mit einem riesigen Felsblock
zu versperren vermochte. Nach dem KOJIKI haben wir uns den Pass im
Distrikt Ou der Provinz Idzumo zu denken, vgl. Anm. 29. Zur weiteren
Charakteristik der Sage führe ich noch folgende Stelle aus dem IDZUMO-
FŪDOKI an (Artikel über das Uga no Sato im Distrikt Idzumo): „ An der
nördlichen Seeküste liegt ein Felsblock und auf der Westseite ist eine
Höhlenthür, Höhe und Breite je sechs Fuss. In der Höhle ist ein Loch, in
das Menschen nicht hinein können und man weiss nicht, wie tief es ist. Wer
sich im Traum nach dieser Felsenhöhle begiebt, der muss sterben. Daher
nennen es die gewöhnlichen Leute von Alters her bis jetzt *Yomo-tsu-saka*
Yomo-tsu-ana „ Hades-Hügel [und ?] Hades-Loch."

sich dieses hierauf sofort in einen grossen Fluss verwandelte.[41] * Während die Stirnrunzelnden Weiber der Unterwelt sich anschickten über diesen Fluss zu setzen, hatte Izanagi no Mikoto bereits den Flachen Hügel der Unterwelt erreicht. Hierauf nahm er nun einen von tausend Menschen zu ziehenden Felsen, verbarrikadierte damit den Weg über den Hügel, und indem er mit Izanami no Mikoto Angesicht gegen Angesicht stand, sprach er schliesslich die Ehescheidungsformel aus.[42] Da sagte Izanami no Mikoto: „Mein geliebter Herr und Gemahl, wenn du solches sprichst, so will ich die Bewohner des von dir regierten Landes erwürgen, tausend an einem Tage." Darauf antwortete Izanagi no Mikoto und sprach: „Meine geliebte jüngere Schwester, wenn du solches sprichst, so will ich in einem Tage ein tausend und fünfhundert Menschen geboren werden lassen."[43] Dann sagte er: „Komme nicht weiter als bis hierher!" Dann warf er seinen Stock hin, welcher Funato[44] no Kami genannt wurde.

---

[41] * In der Samoanischen Sage von Siati und Puapae werfen diese auf der Flucht eine Flasche mit Wasser hin, die sich sofort in ein Meer verwandelte, worin die Verfolger ertranken.

[42] 建絶妻之誓 *kotodo ni wataru*, I *kototo wo tatsuru* oder *watasu* „den Vertrag mit dem Weibe auflösen." II und Shigetane meinen, dass die jap. Phrase *kotodo ni wataru* ursprünglich „nach einem besonderen (anderen *koto*) Orte (*do*) hinübergehen (*wataru*)" bedeutet habe, während I gesteht, dass die Urbedeutung von *kototo* dunkel sei. Im Shiki des SHAKUNIHONGI wird als eine alte Lesung dieser Phrase auch *kototo tachiki* „löste das *kototo* auf" gegeben. K. Tsuboi hält *kototo* ebenfalls für ein dunkles Wort, bemerkte mir aber, dass *koto* vielleicht „geschlechtlichen Verkehr" bedeuten und *kototo* dann als Kompositum mit der Bedeutung „Schlafgemach" gebraucht sein könnte.

[43] Im KOJIKI: „so will ich in einem Tage ein tausend und fünfhundert Geburtshütten errichten" (so dass also täglich 1500 Kinder geboren werden).

[44] *Funato* „Geh-nicht-vorüber Stelle," von *furu* „vorübergehen," *na* prohibitive Negation, *to* „Ort, Stelle." Ein alternativer Name ist *Kunato* „komm-

Ferner warf er seinen Gürtel hin, welcher Naga-chi-
ha [45] no Kami genannt wurde. Ferner warf er sein
Obergewand hin, welches Wadzurahi [46] no Kami
genannt wurde. Ferner warf er seine Beinkleider [47]
hin, welche Aki-guhi [48] no Kami genannt wurden.

---

nicht Stelle," von *kuru* „kommen." **I** möchte unter dem Stock den *Speer* des
Izanagi verstehen, aber ich begreife nicht, wo dieser auf einmal herkommen
soll. Es scheint mir natürlicher, an einen wirklichen Stock zu denken, wie
ihn die Bergbewohner u. s. w. brauchen, zumal da aus ihm der Gott der
Wege wird. Es findet sich auch die Aussprache *Funado* und *Kunado*. Im
Kojiki sect. 10 heisst er *Tsuki-tatsu-funa-do* „Aufrecht [in die Erde] stossen
Geh-nicht-vorüber Ort." Der Gott hat seinen Namen daher, dass er an der
Grenze zwischen dem Hades und der Oberwelt steht und die Dämonen ersterer
vom Eintreten in letztere abhält. Er ist somit ein Schutzgott der Menschen
gegen die bösen Geister der Unterwelt.

[45] *Naga-chi-ha,* im Kojiki *Michi no Naga-chi-ha.* Nach den Zeichen
„Lang-Weg-Fels," doch will Moribe *ha*=*ma* „Raum, Zwischenraum" setzen:
„Lange-Weg-Strecke." Der verbindende Gedanke zwischen diesem Namen
und dem Gürtel (*obi*) scheint zu sein: ein Weg so lang wie ein aufgerollter
Obi lang ist. Die jap. Gürtel sind nämlich verhältnismässig sehr lang; ein
Frauen-Obi misst jetzt gewöhnlich 10 bis 12 Fuss. **H** nimmt *chi* und *ha* als
„Schlange:" 長 龍 蛇.

[46] *Wadzurahi no kami* „Gott der Leiden oder Krankheiten," im Kojiki
Wadzurahi no Ushi no Kami „der Gott Herr der Leiden." Eine annehmbare
Erklärung seines Zusammenhangs mit dem Kleid ist noch nicht gefunden.

[47] *Hakama,* eine weitbauschige Hose, leitet Shigetane wohl richtig von
haki-mo „über die Beine angezogenes Kleid" ab (*haku* wird blos vom Anziehen
der Bein- und Fussbekleidung gebraucht).

[48] *Aki-guhi no Kami,* wahrscheinlich „Gott des Satt-essens." Im Kojiki
entsteht der entsprechende *Aki-guhi no Ushi no Kami* aus der Kammuri
(Mütze) des Izanagi. Ich möchte für *Aki-guhi* durch Kombination des Kojiki
und Nihongi die ideographische Schreibung 飽 齧 ansetzen. Man hat auch
kuhi mit 口 *kuchi* „Muud" identificieren wollen, mit Hinweis darauf dass es
im Distrikt Ohotori von Idzumi einen Shintōtempel 開 口 神 社 *Aki-guchi-jinja*
giebt (im Nihongi steht 開 für *aki*), doch ist dies lautgesetzlich unmöglich.

Die Version des Kojiki, wonach aus der Hose der *Chi-mata no Kami*
„Weg-Gabel-Gott, Kreuzweg-Gott" entsteht, verdient hier entschieden den
Vorzug. Der Vergleich zwischen den Hosenbeinen und einem sich gabelförmig
spaltenden Weg ist treffend. *Chi-mata* ist wie *Funato* ein Wege-Gott: er
bewacht die Strassen und hält die bösen Geister fern. Im Norito zum *Michi-ahe*

Ferner warf er seine Schuhe [49] hin, welche Chishiki [50] no Kami genannt wurden.

VI b.—Einige sagen, dass der Flache Hügel der Unterwelt überhaupt kein besonderer Ort sei, sondern nur den Zeitraum bedeute, wo beim Herannahen des Todes der Atem ausgeht. [51]

Der Felsen, womit der Flache Hügel der Unterwelt versperrt worden war, wurde Yomi-do ni sayarimasu Oho-kami [52] genannt. Ein anderer Name ist auch Chi-gaheshi [53] no Oho-kami.

---

no Matsuri (ein Fest, welches die Urabe zur Fernhaltung der Dämonen feiern) sind die angerufenen Schutzgötter *Ya-chimata-hiko* „Acht-Kreuzwege (Strassen)-herrlicher Mann,“ *Ya-chimata-hime* „Acht-Strassen-herrliches Weib,“ und *Kunado* (= *Funado*). Die für uns wichtigste Stelle daselbst lautet: „Ohne mit den Wesen, welche aus dem Wurzelland, aus dem Bodenland wild und feindlich kommen werden, weder Blicke noch Worte zu wechseln, bewachet gnädigst und bannet gnädigst durch Wache bei Nacht und Wache bei Tage, indem ihr das Unten bewachet, wenn [die Dämonen] von unten kommen, und das Oben bewachet, wenn sie von oben kommen.“

[49] *Kutsu.* In der älteren Post-Nihongi Zeit finden sich sehr viele Arten und Benennungen von Schuhen: *Hōnukige-gutsu, Momi-tabi, Tare-wo no kutsu, Wara-gutsu* u. s. w. Von letzteren, den Strohschuhen, wieder viele Abarten: *Kongō-wara-gutsu, Chichi-waraji* u. s. w.

[50] *Chi-shiki no Kami* „auf dem Weg einholende Gottheit;“ *chi* „Weg,“ *shiku* „einholen.“ Im KOJIKI sect. 9 wird aber dieser Name: *Chi-shiki no Oho-kami* „die auf dem Weg einholende grosse Gottheit“ der *Izanami* beigelegt, weil sie ihren Bruder verfolgt und eingeholt habe. Dort wird ihr auch der Beiname *Yomo-tsu-Oho-kami* „Grosse Gottheit des Hades“ zuerteilt.

[51] Ich bezweifle, dass diese rationalistische Fortinterpretierung schon aus der Zeit der Nihongiverfasser herrührt und möchte zuversichtlich behaupten, dass die ser Passus die spätere, wenn auch ziemlich alte, Interpolation eines an chinesischer Philosophie gesättigten spitzfindigen Kopfes ist. Bei den st rengen Shintoisten Motowori'scher Schule findet die Stelle selbstverständlich ein stark verdammendes Urteil, aber ich denke, wie gesagt, dass sich ihr Zorn mit Unrecht gegen den *echten* Text des NIHONGI wendet. Schon der Umstand, dass die Glosse an ganz unpassender Stelle eingeschoben erscheint, so dass sie den einheitlichen Fluss der Erzählung unterbricht, zeugt für ihre Unechtheit.

[52] **I** und **H** *Yomi-do ni sayarimasu* (**Su** und **O** *fusagarimasu*) *Oho-kami* „ die das Thor der Unterwelt versperrende grosse Gottheit.“

[53] „ Die auf dem Weg zurückschickende grosse Gottheit,“ weil Izanami

Nachdem Izanagi no Mikoto zurückgekehrt war, sprach er in reuevoller Erinnerung : „ Da ich vorher nach einem pfui ! scheusslichen, schmutzigen Orte gegangen bin, so gehört es sich, dass ich meinen Körper von der Verunreinigung reinwasche." [54] Darauf begab er sich nach dem Ahagi Gefilde [im Osten] von Tachibana bei [dem Flusse] Woto in [der Provinz] Himuka auf [der Insel] Tsukushi [55]

---

von hier wieder auf ihrem Wege zurückkehren musste. **H** vermutet den Felsen zwischen den beiden Distrikten Ou und Nogi von Idzumo, hält aber weitere Nachfrage bei den Einwohnern jener Gegend für nötig. Nicht unmöglich, dass sich eine bezügliche Lokalsage findet.

[54] Mit einem Toten irgendwie in Beziehung zu kommen, galt und gilt noch bei den shintogläubigen Japanern als verunreinigend. Im Zustande der Verunreinigung darf man nicht nach den Tempeln zum Beten gehen. Die Abstinenz vom Tempelbesuch (*sankei*) ist z. B. vorgeschrieben : während der ganzen Trauerzeit um Eltern und Verwandte; an solchen Tagen, welche Sterbetage der verstorbenen Eltern oder des Gatten sind (*egenichi*); für 100 Tage, nachdem man dem Begräbnis eines Verwandten, für 7 Tage, nachdem man dem Begräbnis seines Fremden beigewohnt; für 3 Tage, wenn man in ein Haus gegangen ist, worin ein Toter liegt, desgleichen wenn man etwas isst, was in einem solchen Hause gekocht wurde; für 100 Tage jeder Bewohner eines Hauses, bei dessen Brande ein Mensch oder Tier umgekommen ist, u. s. w. Sogar der Tempelgrund gilt als entheiligt, wenn Jemand darauf starb; es durfte dann 30 Tage lang in dem Tempel kein Matsuri (Götterfest) stattfinden, u. s. w. In der ältesten Zeit mussten sich alle Glieder einer Familie, in der ein Todesfall vorgekommen war, *nach dem Begräbnis mit Wasser (in einem Fluss) von der Verunreinigung rein waschen*, wie ein chinesischer Reisender berichtet, welcher Japan in den ersten Jahrhunderten n. Chr. besuchte. Die Sitte hat sich nicht erhalten, wohl aber ein Pendant dazu : Wenn man in folge einer Verletzung mehr als 3 Tropfen Blut verliert, so darf man an dem Tage keinen Tempel besuchen; waren es aber blos 1 bis 3 Tropfen, so darf man gehen, nachdem man vorher *ein Bad genommen*. Die Sitte sich nach der Berührung mit einem Toten zu reinigen, ist eine weitverbreitete: vgl. Tylor, Primitive Culture, vol. II, pag. 435 ff. Ovid erzählt von der Reinigung der Juno nach ihrem Besuch der Unterwelt.

[55] Oder wenn wir wie Motowori und **I** *Woto* nicht als Eigennamen nehmen,: „ bei Tachibana an der kleinen Flussmündung in Himuka auf Tsukushi." Ich nehme *Himuka* als die Provinz Hyūga und *Tsukushi* im

und reinigte sich. [56] Als er schliesslich im Begriff

---

weiteren Sinn als Bezeichnung der ganzen Insel Kyūshū (*Tsukushi* im engeren Sinn sind die Provinzen Chikuzen und Chikugo). Im Distrikt Miyazaki von Hyūga liegt ein Tempel *Yeda-jinja*, welcher nach der Schrift JUM-PAI-CHŌ 巡拜帳 den Namen *Ahagi-hara-Yeda-jinja* führt. Einer Bemerkung von **Su** zufolge scheint dieser geographische Name *Ahagi-hara* „ Gefilde von Ahagi “ noch jetzt zu existieren. **Su** sagt: „*Himuka no Woto no Tachibana no Ahagi-hara* gehört den zwei Distrikten Miyazaki und Naka an. Die Gegend ist wie ein Fächer geformt und hat auf den drei Seiten eine Weite von je drei Ri. In der Mitte zwischen dem Wege nach Nobe-woka und dem Wege nach Satsuma ist ein *Tachibana-gō* (Bezirk); im Süden fliesst der Fluss *Woto-gawa*, im Osten des Bezirks Tachibana liegt eine sandige Strecke, die sich drei Ri von Süden nach Norden ausdehnt und *Ahagi-hara* heisst.“ Nach **I** liegt *Tachibana* an der Flussmündung, er scheint also die an der Spitze dieser Anmerkung gegebene Uebersetzung zu verlangen. Während wir im NIHONGI die Wortstellung *Woto no Tachibana* haben, hat das KOJIKI sect. 10 *Tachibana no Woto* (an der kleinen Flussmündung von Tachibana). **H** citiert eine Stelle aus dem ZOKU-CHIKUZEN-FŪDOKI, wo es heisst, dass in einer Entfernung von etwa fünf Chō im N. W. von Keya-mura im Distrikt Shima ein Felsenvorsprung sei, welcher 大門崎 *Oho-to no saki* „ Kap des grossen Thores “ genannt wird, und dass sich unter der Anhöhe eine gegen Norden geöffnete Felskluft Namens 大門 *Oho-to* „ grosses Thor “ befinde. **H** scheint also *Oho-to* für identisch mit *Wo-to*, welches man auch „ kleines Thor “ übersetzen kann, zu halten. Dies *Oho-to* liegt jedoch nicht in der Provinz Himuka, sondern, wie gesagt, im Distrikt Shima der Provinz Chikuzen, und **H** behauptet daher, dass *Himuka* 日向 hier gar kein geographischer Name sei, sondern einen von der Morgen- und Abendsonne direkt beschienenen Ort bedeute: 朝日夕日の直刺所. Das *Ahagi-Gefilde* von Tachibana liege daher in Chikuzen, *Tachibana* in den Distrikten Kasuya und Ido (an der Grenze beider?), und *Ahagi-hara* sei wohl die Gegend des jetzigen Sumiyoshi. Es ist zu viel Hypothetisches in dieser Darlegung, als dass sie annehmbar wäre. Nach **H** wäre demnach zu interpretieren: „ nach dem Ahagi-Gefilde bei dem der Sonne zugekehrten Woto auf [der Insel] Tsukushi.“

Tachibana ist eine allgemeine Bezeichnung der Orangenbäume mit kleinen dünnschaligen Früchten. Was für ein Baum die *Ahagi* war, ist unbekannt; nach einigen soll es *Awoki* Aucuba japonica, nach Anderen *Kashi* Quercus, wieder nach Anderen die *Hagi* Lespedeza bicolor sein.

[56] *Harahi-misogu.* Unter *misogi* versteht man die shintoistische Ceremonie der Reinigung des Körpers durch Baden in kaltem Wasser. Die Shintopriester haben im 6. Monat (alten Stils) jeden Jahres sich dieser Ceremonie, *misogi no harahi* „ Wasch-Reinigung “ genannt, zu unterziehen.

war, die Beschmutzung seines Körpers wegzuwaschen, erhob er seine Stimme und sprach: „Die obere Strömung ist überaus rasch und die untere Strömung ist überaus schwach." Hierauf wusch er sich im Mittellauf. Der dabei entstandene Gott hiess Ya-so-maga-tsu-hi [57] no Kami; sodann um diese Uebel wieder gut zu machen, entstanden Gottheiten, welche genannt wurden Kamu-naho-bi [58] no Kami und sodann Oho-naho-bi [59] no Kami.

Ferner durch sein Hineintauchen und Waschen auf dem Boden des Meeres entstanden Gottheiten mit den Namen Soko-tsu-wata-tsu-mi [60] no Mikoto und sodann Soko-tsutsu-wo [61] no Mikoto. Ferner als er in der Mitte der Flut untertauchte und sich wusch, entstanden Gottheiten mit den Namen Naka-tsu-wata-tsu-mi [62] no Mikoto und sodann Naka-tsutsu-wo [63] no Mikoto. Ferner als er oben auf der Flut schwimmend sich wusch, entstanden Gottheiten mit den Namen Uha-tsu-wata-tsu-mi [64] no Mikoto und sodann Uha-tsutsu-wo [65] no Mikoto. Im ganzen waren es neun Gottheiten. Die Götter Soko-tsutsu-wo no Mikoto,

---

[57] *Ya-so-maga-tsu-hi* „Achtzig-Uebel (Schmutzarten)-Wunderbarer." Unter *maga* ist der Schmutz der Unterwelt zu verstehen. Der Gott heisst so, weil er bei der Reinigung von diesem Schmutz entstand. Zu *hi*, *bi* vgl. Kap. I, Anm. 25.

[58] *Kamu-naho-bi* „der Göttliche wieder gut machende Wunderbare", von *nahosu* „bessern, wieder gut machen."

[59] *Oho-naho-bi* „der Grosse wieder gut machende Wunderbare."

[60] *Soko-tsu-wata-tsu-mi* „Herr des Boden-Meeres," oder nach **H** „Boden-Meer-Schlange", vgl. Kap. IV, Anm. 4. Boden-Meer=tiefster Grund des Meeres.

[61] Oder *Soko-tsutsu no Wo* „des [Meer-] Bodens Altehrwürdiger Mann," Vgl. Anm. 22.

[62] *Naka-tsu-wata-tsu-mi* „Herr des Mitt-inneren Meeres."

[63] Oder *Naka-tsutsu no Wo* „der [Meeres-] Mitte Altehrwürdiger Mann."

[64] *Uha-tsu-wata-tsu-mi* „Herr der Meeres-Oberfläche."

[65] Oder *Uha-tsutsu no Wo* „der Oberfläche Altehrwürdiger Mann."

Naka-tsutsu-wo no Mikoto und Uha-tsutsu-wo no Mikoto sind die [drei] Grossen Gottheiten von Suminoye. [66] Die Götter Soko-tsu-wata-tsu-mi no Mikoto, Naka-tsu-wata-tsu-mi no Mikoto und Uha-tsu-wata-tsu-mi no Mikoto sind die Götter, welche von den Adzumi no murazi [67] verehrt werden.

Hiernach entstand durch Waschen seines linken Auges eine Gottheit mit dem Namen Ama-terasu Oho-mi-kami. [68] Dann entstand durch Waschen seines rechten Auges eine Gottheit mit dem Namen Tsuki-yomi no Mikoto. [69] Dann entstand durch Waschen

---

[66] *Sumi-no-ye* „ Bucht von Sumi," später *Sumi-yoshi* (angeblich =„ angenehm zu bewohnen ") genannt, in der Provinz Settsu. Berühmter Shintotempel, oder vielmehr Gruppe von vier Tempeln, wo auch die Kaiserin Jingō Kōgu verehrt wird. Siehe Satow, Handbook, 2. ed. pag. 193 f.

[67] D. i. „ Volksgruppenherren von Adzumi." *Adzumi* ist der Name des Geschlechtes, der Familie (*Uji*), wahrscheinlich von dem Ortsnamen *Adzumi* in der Provinz Shinano genommen.

Murazi von *mure* „ Gruppe, Horde, Vereinigung (von Leuten) " und *zi* „ Herr " (auch *ushi*) ist eine der ältesten Klassenverbands-Bezeichnungen oder *Kabane.* Siehe Buch 29, Seite 59 und 60, sowie meinen Aufsatz „ Altjapanische Kulturzustände," Heft 44 d. Zschr. Solche Titel lassen sich etwa vergleichen mit unserem Graf von Gleichen, Fürst von Rudolstadt etc., wo Gleichen oder Rudolstadt das *Uji*, Graf oder Fürst das *Kabane* bezeichnen. Soll eine einzelne Person des Geschlechts bezeichnet werden, so wird noch der *Na* Personenname (Rufname) beigefügt. z. B. *Adzumi no murazi Tsuratari*, oder mit anderer Reihenfolge *Adzumi no Tsuratari no murazi.* Das KOJIKI charakterisiert diese Verehrung der drei letztgenannten Götter ausdrücklich als ein Stück *Ahnenkult,* indem es sagt: „ Diese drei Meer-Herren Götter sind die Gottheiten, welche von den Adzumi no murazi als ihre *Ahnengötter* verehrt werden. Die Adzumi no murazi sind nämlich die Nachkommen seiner Hoheit Utsushi-hi-gana-saku, des Kindes von [einer] dieser Meer-Herren-Gottheit[en]."

[68] D. i. die Sonnengöttin, siehe Kap. III, Anm. 10. Der Vortritt der *linken* Seite vor der *rechten* ist chinesische Eigentümlichkeit.

[69] Der Mondgott, siehe Kap. III, Anm. 16.

Ich vermute, dass wir in der Anfang Kap. III mitgeteilten Erzählung von der Entstehung der Sonnengöttin und des Mondgottes die ursprüngliche japanische Sage besitzen, während wir in der hier gegebenen Version vielleicht

seiner Nase [70] eine Gottheit mit dem Namen Susa no Wo no Mikoto. Im ganzen waren es drei Gottheiten. Hierauf beauftragte Izanagi no Mikoto seine drei Kinder, indem er sprach: „ Du Ama-terasu Oho-mi-kami sollst das hohe Himmelsgefilde regieren; du Tsuki-yomi no Mikoto sollst die achthundertfachen

---

chinesischen Einfluss erkennen müssen, nämlich eine Anpassung an die Sage von *P'an-ku*. Vgl. über diesen Mayers, Chinese Reader's Manual, pag. 173 f. wo es unter anderem heisst: „ P'an-ku entstand in der grossen Wüste—sein Anfang ist unbekannt. Er kannte die Wege (Normen) des Himmels und der Erde und verstand die Wechselbeziehungen zwischen den beiden Prinzipien der Natur und wurde das Haupt der drei Potenzen. Hierauf begann die Entwicklung aus dem Chaos " . . .„ Durch sein Sterben liess P'an-ku die gegenwärtige materielle Welt entstehen. Sein Odem verwandelte sich in Wind und Wolken, seine Stimme in den Donner, *sein linkes Auge in die Sonne, sein rechtes Auge in den Mond,* seine vier Glieder und fünf Extremitäten in die vier Himmelsgegenden und die fünf grossen Berge, sein Blut in die Flüsse, seine Muskeln und Adern in die Erdschichten, sein Fleisch in den Boden, Bart und Haar in die Gestirne, Haut und Härchen darauf in Pflanzen und Bäume, Zähne und Knochen in Metalle, sein Mark in Perlen und Edelsteine, sein Körperschweiss in Regen, und die Parasiten auf ihm, vom Wind befruchtet, in das Menschengeschlecht." An und für sich ist es natürlich nicht ausgeschlossen, dass die Japaner eine ähnliche Sage von der Entstehung der Sonne und des Mondes hatten, ohne deshalb von den Chinesen geborgt haben zu müssen (vgl. Kap. III, Anm. 19). Bietet ja auch die germanische Mythologie eine Parallele zur P'an-ku Sage, indem sie die Welt aus dem Körper des getöteten Riesen Ymir erschaffen sein lässt. Aber die *Doppelform der Sage* scheint mir verdächtig. Hirata ist gegen die Entlehnungstheorie wegen der schon Kap. III, Anm. 16 angezogenen Geschlechtsverschiedenheit der Gottheiten von Sonne und Mond bei Chinesen und Japanern, doch ist diese Begründung nicht ausreichend, da Beispiele vorhanden sind, dass selbst nah verwandte Volksstämme mit Mythologie gleichen Ursprungs verschiedene Geschlechtsanschauungen von der Sonnen- und Mondgottheit haben. Ausserdem handelt es sich ja keineswegs um Entlehnung der Sonnenlegende aus China, sondern nur um eventuelle Anähnlichung eines einzelnen Zuges aus der chinesischen Mythologie.

[70] **Su** citiert hier aus dem Kommentarwerk NIHONGI-SANSHO des Fujihara Kaneyoshi eine seltsame Stelle: „ Die Nase ist der Anfang des Menschen. Im Mutterleibe entsteht zuerst die Nase. Daher nennt man die Nase (鼻 *hana*) den Anfang (始 *hana;* Wortspiel!). Des Menschen Urahn nennt man Nasen-Ahn." Also Kaneyoshi's Nasen-Philosophie.

Salzfluten des blauen Meeresgefildes regieren; du
Susa no Wo no Mikoto sollst die Welt regieren!" [70]*
Zu dieser Zeit war Susa no Wo no Mikoto schon
volljährig und hatte ferner einen acht Handbreiten
langen Bart. Nichtsdestoweniger aber übte er die
Regierung der Welt nicht aus, sondern weinte und
lamentierte und zürnte und wütete beständig. Daher
fragte ihn Izanagi no Mikoto und sprach: „Warum
weinst du immerfort auf diese Weise?" Er antwortete
und sprach: „Ich möchte meiner Mutter in das
Unterland nachfolgen, und nur deshalb weine ich."
Da verabscheute ihn Izanagi no Mikoto und sprach:
„Mach dass du fortkommst, so wie du Lust hast!"
Hierauf jagte er ihn von dannen.

VII.—In einer Schrift heisst es:—Izanagi no Mikoto zog
sein Schwert und hieb Kagu-dzuchi in drei Stücke.
Aus einem derselben wurde Ikadzuchi-gami, [71] aus

---

[70]* Vgl. aber Variante XI, wo *Tsuki-yo-mi,* der Sonne zugesellt (vgl. den
Haupttext oben), die Angelegenheiten des Himmels, *Susa no Wo* aber das
Gefilde des Meeres regieren soll. Dies stimmt mehr zur Darstellung des KOJIKI
(Sect. 11), wo der Mondgott das Reich-der-Nacht *(yoru-no-wosu-kuni),* Susa no
Wo das Meergefilde von Izanagi angewiesen bekommt. In der Version des
Kojiki überreicht zudem Izanagi der Sonnengöttin sein Juwelenhalsband:
)) . . . das Juwelenband, das sein erlauchtes Halsband bildete, nahm er klingelnd
ab und schüttelte es, und überreichte es der Ama-terasu-oho-mi-kami, und
sprach: „Deine Hoheit soll das Gefilde des Hohen Himmels regieren." Mit
diesem Auftrag überreichte er es ihr. Nun war [aber] der Name dieses erlauchten Halsbandes Mi-kura-tana-no-Kami (Erlauchter-Speicher-Sims-Gottheit).((
Dieser Name des Halsbandes soll, nach Motowori, daher rühren, dass die
Göttin das überaus kostbare Schatzstück auf einem Sims ihres Speichers auf-
bewahrte.

[71] Oder *Ikadzuchi no Kami* „Donner-Gott." Nach Hirata ist *Ikadzuchi*
nicht spezifisch „Donner," sondern ein Name für alle gewaltigen, fürchterlichen
Wesen: *ika=mika* „gewaltig," *dzu=tsu* Partikel, *mi* Honorificum. Er heisst
auch *Oho-ikadzuchi no Kami* „grosser Donner Gott" oder *Ama no Nari-ikadzuchi
no Kami* „des Himmels tönender Donner Gott." Ein ihm geweihter Tempel
befindet sich z.B. im Distrikt Ohotori von Idzumi, der *Oho-ikadzuchi-gami no jinja.*

einem wurde Oho-yama-tsu-mi no Kami, [72] und aus einem wurde Taka-okami. [73] Ferner heisst es : Als er Kagu-dzuchi zerhieb, spritzte dessen Blut aus und befleckte die in der Mitte der achtzig Flüsse des Himmels befindlichen fünfhundert [74] Felsen und wurde zu Gottheiten mit den Namen Iha-saku no Kami, sodann Ne-saku no Kami, und deren beider Kinder Iha-tsutsu-wo no Kami und Iha-tsutsu-me no Kami, und deren beider Kind Futsu-nushi no Kami. [75]

VIII.—In einer Schrift heisst es :—Izanagi no Mikoto zerhieb Kagu-dzuchi no Mikoto in fünf Stücke, deren jedes sich zu [einem der] fünf Berggötter verwandelte. Das erste, nämlich der Kopf, wurde zu Oho-yama-tsu-mi ; [76] das zweite, nämlich der Rumpf, wurde zu

---

[72] Der Berggott. Vgl. Kap. III, Anm. 3 und Kap. IV, Anm. 5. Das Rui-jū-koku-shi hat nur 山神 *yama no kami* „Berggott" oder „Berggötter," welche Lesart **H** und **I** annehmen, weil sie ihnen mit der Angabe in Variante VIII, wo 5 Berggötter genannt werden, mehr konform erscheint. Da wir es aber in VII und VIII mit zwei offenbar verschiedenen Traditionen zu thun haben, so sehe ich nicht ein, warum wir der einen Einfluss auf die andere gestatten sollen. Konformität im Nihongitext herzustellen ist eben nicht unsere Aufgabe, wie ich schon Kap. III, Anm. 30 bemerkt habe. Ich habe daher hier die Lesung von **A** beibehalten.

[73] *Taka-okami* „der hohe grosse Gott, der grosse Gott auf den Höhen," oder „der grosse Regenwasser-beförderer auf den Höhen," ein auf den Bergen residierender Regengott von drachenförmiger Gestalt. Siehe Anm. 26.

[74] „Fünfhundert" steht für eine grosse unbestimmte Zahl. In ähnlicher unbestimmter Bedeutung der Vielheit finden wir gebraucht 8, 80, 180, 80000, 8000000, 100, 10000 (letztere beiden unter chinesischem Einfluss?). Die „achtzig Flüsse des Himmels" sind die oben *Ama no Yasu-kaha* genannte Milchstrasse. Siehe Kap. IV, Anm. 15.

[75] Letztere fünf Namen siehe in Anm. 16, 21, 22, 23, 24. Hiernach eine grosse phonetische Glosse.

[76] „Gross-Berg-Herr, d. i. Herr der grossen Berge = Herr der Berggipfel. Im Gegensatz zu den beiden folgenden hat dieser Name hier eine besondere Bedeutung: *oho, naka* und *ha* sind kontrastiert, wie früher *uha, naka* und *soko*. Das deutet auf bewusst systematische Mache und somit einen jüngeren Ursprung der Version.

Naka-yama-tsu-mi; [77] das dritte, nämlich die Hände, wurde zu Ha-yama-tsu-mi; [78] das vierte, nämlich die Hüften, wurde zu Masaka-yama-tsu-mi; [79] das fünfte, nämlich die Füsse, wurde zu Shigi-yama-tsu-mi. [80] Dabei spritzte das Blut aus den Schnittwunden und befleckte die Felsen, Bäume und Kräuter. Dies ist der Grund, warum Kräuter, Bäume und Kiesel von Natur Feuer enthalten.

IX.—In einer Schrift heisst es:—Da Izanagi no Mikoto seine jüngere Schwester zu sehen wünschte, begab er sich nach der temporären Begräbnisstätte. [81] Da zu dieser Zeit Izanami no Mikoto noch immer wie bei Lebzeiten war, kam sie heraus ihm entgegen und sie redeten mit einander. Hierauf sprach sie zu Izanagi no Mikoto: „ Mein erlauchter Herr und Gemahl, ich bitte mich nicht anzusehen." Als sie so gesprochen hatte, wurde sie plötzlich unsichtbar. Es war zu dieser Zeit dunkel. Da zündete Izanagi no

---

[77] „ Mittel-Berg-Herr," d. i. Herr der Bergseite oder des Bergabhangs. Für Bergseite gebraucht man auch jetzt Ausdrücke wie *yama no naka-hara* „ Mittel-Bauch des Bergs," u. s. w.

[78] „Herr des Bergrandes," von *ha* „Rand," *ha-yama*=„erster Anstieg eines Berges."

[79] „ Steiler-Abhang-Berg-Herr," von *ma-saka* „rechter d. i. steiler Abhang."

[80] „ Herr der dichten (dichtbewaldeten) Berge," von *shigi* „dicht [wachsende] Bäume." Noch einige andere Namen von Berggöttern, wie „Herr der tiefen Berge " u. s. w. siehe KOJIKI sect. 8, bei Chamberlain pag. 33.

[81] 殯 斂 之 處 wofür eine alte Lesung *so-no-wo no tokoro* existiert, die jedoch unverständlich ist. I liest daher *mogari no tokoro* „ Stätte des temporären Begräbnisses." Es war eine alte Sitte, nach dem Tode Jemandes ein Haus zu bauen, wo die Leiche eine Zeit lang vor dem Begräbnis gehalten wurde. Vgl. damit noch in Buch 29, Seite 79, die Errichtung eines temporären Begräbnispalastes *mogari no miya* für den verstorbenen Kaiser Temmu. Die temporäre Beisetzung war von sehr verschiedener Zeitdauer, sie konnte einige Monate oder einige Jahre dauern. In Gedichten des MANYŌSHŪ ist sie oft erwähnt, z. B. 2, 76 gedichtet von Kakinomoto- no Hitomaro zur Zeit des temporären Begräbnisses des Prinzen Hinameshi.

Mikoto ein einzelnes Licht an und sah nach ihr.
Da [sah er, dass] Izanami no Mikoto aufgedunsen
und angeschwollen war und auf ihr die acht Arten
der Donnergötter waren. Izanagi no Mikoto war
erschrocken und entfloh und kehrte zurück. Da
erhoben sich die Donner alle und kamen in Verfolgung.
Nun wuchs an der Seite des Weges ein grosser
Pfirsichbaum. Daher verbarg sich Izanagi no Mikoto
unten an diesem Baume. Darauf nahm er die Früchte
desselben und warf sie nach den Donnern, worauf
die Donner alle sich zurückzogen. Dies ist der
Ursprung des Gebrauchs mit Hilfe von Pfirsichen die
bösen Geister fern zu halten. [82] Hierauf warf Izanagi
no Mikoto seinen Stock hin und sagte: „Die
Donner sollen nicht weiter als bis hierher kommen!"
Diesen [Stock] nennt man Funato no Kami; sein
ursprünglicher Name war Kunato no Kami. [83]

Von den sogenannten Acht Donnern hiess derjenige, welcher sich auf ihrem Kopfe befand, Oho-
ikadzuchi (der Grosse Donner); derjenige, welcher
sich auf ihrer Brust befand, hiess Ho-ikadzuchi (Feuer-
Donner); derjenige, welcher sich auf ihrem Leibe

---

[82] Die Chinesen schreiben dem Holz und den Früchten des Pfirsichbaums
ganz besondere mystische Eigenschaften für die Vertreibung der bösen Geister
zu (vgl. Buch 30, Seite 10, Anm. 1), und ich glaube, dass wir es hier wieder
mit chinesischem Einfluss auf die japanische Sage zu thun haben. Eine Vertreibung der bösen Geister mit Pfirsichen findet in der sog. *Tsuwina* Ceremonie
(= *Oni-yarahi* „Teufelaustreibung," vgl. Nachtrag zu Buch 30, Seite 11, Anm.
1) am Sylvesterabend statt.

[83] Siehe Anm. 44. Für „Gott" stehen hier die Zeichen 祖神 „Ahnen-
Gott" welche ich wie **H** einfach *kami* gelesen habe. **Su** und **O** haben *oho-ji*
„grosser Alter," **I** liest *sahe no kami* „Abwehr-Gott" (von *safu* „abwehren,"
nämlich die bösen Geister abwehren, welche aus der Unterwelt heraufkommen
und den Wanderer belästigen). Der *sahe no kami* „Abwehrgötter," welche
man füglich auch „Weg- oder Reisegötter" nennen könnte, sind drei: *Yachi-
mata-hiko, Yachimata-hime* und *Kunado*. Sie werden noch jetzt von vielen abergläubischen Leuten vor Beginn einer Reise verehrt.

befand, hiess Tsuchi-ikadzuchi (Erd-Donner); derjenige, welcher sich auf ihrem Rücken befand, hiess Waki-ikadzuchi (Junger Donner); derjenige, welcher sich auf ihrem Hinteren befand, hiess Kuro-ikadzuchi (Schwarzer Donner); derjenige, welcher sich auf ihrer Hand befand, hiess Yama-ikadzuchi (Berg-Donner); derjenige, welcher sich auf ihrem Fuss befand, hiess Nu-ikadzuchi (Feld-Donner); und derjenige, welcher sich auf ihrer Scheide befand, hiess Saku-ikadzuchi (Spalt-Donner).

X.—In einer Schrift heisst es:—Izanagi no Mikoto folgte ihr und als er an den Ort gelangte, wo Izanami no Mikoto sich befand, sprach er zu ihr und sagte: „Weil ich um dich trauerte, bin ich hierher gekommen." Sie antwortete und sprach: „Verwandter![84] sieh mich nicht an!" Izanagi no Mikoto aber gehorchte ihr nicht, sondern sah noch immer nach ihr hin. Daher schämte sich Izanami no Mikoto, wurde zornig und sprach: „Du hast meinen Zustand[85] gesehen. Nun will ich hinwiederum deinen Zustand sehen." Da schämte Izanagi no Mikoto sich ebenfalls und schickte sich an aufzubrechen und zurückzukehren, aber er kehrte nicht ohne weiteres schweigend zurück, sondern er that einen Schwur und sprach: „Die Verwandtschaft wird geschieden werden!"[86] Ferner

---

[84] 族 *ugara*, was aus *uchi-gara* 內 屬 „zum selben Haus gehörend" kontrahiert ist. Derselbe zweite Bestandteil findet sich auch in den Wörtern *yakara* „Familie, Verwandter (*ya* Haus); *harakara* „Geschwister," d. i. von demselben Mutterleib *hara* Geborene; *tomogara* „Genossen" u. s. w.

[85] 情 von **I, O** und **Su** *kokoro* „Herz, Gefühl" gelesen, **H** *ahare* „leider." Nach einer im YAMA-KAGE aufgestellten Interpretation: „du hast schon mein Herz vollständig durchblickt (*mi-hateru*)."

[86] Obgleich der chinesische Text 族 離 keine Futurpartikel aufweist, geben sämtliche jap. Interpretatoren der Phrase Futurbedeutung: *ugara hararenu* oder *hanarenamu*. Dies soll die alte Ehescheidungsformel gewesen sein.

sprach er :   „ Ich will einem Verwandten nicht
unterliegen." [87]   Der hierauf von ihm ausgespuckte
Gott [88] wurde Haya-tama no Wo [89] genannt; sodann der
reinigende Gott wurde Yomi-tsu-koto-saka no Wo [90]
genannt.   Im ganzen waren es zwei Gottheiten.   Und
als es dazu kam, dass er mit seiner jüngeren Schwester
auf dem Flachen Hügel der Unterwelt stritt, sprach
Izanagi no Mikoto :   „ Dass ich zuerst um einer Verwandten willen traurig war und wehmütige Sehnsucht
empfand, das war eine Schwäche von mir."

---

[87] Bezieht sich auf die 1000 Todesfälle und 1500 Geburten, oben
Anm. 43.

[88] Meine Interpretation schliesst sich an den chinesischen Text an. **I**
macht einen kleinen Zusatz und liest: „ Der Gott, welcher bei seinem Spucken
enstand, hiess Haya-tama no Wo no Kami; sodann der Gott, welcher bei
seiner Reinigung entstand, hiess Yomo-tsu-koto-saka no Wo no Kami." **H**
bezieht das Spucken auf Haya-tama und das Reinigen auf Koto-toke und
bemerkt, die Ansicht dass diese beiden Götter als Kinder Izanagi's zu betrachten wären, sei nicht richtig. Er interpretiert: „Darauf war da ein Gott,
welcher spuckte und Haya-tama no Wo no Kami hiess; sodann war da ein
Gott, welcher reinigte und Yomi-tsu-koto-toke no Wo no Kami hiess." Das
Ausspucken Izanagi's ist wohl einerseits Ausdruck des Abscheus, anderseits
aber auch eine Art Lustration. Im letzteren Sinne vergleiche man z. B. eine
Sitte der Sekte der Messalianer, welche auszuspeien und sich zu schneuzen
pflegten, um die Dämonen, welche sie etwa mit ihrem Atem in sich aufgenommen haben möchten, zu entfernen (Tylor, Anfänge der Cultur, Bd. I, S.
103; andere Beispiele für den Speichel als Lustrationsmittel daselbst Bd. II,
S. 441 u. 443). Das von **Su** citierte 直指詳解 bemerkt in naiver Weise:
„Dass die Leute der Gegenwart beim Anblick von etwas Unreinem ausspucken,
hat seinen Grund hierin (d. h. in dieser Handlungsweise Izanagi's)."

[89] Nach den Zeichen „Schnell-Edelstein-Mann;" aber **H** möchte recht
haben, wenn er *tama* mit dem im Wamyōshō belegten *tamahi* „Erbrochenes"
zusammenbringt. Dann hiesse der Name etwa „Schnell-Erbrechen-Mann."
Tempel von ihm im Distrikt Ou von Idzumo: der *Haya-tama-jinja,* im Distrikt
Muro von Kii: der *Kumanu-Haya-tama-jinja* u. s. w.

[90] *Yomi-tsu-koto-saka no Wo* etwa „ der bei der Ehescheidung in der Unterwelt [entstandene] Mann." *Koto* „Sache," *saka* von *sakaru* „trennen," *koto-saka*
nach **I** = „Ehescheidung." **H** liest *toke* statt *saka*, von *toku* „ lösen, das Herz
von Verwirrung befreien," *koto-toke* „ Sache-lösen."

Da sagten die Weg-Wächter[91] der Unterwelt: Wir haben dir [von Izanami no Mikoto] folgendes auszurichten: „Ich und du haben Länder erzeugt. Warum sollten wir wieder welche zu zeugen[92] verlangen? Ich will hinfort in diesem Lande bleiben und darf mit dir nicht davongehen." Zu dieser Zeit sagte Kukuri-hime[93] no Kami ebenfalls etwas, was Izanagi no Mikoto hörte und gut hiess, worauf sie verschwand.

Jedoch da er in eigner Person das Land der Unterwelt besucht hatte und weil dies unglücklich war, gedachte er die Verunreinigung wegzuwaschen und besuchte das Aha Thor[93]* und das Thor Haya-suhi-na-to.[94] Jedoch die Flut in diesen beiden Thoren war überaus schnell, weshalb er nach der Fluss-

---

[91] *Yomi tsu Chi-mori*, nach **H** „Späher der Unterwelt." Shigetane nimmt *chi-mori* im Sinn von „Grenzwächter, Barrierenwächter" = *sayarimasu kami* „Sperr-Gott, Gott der Sperre" auf dem flachen Abhang der Unterwelt. Ob wir nur einen oder mehrere Weg-Wächter zu verstehen haben, ist zweifelhaft.

[92] Ich nehme 生 im transitiven Sinne = *umu* „erzeugen." **H** aber nimmt es intransitiv und liest *ikamu*, was folgenden Sinn giebt: „Warum sollte ich wiederum zu leben verlangen?"

[93] *Kukuri-hime* „die Gehör gebende Prinzessin." So wenigstens nach der einzigen von Hirata versuchten Erklärung: *kukuri* von *kiki-iru* (*kiki-ireru*) = „durch Hören erfahren, Gehör geben, ein Ohr leihen." Die Göttin soll so genannt sein, weil sie zwischen den streitenden Gottheiten vermittelte, der männlichen Gottheit die Worte der weiblichen zu hören gab, und die weibliche Gottheit die Worte der männlichen erfahren liess. Shigetane meint, dass *kukuri* überhaupt nur „hören" bedeute.

[93]* *Aha no mi-to* „Aha's Wasser-Thor," d. i. der *Naruto Kanal* zwischen den Inseln Ahaji und Shikoku, (Provinz Aha), unweit Fukura, berühmt durch die reissende Strömung seiner Wasser. Verbindet das jap. Binnenmeer (Inland Sea) mit dem Stillen Ocean. Siehe Murray's Handbook, 3. ed. pag. 355 f.

[94] *Haya-suki-na-to* (**H** *Haya-su-na-to*) „Schnell-saugendes Thor." *na* ist zwar 名 *na* „Name" geschrieben, ist aber die alte Genetivpartikel, wie weiter durch die Schreibung 速吸之門 *Haya-suhi no To* im Jimmu-ki, Buch 3. bewiesen wird. Auch *Haya-suhi no minato* genannt. Es ist die Bungo Strasse, beim

mündung von Tachibana [95] umkehrte und sich daselbst
reinigte und wusch. Als er bei dieser Gelegenheit
in das Wasser hineinstieg, erzeugte er durch Blasen
den Iha-tsuchi [96] no Mikoto; indem er aus dem
Wasser herausstieg, erzeugte er durch Blasen den
Oho-naho-bi [97] no Kami. Als er noch einmal hineinstieg, erzeugte er durch Blasen den Soko-dzuchi [98] no
Mikoto; beim Herauskommen erzeugte er durch Blasen
den Oho-aya-tsu-hi [99] no Kami. Als er nochmals
hineinstieg, erzeugte er durch Blasen den Aka-dzuchi [100]
no Mikoto; beim Herauskommen erzeugte er durch
Blasen die verschiedenen Gottheiten des Himmels,
der Erde und des Meeresgefildes. [101]

XI.—In einer Schrift heisst es:—Izanagi no Mikoto
beauftragte seine drei Kinder, indem er sagte: „Du
Ama-terasu Oho-mi-kami sollst das Gefilde des hohen
Himmels regieren; du Tsuki-yo-mi no Mikoto sollst

---

jetzigen *Saga-no-seki* im Distrikt Ama (Umbe) der Provinz Bungo, von wo
man nach Iyo übersetzt. Benannt nach der schnellen Strömung des Meeres
dort. Im Distrikt Umbe von Bungo liegt auch ein Shintotempel Namens
Haya-suhi-hime no jinja.

[95] So nach **I**, vgl. oben Anm. 55. Oder: „nach Woto von Tachibana.“
I meint, der Fluss habe *Tachibana* geheissen, weil an seiner Mündung viele
Tachibana-Bäume (Orangen) gewachsen wären.

[96] *Iha-tsuchi* „Felsen-Altehrwürdiger,“ identisch mit *Iha-tsutsu no Wo*,
Anm. 22.

[97] Siehe Anm. 59.

[98] *Soko-dzuchi, Soko-tsuchi* „[Meer] Boden-Altehrwürdiger“ = *Soku-tsutsu no
Wo*, Anm. 61.

[99] *Oho-aya-tsu-hi* nach **I** gleichbedeutend mit *Oho-maga-tsu-hi* „Grosse-Uebel-
Wunderbarer,“ der Gott des Uebels. *Aya* „Uebel„ (Zeichen 綾 „Muster,“
steht phonetisch) ist der in den Verben *ayamatsu* „sich vergehen,“ *ayamuru*
„verderben“ (trans.) enthaltene Stamm. Vgl. auch Anm. 57.

[100] Mit dem Zeichen 赤 *aka* „rot“ geschrieben; er ist jedenfalls identisch
mit *Naka-tsutsu no Wo*, Anm. 63.

[101] **H** verwandelt 天 „Himmel“ in 大 „gross“ und liest *oho-tsuchi unabara*
„grosse Erde (und) Meeresgefilde.“

der Sonne zugesellt die Angelegenheiten des Himmels regieren; du Susa no Wo no Mikoto sollst das Gefilde des blauen Meeres regieren.“

Als nun Ama-terasu Oho-mi-kami sich im Himmel befand, sprach sie: „Ich höre, dass im Mittellande des Schilfgefildes [die Göttin] Uke-mochi no Kami [102] ist. Du Tsuki-yo-mi no Mikoto sollst hingehen und dich nach ihr erkundigen!“ Als Tsuki-yo-mi no Mikoto den Befehl erhalten hatte, stieg er hinab und begab sich nach dem Ort, wo Uke-mochi no Kami war. Uke-mochi no Kami drehte hierauf ihren Kopf und wandte ihn nach dem Lande hin, worauf aus ihrem Munde gekochter Reis herauskam; ferner als sie ihn dem Meere zuwandte, kamen aus ihrem Munde breitflossige Dinge und schmalflossige Dinge; [103] ferner als sie ihn den Bergen zuwandte, kamen aus ihrem Munde hartfellige Dinge und weichfellige Dinge. [103] Diese verschiedenen Dinge wurden sämtlich bereit hingesetzt auf hundert Tischen und [Tsuki-yo-mi no Mikoto] wurde damit bewirtet. [103] Da wurde

---

[102] Die „Göttin der Nahrung,“ von *uke* „Nahrung,“ *mochi* „haltend, besitzend.“ Siehe Anm. 3.

[103] Alle diese Dinge gehören zu den Opfergeschenken, welche in den Norito häufig aufgezählt werden. Vgl. z. B. im Norito zum „Tatari-gami wo utsushiyarafu Matsuri“ (Feier zur Wegtreibung des Fluchgottes): „Mit dieser Bitte opfern wir ehrerbietigst die darzureichenden Opfergeschenke, nämlich . . . und sowohl gehülsten Reis als auch ungehülsten Reis; und was die in den Bergen wohnenden Dinge anbelangt, [opfern wir] Dinge mit weichem Fell und Dinge mit hartem Fell; . . . . und was die im blauen Meeresgefilde wohnenden Dinge anbelangt, [opfern wir] Dinge mit breiten Flossen und Dinge mit schmalen Flossen . . . . und legen [sie] wie einen Querberg auf den [Opfer-] Tischen in Fülle hin u. s. w.“

Hata no Hiro-mo „breitflossige Dinge“ sind Seefische wie *Tai* Meerbrasse, *Katsuwo* Bonitus u. s. w.; *Hata no Sa-mono* „schmalflossige Dinge“ sind *Awabi* Seeohr, *Ebi* Krebs, *Iwashi* Sardine, *Ika* Tintenfisch und alle Arten von Flussfischen (gewöhnlich *Koi* Karpfen).

Tsuki-yo-mi no Mikoto vor Zorn rot und sprach:
„ Wie schmutzig! wie gemein! Wie kannst du es
wagen mich mit aus deinem Munde ausgespieenen
Dingen [104] zu bewirten!“ Hierauf zog er sein Schwert
und tötete sie. Darauf kehrte er zurück und erstattete
einen Bericht von seiner Mission, indem er die
Vorgänge genau mit allen Einzelheiten erzählte.
Da wurde Ama-terasu Oho-mi-kami überaus zornig
und sprach: „ Du bist ein böser Gott! Ich will
dich nicht [länger] von Angesicht zu Angesicht
sehen!“ Hierauf trennte sie sich von Tsuki-yo-mi
no Mikoto durch einen Tag und eine Nacht und sie
wohnten von einander getrennt.

Ke no Ara-mono „hartfellige Dinge“ sind *Inoshishi* Wildschwein, *Usagi*
Hase, u. s. w.; *Ke no Nigo-mono* „weichfellige Dinge“ sind *Gan* Wildgans,
Kamo Wildente, *Kiji* Fasan, *Hato* Taube, u. s. w. Durch Einfluss des Buddhis-
mus sind später die hartfelligen und weichfelligen Dinge aus der Zahl der
Opfergaben (*sonahe-mono*) verdrängt worden. Die „Opfertische“ haben acht
Beine und heissen daher *Yatsu-ashi* „Achtbein;“ sie sind im Durchschnitt 5
Fuss lang, 1 Fuss breit und 3 Fuss hoch, aus *Hinoki* Holz gefertigt. „Hundert“=
„ viele.“

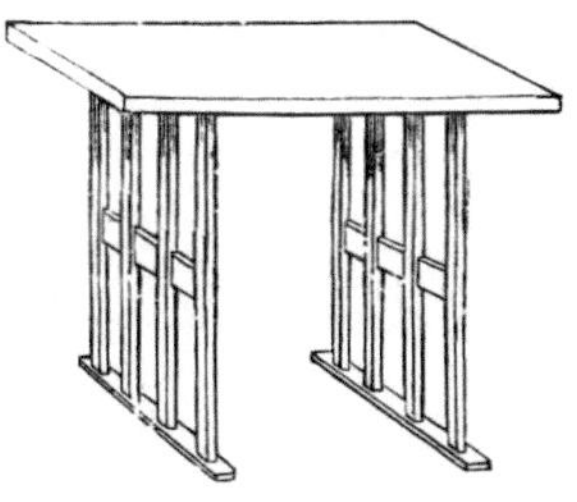

YATSU – ASHI.

[104] Nach der Version im KOJIKI sect. 17 wird der Zorn des Bewirteten,
als welcher dort *Susa no Wo* genannt ist, noch erklärlicher, denn dort „ nahm
die Göttin Oho-ge-tsu-hime allerhand leckere Dinge aus Nase, Mund und
Hinterem und richtete daraus allerlei her.“ Die Version des NIHONGI, dass
der *Mondgott*, und nicht Susa no Wo, der Uebelthäter war, ist auch durch das
KŪJIKI vertreten und ist zweifellos die ältere Fassung der Sage. Sie erklärt
am besten den Umstand, dass Sonne und Mond nicht zusammen gesehen werden.

Hierauf schickte Ama-terasu Oho-mi-kami zum
zweiten Mal [Jemand, und zwar dies Mal den] Ame-
kuma-bito, [105] um zu ihr hinzugehen und sie zu sehen.
Zu dieser Zeit war Uke-mochi no Kami in der That
schon tot. Jedoch auf dem Scheitel dieser Göttin
waren das Rind und das Pferd entstanden; auf ihrer
Stirne war die Hirse entstanden; auf ihren Augenbrauen
waren   Seidenraupen-Cocons [106] entstanden; in ihren

Auch die Mythen vieler anderen Völker erzählen vom Antagonismus der
Sonne und des Monds, als der Gottheiten von Tag und Nacht; vgl. z. B.
Tylor, Anfänge der Kultur I, 347; II, 324 u. s. w. Die Sonnengöttin und die
Nahrungsgöttin sind die beiden in *Ise* (Yamada) verehrten Hauptgottheiten,
erstere im *Naigū,* letztere im *Gekū* Schrein verehrt. Näheres über sie siehe in
Satow's Handbook, S. 175 f.

[105] 天熊人 *Ame-kuma-bito,* oder nach Motowori und I *Ame-kuma no Ushi,*
indem sie 大人 statt 人 lesen. Nach den Zeichen „ Himmels-Bären-Mensch."
Shigetane hält *kuma* für ein Wort mit der Bedeutung „ Reis" *kome.* In einem
Werke (dem YAMATO-BÍME NO MIKOTO SEIKI) komme *kuma* in einem
Zusammenhange vor, wo es nur „ Reis" bedeuten könne: *kake-kuma ni kake
matsuri someki. Kake-kuma* darin = *kake-chikara* „ aufgehängter Reis." Shigetane
sucht *kuma* auch etymologisch aus *kuhi-uma* „ schmackhaft zu essen " zu erklären,
eine phantastische Etymologie. Nach Anderen soll *kuma=kumo* „ Wolke "
sein, indem die Wolken als Boten der Götter betrachtet würden. Diese
Analogie zum indischen *Megha-dūta* (Wolken-Bote) ist aber in der japanischen
Mythologie meines Wissens ganz ungerechtfertigt. *Ushi=*„ Herr."

[106] Dieser Sagenzug verdankt augenscheinlich seine Entstehung einem
Wortspiel zwischen *mayu* „ Augenbraue " und *mayu* (coll. *mai*) „ Cocon." Die
Volksetymologie leitet übrigens letzteres von ersterem ab. In dem Bericht
über Kaiser Nintoku, angeblich im Jahre 399 n. Chr. gestorben, haben wir
im KOJIKI sect. 124 (Seite 279 bei Chamberlain) eine Stelle, welche darzuthun
scheint, dass die damaligen Japaner mit der Seidenraupenzucht noch nicht
bekannt waren, sondern erst durch Vermittlung von Koreanern Kenntnis
derselben erhielten. Nach einer Ueberlieferung hiessen die eingeführten
Raupen oder Cocons *Kara-mayu* d. i. koreanische (oder chinesische) Cocons.
Nun giebt es auch sog. *yama-mayu* (*yama-mai*) „ Berg-Cocons," d. i. Cocons der
wilden Seidenraupe, Antheraea yamamai, und man hat daher die Hypothese
aufgestellt, dass die vor Nintoku's Zeit erwähnten, also im Jindai-ki besproche-
nen *mayu* wilde Cocons d. i. *yama-mayu* gewesen seien. Auch die wilden
Seidenraupen werden gezüchtet, können aber ihre Cocons auch wild bilden.

Augen war die Hiwe [107] Hirse entstanden; in ihrem
Leibe war der Reis [108] entstanden; in ihrer Scheide

Es ist nicht leicht mit Sicherheit zu entscheiden, ob die frühesten Erwähnungen
von Seidenraupen und Cocons im Kojiki und Nihongi in einer blossen
Rückspiegelung späterer Zustände auf ältere Zeiten ihren Ursprung haben,
oder ob man wirklich in Japan vor Einführung der *Kara-mayu* aus China
resp. Korea schon Seidenraupen und Cocons gekannt und deren Gespinste für
Kleiderstoffe verwendet hat. Der ausgezeichnete Kenner des jap. Altertums
Prof. Kurokawa ist letzterer Ansicht, ich kann aber nicht umhin zu ersterer
Hypothese zu neigen. An dieser Stelle können wir fast mit Gewissheit
annehmen, wie ich schon oben andeutete, dass 繭 *mayu* „Cocon" durch das
Streben nach einem Wortspiel mit *mayu* „Augenbraue" in die Sage verflochten
wurde, und an der einzigen anderen Stelle des Jindai-ki, oben Variante II
(Text zu Anm. 31), wo die Seidenraupe 蚕 *kahiko* erwähnt wird, geschieht es
in einem Atem mit den ganz unjapanischen, spezifisch chinesischen „fünf
Körnerfrüchten." Damit ist das chinesische Kolorit dieser Stelle und somit
ihre historische Wertlosigkeit für die Charakteristik echter altjapanischer
Zustände erwiesen. Die nächstälteste Erwähnung der Seidenraupen, Kojiki
sect. 124 (oben angezogen), spricht für Import aus Korea; die demnächst
folgende im Jahre 462 n. Chr, Yūryaku-ki Buch 14 im Nihongi, giebt
ebenfalls Zeugnis dafür, dass man erst letzthin mit den Seidenraupen und ihrer
Verwendung bekannt geworden war (dies ist etwa 100 Jahre später als die
Zeit, von der das Kojiki spricht!) und sie zu züchten begann. Alles Beweise,
dass die Seidenkultur erst anfing, nachdem man schon längst mit Korea und
somit indirekt auch mit China in häufigem Wechselverkehr gestanden hatte,
Mag es nun in Japan von jeher Seidenraupen gegeben haben oder nicht, so
kann es nach obiger Darlegung kaum noch einem Zweifel unterliegen, dass
die Kultur der Seidenraupe von aussen her gegen Anfang der eigentlich
historischen Zeit, d. i. im vierten oder fünften Jahrhundert unserer Zeitrechnung, importiert worden ist. Alle anderen Angaben sind Anachronismen und
haben nur den Wert einer Legende.

[107] *Hiwe* (jetzt *hiye*) ist die Hahnenfusshirse, vgl. Rein, II pag. 59. Die
unmittelbar vorher genannte „Hirse" ist die Kolbenhirse oder italienische
Hirse, jap. *aha* (*awa*). **H** leitet *aha* von *ahaki* „schal" ab: sie sei nach ihrem
einfachen, schalen Geschmack so benannt!

[108] *Ine* „Reis, Reispflanze" nach **Ts** aus *ihi-ne* enstanden: *ihi* „gekochter
Reis," *ne* „Wurzel." Nicht glaublich.

waren Mugi, [109] grosse Bohnen [110] und kleine Bohnen [111] entstanden. [112]

Ame-kuma-bito nahm alles an sich und ging und bot es [der Ama-terasu Oho-mi-kami] dar. Da freute sich Ama-terasu Oho-mi-kami und sprach: „Dies sind die Dinge, welche die sichtbare Menschenrasse [113] essen und [so] leben soll." Hierauf machte sie die Hirse, die Hiwe Hirse, den Mugi und die Bohnen zum Samen der Trockenfelder, und den Reis machte sie zum Samen der bewässerten Felder. Demgemäss setzte sie ferner einen Mura-gimi [114] des Himmels ein. Nachdem sie dann den Reissamen zum ersten Mal auf den schmalen Reisfeldern und den langen Reisfeldern des Himmels gesäet hatte, waren in dem betreffenden [darauf folgenden] Herbste die [von ihrem eigenen Gewicht] nieder hangenden Aehren von acht Handbreiten [Länge] nieder umgebogen und überaus lieblich [anzusehen].

---

[109] *Mugi* ist ein Kollektivname für Weizen und Gerste. Vgl. Rein, II pag. 58.

[110] *Mame*, Soja Bohnen. Rein, II 65 unter Sojabohne, Daidzu.

[111] *Adzuki*, strahlfrüchtige Buschbohne, Phaseolus radiatus. Rein, II, pag. 70.

[112] Mit diesem ganzen Passus vergleiche man die oben Anm. 69 gegebene chinesische Legende von *P'an-ku.* Aehnliches findet sich auch bei vielen anderen Völkern, den Indern, Iraniern, Chaldäern, Iroquesen, Egyptern, Griechen, Tinneh, Manga. Vgl. Transactions of the Royal Asiatic Society, Januar 1895, pag. 202; LANG, Myth, Religion, Ritual vol. II, pag. 246 (Citate nach Aston).

[113] *Utsushiki awo-hito-gusa.* In dem Ausdruck *awo-hito-gusa* „ das grüne Menschengras " ist das Gedeihen der Menschen mit dem Wachsen des Grases verglichen. Nach dem KOJIKI-DEN wird die Phrase auf die Menschen angewendet, wenn von dem günstigen oder schädlichen Einfluss der Götter auf sie geredet wird. Die Phrase ist übrigens chinesischen Ursprungs.

[114] *Mura-gimi* 邑君 „ Dorf-Herr, Dorfschulze," identisch mit dem im Suinin-ki Buch 6 erwähnten 郡公 *mura-tsukasa.* Gemeiniglich *mura-wosa* genannt.

Ferner nahm sie die Seidenraupen-Cocons [115] in ihren Mund, und darauf gelang es ihr Fäden von ihnen zu haspeln. Damit begann die Kunst Seidenraupen zu züchten.

KAPITEL V.

[SUSA NO WO'S BESUCH BEI DER SONNENGOETTIN. ZEUGUNG MAENNLICHER UND WEIBLICHER GOTTHEITEN.]

Hierauf bat Susa no Wo no Mikoto und sprach: „Ich will jetzt deiner Unterweisung gemäss nach dem Unterlande gehen. Daher wünsche ich auf kurze Zeit nach dem Hohen Himmelsgefilde zu gehen, um mit meiner jüngeren Schwester zusammenzutreffen, worauf ich auf immer weggehen will." Es wurde ihm die Erlaubnis dazu gegeben, und er stieg alsdann zum Himmel hinauf.

Hiernach baute sich Izanagi no Mikoto, da seine göttliche Aufgabe bereits erfüllt war und seine wunderbare Bahn eine andere Richtung nehmen sollte, einen Versteck-Palast[1] auf der Insel Ahaji, und hielt sich dort in aller Stille für immer verborgen.

---

[115] Siehe Anm. 106.

KAPITEL V.

ZUM INHALT DIESES KAPITELS VERGL. KOJIKI SECT. 13 UND 14.

[1] 幽宮 *kakure no miya*, nach den Zeichen „dunkler, unsichtbarer Palast, Palast des Dunkels." Im Dorfe *Taga* des Distriktes Tsuna der Insel Ahaji liegt ein hiermit identificierter Shintōtempel Namens *Izanagi-jinja* „Tempel des Izanagi," auch 神宅 *mi-yake* od. *kami-yake* „Gottes-Haus" genannt. Die irdische Thätigkeit Izanagi's begann und endete nach der Sage somit auf der Insel Ahaji. Das KOJIKI sect. 12 lässt Izanagi in *Taga* in der Provinz *Afumi* (*Afumi* von *Aha-umi* „frisches Meer," d. i. „Binnensee," womit der Biwa See gemeint ist, welcher einen grossen Teil der Provinz einnimmt) residieren, und

a.—Ein anderer Bericht sagt : Nachdem Izanagi no Mikoto seine Aufgabe erfüllt hatte und auch seine Macht gross war, stieg er zum Himmel hinauf und erstattete von seiner Sendung Bericht. [2] Sodann blieb er dort wohnen im Kleineren-Palaste der Sonne. [3]

Als nun zuerst Susa no Wo no Mikoto zum Himmel hinaufstieg, da rollte das grosse Meer [wie Donner] und geriet in Bewegung, und die Berge und Hügel stöhnten laut; dies [alles] infolge der Heftigkeit seiner göttlichen Natur. Als Ama-terasu Oho-mi-kami, welche die Heftigkeit und Bosheit dieses Gottes von früher her kannte, die Art und Weise seines Kommens hörte, da war sie erschrocken und wechselte die Farbe und sprach [zu sich selbst] : „Wie kann mein jüngerer Bruder [auf diese Weise] mit guten Absichten kommen ? Ich denke er wird die Absicht haben mich meines Landes zu berauben. Da unsere Eltern allen ihren Kindern Auftrag gegeben haben, so ist ein jedes im Besitz eines bestimmten Gebietes. Warum dann giebt er das Land, wohin er gehen sollte, auf und wagt es diesen Ort hier auszuspionieren?“ Hierauf band sie ihr Haar [wie ein Mann] zu [zwei] Schöpfen auf [4] und wickelte ihren [weitbau-

---

die Leute daselbst sagen, die Stätte sei von Taga in Ahaji nach Taga in Afumi später verlegt worden. Ich glaube aber, dass dies eine auf Verwechslung der beiden *Taga* und Adaption beruhende Verderbung der ursprünglichen Sage ist, zumal da auch das Kūjiki Izanagi in Taga von Ahaji wohnen lässt.

[2] Der Himmelsgottheit, d. i. der Göttin Amaterasu.

[3] 日之少宮 *Hi no waka-miya*, so genannt im Gegensatz zum *Hi no miya* „Sonnenpalast,“ welchen die Göttin Ama-terasu bewohnt.

[4] 結髮爲髻 *kami* (oder *mikushi*) *wo agete midzura ni nashi.* In der allerältesten Zeit trugen die Männer ihr Haar nach links und rechts gescheitelt, und die Enden der Schöpfe waren zusammengewickelt; die Frauen aber banden das Haar in einen Schopf und liessen es hinten über Hals und Rücken herabhängen. „Das Haar aufbinden“ hiess *kami wo agurn* (*ageru*), die Schöpfe im allgemeinen hiessen *motodori* 元取. Nach Tanigawa (**Ts**) wäre der spezielle Name der Motodori bei den Frauen *kadzura*, bei den Männern aber *midzura* gewesen. Daher haben wir hier auch die Lesung *midzura*.

schigen] Frauenrock zu einer Hose zusammen. [5] Dann nahm
sie einen Faden mit daran aufgereihten fünfhundert Yasaka [6]
Juwelen und flocht ihn um ihre Haarschöpfe und um
ihre Handgelenke. Ferner hing sie sich einen tausend-
pfeiligen Köcher und einen fünfhundertpfeiligen Köcher
auf den Rücken, und am Unterarm befestigte sie ein
gewaltiges laut-tönendes Rückschlagpolster. [7] Indem sie das

[5] 縛裳爲袴 *mi-mo wo hiki-matsuhite hakama ni nashi.* *Hikimatsufu* (jetzt
matofu) „zusammenwickeln;" das Zeichen bedeutet „fesseln, festbinden." *Mo*
ist ein von den Lenden herab getragenes Kleid mit einer Oeffnung, sowohl
von Männern als Frauen, aber besonders von den letzteren getragen. Bild in
Modzume's Daijirin. Zu *Hakama* siehe oben IV, Anm. 47; sie wurde und
wird von Männern und Frauen, vorzugsweise aber von ersteren getragen.

[6] *Ya-saka* 八坂 ist ein dunkles Wort, nach den Zeichen „acht Abhänge,"
im KOJIKI sect. 13 八尺 „acht Fuss" geschrieben. H erklärt es als 彌清赤
ya (iya)-sa-aka „immer heller und röter," Saheki als 彌眞明 „höchst trefflich
hell" (nach Hirata). Moribe's Interpretation siehe bei Chamberlain pag. 46,
Anm. 5; vgl. auch Satow, Rituals, T. A. S. J. vol. 9, pag. 128. Ich halte
Ya-saka „acht Abhänge" wie Aston für einen Ortsnamen (kommt als solcher
wiederholt im NIHONGI vor) und nehme *Yasaka-ni* als „Juwelen aus Yasaka,"
„in Yasaka gemachte Juwelen." *Ni* ist ein altes Wort für Juwel; im KOJIKI
steht *maga-tama* „krumme Edelsteine." Die *Maga-tama* waren durchlöchert,
mit einer Schnur zusammengereiht und wurden als Armband, Halsband,
Fussschmuck, an Kleidern, Schwertern u. s. w. getragen. Noch jetzt tragen die
Shintopriester bei grossen Festen solchen Halsschmuck umgehängt, genannt
Kubikake no Magatama „Halsband-Krummedelsteine," und überhaupt spielen
die Maga-tama unter den sakralen Geräten des Shintoismus eine grosse Rolle.
Ueber das Material und die Form der Maga-tama siehe Anm. 36.

[7] Tomo, zum Schutz des Armes gegen den Rückschlag der Bogensehne
am linken Elbogen befestigt. Zu gleicher Zeit sollte es beim Anschlag einen

TOMO.

TOMOYE.

Ende[8] ihres Bogens [schussfertig] emporschwang und den Griff ihres Schwertes fest anpackte, stampfte sie auf den harten Hof [boden], so dass sie mit ihren Schenkeln[9] hineintrat als ob es Schaum-Schnee[10] wäre, und trat ihn mit Fusstritten auseinander. Indem sie so zu gewaltiger männlicher Tapferkeit sich anstrengte, erhob sie ein gewaltiges Schelten und richtete direkt gebieterische Fragen an ihn. Susa no Wo no Mikoto antwortete und sprach: „Ich habe von allem Anfang an kein schwarzes Herz gehabt. Aber da ich dem ernsten Geheiss unserer Eltern gemäss im Begriff bin auf immer in das Unterland zu gehen, wie könnte ich da mich unterstehen aufzubrechen, ohne erst meine ältere Schwester von Angesicht zu Angesicht gesehen zu haben? Aus diesem Grunde habe ich die Wolken und Nebel zu Fuss gehend überschritten und bin von fern her hierher gekommen. Ich hatte nicht erwartet, dass meine ältere Schwester im Gegenteil ein so ernstes Gesicht machen würde."

---

lauten Ton von sich geben. Bild bei Modzume; kommaförmige Gestalt. Auf dem *Tomo* befand sich die rechts abgebildete Figur, welche deshalb *Tomo-ye* „Tomo-Bild" genannt war und später zu einem Familien-Abzeichen (*Mon*) wurde. Zwei kommaförmige Figuren im Tomoye repraesentieren in China (und Japan) das *Yin* und *Yang* oder weibliche und männliche Prinzip, drei Figuren das *Yin*, *Yang* und *Taiki* oder Urprinzip.

[8] 弓彌 *Yu-hazu* „Bogen-Kerbe," d. i. die beiden Kerben am Bogen, an welchen die Bogensehne befestigt wird. Die Japaner halten den Bogen beim Schiessen vertikal und der Pfeil kommt rechts vom Bogen zu liegen. Beim Schuss macht der Bogen in der linken Hand eine Rundschwenkung, so dass die Sehne aussen an den linken Arm, wo das Tomo sitzt, anschlägt.

[9] *Muka-momo* „Gegen-Schenkel," so genannt, weil die beiden Schenkel einander gegenüberstehen.

[10] D. i. Schnee so weich und duftig wie Schaum. Dies kräftige Stampfen erinnert lebhaft an Rustem's Ueberkraft, wie sie im Shah-nameh des Firdusi beschrieben wird:

> „Es hatte Rustem, sagt man, im Beginne
> Durch Gottes Huld so grosse Stärke inne,
> Dass, wenn zu fels'gem Grund den Schritt er lenkte,
> Sein Fuss dort einbrach, weil der Fels sich senkte."

Darauf fragte ihn Ama-terasu Oho-mi-kami wieder und
sprach: „Wenn dies wirklich so wäre, wie wolltest du dann
dein rotes Herz [11] klar darlegen?“ Er antwortete und sprach:
„Bitte, ich will mit dir, meiner älteren Schwester, ein Gelübde
thun. Während [wir durch] dieses Gelübde [gebunden sind],
werden wir sicherlich Kinder erzeugen. Wenn die von mir
Erzeugten Mädchen sind, dann kannst du annehmen, dass ich
ein unlauteres Herz habe. Wenn sie aber Knaben sind,
dann kannst du annehmen, dass ich ein lauteres Herz habe.“

Hierauf liess sich Ama-terasu Oho-mi-kami das zehn
Handbreiten [lange] Schwert des Susa no Wo no Mikoto
geben, zerbrach es in drei Stücke und wusch sie im Trefflichen
Brunnen [12] des Himmels durch Hin- und Herschwenken rein.
Dann kaute sie dieselben mit knirschendem Geräusch und
blies sie weg, und aus dem dichten Nebel [13] ihres Hauches
entstanden Göttinnen, deren Namen waren: Ta-gori-bime, [14]

---

[11] Rotes Herz = reine aufrichtige Gesinnung.

[12] 眞名井 *ma-na-wi*, *ma* „trefflich,“ *na* = *no* Partikel, *wi* „Brunnen.“ Es
ist kein gewöhnlicher Brunnen gemeint, sondern eine Stelle des himmlischen
Flusses, wo man Wasser schöpft. *Wi* heisst im Altertum überhaupt jede
Wasserschöpfstelle. Motowori und Hirata wollen *na* als „Teich“ interpretieren:
„Trefflicher-Teich-Brunnen,“ doch glaube ich diese Auslegung als unberechtigt
zurückweisen zu können, da sich das Präfix *ma-na* auch in solchen Zusammensetzungen findet, wo es ganz absurd wäre, *na* durch „Teich“ zu übersetzen,
sondern wo *ma-na* einfach = *ma* ist, z. B. 眞名子 *ma-na-go*, 麻奈弟子 *ma-na-
otoko*, 眞名鶴 *ma-na-dzuru*.

[13] *Sa-giri* = *ma-kiri* „wahrer d. i. dichter Nebel.“

[14] 田心姫 *Ta-gori-bime*. Nach Shigetane ist *Ta-gori* aus *Take-gori*
„tapferes Herz“ herzuleiten, doch glaube ich mit H, dass *gori* = *giri*, die
nigorierte Form von *kiri* „Nebel“ ist, wie die Göttin denn auch im KOJIKI
sect. 13 *Ta-kiri-bime* heisst. *Ta-kiri* möchte dann entweder aus *tachi-kiri* „auf-
steigender Nebel,“ oder *tagi-kiri* etwa „Brausestrom-Nebel“ (von *tagitsu, tagiru*
„brausend und schäumend fliessen,“ noch jetzt vom siedenden Wasser gebraucht: *yu ga tagitta* „das Wasser kocht“) zu erklären sein. Ein anderer
im KOJIKI gegebener Name von ihr ist *Oki-tsu-shima-bime no Mikoto* „Prinzessin
der Tiefsee-Insel.“

sodann Tagi-tsu-hime,[15] sodann Ichi-ki-shima-hime.[16] Im ganzen waren es drei weibliche [Gottheiten].

Hierauf liess sich Susa no Wo no Mikoto den von Amaterasu Oho-mi-kami um ihre Haarschöpfe und um ihre Handgelenke geflochtenen Faden mit den daran aufgereihten fünfhundert Yasaka Juwelen geben und schwenkte denselben im Trefflichen Brunnen des Himmels aus. Dann kaute er ihn mit knirschendem Geräusch und bliess ihn weg, und aus dem dichten Nebel seines Hauches entstanden Götter, deren Namen waren: Masaka-a-katsu Kachi-hayabi Ame no Oshi-ho-[17] mimi no Mikoto; sodann Ama no Ho-hi no Mikoto[18]—*dieser ist der*

---

[15] 湍津姫 *Tagi-tsu-hime* „die Schäumend-brausende Prinzessin,“ nach den Zeichen „Wasserfall-Prinzessin.“ *Tagi* von *tagitsu* „brausend und schäumend fliessen,“ *tsu* Partikel. Die Schreibung ist insofern der Etymologie entsprechend, als *taki* „Wasserfall“ wahrscheinlich mit dem Verbum *tagitsu* zusammenhängt.

[16] „Prinzessin von Ichiki-shima.“ *Ichiki-shima*, später *Itsuku-shima* genannt, ist eine berühmte heilige Insel in der sog. Inland Sea, unweit Hiroshima, eine von den *San-kei* d. i. drei Sehenswürdigkeiten von Japan, gewöhnlich *Miya-zima* „Tempel-Insel“ genannt. Siehe Murray's Handbook, 3. ed., pag. 364 f. *Ichiki, itsuku = itsuki* „feierlich, ernst, prächtig, lieblich,“ *shima* „Insel,“ also „Prinzessin der Lieblichen Insel.“ Ihr alternativer Name ist *Sa-yori-bime no Mikoto* „Trefflich-gute Prinzessin.“

[17] *Masaka* „wahrlich,“ *a* „ich,“ *katsu* und *Kachi* „siegen,“ *hayabi* von *hayaburu* „sich heftig gebahren“ (Chamb. im KOJIKI: *swift* „schnell;“ die Deutung „schnell-wunderbar“ wie IV, 18 ist vielleicht am empfehlenswertesten), *oshi* von *osu* „drängen“ oder *osofu* „überwinden,“ nach Motowori aber von *ohoshi* „gross,“ was aber etwas seltsam ist, da auch das folgende *ho* von *oho* „gross“ verkürzt sein soll; *ho = oho* „gross;“ *mimi* entweder *mi-mi* erlauchte Person,“ oder nach **H** = *mimi* „Ohr.“ Der Zusatz *mimi* „Ohr“ in dem Namen soll Sinnbild der Scharfhörigkeit und Achtsamkeit des Gottes, dem nichts entgeht, sein; grosse Ohren werden als glückbedeutend angesehen. So führt Prinz Shōtoku-taishi den Beinamen *Ya-tsu-mimi no Taishi* „vielöhriger Kronprinz (Buch 22). Also „Die [mit dem Rufe] „Wahrlich ich siege “ triumphierend sich heftig gebahrende [alles] überwindende grosse erlauchte Person des Himmels. „

[18] Unklar. Nach den Zeichen „Himmels-Aehren-Sonne.“ Vielleicht „Himmels-grosser-Sonnenherrlicher?“ Shigetane möchte *ho-hi* von *ho-ihi* „Aehre-gekochter Reis“ ableiten, und kommt auf diese Analyse, weil ein

Ahn der Idzumo no omi [19] *und der Hazi no murazi* [20] —; sodann
Ama-tsu-hiko-ne [21] no Mikoto—*dieser ist der Ahn der Ohoshi-
kafuchi no atahi* [22] *und der Yamashiro no atahi* [23] —; sodann

---

Sohn dieses Gottes *Oho-sa-hi-mi-kuma no Ushi* heisst, d. i. „Gross-trefflich-
gekochter Reis -erlaucht-Reis (*kuma* = *kuhi-uma*, vgl. oben Kap. IV, Anm.
105) -Herr.“ Nach **H** wäre *ho* von *hogi* „verehren,“ *hi* nicht erklärt. Diese
Erklärung hat eine gewisse Stütze in einer weiter unten folgenden
Stelle, wo es heisst: „Ame no Ho-hi no Mikoto soll deine Kultdienste
verwalten.“

[19] Die Omi der Provinz Idzumo. *Omi* ist ein Kabane (siehe Kap. IV,
Anm. 67), vielleicht aus *oho-mi* „grosse Person“ entstanden.. Vgl. auch Buch
29, Seite 60, Anm. 22.

[20] „Hazi-Volksgruppenherr.“ Vgl. Kap. IV, Anm. 67. Statt *Hazi* spricht
man auch *Hashi*, *Hase* und *Hanishi*; letzteres wahrscheinlich die ursprüngliche
Form =„Lehm-arbeiter.“ Buch 6, im 32. Jahr Suinin, wird die Entstehung
dieses Namens mitgeteilt. Ein gewisser Nomi no sukune liess Lehmfiguren
von Pferden, Menschen u. s. w. anfertigen und bewog den Kaiser dieselben als
Substitute für die Opfer von lebenden Menschen und Tieren bei Begräbnissen
vornehmerer Personen einzuführen. Nomi wurde darauf zum Haupt der
Lehmarbeiter-Volksgruppe gemacht, bekam den Name *Hazi no omi*, und seine
Nachkommen, die *Hazi no murazi* hatten in Zukunft die Leitung bei kaiserlichen
Begräbnissen.

[21] „Himmlischer lieber Prinz.“ Zu *ne* vgl. Kap. I, Anm. 28.

[22] *Ohoshi-kafuchi*, sprich *ōshi-kōchi* „innerhalb der grossen Flüsse,“ älterer
Name der Provinz Kahachi. *Atahi* ist ein dem Rang nach unter den Omi und
Murazi stehendes Kabane. Im KOJIKI sect. 14 führen sie das Kabane *Kuni-
no-miyatsuko*; im 12. Jahre Temmu (Buch 29, Seite 54) erhielten sie das
Kabane *Murazi*, und im 14. Jahre Temmu (Buch 29, Seite 67) das Kabane
Imiki. *Atahi* oder *Atahe* geht auf eine ältere Form *Atahiye* zurück, die im
NIHONGI öfters vorkommt, aber die Etymologie des Wortes ist unbekannt. Der
letzte Bestandteil möchte *ye* 兄 „älterer Bruder“ sein. Das SEISHIROKU giebt
für *atahi* die Bedeutung 君 *kimi* „Herr,“ was wohl ungefähr das Richtige
treffen wird; *Yamashiro no atahi* bedeutet also etwa „feudaler Herr in der
Provinz Yamashiro.“

[23] Im KOJIKI Yamashiro no Kuni-no-miyatsuko; im 12. und 14. Jahre
Temmu erhielten sie das Kabane *Murazi* resp. *Imiki*.

Der Name der Provinz *Yama-shiro* ist aus *Yama-ushiro* „hinter den Bergen“
kontrahiert; sie heisst so, weil sie hinter den Bergen im Norden von Yamato,
der eigentlichen Hauptprovinz, liegt.

Iku-tsu-hiko-ne [24] no Mikoto; sodann Kuma-nu no Kusu-hi [25] no Mikoto. Im ganzen waren es fünf männliche [Gottheiten].

Da sagte Ama-terasu Oho-mi-kami: „Wenn man ihrem Ursprung auf den Grund geht, so [stammen diese männlichen Gottheiten aus dem] Faden mit den daran aufgereihten fünfhundert Yasaka Juwelen, welcher mein Eigentum war. Daher sind jene fünf männlichen Gottheiten sämtlich meine Kinder." Hierauf nahm sie dieselben und erzog sie. Ferner sagte sie: „Das zehn Handbreiten [lange] Schwert hat dir, Susa no Wo no Mikoto, gehört. Daher sind diese drei weiblichen Gottheiten sämtlich deine Kinder." Hierauf übergab sie dieselben dem Susa no Wo no Mikoto. Diese [letzteren] sind die Gottheiten, welche von den Munakata no kimi [26] von Tsukushi verehrt werden.

> I.—In einer Schrift heisst es:—Die Sonnengöttin, welche von allem Anfang an die heftig-wilden und eigenmächtigen Absichten des Susa no Wo no Mikoto kannte, dachte während seines Heraufsteigens bei sich: „Das Kommen meines jüngeren Bruders geschieht nicht mit guter Absicht. Gewiss will er mich um mein Himmelsgefilde berauben." Hierauf traf sie männliche kriegerische Vorbereitungen und

---

[24] „Lebens-lieber-Prinz."

[25] *Kuma-nu* Oertlichkeit im Distrikt Ou von Idzumo, in der Nähe von Suga; vgl. Kap. IV, Anm. 38. Von *Kuma-nu* in der Provinz Kii zu unterscheiden. *Kusu=kushi* „wunderbar," auch *hi* soll „wunderbar" bedeuten. Der ganze Name bedeutet also ungefähr „Seine wunderbare Hoheit von Kumanu." Nach Hirata wäre er identisch mit *Ama no Ho-hi.*

[26] „Herren von Munakata." *Munakata* ist ein Distrikt in der Provinz Chikuzen. *Kimi* ist Bezeichnung eines alten Kabane und scheint sich von *Kuni-no-miyatsuko* „Provinzherr" nicht sehr zu unterscheiden. *Tsukushi* kann hier im engeren Sinn als Gesamtbezeichnung der beiden Provinzen Chikuzen und Chikugo gebraucht sein; vgl. Kap. IV, Anm. 55.

Die fünf männlichen und drei weiblichen Gottheiten werden jetzt zusammen unter dem Namen *Hachi-ō-ji* „die acht Prinzen" verehrt.

gürtete sich mit einem zehnspannigen Schwerte, einem neunspannigen Schwerte und einem acht-spannigen Schwerte. Ferner hing sie auf den Rücken einen Köcher, ferner befestigte sie an ihrem Unterarm ein gewaltiges laut-tönendes Rückschlagpolster. In die Hand nahm sie einen Bogen und Pfeil, ging ihm in eigener Person entgegen und stellte sich zur Abwehr. Da sprach Susa no Wo no Mikoto zu ihr: „Ich habe von allem Anfang an keine bösen Absichten gehabt. Mein Wunsch war nur meine ältere Schwester von Angesicht zu Angesicht zu sehen, und so bin ich nur auf ein kleines Weilchen gekommen." Hierauf that die Sonnengöttin, indem sie Susa no Wo no Mikoto gegenüberstand, einen Schwur und sprach: „Wenn dein Herz rein und lauter ist und du keine Absichten hast eigenmächtig zu rauben, so werden die von dir erzeugten Kinder sicherlich Knaben sein." Als sie so zu Ende gesprochen hatte, ass sie zuerst das von ihr umge-gürtete zehn Handbreiten Schwert und erzeugte [auf diese Weise] ein Kind mit dem Namen Oki-tsu-shima-hime. [27] Sodann ass sie das neun Hand-breiten Schwert und erzeugte ein Kind mit dem Namen Tagi-tsu-hime. Sodann ass sie das acht Handbreiten Schwert und erzeugte ein Kind mit dem Namen Ta-gori-bime. Im ganzen waren es drei weibliche Gottheiten. Darauf nahm Susa no Wo no Mikoto die um seinen Hals hängenden fünfhundert zusammengefädelten Juwelen, schwenkte sie im Juwel-Brunnen [28] des Himmels, der mit

---

[27] „Prinzessin der Tiefsee-Insel," alternativer Name von *Ta-gori-bime*. Siehe Anm. 14.

[28] *Nu-na-wi*, von *nu* = *ni* „Juwel," *na* = *no* Genetiv Partikel, *wi* „Brunnen." Motowori sagt, *nu* sei ein allgemeiner Name für jeden Wasserbehälter und nimmt daher *nu-na-wi* einfach als „Brunnen, Wasserschöpfstelle."

anderem Namen auch der Reine Treffliche Brunnen [29]
heisst, aus und ass sie. Hierauf erzeugte er ein
Kind Namens Masaka-a-katsu Kachi-haya-bi Ame no
Oshi-ho-ne [30] no Mikoto, sodann Ama-tsu-hiko-ne no
Mikoto, sodann Iku-tsu-hiko-ne no Mikoto, sodann
Ama no Ho-hi no Mikoto, sodann Kuma-nu no
Oshi-homu [31] no Mikoto. Im ganzen waren es fünf
männliche Gottheiten. Als daher so Susa no Wo
no Mikoto den Beweis seines Sieges erlangt hatte,
so erlangte die Sonnengöttin erst jetzt [32] Kenntnis
davon, dass Susa no Wo no Mikoto von allem
Anfang an keine schlechten Absichten gehabt hatte.
Die von der Sonnengöttin erzeugten drei weiblichen
Gottheiten wurden hierauf von ihr [vom Himmel]
nach dem Lande Tsukushi herab geschickt. Sie
sprach deshalb zu ihnen: „ Ihr drei Gottheiten sollt
hinabsteigen und in der Mitte der Ländergruppe [33]
wohnen, den himmlischen Nachkommen [34] ehrfurchts-

---

[29] 去來之眞名井 *isa* (*iza*) *no ma-na-wi.* 𝕴 lässt 之 weg, weil es auch
im EIKYŌ-BON und KŪJIKI fehlt. Die Interpretation von *isa no* ist sehr
schwierig. Nicht ausgeschlossen ist, dass *Isa* ein Ortsname wäre (vgl. Kap. I,
Anm. 32), wie Aston es nimmt: the true well of Isa. Aber viel wahrscheinlicher
ist, dass wir in *isa no* ein schmückendes Beiwort haben, nämlich die Wurzel
des Adjektivums *isagiyoshi* „ rein, klar, lauter,“ oder vielmehr das erste Element
des Wortes, denn *isagiyoshi* ist zweifellos ein Kompositum, aus *isa* und *kiyoshi*
„ rein.“

[30] *Oshi-ho-ne* „ [Alles] überwindender grosser Teurer,“ vgl. Anm. 17. Sonst
Oshihomimi genannt. Vgl. Buch II, Kap 1, Anm. 1 und weiter.

[31] *Homu* wohl für *Ho-mi* oder *Ho-mi-mi* „ grosse erlauchte Person,“ resp.
„ grosses Ohr.“

[32] 方 *masa ni;* Hirata liest *hazimete* „ zuerst, gerade jetzt.“ Jedenfalls ist
es ein Adverb der Zeit.

[33] *Michi no naka. Michi* bezeichnet eine Provinz oder Gruppe von
Provinzen, hier Tsukushi gemeint, und *Michi no naka* entspricht der Provinz
Chikuzen.

[34] D. i. den Kaisern.

voll Beistand leisten und von den himmlischen Nachkommen verehrt werden."

II.—In einer Schrift heisst es :—Als Susa no Wo no
Mikoto im Begriff stand, nach dem Himmel emporzu-
steigen, da war eine Gottheit Namens Ha-akaru-
tama.[35] Diese Gottheit kam ihm ehrfurchtsvoll
entgegen und überreichte ihm schöne Maga-tama[36]
aus Yasaka-Juwel. Susa no Wo no Mikoto nahm
diese Edelsteine und begab sich nach dem Himmel
hinauf. Zu dieser Zeit argwöhnte Ama-terasu Oho-
mi-kami, dass ihr jüngerer Bruder schlechte Absichten

---

[35] *Ha-akaru-tama* „Glänzend-leuchtender Edelstein." *Ha* (phonetisch 羽 *ha*
„ Feder " geschrieben) von *haye* „ Glanz," Verbum *hayu* „ glänzen ;" *haye* findet
sich auch oft lautgesetzlich als *haya*, z. B. in *Haya-tama no Wo, Kumanu no
Haya-tama no yashiro* u. s. w, wo stets *haya*=„ glänzend " ist, obgleich mit dem
Zeichen für *haya* „ schnell " geschrieben. Diese Etymologie von *ha* wird über
jeden Zweifel erhoben durch die Namensvarianten der Gottheit im KOGOSHŪI
und KŪJIKI, wo er *Kushi-akaru-tama no Mikoto* heisst (*kushi* „ wunderbar,
herrlich "). Es existieren noch andere Varianten des Namens, wie *Ama no
Akaru-tama, Toyo-tama, Tama-no-ya no Mikoto.* Es ist die Juwelier-Gottheit und
wird von den *Tama-tsukuri* „ Edelsteinmachern," welche die Maga-tama u. s. w.
für die Opferspenden an die Götter herstellten, namentlich von den Tama-
tsukuri der Provinz Idzumo, als ihr Ahngott betrachtet. Belege dafür im
KŪJIKI, KOGOSHŪI und SEISHIROKU. Vgl. ferner Kap. VI, Anm. 58, wo ich
Beweise beibringe, dass *Ha-akaru-tama* nicht ein Gott, sondern eine *Göttin* ist.

[36] *Maga-tama*, auch *magari no tama* „ Krumme Edelsteine " aus achatähn-
lichen Steinen, von meist kommaförmiger Gestalt. Als Material dienten,
nach einer Mitteilung K. Tsuboi's, in erster Reihe *Jaspis, Achat, Marmor*
(schlechter Art), *Glas* (weiss, blau, gelb oder grün); sodann *Bergkristall, Nephrit ;*
und in sehr seltenen Fällen *Erde, gediegenes Gold* und *vergoldetes Kupfer.*
Magatama aus Serpentin, Chalcedon, Chrysopras, welche Materialien Aston a.
a. O. I 49, Anm. 1 erwähnt, und auf die sich wohl seine Bemerkung „ Some
of these materials are not found in Japan " bezieht, sollen nach Angabe
Sachkundiger noch nicht zum Vorschein gekommen sein. Es darf auch nicht
ausser Acht gelassen werden, dass eine grosse Menge von in neuerer Zeit
fabrikmässig hergestellten Magatama existieren, zu denen jederlei Materialien
benutzt worden sind. Ueber ihren Gebrauch als sakrale und Schmuckgegen-
stände siehe Anm. 6.

habe, machte kriegerische Anstalten und stellte Fragen
an ihn.   Susa no Wo no Mikoto antwortete und
sprach: „ Der Grund, warum ich hierher gekommen
bin, ist wahrlich nur, dass ich wünschte meine ältere
Schwester von Angesicht zu Angesicht zu sehen
und ihr ferner diese prächtigen kostbaren schönen
Maga-tama aus Yasaka-Juwel überreichen wollte. Ich
würde mich nicht unterstehen andere Absichten zu
hegen.“   Da   fragte   ihn   Ama-terasu   Oho-mi-kami

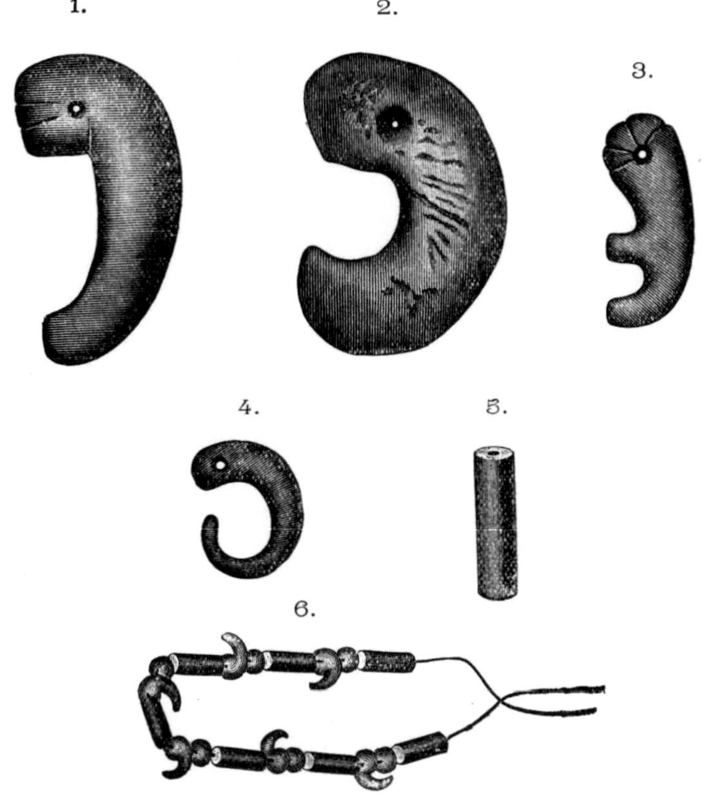

1–4. MAGATAMA.   5. KUDATAMA (Röhrenjuwel).   6. Aufgeschnürte Juwelen.

wiederum und sprach : „Wodurch willst du beweisen,
dass deine Rede Wahrheit oder Lüge sei ?“ Worauf
er antwortete und sprach : „ Bitte lass mich und
dich zusammen einen Eid schwören. Wenn ich,
während [ich von] diesem Eid [gebunden bin],
Mädchen erzeuge, so halte mich für schwarzherzig ;
wenn ich aber Knaben erzeuge, so halte mich für
rotherzig.“ Hierauf gruben sie an drei [37] Stellen
Treffliche Brunnen des Himmels und stellten sich
einander gegenüber. Darauf sprach Ama-terasu
Oho-mi-kami zu Susa no Wo no Mikoto und sagte ;
„ Das von mir umgegürtete Schwert will ich jetzt
dir geben ; gib du mir die Maga-tama aus Yasaka-
Juwel, welche du hast.“ Nachdem sie so miteinander
ein Abkommen getroffen und gegenseitig [die betreffenden Objekte] ausgetauscht hatten, nahm Ama-
terasu Oho-mi-kami die Maga-tama aus Yasaka-Juwel,
liess sie auf dem Trefflichen Brunnen des Himmels
schwimmen, [38] zerbiss die Kopfenden [39] der Juwelen
und bliess sie [aus ihrem Munde] heraus. Die
Gottheit, welche dabei mitten in ihrem Hauch entstand, hiess Ichiki - shima - hime no Mikoto. Dies
ist diejenige [Gottheit], welche in Oki-tsu-miya [40]

---

[37] Die *drei* Stellen sind in äusserlicher Analogie zu dem *dreimaligen* Zerkauen der Juwelen gesetzt.

[38] *Uke-yosete;* nach einer Erklärung heisst „schwimmen lassen“ so viel wie „schwenken, ausschwenken“ *furi-susugu* (lit. schüttelnd waschen).

[39] Nach **I** aber wäre unter dem *Kopfende*, *Mittelteil* und *Schwanzende* das obere, mittlere und untere Ende der *Schnur* mit den daran befestigten Juwelen zu verstehen.

[40] 遠瀛 lit. „der ferne Ocean,“ ein spezifisch chinesischer Ausdruck, sich anlehnend an 瀛洲 *ying-chou* „Ocean-Insel“ = Genienberg, Feenland. Die jap. Lesung ist *Oki-tsu-miya* „Tempel in der hohen See,“ im KOJIKI sect. 14 der Bedeutung entsprechend 奥津宮 geschrieben, davor ist aber noch, ebenso wie vor Naka-tsu-miya und He-tsu-miya, *Munakata no* d. i. „in Munakata“

wohnt. Ferner die Gottheit, welche mitten in ihrem Hauch entstand, als sie die Mittelteile der Juwelen zerbiss und herausbliess, hiess Ta-gori-bime no Mikoto. Dies ist diejenige [Gottheit], welche in Naka-tsu-miya [41] wohnt. Ferner die Gottheit, welche mitten in ihrem Hauche entstand, als sie die Schwanzenden der Juwelen zerbiss und herausbliess, hiess Tagi-tsu-hime no Mikoto. Dies ist diejenige [Gottheit], welche in He-tsu-miya [42] wohnt. Im ganzen waren es drei weibliche Gottheiten.

Hierauf liess Susa no Wo no Mikoto das von ihm gehaltene Schwert auf dem Trefflichen Brunnen des Himmels schwimmen, zerbiss das Ende des Schwertes und bliess es heraus. Die dabei mitten in seinem Hauch entstandenen Gottheiten hiessen: Ame no Ho-hi no Mikoto, sodann Masaka-a-katsu Kachi-hayabi Ame no Oshi-ho-ne no Mikoto, sodann Ama-tsu-hiko-ne no Mikoto, sodann Iku-tsu-hiko-ne no Mikoto, sodann Kuma-nu no Kusu-bi no Mikoto. Im ganzen waren es fünf männliche Gottheiten. So erzählt man.

(von Chikuzen) gesetzt. Dies *Oki-tsu-miya* ist identisch mit der kleinen Insel *Oki-tsu-shima* „Insel in der hohen See,“ welche 48 Ri nordwestlich von Oho-shima (siehe Anm. 41) liegt, einen Ri im Umfang hat, mit drei ziemlich hohen Peaks. Darauf liegt ein Tempel, in welchem die Göttin *Ta-gori-bime* verehrt wird. Das NIHONGI hat also hier die Residenzen von *Ta-gori-bime* und *Ichiki-shima-hime* mit einander verwechselt, während das KOJIKI sect. 14 die richtige Angabe hat. Die Eingeborenen nennen die Insel 恩賀島 *Oga no shima*.

[41] *Naka-tsu-miya* „Mittel-Tempel“ ist die zum Distrikt Munakata von Chikuzen gehörige Insel *Oho-shima*, drei Ri nördlich von dem Orte 神湊 Kō-no-minato in Chikuzen, von etwas mehr als drei Ri Umfang. Auf ihr liegt ein Shintōtempel Namens *Munakata-jinja*. Dort werden Tagi-tsu-hime, Ta-gori-bime und Ichiki-shima-hime verehrt, erstere als Hauptgottheit.

[42] *He-tsu-miya* „Ufer-Tempel,“ ist die Insel 田島 *Ta-shima*, ganz nahe am Ufer bei Kō-no-minato von Munakata in Chikuzen. Der Name „Ufer-Tempel“ weist darauf hin, dass diese Kultstätte dem Lande am nächsten liegt. Auch hier werden alle drei Gottheiten verehrt.

III.—In einer Schrift heisst es:—Die Sonnengöttin stand
    Susa no Wo no Mikoto gegenüber, von ihm durch
    den Achtströmigen Fluss des Himmels getrennt, und
    that mit ihm ein Gelübde und sprach: „Wenn du
    keine bübischen[43] Absichten hast, so werden die von
    dir erzeugten Kinder sicherlich Knaben sein. Wenn
    du Knaben erzeugst, so will ich sie als meine Kinder
    betrachten und will sie das Himmelsgefilde regieren
    lassen. " Hierauf ass die Sonnengöttin zuerst ihr
    zehn Handbreiten Schwert, aus welchem ein Kind
    wurde, [nämlich die Göttin] Oki-tsu-shima-hime no
    Mikoto, die mit anderem Namen auch Ichiki-shima-
    hime no Mikoto heisst.[44] Wiederum ass sie ihr
    neun Handbreiten Schwert, aus welchem ein Kind
    wurde, [die Göttin] Tagi-tsu-hime no Mikoto. Wie-
    derum ass sie ihr acht Handbreiten Schwert, aus
    welchem ein Kind wurde, [die Göttin] Ta-giri-bime[45]
    no Mikoto. Hiernach nahm Susa no Wo no Mikoto
    die fünfhundert angefädelten Juwelen, welche um
    seinen linken Haarschopf geschlungen waren, in den
    Mund und legte sie [dann] auf die innere Fläche
    seiner linken Hand, worauf dieselben zu einem Knaben
    wurden. Darauf hub er an und sprach: „Wahrlich,
    ich habe gewonnen!"[46] Aus diesem Grunde wurde
    [der Knabe] Kachi-hayabi Ame no Oshi-ho-mimi no
    Mikoto genannt. Weiterhin nahm er die Juwelen
    seines rechten Haarschopfes in den Mund und legte
    sie [dann] auf die innere Fläche seiner rechten Hand,

---

[43] 奸賊 *kwanzoku* „bübisch, schurkisch," jap. Lesung *ada no* oder *adanafu*
„feindlich."

[44] Abweichende Version, vgl. Anm. 14.

[45] *Ta-giri-bime = Ta-gori-bime*, Anm. 14.

[46] „*Masaka! Are kachinu!*"

[47] Vgl. Kap. IV, Anm. 19. Hier ist hinter 燴 *hi* noch die Genetiv
Partikel 之 eingefügt; infolgedessen liest ⚊: *Hi no Hayabi.*

worauf dieselben zu Ame no Ho-hi no Mikoto wurden. Weiterhin nahm er die um seinen Hals geschlungenen Juwelen in den Mund und legte sie mitten auf seinen linken Vorderarm, worauf sie zu Ama-tsu-hiko-ne no Mikoto wurden. Weiterhin mitten von seinem rechten Vorderarm entstand Iku-tsu-hiko-ne no Mikoto. Weiterhin mitten von seinem linken Fusse entstand Hi-haya-bi [47] no Mikoto. Weiterhin mitten von seinem rechten Fusse entstand Kuma-nu no Oshi-homu no Mikoto, welcher mit anderem Namen auch Kuma-nu no Oshi-zumi [48] no Mikoto heisst. Die von Susa no Wo no Mikoto erzeugten Kinder waren alle Knaben. Daher erkannte die Sonnengöttin erst jetzt, dass Susa no Wo no Mikoto von allem Anfang an ein rotes Herz gehabt hatte. Hierauf nahm man diese sechs Knaben und machte sie zu Kindern der Sonnengöttin und liess sie das Himmelsgefilde regieren. Und was die von der Sonnengöttin erzeugten drei weiblichen Gottheiten anbelangt, so liess man sie [vom Himmel] herabsteigen und sie in Usa-shima [49] im Mittellande

---

[48] *Oshi-zumi,* *oshi* wie oben Anm. 17; *zumi* nach Motowori von *zu*=*tsu* Genetiv Partikel, *mi*=*hi* Honorificum, nach **H** aber =*susumi* „vorwärts streben." Also etwa „der drängend vorwärts Strebende," d. i. „der Ungestüme."

[49] Oder *Usa no shima* „die Insel Usa" Nach **I** wäre es *Usa* im Distrikt Usa der Provinz Buzen, und zwar keine wirkliche Insel im Meere, sondern eine von zwei Flüssen umflossene Landstrecke, eine Flussinsel zwischen den beiden Flüssen *Moyori-gawa* und *Omono-gawa.* **H** hält es für *Usa* im Distrikt Minuma (Mitsuma) von Chikugo. Dies sind aber nur unsichere Vermutungen. Prof. K. Tsuboi macht mich dagegen auf einen von Kwan Masatomo in No. 48 der 史學雜誌 „Historischen Zeitschrift" publicierten Aufsatz über 宇佐島 *Usa-shima,* welcher die Frage eingehend behandelt, aufmerksam. Ich citiere im folgenden die wesentlichsten Punkte nach Tsuboi's Resümee:—Nach Kwan wäre 宇佐島 nichts anders als 于山島 „Insel U-san" der alten koreanischen Geschichte. Diese Insel heisst jetzt 欝陵島 *Utsu-ryō-tō* (Kor. Aussprache *Ul-löng-do?*) bei den Koreanern, und 竹島 Take-shima „Bambus-Insel" bei den Japanern, da man viel Bambus auf der Insel findet. 于山 und 宇佐 sind

des Schilfgefildes wohnen.   Jetzt befinden sie sich inmitten der Meer-Nord-Region [50] und heissen die Michi-nushi no Muchi. [51] Dies sind die Gottheiten,

---

fast gleichlautend. Diese kleine Insel bildete in allerältesten Zeiten aller Wahrscheinlichkeit nach eine Seefahrtstation zwischen Shiragi und Idzumo, und die drei Göttinen verrichteten gemeinsam die Aufsicht über die Seefahrt vom Norden von Shiragi nach Idzumo via Oki, und hiessen deshalb 道主貴 „die über die Seefahrtlinie Aufsicht führenden Edlen.“ 海北 „Nördlich vom Meere“ ist der Name, womit man damals die koreanische Halbinsel benannte, weil eben diese Halbinsel im Norden von Idzumo liegt. (Vgl. die Ausdrücke 海北彌移居 *Miyake des Nordens v. Meere*, 海北九十五國 *95 Länder des Nordens vom Meere*, beide im Sinne der koreanischen Territorien Japans). Die alte Usa-Insel wurde im Jahre *512* A.D. von Shiragi okkupiert und ist seither immer koreanisch geblieben. Der Tempel der Seefahrtgöttinnen wurde natürlich darauf zu Nichte, und dieselben wurden weiter im Bezirk Munakata verehrt (siehe Anm. 40 bis 42).—Diese Hypothese hat zwar wegen ihrer Einfachheit viel für sich, scheint mir aber doch nicht recht in den Zusammenhang zu passen, und ich bin der Meinung, dass man, mag *Usa-shima* ursprünglich gelegen haben wo es wolle, zur Zeit der Aufzeichnung der Sage an Oertlichkeiten im eigentlichen Japan gedacht hat. Im übrigen scheinen die Kompilatoren des NIHONGI selbst keine klare Auffassung der Sache gehabt zu haben, und haben vielleicht eine ältere und eine jüngere Tradition vermengt.

[50] 海北道中 jap. *Una (umi) no kita no michi no naka*, nach **I** „inmitten der Ländergruppe am Nordmeere.“ **I** nimmt *Umi no kita* „Meer-Norden“ im Sinne von „Nord-Meer;“ diese Stätte läge im Norden von Kyūshū an der Seeküste, wie oben Anm. 40 bis 42 über die Lage der drei Inseln Oki-tsu-miya, Naka-tsu-miya und He-tsu-miya ausgeführt ist. **II** dagegen interpretiert „inmitten der Ländergruppe *nördlich vom Meer*,“ und sagt es heisse so, weil im Süden des Distriktes Minuma (wohin er auch *Usa* verlegt) Meer ist. Er bestreitet die oben (von **I** u. s. w.) gegebene Ansicht, wonach Usa in Buzen gemeint sei, indem er sagt, *Usa* von Buzen liege ja südlich vom Meere; er will *Usa* und die erwähnte „Ländergruppe“ also in eine Gegend verlegen. Aus dem Text geht dies allerdings nicht hervor. Der Text besagt nicht mehr und nicht weniger, als dass die drei Gottheiten *zuerst* auf *Usa* herabkamen und *dann später* nach einer anderen Stätte übersiedelten.

[51] *Michi-nushi no Muchi* „Landes-Herr-Edle.“ *Michi* hat wie oben in *Michi-naka*, *Michi no naka* die Bedeutung *kuni* „Land.“ Nach Shigetane besteht zwischen *Michi-nushi* und *Kuni-nushi* ein kleiner Unterschied, indem ersterer ein vom Fürsten eingesetzter Landesherr, letzterer aber der natürliche angestammte Herr des Landes sei. Zu *muchi* vgl. Kap. III, Anm. 9.

welche von den Minuma no kimi [52] von Tsukushi
verehrt werden.

KAPITEL VI.

[SUSA NO WO'S GROBER UNFUG. VERBERGEN UND WIEDERERSCHEINEN DER SONNENGOETTIN].

Hiernach war Susa no Wo no Mikoto's Betragen überaus
frech. Denn nachdem Ama-terasu Oho-mi-kami die himmlischen
schmalen Reisfelder und die himmlischen langen Reisfelder zu
ihren [eigenen] erlauchten Reisfeldern gemacht hatte, übersäete
Susa no Wo no Mikoto im Frühling dieselben,[1] zerstörte

---

[52] *Minuma no kimi* „Herren von Minuma," hier 水沼君 „Wasser-Sumpf-
Herr" geschrieben, im KŪJIKI aber 水間君, wobei 水間 wohl als phonetische
Schreibung beabsichtigt ist. Wie der Name besagt, war das Geschlecht im
Distrikt *Minuma* (jetzt *Mitsuma* 三潴) von Chikugo ansässig. In einer langen
Note sucht I pag. 617–620 nachzuweisen, dass die *Minuma* in verschiedenen
Linien in Kyūshū verbreitet gewesen, also nicht notwendig nur im Distrikt
Minuma gesessen hätten. Buch 7 im vierten Jahre Keikō wird Prinz Kuni-
chi-wake, Sohn des Kaisers von einer Nebenfrau, als Ahn der *Minuma no wake*
genannt; im 18. Jahr wird ein *Agatanushi von Minuma*, im 10. Jahre
Yūryaku (14. Buch) ein *Minuma no kimi* erwähnt.

KAPITEL VI.

ZUM INHALT VERGL. KOJIKI SECT. 15 BIS 17.

[1] Einige der hier aufgezählten Bubenstreiche Susa no Wo's werden auch in
dem Norito der Grossen Reinigung OHO-HARAHE NO KOTOBA wieder genannt.
Die betreffende Stelle lautet darin: „Was die mannichfachen Sünden anbelangt, welche die etwa im Lande geboren werdenden himmlischen über-
zähligen Leute aus Unachtsamkeit oder mit Vorbedacht begangen haben
mögen, so sind als Himmlische Sünden ausdrücklich zu unterscheiden eine
Menge von Sünden, [nämlich] das Durchbrechen von Reisfelddämmen, das
Verstopfen von Gräben [welche das Wasser in die Reisfelder leiten], das
Aufziehen von Schleussen, das Uebersäen der Saat, das Hineinstecken von

ferner die Dämme derselben,[2] und im Herbst liess er die himmlischen scheckigen Pferde[3] los und liess sie sich mitten auf den Reisfeldern lagern. Weiterhin als er sah, dass Ama-terasu Oho-mi-kami eben im Begriff war den neuen Reis zu kosten,[4] liess er heimlich Kot[5] im Palast des Neuen-Schmauses.[6] Ferner als er sah, dass Ama-terasu Oho-mi-kami gerade Götter-Kleider[7] webend sich in der heiligen Web-Halle[8] befand, zog er einem himmlischen scheckigen Pferde die Haut ab,[9] brach durch den Dachfirst[10] der Halle ein Loch und warf [das

---

spitzen Stäbchen [in die Reisfelder], das Rückwärtsschinden bei lebendigem Leibe, das Lassen von Exkrementen [an ungehörigen Orten].“ Das nochmalige Uebersäen eines schon besäeten Feldes, wodurch die erste Saat in Unordnung gebracht und die Ernte unmöglich gemacht wurde, scheint in Altjapan ein nicht selten vorgekommener Schabernack gewesen zu sein, wodurch man an einem nicht gerade geliebten Nachbar sein Mütchen kühlte.

[2] Jedes Reisfeld ist mit Erddämmen umgeben, welche das Wasser darauf zurückzuhalten bestimmt sind.

[3] Nichts Näheres bekannt darüber. Aston bemerkt: In der indischen Mythe kommt unter den himmlischen Gegenständen ein scheckiger oder gefleckter Hirsch oder eine solche Kuh vor. Diese Vorstellung ist wahrscheinlich durch die Erscheinung der Sterne suggeriert.

[4] 新嘗 *oho-nihe kikoshimesu*. Ueber das *Oho-nihe* oder *Nihi-name* oder *Shin-jō-sai* genannte Shintōfest vgl. Buch 29, Kap. IV, Anm. Seite 20 ff.

[5] Vgl. die oben Anm. 1 angeführte Stelle des OHO-HARAHE Rituals.

[6] Nach den Zeichen 新宮 „neuer Palast;“ es wurde nämlich für das Fest extra ein Palast oder Tempel (*miya*) mit zwei Hallen errichtet. Vgl. Buch 29, Kap. I, Anm. 35 und Kap. IV, Anm. 30. Meiner Uebersetzung des Ausdrucks liegt I's Lesung *nihi-nahe no miya* zu Grunde. **H** *nihi-miya,* **Su** und **O** *niha-nai no miya.*

[7] 神衣 *kamu-miso* Kleider für die Götter, nach Shigetane Kleider der Sonnengöttin. Kleider, welche den am Shin-jō-sai beteiligten Göttern dargereicht werden.

[8] 齋服殿 *imi-bata (hata)-dono.* Das Zeichen 齋 heisst „Abstinenz, Fasten,“ das japanische Aequivalent *imi* aber „Vermeidung religiöser Unreinheit,“ vom Verbum *imu* „vermeiden, scheuen,“ in dieser Zusammensetzung daher etwa: religiös lauter, heilig.

[9] Wohl dem lebendigen Tiere; vgl. die Stelle im OHO-HARAHE, oben Anm. 1.

[10] 甍 *iraka* „Dachfirst; oberster Giebel des Hauses.“ Giles No 7784: beams inside the roof of a house.

geschundene Pferd] hinein. Da fuhr Ama-terasu Oho-mi-kami erschrocken auf und verletzte sich mit dem Webschiff.[11] Darüber erzürnt begab sie sich hierauf in die Felsen-Höhle des Himmels hinein, schloss die Felsen-Thür zu und hielt sich darin eingeschlossen. Infolgedessen war das ganze Universum[12] beständig dunkel und der Wechsel von Tag und Nacht war nicht [mehr] zu erkennen.[13]

Hierauf versammelten sich die achtzig Myriaden Götter am Ufer des Achtströmigen Flusses des Himmels und beratschlagten über die Art und Weise, wie man sie anflehen solle. Omohi-kane no Kami[14] überlegte daher reiflichst und dachte weithin [über die Möglichkeiten der Zukunft] nach; [als Resultat seines Nachdenkens] holte er schliesslich die lang-krähenden-Hähne der beständigen Nacht[15] zusammen und liess sie miteinander lange krähen. Weiterhin liess er den Ta-

---

[11] Wie Dornröschen beim Spinnen. Im KOJIKI sect. 15 lautet der Passus: . . . . . brach er ein Loch oben in die Web-Halle und liess da hindurch ein himmlisches scheckiges Pferd fallen, welches er rückwärts geschunden hatte, über dessen Anblick die die himmlischen Kleider webenden Frauen so erschrocken waren, dass sie impegerunt privatas partes adversis radiis et obierunt.“

[12] Wörtlich: das Innere der 6 Himmelsgegenden; eine rein chinesische Phrase.

[13] Man beachte, dass in diesem Mythus die Göttin Ama-terasu bald als *anthropomorphe Gottheit*, bald als *Naturphänomen* auftritt. Aehnliches findet sich oft im Veda und in den Mythologien anderer Völker. Vgl. z. B. Muir, Original Sanskrit Texts, vol. 5, Seite 5: „. . . . . dasselbe sichtbare Objekt wurde zu verschiedenen Zeiten je nachdem als ein Teil des leblosen Universums oder als ein belebtes Wesen und als kosmische Kraft betrachtet. So werden in den vedischen Hymnen die Sonne, der Himmel, und die Erde in verschiedener Weise aufgefasst, bald als von besonderen Göttern regierte Naturobjekte, bald als Götter selbst, welche andere Wesen erzeugen und beherrschen.“

[14] *Omohi-kane* von *omofu* „denken,“ und *kanuru* „in sich vereinigen, einbegreifen,“ also: „die Gottheit, welche die Denkkraft [mehrerer Personen resp. Götter] in sich vereinigt.“

[15] 常世之長鳴鳥 *toko-yo no naga-naki-tori*, H nur *toko-yo no tori*. *toko* „ewig, beständig;“ 世 *yo* (Welt) ist hier phonetisch für 夜 *yo* „Nacht“ gebraucht, und der Ausdruck bezieht sich auf das lange tag- und nachtlose durch das Verschwinden der Sonne bewirkte Dunkel. Dies *toko-yo* ist nicht

chikara-wo [16] no Kami sich seitwärts neben die Felsen-Thür stellen. [17] Hierauf gruben Ama no Ko-ya-ne [18] no Mikoto, der

---

mit *toko-yo no kuni* „das Land der Ewigkeit," welches z. B. in der Ballade von Urashima-tarō in MANYŌSHŪ Buch 9 erwähnt wird, zu verwechseln! Die Schreibweisen 常夜 und 常世 finden sich im KOJIKI sect. 16 dicht hinterein-ander gebraucht.

Prof. K. Tsuboi macht mich auf einen Bericht des chinesischen Schrift-stellers 周去非 *Chou Ch'ü-fei* aufmerksam. Nach einer Angabe dieses Autors, der im 12 ten Jahrhunderte lebte, nach eignen Beobachtungen schrieb und für ganz zuverlässig gelten kann, gab es damals in 南詔 (dem jetzt westlichen Teile von Yünnan) und den Nachbarländern, eine Art Hahn von niedriger Statur, der aber kräftig war, glänzendes Gefieder und eine volle Stimme hatte, und von dem ein einmaliges Krähen eine Stunde dauern sollte. Diese Hahnenart wurde 長鳴雞 genannt, d. i. „lang-krähender Hahn." Die Uebereinstimmung der Ausdrücke ist zwar eine frappante, doch möchte es wohl zu weit ins Gebiet der Hypothese führen, einen Zusammenhang zwischen ihnen anzunehmen, wobei man natürlich voraussetzen müsste, dass den Japanern eine ältere analoge Angabe aus China zu Ohren gekommen sei, und wobei man dann *toko-yo* vielleicht im Sinne von „Fremdland" zu nehmen hätte. Ueber diese unsichere Etymologie vgl. Kap. 1, Anm. 6, und besonders Kap. 7, Anm. 79.

Dieser Mythus erinnert in manchen Beziehungen an die Einschliessung der Gewitterwolken in einer Felsenhöhle durch den Dämon Vritra der in-dischen Mythologie.

[16] „Hand-Kraft-Mann." In der Provinz Kii, Distrikt Muro, befindet sich ein ihm geweihter Shintōtempel Namens *Ama no Ta-chikara-wo no jinja*, und im Distrikt Takata der Provinz Idzu ein solcher Namens *Hiki-ta-chikara no Mikoto no jinja*. Als *Ama no Ta-chikara-wo* wird er im KOJIKI sect. 16 erwähnt; im letzteren Namen ist das Praefix *hiki* „ziehen" mit Bezug darauf, dass er (wie weiter unten erzählt) die Göttin bei der Hand aus der Höhle *herauszog*, gegeben.

[17] So dass er beim Oeffnen der Thür von Innen nicht gleich gesehen werden konnte.

[18] Die Etymologie von *Ko-ya-ne*, nach den Zeichen *ko-yane* 兒屋 „Kind-Dach," ist dunkel. Das Suffix *ne* ist zweifellos das oft vorgekommene Kosewort. *Ko-ya* nach N. Motowori „winkender Ahn," nach Hirata „Herz (*kokoro*)-viel," beide Deutungen gleich unbefriedigend. **H**'s Interpretation *kohi-oya-ne* „bittender-Ahn-teurer" scheint noch am wenigsten verwerflich. **I** nimmt es als *koto-aya-ne* „(Im) Wort-zierlicher-teurer" und meint, er sei so genannt, weil er vor der Höhle ein Norito in zierlichen Worten hersagte; die Kontraktion *koto-aya* zu *ko-ya* scheint mir aber allzu künstlich.

Auch über die Abkunft des Gottes herrscht Konfusion. Einerseits soll

Urahn der Nakatomi no murazi, [19] und Futo-tama [20] no Mikoto,

---

er ein Sohn von Kogoto-musubi no Mikoto sein (nach einem Bericht im
NIHONGI selbst; über letzteren vgl. die Götter-Tabelle, wobei zu bemerken ist,
dass 靈 bald *tama*, bald *musubi* gelesen wird); nach dem SEISHIROKU ein
Nachkomme im 3. Grade von Tsu-haya-musubi no Mikoto; nach dem KŪJIKI
ein Sohn von Tsu-haya-musubi no Mikoto und jüngerer Bruder von Kogoto-
musubi no Mikoto.

[19] Die *Nakatomi no murazi* (seit dem 13. Jahre Temmu *Nakatomi no asomi*,
vgl. Buch 29, Seite 61) waren ein Geschlecht mit priesterlichen Funktionen; sie
recitierten das Oho-harahe Ritual, und auch am Tage der Thronbesteigung eines
Kaisers recitierten sie, resp. der Chef der Familie, das NAKATOMI NO YOGOTO
„Glückwunschworte des Nakatomi" genannte Norito (Text und Uebersetzung
im Appendix zu Buch 30). *Nakatomi* ist kontrahiert aus *Naka-tsu-omi* „Omi
der Mitte," „mittlerer Omi oder Minister," „Vermittler" zwischen dem
Fürsten und den Göttern. Hirata leitet es von dem in den Norito wiederholt
vorkommenden Ausdruck *naka-tori-motsu* „[den Speer] in der Mitte ergreifend
halten" ab, welche Redensart daselbst bildlich gebraucht wird für: zwischen
den Göttern und dem Kaiser vermitteln. Doch ist die Etymologie *naka-tsu-omi*
ihrer grösseren Einfachheit und Lautgesetzmässigkeit wegen vorzuziehen.

[20] Nach den Zeichen 太 玉 *futo-tama* oder *futo-dama* = „grosses Juwel." H
nimmt jedoch *tama* im Sinn von „wahrsagen," also: „grosser Wahrsager;" I
schliesst sich an Motowori's Interpretation an, wonach *tama* als Abkürzung
von *tamuke* „opfernd, als Opfer in der Hand haltend," zu betrachten ist
(kontrahiertes *muke* wird eigentlich *me*). Im SEISHIROKU und KOGOSHŪI
Ama no Futo-dama no Mikoto genannt. Er ist ein Sohn des Taka-mi-musubi.

[21] 忌 部 *Imu-be*, *Imi-be* oder verkürzt *Imbe*, von *imu* (Unreines) „vermeiden,"
und *be* = *me* aus *mure* „Gruppe von Leuten." Nach Angaben des KOGOSHŪI,
welches die Traditionen der Imube Familien enthält und von einem gewissen
Imube no Hironari 807 verfasst wurde, waren die Imube eine erbliche Klasse
von Priestern, welchen meist die niedrigeren Funktionen im Shintōdienst
oblagen: sie stellten die dauerhafteren Gegenstände her, welche den Göttern
bei den Hauptfesten dargeboten wurden, fällten Bauholz zur Errichtung von
Shintōtempeln und bauten die Tempel selbst; sie lasen auch das Norito beim
Oho-tono-hogahi Fest „Glückwünschen im grossen Palaste" (vgl. Satow,
Rituals No 9, T. A. S. J. vol 9, p. 199 ff und vol 7, p. 126). Imube Familien
wohnten in verschiedenen Provinzen, in Awa, Sanuki, Kii, Tsukushi und Ise.
Die Schreibung 忌 部 wurde später in 齊 部 verwandelt. Hirata will nur die
Aussprache *Imibe* gestatten; er hält *imi* für ursprünglich identisch mit *ihahi*, was
aber sehr zweifelhaft ist. Zur Aufklärung der ursprünglichen Funktionen der
Imibe verweist Aston auf eine Stelle aus einem bald nach Beginn der christlichen
Aera geschriebenen chinesischen Werke [nämlich dem HOU-HAN-SHU, vgl. Ishō-

der Urahn der Imube no obito,[21] einen fünfhundert [zweigigen]

---

nihonden fol. 4 b], worin es heisst: „Die [Japaner] ernennen einen Mann, den
sie einen »Enthaltsamen« nennen. Er darf sich nicht die Haare kämmen,
sich nicht waschen, kein Fleisch essen, keinen Umgang mit Frauen pflegen.
Wenn es [den Japanern] gut geht, so machen sie ihm Geschenke; aber wenn
sie krank werden oder wenn ihnen ein Unglück widerfährt, so schreiben sie
es dem Enthaltsamen zu, der seine Gelübde nicht gehalten habe, und sie alle
zusammen töten ihn.“ Zur Vergleichung zieht Aston ferner die vor einiger
Zeit in einer Amerikanischen Zeitung publicierte *Geschichte eines unglücklichen
Medizinmannes* herbei: „Big Bob war ein hervorragendes Mitglied des Stammes
und gab sich für einen »tenanimous« Mann aus, was, aus dem Chinook übersetzt, einen indianischen Doktor bedeutet. Nach indianischem Aberglauben ist
ein »tenanimous« Mann dafür **verantwortlich**, wenn den Stamm eine allgemeine
Kalamität befällt. Seit einiger Zeit war es bei den Swinomish Indianern
nicht beim Rechten. Es herrschte viel Krankheit unter ihnen, und Big Bob
wurde als dafür verantwortlich angesehen. Deshalb wurden in einer Versammlung des Stammes vier Indianer dazu ausersehen ihm den Garaus zu machen.
Am Tage des Mordes lauerten die vier Mörder dem Big Bob auf, packten ihn,
hielten ihn fest und schnitten ihm von einem Ohr bis zum anderen den Hals
durch. Die Rothäute wurden arretiert und wegen Mordes dem Friedensrichter
von Laconner eingeliefert.“

Unter *Be* „Volksgruppe“ versteht man eine Gruppe von Leuten, welche,
ohne mit einander blutsverwandt zu sein oder sein zu müssen, seitens der
Obrigkeit (ev. des Kaisers) zu einem bestimmten Zwecke vereinigt und meist
an einem bestimmten Orte angesiedelt wurden. Sie führen ihren Namen
meist nach ihrem Berufe: *Miya-be* Palast- und Tempelbauer, *Kinu-nuhi-be*
Kleidermacher, *Ori-be* Weber, *Makami-be* Friseure, *Tsuki-tsukuri* Gefässmacher,
Aya-be Weber von gemusterten Stoffen, *Ama-be* Fischer, *Tana-be* oder *Ta-be*
Reisfeldbauern, *Osaka-be* Strafvollstrecker u. s. w. Eine besondere Art von *Be*
sind die als *Miko-shiro* und *Mina-shiro* (Stellvertreter des erlauchten Kindes
resp. des erlauchten Namens) eingesetzten Volksgruppen, über welche vgl.
Buch 22, Kap. 16, Anm. 1, Seite 24 f. Der Name der Gruppe wurde häufig
zum Namen des Ortes, wo sie ansässig waren. So ist z. B. der Name der
Hafenstadt *Kōbe* entstanden: *Kōbe* ist kontrahiert aus *Kamu-be* „Götter-Volks-
gruppe, Volksgruppe eingesetzt zum Dienste der Gottheit“ (von Ikuta?). Vgl.
Aston, a. a. O. p. 43.

Obito ist der Name eines Kabane aus uralter Zeit her, geschrieben mit
dem Zeichen 首 „Haupt, Oberhaupt,“ und vielleicht von *oho-hito* „grosser
Mensch“ herzuleiten. Man liest auch *ofuto* resp. *wofuto*. Im Februar 680
bekam das Haupthaus (*oho-uji*) der Imube das Kabane *Murazi*, und im Januar
685 das Kabane *Sukune;* die Zweighäuser (*ko-uji*) behielten aber noch eine
Zeit lang das ursprüngliche Kabane *Obito*.

trefflichen Sakaki-Baum [22] des himmlischen Kagu Berges [23] aus, und an den oberen Zweigen hingen sie einen erlauchten Faden mit fünfhundert Stück Yasaka-Juwelen auf, und an die mittleren Zweige hingen sie einen Yata-Spiegel.[24]—*Nach anderem Berichte*

Die Bezeichnung des Kabane's ist übrigens an gegenwärtiger Stelle im Originaltext **A** nicht gegeben, sondern später ergänzt worden.

[22] *I-ho-tsu-ma-sakaki* „fünf-hundert-treffliche-Sakaki." Motowori erklärt *tsu* als „Zweig;" es ist aber nur die Genetiv-Partikel. Der immergrüne *Sakaki* Baum ist wie der *Hi-no-ki* der heilige Baum par excellence des Shintōkultes. Bei Shintōfeierlichkeiten noch jetzt in mannichfaltigster Verwendung.

[23] *Ama no Kagu-yama*, ein Berg in Yamato. Nach Motowori wäre hier „der Berg Kagu im Himmel" als Gegensatz zum irdischen Kagu Berge in Yamato zu interpretieren. Es ist aber wohl anzunehmen, dass in der alten Mythologie der Berg Kagu in Yamato und im Himmel als identisch betrachtet wurden. Nach einer Ueberlieferung soll der Berg vom Himmel nach der Erde versetzt worden sein. Ueber die Lesung *Ama* oder *Ame* vgl. Kap. I, Anm. 24.

[24] 八咫鏡 *ya-ta-kagami. ya* „acht;" *ta* vielleicht=*te*„Hand," nach **H** aber wäre *ya-ta* aus *ya-ata* (übrigens eine alte Etymologie) verkürzt, und dieses *ata* soll nach ihm aus *ani-te*, einem hypothetischen Wort mit der Bedeutung „Daumen," entstanden sein, also: „Spiegel von 8 Daumen Durchmesser." Motowori nimmt *ata=atama* „Kopf" und bezieht es auf die achteckige Gestalt des Spiegels. Das Zeichen 咫 bedeutet in China ein Längenmass von 8 Sun (Zoll). Die im Shintōkult verwendeten Metallspiegel sind teils rund, teils achteckig; letzterer gewöhnlich *yatsu-hana no shinkyō* genannt. Ein solcher von 1′ 1″ Durchmesser befindet sich in der Shintōkult-Sammlung des Museums für Völkerkunde in Berlin.

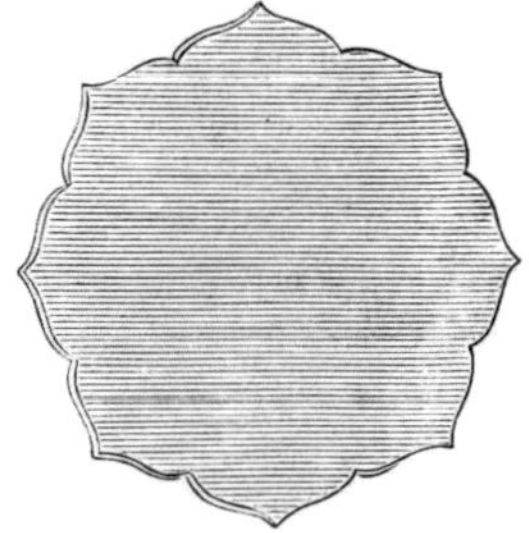

Rückseite.   Vorderseite.

YATSU-HANA NO SHINKYŌ.

heisst er ein Ma-futsu-Spiegel.[25]—An die unteren Zweige hängten sie grüne weiche Opfergaben [26] und weisse weiche Opfergaben.[26] Dann sagten sie miteinander Gebete [27] her. Ferner nahm Ama no Uzume [28] no Mikoto, die Urahne der Sarume [29] no kimi, einen mit Chi-Gras [30] umwundenen Speer in die Hand, stellte sich vor die Thür der himmlischen Felsenhöhle und führte in

---

Ich halte es für höchst wahrscheinlich, dass unter *ya-ta-kagami* ein Spiegel von ähnlicher Form zu verstehen ist, und dass der Ausdruck etwa durch „achthändiger Spiegel, Spiegel mit acht Handhaben" wiederzugeben ist.

Der heilige Spiegel in Ise soll mit diesem Spiegel identisch sein. Vgl. Satow's Handbook, 2. ed. p. 176.

[25] *Ma-futsu-kagami* „trefflich-dicker-Spiegel; " *futsu=futo* „dick, gross."

[26] 青和幣 *awo-nigi-te: awo* „grün" oder „blau; " *nigi* „weich," von einigen als „versöhnend" erklärt, von **I** einfach als ehrendes Präfix aufgefasst. *te* scheint eine Kontraktion aus *tahe* „Tuch" zu sein, wie schon Motowori vorgeschlagen hat; dafür spricht auch, dass diese *te* aus Hanf- und Maulbeerrindenzeug bestanden. Später wird *te* überhaupt im Sinne von „Opfergabe" gebraucht, und ich vermute, dass wir dasselbe Wort auch in *mitegura* „Opfergabe" haben, was entgegen der von mir Buch 29, Kap. IV, Anm. 31 (Seite 23) citierten Mabuchi'schen Hypothese in *mi-te-gura* zu zerlegen sein dürfte. Die gleiche Auffassung scheint **II** zu haben, indem er im Kommentar vol. 3, p. 14 a. für *mitegura* die Schreibung 御絹座 *mi-te-kura* „hehr-Seide-Sitz" anwendet. **I** jedoch setzt unser *te=te* „Hand" und meint es heisse so, weil die Gabe mit der Hand überreicht wird.

白和幣 *shira-nigi-te* „weisse weiche Opfergabe." Die grüne bestand aus *asa* „hanfenem Zeug," die weisse aus *yufu* „Papiermaulbeerbaumrindenzeug." Diese Opfergaben sind das Prototyp der *Gohei*, Stöckchen mit daran hängenden zickzackförmigen Papierstreifen.

[27] Vielleicht *Norito* gemeint.

[28] *Ama no Uzu-me no Mikoto* „das schreckliche oder abschreckende Weib des Himmels." *Uzu* „abschreckend" ist mit dem Zeichen 鈿 *t'ien* „Schmuck aus Gold- und Silberdraht" geschrieben, und nach einer anderen Erklärung (von **Ts**) hätte man es hier mit dem Worte *uzu* „Kopfschmuck" zu thun: die Göttin soll dann ihren Namen von dem von ihr getragenen Kopfschmuck aus Spindelbaum-Blättern haben, vgl. die Angabe des Kojiki sect. 16, Chamberlain Seite 57. 鈿 *uzu* ist aber offenbar hier nur phonetisch gebraucht.

[29] *Saru-me* „Affen-Weib." Zu *Sarume no kimi* vgl. Buch 2, Kap IV, Anm. 30.

[30] 茅 *hsü*, jap. *chi*, eine Art Riedgras. Nach **I**=*suge* eine Carex Binsenart. Aston: Eulalia grass.

kunstvoller Weise eine Pantomime auf.[31] Ferner nahm sie
einen trefflichen Sakaki Baum des Himmlischen Kagu Berges
und machte sich daraus einen Kopfschmuck; aus Keulenbär-
lapp[32] machte sie sich ein Handstützband[33] und machte [*auf
der Feuerstätte*] Feuer an;[34] sie stellte einen Trog umgekehrt

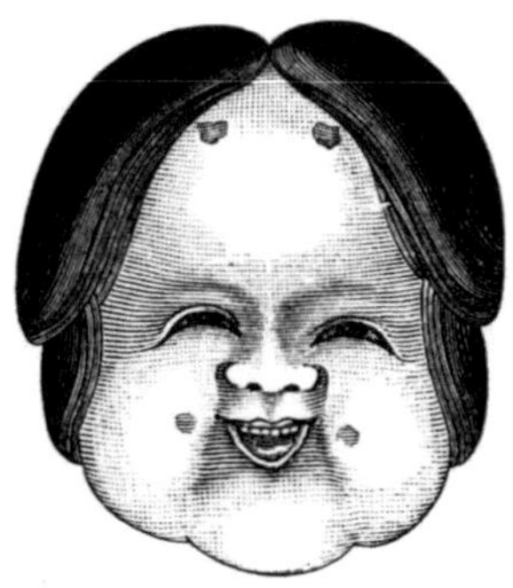

Uzume.

[31] Angeblicher Ursprung der sog. *Kagura* Tänze, Pantomimen welche bei
Gelegenheit von Shintōfesten auf einer ständigen oder temporär errichteten
(gewöhnlich nach drei Seiten offenen) erhöhten Bühne (*Kagura-butai*) aufgeführt
werden.

[32] 蘿 *hikage*, oder *hikage no kadzura* Lycopodium clavatum, von weisser
Farbe, wächst an der Rinde der Bäume und hängt fadenförmig herab, weshalb
es in der Provinz Kii auch *ki-hige* „Baum-Bart" genannt wird.

[33] *Tasuki* aus *te-suki* „Hand-Unterstützung," ein um die Schultern geschlungenes und zusammengeknotetes Band zur Stütze der Arme und Hände, wenn
man einen schwereren Gegenstand vor sich haltend trug. Vgl. im OHO-HARAHE
den Ausdruck *tasuki kakuru tomonowo* „die Handstützbänder tragenden [Küchen-]
abteilungs-häupter." Was man jetzt *tasuki* nennt, ist von dem alten *tasuki*
wesentlich verschieden; jetzt versteht man darunter einen Aermelaufschürzer,
welchen die Frauen um die Schulter schlingen, um die beim Arbeiten lästigen
langen und weiten Aermel ihrer Gewänder an die Achsel festzulegen und so
den Arm frei zu bekommen.

[34] 火處燒 *ho-dokoro taki* (oder *yaki*). Auf den ersten Blick erscheint hier
das Zeichen 處 *tokoro* überflüssig, da einfach das Anzünden von Feuern ohne
nähere Ortsbestimmung gemeint ist; *ho-dokoro* (Feuer-Stätte) ist aber als
Bezeichnung für dasjenige Feuer gebraucht, welches bei Götterfesten auf dem
Hofe (*niha*) angezündet wurde. Es ist identisch mit den sogenannten *niha-bi*

mit dem Boden nach oben hin, [35] und gab göttlich inspirierte Worte von sich. [36]

Nun hörte Ama-terasu Oho-mi-kami dies und sprach: „ Seitdem ich mich in der Felsenhöhle eingeschlossen halte, sollte meiner Meinung nach doch in dem Mittellande des Ueppigen Schilf-Gefildes jedenfalls beständige Nacht sein. Wie kommt es daher, dass Ama no Uzume no Mikoto so ausgelassen lustig ist?“ Hierauf öffnete sie ein klein wenig mit ihrer erlauchten Hand die Felsenthür und sah hinaus. Da ergriff Ta-chikara-wo no Kami sofort Ama-terasu Oho-mi-kami an der Hand und zog sie ehrerbietig heraus. Hierauf

---

„Hof-Feuern,“ die schon im KOGOSHŪI erwähnt werden (庭燎＝庭火 *niha-hi*) und auch dem späteren Shintōkult angehören.

[35] Die Darstellung des NIHONGI ist hier lückenhaft verglichen mit der des KOJIKI. Es sollte angegeben sein, dass die Göttin sich auf den Trog stellte und durch Herumstampfen darauf Lärm verursachte. Vgl. die Parallelstelle im KOJIKI: „ . . . dann legte sie ein *uke* (tönendes Brett?) vor die Thür der himmlischen Felsenhöhle und stampfte darauf, dass es ertönte, und that als ob sie eine göttliche Inspiration habe, zog die Warzen ihrer Brüste heraus und zog den Saumbund ihres Gewandes bis an die Scham herab. Da schütterte das hohe Himmelsgefilde und die achthundert Myriaden Götter alle zusammen lachten.“

[36] D. h. sie geriet in einen Zustand der Verzückung und stiess in diesem Zustande Worte aus, welche als Eingebungen einer Gottheit betrachtet wurden. Die Stelle ist interessant, da sie zeigt, dass die religiöse Ceremonie des sich in einen visionären Zustand Versetzens, wie wir sie noch jetzt häufig bei den Shintoisten, sowohl Priestern als Laien, beobachten können, uralt ist. Näheres über diesen wichtigen Bestandteil des esoterischen Shintoismus siehe in *P. Lowel's* Aufsatz Esoteric Shintō, in J. A. S. T. vol. XXII, pag 1 ff., und des gleichen Autors Buch „Occult Japan.“ Aston a. a. O. hat folgende Note: In Hirata's Version der alten mythischen Erzählung führt er hier eine Formel ein, die nach dem KŪJIKI von der Sonnengöttin dem Ninigi no Mikoto gelehrt wurde, nach dem KOGOSHŪI aber ursprünglich von Uzume no Mikoto herrühren soll. Es besteht aus den Silben *Hito-futa-mi-yo-itsu-mu-nana-ya-kokono-tari*, aus denen Hirata sich grosse Mühe gegeben hat einen Sinn zu ziehen. *Hito* ist nach ihm＝„ Mann, Mensch,“ *futa*＝„Deckel,“ i. e. die Thür der Felsenhöhle, *miyo*＝Imperativ von *miru* „sehen,“ so dass diese Phrase bedeute: „Seht! ihr Götter an der Thür!“ u. s. w. Dass diese Wörter jetzt

zogen Nakatomi no Kami und Imube no Kami[37] sofort ein
mit den Wurzelenden verflochtenes Seil[38]—*es heisst auch ein*

---

einfach die Zahlwörter von eins bis zehn sind, ist unleugbar, aber nach seiner
Argumentation soll dies eine spätere Verwendung sein.

[37] *Nakatomi no Kami* „ der Gott Nakatomi," d. i. der Ahngott der Nakatomi
Familie, als dessen eigentlichen Namen wir oben, Kap. VI, Anm. 18 *Ama no
Koyane no Mikoto* kennen lernten. *Imube no Kami* „der Ahngott der Imube
Familie " ist *Futo-tama no Mikoto.* Auch in einigen anderen Fällen sind diese
beiden Götter nach ihren menschlichen Nachkommen benannt. So giebt es in
der Provinz Aha einen *Imube-jinja;* die Benennung *Nakatomi no Kami* kehrt
im Keikō-ki Buch 7 wieder, ferner im Götternamenregister der Provinz Chikugo,
(CHIKUGO-KOKU-NAI-JIN-MEI-CHŌ).

[38] 端 出 之 繩 *shiri-kume-naha*, ein Seil aus Reisstroh, das mit den Wurzeln
ausgerissen wurde, die am Ende des Seils herausstehen. Jetzt in *shime-naha*
verkürzt. Ist noch bei verschiedenen Ceremonien im Gebrauch. Die Zeichen
bedeuten: „ ein Seil mit herausragenden [Wurzel-] Enden." Der japanische
Ausdruck wird verschieden erklärt: Mabuchi: *shiri-he-kagiri-me-naha* „ nach
hinten abgrenzendes Seil;" Chamberlain und Aston folgen Motowori
und übersetzen „ bottomtied-rope." Es ist wohl abzuleiten von *shiri* „ hinten,"
kume verwandt mit *kumu* 組 „ zusammenbinden, verflechten," *naha* „ Seil:"
„ hinten-spann-Seil." Nach Professor M. Kurokawa wurden in ältester Zeit
die Höhlen, worin die Japaner wohnten, verlassen, wenn darin Jemand
gestorben war (also dieselbe Praxis wie bei manchen formosanischen Stämmen
mit den Sterbehäusern), und zum Zeichen, dass die Stätte nunmehr eine
Grabstätte, und nicht mehr ein Wohnort für Lebende sei, soll ein *Shiri-kume-
naha* vor den Eingang der Höhle, hinter den hinausgezogenen Lebenden,
gespannt worden sein.

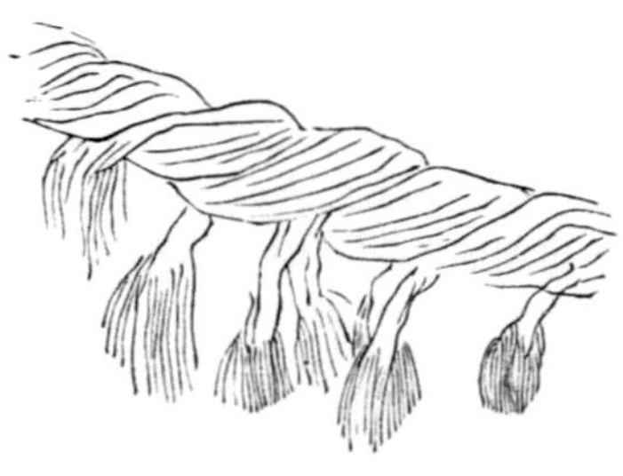

SHIRI-KUME-NAHA.

linkes Seil[39]—als Grenzlinie vor [den Eingang zur Höhle] und baten sie nicht wieder hinein zurückzukehren.

Hierauf schoben alle Götter die Schuld auf Susa no Wo no Mikoto und erlegten ihm eine Busse von tausend Tischen [40] [mit Opfergaben] auf und bestraften ihn schliesslich [auf diese Weise]. Sie liessen ihm auch die Haare ausreissen und liessen ihn dadurch für seine Schuld Genugthuung geben.

Es wird auch berichtet, dass sie ihm die Nägel an seinen Händen und Füssen ausrissen und ihn so Genugthuung geben liessen.

Nachdem dies geschehen war, verbannten sie ihn endlich mit göttlicher Verbannung.

I.—In einer Schrift heisst es:—Hiernach befand sich Waka-hiru-me no Mikoto [41] in der heiligen Webhalle

---

Im KOGOSHŪI wird es 日 御 繩 *hi no mi-naha* „der Sonne erlauchtes Seil“ genannt. Vgl. auch die folgende Anmerkung.

[39] So wegen seiner Flechtart genannt, weil es in der Richtung von rechts nach links geflochten oder gedreht wird. Die hervorstehenden Strohhalme sind büschelförmig arrangiert, in regelrechten Zwischenräumen, und zwar so, dass das erste Büschel 3, das zweite 5, das dritte 7, das vierte wieder 3, das fünfte 5, das sechste 7 Halme u. s. w. bis zum Ende des Seils, hat.

[40] 千 座 置 戸 *chi-kura-oki-do;* *chi* 1000; *kura=harahe-tsu-mono wo suuru kura* „Gestelle oder Tischchen,“ worauf die Bussgegenstände gelegt werden; *oki* von *oku* „hinlegen;“ *do* oder *to* wohl „Ort,“ nicht=*tari* 足, wie Shigetane erklären will. Der Parallelismus mit dem Ausdruck *chi-kura no oki-kura ni oki-tarahashite* „auf tausend Stück Gestellen [die Harahe-tsu-mono] in Fülle hinlegend“ im OHO-HARAHE bestätigt diese Etymologie. *Chi-kura-oki-do* also wörtlich: „der tausend-gestellige Hinlege-Ort,“ d. i. tausend Tische mit daraufgelegten Bussgegenständen.

Je nach der Kleine oder Grösse der Schuld, welche man auf sich geladen hatte, wurde vom alten sakralen Strafrecht eine kleinere oder grössere Anzahl von zu erlegenden *Harahe-tsu-mono* „Bussgegenständen“ vorgeschrieben. Dieselben wurden in einen Fluss geworfen und von den Göttern mit den daran haftenden Sünden ins Meer und von da in die Unterwelt, von wo her alles Böse stammen soll, weggeführt. Tausend Tische Bussgegenstände sind eine ausserordentlich grosse Busse, der grossen Summe von Uebelthaten des Susa no Wo entsprechend.

[41] „Junges-Sonnen-Weib.“ Im KŪJIKI ist sie als jüngere Schwester der

und webte die erlauchten Kleider der Götter. Als Susa no Wo no Mikoto dies sah, zog er einem scheckigen Pferde mit Rückwärtsschindung die Haut ab und warf es in das Innere der Halle hinein. Da erschrak Waka-hiru-me no Mikoto, fiel von dem Webstuhl herab, verwundete sich mit dem Webschiff, welches sie in der Hand hielt, und verschied göttlich. Daher sprach Ama-terasu Oho-mi-kami zu Susa no Wo no Mikoto und sagte: „Du hast immer noch ein schwarzes Herz. Ich wünsche nicht, dich von Angesicht zu Angesicht zu sehen." Darauf begab sie sich in die Felsenhöhle des Himmels hinein und schloss die Felsenthür zu. Hierauf war die ganze Welt beständig dunkel und es gab keinen Unterschied zwischen Tag und Nacht mehr. Daher versammelten sich die achtzig Myriaden Götter auf dem Hohen Marktplatz des Himmels [42] und hielten Nachfrage. [43] Nun war da ein Gott Namens Omohi-kane no Kami, ein Sohn des Taka-mi-musubi no Mikoto, welcher Talent zum Ausdenken von Plänen hatte. Derselbe dachte nun nach und sprach: „Lasst uns die Gestalt (ein Bildnis) jener Göttin [44] verfertigen und ihr Gebete

---

Sonnengöttin Ama-terasu Oho-mi-kami aufgeführt, im SHI-KI aber als Tochter der Ama-terasu bezeichnet. Erstere Auffassung verdient den Vorzug und ist allgemein angenommen. Shigetani und **I** verlangen übrigens die Lesung *Waka-hi-me* statt *Waka-hiru-me.*

[42] *Ama no taka-ichi* oder *takechi*, ein Ort am achtströmigen Flusse des Himmels. Der Versammlungsort der Götter ist wohl so benannt, weil sie hier wie die Leute auf einem Marktplatz aus allen Himmelsgegenden zusammenkamen. Man beachte auch, dass *Takechi* „hoher Marktplatz" der Name eines Distriktes in der Provinz Yamato ist!

[43] Wahrscheinlich fragten sie den Gott *Taka-mi-musubi no Mikoto* um Auskunft.

[44] D. i. der Ama-terasu Oho-mi-kami. Es handelt sich aber nicht um die Gestalt der anthropomorphen Göttin, sondern um die Gestalt der Sonne selbst in Form eines metallnen Spiegels. Vgl. die folgende Legende, sowie den Ausdruck 日像之鏡 „Sonnen-gestaltiger Spiegel" im KOGOSHŪI.

darbringen." Sie machten daher hierauf Ishi-kori-dome [45] zum Verfertiger [des Bildnisses], welcher Metall [46] vom Himmlischen Kagu Berge nahm und daraus einen Sonnen-Speer [47] verfertigte. Ferner zog er in einem Stück das Fell eines trefflichen Hirsches [48]

---

[45] *Ishi-kori-dome* oder *Ishi-kori-tome* (auch *tobe*), erkläre ich als *ishi* „Stein," *kori* von *koru* „hauen" (verwandt mit *kiru* schneiden ?), also „Stein-Hauer." Wenn *dome=tome* „alte Frau" ist, so handelt es sich um eine weibliche Gottheit; wenn wir aber darin *tome=tobe*, wie es in den Männernamen *Take-tome no Mikoto, Kuhashi-tome no Mikoto* (KŪJIKI), *Nagusa-tobe, Nishiki-tobe* (JIMMU-KI), *Iki no Kuni no Ara-kaha-tobe* (SŪJIN-KI), *Kasuga no Take-kuni-kaso-tome* u. s. w. vorkommt, erblicken, so müssen wir *Ishi-kori-dome* als eine männliche Gottheit betrachten. Ich entscheide mich für die letztere Annahme. In der nächstfolgenden Variante dieser Legende wird ein Gott *Ama no Nukado*, der Urahn der *Kagami-tsukuri* d. i. der Spiegelmacher (Name einer Volksgruppe *Be*), an *Ishi-kori-dome's* Stelle genannt. (Nach dem im SHAKU-NIHONGI citierten 天書 ist *Ishi-kori-dome* der Werk-Gott des Himmels und ein Sohn von *Ama no Nukado*).

Nach den Zeichen bedeutet der Name „Stein-gerinnen-alte Frau," doch ist diese Schreibung nur phonetisch. Motowori's Interpretation *I-shikiri-tome* „wieder schmiedende alte Frau" mit Anlehnung an eine Tradition, dass der Spiegel zwei Mal geschmiedet worden sei, weil der erste nichts taugte, ist gekünstelt und unannehmbar.

[46] Was für ein Metall gemeint sei, ist unklar. **I** denkt an *Eisen*, Aston übersetzt geradezu mit *Kupfer* (wohl in Anlehnung an das KŪJIKI). Ersteres ist wahrscheinlicher; keinesfalls aber ist unter 金 *kane* hier Gold zu verstehen.

[47] Dieser *Hi-boko* „Sonnenspeer" scheint identisch mit dem im Haupttext erwähnten *chi-maki no hoko* „mit Chi-Gras umwundenen Speer" zu sein. Die Ausdrucksweise des NIHONGI ist an dieser Stelle sehr plump. Die Figur der Göttin *kami no mi-kata* (d. i. der Spiegel) und der Sonnenspeer *hi-boko* sind zwei verschiedene Dinge, welche alle beide von dem Werkgott hergestellt wurden. **H** möchte sich aus dem Dilemma dadurch helfen, dass er 日矛 *hi-boko* für eine Korruptele statt 日象 *hi no mi-kata* „Figur der Sonne" erklärt. Durch Vergleichung der betreffenden Stellen im KOJIKI und KŪJIKI ergiebt sich, dass ein Gott Namens *Ama-tsu-mara* (d. i. himmlischer Penis), und nicht Ishi-kori-dome, den *hi-boko* verfertigte, was mir **H**'s Hypothese zu stützen scheint. Ist in diesem von einem Gott „Himmlischer Penis" verfertigten „Sonnen-Speer" ein Bestandteil des alten Phalluskults zu erblicken? Vgl. das oben Kap. II, Anm. 2 über *nu-boko* „Juwelen-Speer" Gesagte.

[48] *Ma-na-ka. ma* „trefflich" ist nur ein ehrendes Praefix, *na* Genetiv Partikel, vgl. Kap. V, Anm. 12. Im KOJIKI *ma-wo-shika*, von gleicher Bedeutung.

ab und verfertigte daraus einen Himmlischen Blasebalg. [49] Die mit dessen Hilfe ehrfurchtsvoll angefertigte
Göttin [50] ist die im Lande Ki wohnende Göttin Hi
no Kuma no Kami. [51]

II.—In einer Schrift heisst es :—Ihre Hoheit die Sonnengöttin machte ein Himmlisches umzäuntes Reisfeld [52]
zu ihrem erlauchten Reisfeld. Da, als es Frühling
war, verstopfte Susa no Wo no Mikoto die Kanäle
[der Reisfelder] und zerstörte die Dämme, und ferner
im Herbst, als die Körnerfrüchte bereits reif geworden

---

[49] 羽韛 *ha-buki* „Fell-Blaser," aus einem Fell gemachter Blasebalg. *ha*
ist nach Hirata=*ha* in *kaha* „Fell," indem er dieses Wort in *ke-ha* 毛羽
„Haar-Feder" zerlegt. Die Federn *ha* eines Vogels werden, wie er ausführt,
auch *ke* „Haar" genannt, und umgekehrt nennt man die Haare *ke* eines
Vierfüsslers (*kemono=ke tsu mono* behaartes Wesen) auch *ha* „Federn." *buki*
von *fuku* „blasen." Für Blasebalg existiert auch das Wort *fuki-kaha* „Blase-
Fell."

[50] Mit Hülfe des Blasebalges wurde die Schmiedearbeit vollzogen, nämlich
aus dem Eisen vom Kagu–Berg ein Spiegel verfertigt. Dieser Spiegel ist die
Göttin, oder vielmehr deren Bildnis.

[51] Man sollte nach dem Vorhergehenden erwarten, dass diese Göttin die
Sonnengöttin Ama-terasu sei. Die Darstellung des NIHONGI ist aber richtig,
obgleich lückenhaft. Die entsprechende Stelle im KOGOSHŪI klärt uns über
den wahren Sachverhalt auf: „Hierauf liessen [die Götter] im Anschluss an
den Plan des Omohi-kane no Kami durch Ishi-kori-dome no Kami einen
Sonnengestalteten Spiegel giessen. Der das erste Mal gegossene gefiel aber
nicht ganz; dieser ist die Göttin Hi no Kuma no Kami des Landes Kii.
Der das zweite Mal gegossene war von schöner Beschaffenheit; dieser ist die
grosse Göttin von Ise [d. h. Ama-terasu Oho-mi-kami, deren Haupttempel ja
bekanntlich in der Provinz Ise sich befindet]." Das NIHONGI berichtet uns
hier also nur von dem ersten misslungenen Gusse, ohne des zweiten Erwähnung zu thun, wodurch die ganze Darstellung schief wird.

日前神 *Hi no Kuma no Kami*, nicht *Hi no Mahe no Kami* zu lesen.
Der Göttin ist der Tempel *Hi-no-Kuma no miya* im Distrikt Nakusa der
Provinz Kii geweiht; für den Namen dieses Tempels 日前宮 sind jetzt auch
die Aussprachen *Hi-no-saki no miya* und sinico-jap. *Nichi-zen-gū* im Gebrauch.
I bemerkt, dass der Name *Hi no Kuma no Kami* sich auf den Sonnenspeer
und Spiegel bezieht: beide zusammen sind eine Gottheit, oder vielmehr deren
Emblem. Der Spiegel ist am Speere aufgehängt.

[52] 垣田 *kaki-da*, ein mit einem Zaun zur Abwehr der Tiere umgebenes
Reisfeld.

waren, zog er Abgrenzungsseile rings um sie herum.[53] Ferner als die Sonnengöttin sich in ihrer Webhalle befand, zog er einem scheckigen Pferde bei lebendigem Leibe die Haut ab und warf es in das Innere der Halle hinein. In allen diesen mannichfaltigen Dingen war sein Betragen im höchsten Grade roh. Trotz alledem machte ihm die Sonnengöttin in ihrer gütigen und freundlichen Gesinnung gegen ihn keine Vorwürfe und hegte kein Uebelwollen gegen ihn, sondern ertrug alles mit Gleichmut und Geduld.

Als die Zeit herangekommen war, wo die Sonnengöttin das Fest des Neuen Schmauses halten wollte, da liess Susa no Wo no Mikoto unter dem erlauchten Sitze im Neuen Palaste[54] heimlich Kot. Die Sonnengöttin, welche nichts davon wusste, nahm direkt auf dem Sitze Platz. In folge dessen wurde der Sonnengöttin überall in ihrem Körper übel. Deshalb wurde sie zornig, nahm gleich ihren Aufenthalt in der Felsenhöhle des Himmels und verschloss die Felsenthür derselben.

Da waren alle Götter darüber betrübt und liessen den Gott Namens Ama no Nukado,[55] den Urahnen der Kagami-tsukuri Volksgruppe,[56] einen Spiegel

---

[53] Die um die Felder gezogenen Seile waren ein Zeichen des Besitzrechtes dessen, welcher die Seile aufspannte. Susa no Wo masst sich also hier widerrechtlich das Besitztum der Ama-terasu an.

[54] Siehe oben Anm. 6.

[55] Vater des oben genannten *Ishi-kori-dome*. Die Bedeutung des Namens ist dunkel. Die Zeichen 天糠戸 „Himmels-Hülse-Thor" sind ohne Zweifel nur phonetisch gebraucht, aber *nukado* bleibt unerklärlich.

[56] *Kagami-tsukuri no Be*, das Be der Spiegelmacher. Vgl. Buch 29, Kap. XI (Temmu 10. Jahr, 10. Monat, 5. Tag), wo erwähnt wird, dass das Uji der Kagami-tsukuri no miyatsuko das Kabane Murazi erhielt. Sie müssen an verschiedenen Orten gewohnt haben, wie durch Dörfer in den Provinzen Yamato, Idzu u. s. w., welche ihren Namen tragen, bewiesen wird. Auch nach ihnen benannte Shintōtempel giebt es, nämlich den Kagami-tsukuri Ita

machen; den Gott Futo-tama, den Urahnen der
Imube, beauftragten sie mit der Anfertigung von
[weichen] Opfergaben [aus Hanf und Maulbeerrin-
denzeug]; [57] und die Göttin Toyo-tama, [58] die Urahne
der Tama-tsukuri Volksgruppe, [59] beauftragten sie mit
der Anfertigung von Juwelen. Ferner beauftragten
sie den Gott Yama-dzuchi [60] achtzig Tama-gushi [61]

---

no jinja, in welchem der Gott Ishi-kori-dome no Mikoto, und den Kagami-
tsukuri Maki no jinja, in welchem sein Vater, der Gott Ama no Nukado no
Mikoto, verehrt wird. Die Be der Kagami-tsukuri müssen etwa im 8. Jahr-
hundert verschwunden sein, denn in späteren Geschichtswerken vom Shoku-
Nihongi an wird ihrer nie mehr Erwähnung gethan, auch sind sie im
Seishiroku nicht mit aufgeführt.

[57] Siehe oben Anm. 26.

[58] *Toyo-tama* „Ueppiges-Juwel,“ „ Herrliches Juwel;“ *toyo* ist Honorificum.
Hirata citiert aus dem Engi-shiki den Namen eines Shintōtempels im Distrikt
Nakata (jetzt Myōtō und Myōsai) der Provinz Aha (Shikoku), welcher *Ama no
Ishi-kado-waki-toyo-tama-hime no jinja* heisst, und bemerkt, dass in diesem Tempel
wohl die Gottheit *Toyo-tama* verehrt wurde, deren voller Name „Himmels-Stein-
Thür-öffnen-üppiges-Juwel-wunderbares Weib“ auf die Rolle hinweist, welche sie
bei Oeffnung der himmlischen Felsenthür spielte. Aus dem Namen dieses
Tempels ergiebt sich ferner, dass *Toyo-tama* nicht ein Gott, sondern eine *Göttin*
ist, was durch das Ihon-Kogoshūi und Jimmeihisho bekräftigt wird, wo es
heisst: „ *Kushi-akaru-tama no Mikoto* ist eine Tochter von Taka-mi-musubi no
Kami und jüngere Schwester von Taku-hata-chi-chi-hime no Mikoto. I hält
letztere Angabe für falsch; da er aber nicht das Geringste beibringen kann,
wodurch sie widerlegt werden könnte, so müssen wir das *weibliche* Geschlecht
der Gottheit als erwiesen betrachten.

[59] *Tama-tsukuri*, H *Tama-suri* „Juwelen-Macher.“ Siehe Kap. V, Anm. 35.

[60] 山雷 *Yama-dzuchi* oder *Yama-dzuchi no Kami* „ Berg-Edler “ (Zeichen:
„ Bergdonner “) ist identisch mit dem Kap. IV, Anm. 5 genannten *Oho-yama-
tsu-mi no Kami*, dem Berggott. Die Lesung *Yama-ikadzuchi* ist nicht gut. Es
ist dasselbe 雷 *tsuchi* wie in *Take-mika-dzuchi, Itsu no Kagu-dzuchi, Itsu no
Yama-dzuchi* u. s. w.

[61] Sowohl *achtzig* als *fünfhundert* sind als unbestimmte grosse Zahlen, im
Sinn von „ viele “ zu nehmen.

Mabuchi versteht unter *tama-gushi* 玉籤 einen Bambus oder ein Baumstück
(Baumzweig) mit daran gehängten *tama* „ Juwelen.“ Er gründet seine Ansicht
auf eine Stelle in einem Gedichte des Manyōshū, III 132, welche lautet:
waga yado ni mi-moro wo tatete ihahi-be wo suhe taka-dama wo ma naku nuki-tare
u. s. w. „in meinem Hause richte ich ein erlauchtes Gemach her, stelle Opfer-

von dem fünfhundertästigen trefflichen Sakaki Baum
zu beschaffen, und den Gott Nu-dzuchi [62] achtzig
Tamagushi von dem fünfhundertzweigigen Nu-suzu [63]

Krüge hin, und Bambus-Juwelen (*taka-dama*, d. i. *tama*, welche an Bambus mit
Schnüren aufgehängt sind) durchziehe ich lückenlos (dicht an einander gereiht)
[mit einer Schnur] und hänge sie daran." Dies ist nach Mabuchi und Hirata
identisch mit unserem *tama-gushi*, etwa „ Juwelen-[geschmückter]-Stock."
Unter *kushi* versteht man im allgemeinen einen Gegenstand, der in etwas
hineingesteckt wird (kushi wa mono ni sashi-tateru wo iu), warum ein
Kamm, der ins Haar gesteckt wird, auch *kushi* heisst. Im speziellen ist *kushi*
ein kleines Sakaki-Stück, ein Sakaki-Zweig (oder auch ein Susu-Zweig, siehe
Anm. 63), den man irgend in ein Behältnis oder Ständer hineinsteckt oder
auch in der Hand hält, im Gegensatz zum grossen mit der Wurzel ausgegrabenen
Sakaki Baum. Das *Tama-gushi* ist ein solches *kushi*, woran durchbohrte und
mit einer Schnur durchfädelte Juwelen angehängt sind. Hirata bemerkt, dass
man wohl die Tama-gushi, wie dies auch später geschah, in der Hand gehalten
und den Göttern dargebracht habe. Aus den Ceremonienbüchern (gi-shiki-sho)
zum Shintō Gottesdienst erhellt, dass man in alter Zeit beim Gottesdienst
sowohl im Miya als an den Thüren desselben Sakaki zum Schmucke hinstellte.
Noch jetzt werden beim Matsuri zwei Sakakibäume mit den Wurzeln rechts
und links vor den Eingang des Tempels gestellt. Ferner werden beim
Gottesdienst von den Teilnehmern an der Kulthandlung Sakakizweige dargebracht. Auch bei der Begräbnisceremonie ist es üblich, dass man vor dem Sarge
achtbeinige Tische aufstellt, und dass die Leidtragenden darauf kleine Sakakizweige mit daran hängenden Papierstreifen (eigentlich Streifen aus *yufu* Papiermaulbeerrindenzeug) als Opfergabe für die Seele des Verstorbenen hinlegen.

Motowori will *tama* in *tama-gushi* als eine Kontraktion aus *tamuke*
„ Opfer- oder Weihgeschenk " erklären, was aber lautgesetzlich unmöglich ist.
Die Erklärung *tama* „ Juwel " ist dazu so überaus einfach und plausibel, dass
man doch nicht weiter zu schweifen braucht.

[62] *Nu-dzuchi* oder *Nu-tsuchi* „ der Feld-Altehrwürdige," d. i. der Feldgott.
Vgl. Kap. III, Anm. 7.

[63] *Nu-suzu* oder *Nu-susu* „ Feld-Suzu " ist eine sehr kleine Bambusart, eine
Art Shinome-dake, von schwarzer Farbe, die noch jetzt in den Provinzen Aha,
Tosa u. s. w. *Susu* genannt wird. Auch der Name *Suzuki* findet sich dafür;
so liest z. B. das SHI-KI *suzuki* statt *nu-suzu*. *Susu* soll ein onomatopoetisches
Wort sein, indem die Blätter im Winde ein sausendes Geräusch hervorbringen,
das ungefähr wie *su-su* tönt. Sowohl aus *Sakaki*-Zweigen als aus *Suzu* wurden
Oho-tama-gushi gefertigt und bei der Divination gebraucht, doch sind die
näheren Umstände ihrer Verwendungsweise dabei nicht mehr bekannt. *Susu*
ist wahrscheinlich mit *sasa*, Name einer bekannten kleinen Bambusart (Arun-
dinaria japonica), etymologisch verwandt.

zu beschaffen. Nachdem alle diese Gegenstände sämtlich zusammengebracht worden waren, da bat Ama no Koyane no Mikoto, der Urahn der Nakatomi, [die Göttin Amaterasu] inständig mit göttlich inständiger Bitte. [64] Hierauf öffnete gleich die Sonnengöttin die Felsenthür und kam heraus. Bei dieser Gelegenheit schlug der Spiegel, als man ihn in die Felsenhöhle hineinthat, gegen die Thür und bekam einen kleinen Sprung. Dieser Sprung ist heutigen Tags noch vorhanden. Dieses [65] ist die in Ise verehrte grosse Gottheit. Hiernach wurde Susa no Wo no Mikoto für schuldig erklärt und es wurden von ihm Bussgegenstände [66] gefordert, und zwar [nahmen sie] die Enden seiner Hände als gute wegzuwerfende Dinge und die Enden seiner Füsse als schlechte wegzuwerfende Dinge; [67] seinen Speichel wiederum nahmen

---

[64] 神祝祝之 *kamu-hosaki hosakiki. hosaku* hat jetzt die Bedeutung „ wiederholen, dasselbe wiederholen;“ das chin. Zeichen bedeutet aber „ inständig bitten,“ und diese Bedeutung will auch Hirata mit *hosaki* verbunden wissen. H dagegen will *hosaki* als Kontraktion aus der kaum möglichen Verbindung 祝幸 *hogi-saki* erklären. Das Praefix *kamu* „ göttlich “ steht hier wie in den analogen Fällen *kamu-tsudohi* „ göttliche Versammlung,“ *kamu-hakari* „ göttliche Beratung.“

[65] D. i. der Spiegel.

[66] *harahe-tsu-mono*, wörtlich „ Reinigungsdinge,“ weil sie zur Ceremonie der Reinigung verwendet wurden.

[67] 吉棄物 *yoshi-kirahi-mono* „ gute wegzuwerfende Dinge “ sind nach Shigetane die Zeichen oder Merkmale der Reinigung, welche bei jedem Kultusdienst vorgenommen wird. 凶棄物 *ashi-kirahi-mono* „ schlechte wegzuwerfende Dinge “ sind nach derselben Autorität die Bussgegenstände für wirkliche selbstbegangene Vergehen. Beim Reinigungsprocess *harahe* werden nämlich zwei Seiten unterschieden: eine gute Seite, bei der es sich um die Herbeischaffung von Glück, und eine schlechte Seite, bei der es sich um die Hinwegschaffung von Unglück handelt. Mehr ins einzelne gehend werden im RUI-JŪ-SAN-DAI-KYAKU folgende vier Arten von *harahe-tsu-mono* mit Unterabteilungen unterschieden:

a	大祓米物	*Dai*	*no*	*harahe-tsu-mono*	28	Sorten		
b	上	„	„	„	*Kami no*	„	„	„	26	„
c	中	„	„	„	*Naka*	„	„	„	„	22	„
d	下	„	„	„	*Shimo*	„	„	„	„	22	„

sie als weisse weiche Opfergabe, und seinen Nasenfluss[68]
nahmen sie als grüne weiche Opfergabe, und damit
war die Reinigung zu Ende geführt. Zuletzt verbannten sie ihn gemäss dem Gesetze der göttlichen
Verbannung.

III.—In einer Schrift heisst es:—Hierauf hatte die Sonnengöttin drei Reisfelder, deren Namen waren: das
Leichte[69] Reisfeld des Himmels, das Ebene Reisfeld
des Himmels, und das Dorf-nahe[70] Reisfeld des
Himmels. Alle diese waren gute Reisfelder und
litten niemals Schaden, auch wenn sie von langan-

---

im ganzen also 96 Sorten. Was für Gegenstände dies seien, erfahren wir z. B.
aus Temmu-ki 5. Jahr, 8. Monat, 16. Tag (Seite 18) und 10. Jahr, 7. Monat,
30. Tag (Seite 41). An letzterer Stelle werden von den Kuni no miyatsuko
Sklaven als *harahe-tsu-mono* verlangt; in welcher Weise diese aber beim
Reinigungsprocess zur Verwendung kamen, ist nicht ersichtlich.

Die oben gegebene Erklärung von *yoshi-kirahi-mono* und *ashi-kirahi-mono*
stimmt auch zu den Anschauungen Motowori's. Dieser versteht unter den
guten Reinigungsopferspenden (*Yoshi-kirahi-mono=yoshi harahe, ashi-kirahi-mono
=ashi-harahe; kirafu* bedeutet die betreffenden Gegenstände verabscheuen und
wegwerfen) die beim Reinigungsritus dienenden sakralen Geräte, und unter
den schlechten Reinigungsopferspenden die Gegenstände, welche der Sünder
besessen und gebraucht hat, und die deshalb als verunreinigt wegzuwerfen
sind.

Mit den „Enden“ sind die Nägel gemeint, wie aus der weiter unten
folgenden Parallelstelle hervorgeht. Auch im Kojiki wird das Ausreissen
seiner Finger- und Zehennägel erwähnt. Wie Motowori meint, sei das Vergehen
des Susa no Wo so schwer gewesen, dass die Opferung der sonst üblichen
harahe-tsu-mono nicht genügt habe, und dass deshalb noch seine Fingernägel und
Zehennägel unter die beiden Arten der Opferspenden mit einbezogen worden
seien. Vgl. auch Weipert's Aufsatz „Das Shintogebet der grossen Reinigung“
in Heft 58 der Mittheilungen, und meine Ancient Japanese Rituals, T. A. S.
J. vol. 27, part 1.

[68] *Yodari* nach **H**=*hanadari* „Nasenausfluss.“ Jetzt bedeutet *Yodari* nur
Mundfluss, Geifer,“ besonders bei kleinen Kindern.

[69] D. i. leicht zu kultivierendes Reisfeld.

[70] *Mura-ahase-ta*, von **H** nach Motowori's Vorschlag *mura-yori-da* gelesen.
I schlägt für 聚 auch die Lesung *nami* vor, also *mura-nami-ta*, was die Bedeutung
von *mura ni narahitaru ta* haben würde. Die Bedeutung bleibt im wesentlichen
dieselbe.

dauerndem Regen oder von Dürre betroffen wurden. Nun hatte auch Susa no Wo no Mikoto drei Reisfelder, deren Namen waren: das Pfahl-Reisfeld [71] des Himmels, das Fluss-nahe [72] Reisfeld des Himmels, und das Mund-scharfe [73] Reisfeld des Himmels. Diese alle waren unfruchtbare Ländereien. Wenn es regnete, so wurde [der Boden] weggeschwemmt, und wenn Dürre herrschte, so war er ausgetrocknet. Deshalb war Susa no Wo no Mikoto neidisch und zerstörte die Reisfelder seiner älteren Schwester. Im Frühling zog er die Schleussen auf, verstopfte die Kanäle und durchbrach die Reisfelddämme; ferner übersäete er auch die Saat. Im Herbst steckte er spitzige Stäbchen [74] [in den Boden der Felder] und liess Pferde darin lagern. Trotz aller dieser Niederträchtigkeiten, die er unaufhörlich verübte, machte ihm die Sonnengöttin keine Vorwürfe, sondern hatte immer

---

[71] D. i. ein Feld, wo noch zahlreiche unausgerodete Stümpfe das Bebauen erschweren.

[72] Welches leicht Ueberschwemmungen ausgesetzt ist.

[73] 口 銳 田 *kuchi-to-da;* I: *kaha-kuchi-to-da,* Reisfelder auf welche vom Flusse her das Wasser jäh hereinstürzt. H entscheidet sich nicht über die Bedeutung des Ausdrucks, meint aber, dass vielleicht solche Reisfelder gemeint seien, worüber viel Streit entsteht, *kuchi-to* im Sinne von *kuchi-toku arasofu* „mit spitzem Munde (spitziger Rede) streiten." Eine gewiss mehr originelle als überzeugende Hypothese!

[74] Damit man sich die Füsse verletzen sollte, wenn man das Feld betrat. Die vom SHI-KI gegebene Erklärung, dass *kushi* (spitze Stäbchen, nicht Kämme) unter Beschwörungsformeln in die Reisfelder gesteckt wurden, damit jeder, welcher die Reisfelder unrechtmässiger Weise beanspruchte, vernichtet werden sollte, kann hier wenigstens nicht in Betracht kommen. Es handelt sich hier nicht um Bestreitung der Eigentümerschaft der Felder, sondern nur um groben Unfug und Schabernack. Das Uebersäen der Saat (*shiki-maki* wiederholtes Säen) eines schon bebauten Feldes soll die erste Saat in Unordnung bringen und dadurch die Ernte vereiteln. Man vgl. Loki's Hafer. Die erstgenannten fünf bösen Streiche werden auch im *Oho-harahe no kotoba* als „himmlische Sünden," weil von Susa no Wo im Himmel begangen, aufgezählt. Vgl. meine Ancient Japanese Rituals in T. A. S. J. vol. 27.

in versöhnlichem Sinne mit ihm Nachsicht, u. s. w.,
u. s. w.

Als er dazu kam, dass die Sonnengöttin sich in
der Felsenhöhle des Himmels einschloss, da schickten
sämtliche Götter Kogoto-Musubi's [75] Sohn Ama no
Koyane no Mikoto, den Urahn der Nakatomi no
murazi, und liessen ihn ein Gebet hersagen. Hierauf
riss Ama no Koyane no Mikoto einen trefflichen
Sakaki Baum des Himmlischen Kagu Berges mit
den Wurzeln heraus, und an den oberen Zweigen
hing er einen Yata Spiegel auf, welcher von Ama
no Nukado's Sohn Ishi-kori-tobe, dem Urahn der
Spiegelmacher, gefertigt worden war; an den mittleren
Zweigen hing er krumme Edelsteine [76] von Yasaka
Juwel auf, welche von Izanagi no Mikoto's Sohn
Ama no Akaru-tama, dem Urahn der Juwelenmacher,
gefertigt worden waren; an die unteren Zweige
[endlich] hängte er Baum-Fasern, [77] die von Ama no
Hi-washi, [78] dem Urahn der Imube der Provinz

---

[75] *Kogoto-musubi no Mikoto* im KŪJIKI als Enkel von Tsu-haya-musubi no
Mikoto angegeben. Vgl. den Appendix (KŪJIKI).

[76] *Maga-tama*, achatähnliche Steine von krummer Gestalt. Siehe oben
Kap. V, Anm. 6 und 36, wo Näheres über Form, Material und Verwendung.

[77] Aus der Rinde des *Kaji* Baums (Papiermaulbeer) gefertigt, und *yufu*
genannt.

[78] „Sonnen-Adler des Himmels." **I** citiert mehrere Bruchstücke aus dem
AHA NO KUNI IMUBE NO KEIFU (系譜) „Stammbaum der Imube der Provinz
Aha," einem Werke, das er übrigens als wenig zuverlässig erklärt. Nach
dieser Schrift, welche die Ahnenschaft der Imube von Aha auf den *Hi-washi*
zurückführt, soll *Hi-washi no Mikoto* einen Sohn *Oho-asa-hiko no Mikoto*, und
dieser wieder einen Sohn *Yufutsu-nushi no Mikoto* gehabt haben. Als dieser
letztere Gott nach den östlichen Ländern (Ostprovinzen) kam, „war da ein
wunderbarer Vogel und flog am weiten Himmel. Seine goldnen Flügel
glänzten vom Sonnenlicht und sahen wie Blitze aus. Sein Geschrei machte
Berge und Flüsse wiederhallen und die Erde beben. Deshalb fürchteten sich
alle Leute und flüchteten in Verwirrung. Yufutsu-nushi no Mikoto hielt ihn
für ein wunderbares Wesen......u. s. w. Zu jener Zeit erschien einem Menschen
ein Gott und teilte ihm mit: Ich bin der Gott *Hi-washi-kakeru-ya* (Sonnen-

Aha, [79] verfertigt worden waren. Dann liess man
Futo-tama no Mikoto, den Urahn der Imube no
obito, [den Sakaki-Baum] in die Hand nehmen und
mit reichen und inbrünstigen Worten eine Preisrede
vollenden.

Als nun die Sonnengöttin dies hörte, sagte sie:
„ Obgleich in letzter Zeit die Leute viele Gebete an
mich gerichtet haben, so war doch keines darunter
von solcher Eleganz und Schönheit der Sprache.“
Darauf öffnete sie ein wenig die Felsenthür und
schaute hervor. Da zog Ama no Ta-chikara-wo no
Kami, welcher neben der Felsenthür lauerte, [die Thür
vollends] auf, [80] und der Glanz der Sonnengöttin
füllte das ganze Universum. Daher waren die Götter
alle hoch erfreut und erlegten dem Susa no Wo no
Mikoto alsdann eine Busse von tausend Tischen [mit
Opfergaben] auf. Die Nägel seiner Hände machten
sie zu guten wegzuwerfenden Dingen, und die Nägel
seiner Füsse machten sie zu schlechten wegzuwerfenden Dingen. Dann liessen sie Ama no Koyane
no Mikoto die prächtigen Ritualworte mit Bezug
auf seine Reinigung handhaben [81] und liessen ihn

Adler-fliegender-Pfeil). Ich will in diesem Lande meinen Sitz aufschlagen—u.
s. w. Hierauf fühlte Yufutsu-nushi no Mikoto Ehrfurcht vor der Macht seines
Ahnengottes———. Er liess ihm einen Sitz (Tempel) herrichten und ihn
verehren, und nannte den Tempel Matsubara-jinja.“ Da I nur diese Fragmente
mitteilt, lässt sich leider der Gang der Erzählung nicht ganz klar erkennen.

[79] Die Provinz soll ihren Namen daher haben, dass dort viel Hirse *aha*
gedeiht.

[80] 引 開 *hiki-akuru* „aufziehen;“ die Thür ist also als eine Schiebethür
gedacht, wie ja in Japan fast alles, was unseren Thüren und Fenstern entspricht,
zum schieben eingerichtet ist.

[81] So ist 使天兒屋命掌其解除之大諄辭 *sono harahe no futo-norito-goto
wo shirashime* wörtlich zu übersetzen. Aston übersetzt freier: they caused A.
o take charge of his Great Purification Liturgy. Die hier erwähnten *futo-
norito-goto* „prächtigen Ritual-Worte“ sind allerdings auch nach Shigetane’s

dieselben recitieren. Dieses ist der Grund, warum
die Leute der Welt ihre eigenen Nägel sorgfältig aufbewahren. [82]

Hierauf machten alle Götter dem Susa no Wo
no Mikoto Vorwürfe und sprachen: „Dein Betragen
ist im höchsten Grade frech gewesen. Deshalb darfst
du nicht im Himmel wohnen. Auch darfst du nicht
im Mittellande des Schilfgefildes wohnen. Mache
schleunigst dass du nach dem Grund-Unterlande [83]
fortkommst!" Damit trieben sie miteinander ihn
nach unten fort. Zu dieser Zeit nun gerade fiel
unaufhörlich Regen. Susa no Wo no Mikoto band
grünes Gras zusammen und verfertigte sich daraus
einen Regenmantel und einen breiten Hut [84] und bat
so die Götter alle um Herberge. Die Götter alle
sprachen: „Dein Betragen ist schmutzig und böse
gewesen, und darum bist du verbannt worden. Wie
kannst du von uns Herberge verlangen?" Schliesslich

Meinung in den *Oho-harahe no kotoba* enthalten. Seine d. i. Susa no Wo's
Reinigung.

[82] Nach **I** ist mit diesem Aufbewahren das Vergraben in die Erde
gemeint. Von abergläubischen Sitten, die in Japan wie auch anderswo an
das Schneiden der Nägel geknüpft sind, erwähne ich noch folgendes: In
einem historischen Werke 甲陽軍鑑結要本 Kō-yō-gun-kan-kichi-yō-hon
wird von dem Wegwerfen der Nagelabfälle in einen Fluss gesprochen. Nach
dem Tosa-nikki werden die Nägel nur am *Ne*-Tage (Tag der Ratte) geschnitten,
und in einer Anmerkung im Shūgaishō heisst es: „Am *Ushi*-Tage (Tag des
Ochsen) werden die Fingernägel, und am *Tora*-Tage (Tag des Tigers) die
Zehennägel geschnitten." Ein noch jetzt bestehender Aberglaube: Am 6. Tage
des 1. Monats wird *nadzuna* „Täschelkraut" gepflückt und unter verschiedenen
Ceremonien zerhackt. Am folgenden Tage thut man das gehackte Kraut in
ein Becken mit Wasser und taucht die Finger- und Zehenspitzen beider
Hände und Füsse einmal hinein. Nach Vollzug dieser Ceremonie kann man
dann das ganze Jahr hindurch unbeschadet zu jeder beliebigen Zeit seine
Nägel schneiden.

[83] D. i. der Hades, das *Yomi-tsu-kuni*. Das „Mittelland" scheint die Erde
überhaupt zu sein, als zwischen Himmel und Unterland liegend.

[84] *Mino* „Regenmantel" und *kasa* „breiter Hut," aus Suge, einer Art Schilf-
gras, oder Reisstroh, noch jetzt bei Regenwetter von Bauern u. s. w. getragen.

wiesen sie alle miteinander ihn ab. Obgleich Wind und Regen fürchterlich waren, stieg er deshalb, da er kein Obdach zur Ruhe finden konnte, schmerzlich betrübt hinab. Seit dieser Zeit bis zum heutigen Tage vermeidet man in der Welt mit einem Regenmantel und breiten Hut bekleidet in das Haus anderer Leute einzutreten; [85] ferner auch vermeidet man mit einem Bündel Gras auf dem Rücken in das Haus anderer Leute einzutreten. Demjenigen, der hiergegen

MINO.

KASA.

[85] In den Dörfern Dowi-mura und Kanda-mura im Distrikt Abu der Provinz Nagato, und in dem Dorfe Ohokubo im Distrikt Kanoashi der Provinz Iwami gilt es seit der ältesten Zeit als verabscheuenswert, das Haus eines anderen mit einem *suge-gasa* „breiten Hut aus Sugeschilf" und einem *kahara-mino* „Regenmantel" (ebenfalls aus Sugeschilf) zu betreten. Dagegen ist das Betreten der Häuser anderer erlaubt, wenn man mit einem *take-gasa* „Bambushut" und *wara-mino* „Strohregenmantel" bekleidet ist. Die beiden letzteren Fabrikate scheinen in späterer Zeit erlaubt worden zu sein, um die alte rigoröse und ziemlich unbequeme Sitte eines absoluten Verbotes zu mildern. Auf die erwähnte Sitte bezieht sich auch ein Gedicht von dem Dichter *Tame-ihe,* welches lautet:

Ama goromo
Kasa kite uchi he
Iru koto ha
Kami-yarahi yori
Imu to ifu nari.

verstösst, wird jedenfalls eine Busse auferlegt. [86] Dies
ist eine Vorschrift, die von der allerältesten Zeit her
auf uns überkommen ist.

Hiernach sprach Susa no Wo no Mikoto: „Alle
Götter haben mich verbannt, und ich bin jetzt im
Begriff auf ewig fortzugehen. Warum sollte ich
meine ältere Schwester nicht von Angesicht zu
Angesicht sehen, sondern eigenwillig von selbst so
ohne weiteres von dannen gehen?" Darauf stieg er
wiederum zum Himmel empor, und machte den
Himmel und machte die Erde [von seinem Geräusche]
wiederhallen. Als nun Ame no Uzume ihn sah,
gab sie der Sonnengöttin davon Nachricht. Die
Sonnengöttin sprach: „ Der Grund, warum mein
jüngerer Bruder heraufgekommen ist, liegt wiederum
nicht in guten Absichten. Sicherlich will er mich
meines Landes berauben. Warum aber sollte ich
zurückweichen, wenn ich auch nur ein Weib bin?"
Hierauf legte sie kriegerische Rüstung an, u. s. w.,
u. s. w.

Hierauf that Susa no Wo no Mikoto einen
Schwur und sprach: „ Wenn ich Ungutes im Sinne
führend wieder herauf gekommen bin, so werden die
von mir jetzt durch Kauen der Edelsteine erzeugten
Kinder sicherlich Mädchen sein, und in diesem Falle
sollst du die Mädchen nach dem Mittellande des
Schilfgefildes hinabschicken. Wenn ich aber ein
lauteres Herz habe, so werde ich sicherlich Knaben
erzeugen, und in diesem Falle sollst du die Knaben

„ Mit einem Regenkleid und einem breiten Hute bekleidet in ein Haus
einzutreten, vermeidet man, wie es heisst, seit der göttlichen Verbannung [des
Susa no Wo]."

[86] Eine zum Teil noch viel später erhaltene alte Sitte. Vgl. das Buch 25,
Kap. III, Anm. 170 (Seite 34) Gesagte.

den Himmel regieren lassen. Ferner soll es ebenso diesem Eide gemäss mit den [Kindern] gehalten werden, welche meine ältere Schwester erzeugen wird." Hierauf kaute die Sonnengöttin zuerst ihr zehnspanniges Schwert, u. s. w., u. s. w.

Susa no Wo no Mikoto wickelte dann Windung für Windung die Schnur mit den daran aufgeschnürten fünfhundert Juwelen, welche um seinen linken Haarschopf gewickelt war, ab, und unter dem klingelnden Geräusch der Juwelen spülte er dieselben an der Oberfläche des Himmlischen Juwelen Brunnens. Dann kaute er die Enden dieser Juwelen, legte sie auf seine linke Handfläche und erzeugte so ein Kind [Namens] Masaka-a-katsu-kachi-haya-bi-ama no Oshi-ho-ne no Mikoto. Ferner kaute er die rechten Juwelen,[87] legte sie auf seine rechte Handfläche und erzeugte so ein Kind [Namens] Ama no Ho-hi no Mikoto; dieser ist der Urahn der Idzumo no omi, der Kuni no miyatsuko von Muzashi, und der Hazi no murazi.[88] Sodann [erzeugte er] Ama-tsu-hiko-ne no Mikoto; dieser ist der Urahn der Kuni no miyatsuko von Ibaraki,[89] und der Nukatabe no murazi.[90] Sodann [erzeugte er] Iku-tsu-hiko-ne no Mikoto, sodann Hihayabi no Mikoto, sodann Kuma-nu no Oho-sumi no Mikoto, im ganzen sechs männliche [Gottheiten]. Hierauf sprach Susa no Wo no Mikoto zur Sonnengöttin

---

[87] D. i. die in seinem rechten Haarschopf getragenen Juwelen.

[88] Ueber die Einrichtung des Kabane *murazi* siehe Buch 6 (Suinin-tennō). Im 13. Jahre Temmu erhielten die *Hazi no murazi* das Kabane *sukune*. Vgl. Buch 29, Seite 62.

[89] Die verschiedenen Lesungen sind *Mubaraki* (**Su**), *Ubaraki* (**H**) und *Ibaraki* (**I**). Jetzt giebt es zwar keine Provinz, aber einen Ken (Regierungsbezirk) Ibaraki (mit der Hauptstadt Mito, Provinz Hitachi).

[90] Vgl. das SEISHIROKU. Im 13. Jahre Temmu erhielten sie das Kabane *sukune.*

und sagte: „ Der Grund, warum ich zum zweiten Male gekommen bin, ist der, dass ich, nachdem alle Götte mich in das Unterland verbannt haben und ich jetzt im Begriff bin, mich nach dort fortzubegeben, nicht ertragen kann, mich von meiner älteren Schwester zu trennen, ohne sie von Angesicht zu Angesicht gesehen zu haben. Daher bin ich wahrlich mit lauterem Herzen wieder heraufgekommen. Da nun jetzt meine Zusammenkunft mit dir zu Ende ist, bin ich im Begriff, gehorsam dem Willen aller Götter, von hier auf ewig nach dem Unterlande zurückzukehren. Ich bitte darum, dass du meine ältere Schwester leuchtend das Land des Himmels regierest, und dass du von selbst glücklich seiest![91] Ausserdem übergebe ich meiner älteren Schwester auch die von mir mit lauterem Herzen erzeugten Kinder." Hiernach kehrte er wieder nach unten zurück.

---

[91] 自 可 平 安 *onodzukara sakiku mashimashe,* eine Abschiedsformel, etwa „ lebe wohl! " Aston bezieht die Redensart auf das Land des Himmels: and that it may spontaneously enjoy tranquillity, was den Sinn des Originals wohl nicht genau wiedergiebt.

KAPITEL VII.

[SUSA NO WO'S NIEDERFAHRT NACH IDZUMO, VERMAEHLUNG
UND KINDERZEUGUNG. DIE ACHTGABLIGE SCHLANGE.
OHO-NA-MUCHI UND SUKUNA-BIKONA. DAS
MEERWUNDER.]

Nunmehr stieg Susa no Wo no Mikoto vom Himmel herab und gelangte an den Oberlauf des Flusses Hi[1] in der Provinz Idzumo. Da hörte er am Oberlaufe des Flusses eine laut weinende Stimme, und als er deshalb nach der Stimme forschend auf die Suche ging, fand er daselbst einen alten Mann und eine alte Frau.[2] Zwischen ihnen in der Mitte befand sich ein junges Mädchen, welches sie liebkosten und beweinten. Susa no Wo no Mikoto fragte sie und sprach:

KAPITEL VII.

ZUM INHALT VERGL. KOJIKI SECT. 18 BIS 20, 27, 28. MEHRERE WICHTIGE
SAGEN UND GEDICHTE, WELCHE DAS KOJIKI IN SECT. 21 BIS 25 BRINGT,
HABEN DIE VERFASSER DES NIHONGI LEIDER UNTERDRUECKT. FUER
DIESEN TEIL DER MYTHOLOGIE HAT ERSTERE QUELLE EINEN
UNGLEICH HOEHEREN WERT. SIEHE DEN ANHANG.

[1] Der Fluss *Hi* 簸. Nach dem WAMYŌSHŌ gab es im Distrikt Ōhara von Idzumo einen Ort *Hii*, und nach dem JIMMEISHIKI im selben Distrikt einen *Hii-jinja*; *Hi* oder *Hii* ist also der Name eines Ortes, der auf den dort fliessenden Fluss, den Hauptfluss Idzumo's, übertragen worden ist. Das IDZUMO-FŪDOKI berichtet, der Ort habe den Namen *Hi* 樋 erhalten, weil *Hi-haya-hi-ko no Mikoto* (= *Hi-haya-bi no Kami*) dort geweilt habe. Im 3. Jahre Jinki, d. i. 726, wurde der einsilbige Name *Hi* in den zweisilbigen *Hii* 斐伊 (ähnlich wie *Ki* in *Kii* etc.) umgewandelt.

[2] Auf etwas verschiedene Weise wird Susa no Wo's Aufmerksamkeit nach der Erzählung des KOJIKI erregt: Zu dieser Zeit kamen einige Essstäbchen den Fluss herabgeschwommen. Demnach vermutete Susa no Wo no Mikoto, dass am Oberlauf des Flusses Leute sein müssten, ging auf die Suche nach ihnen den Fluss hinauf, und fand dort einen alten Mann und eine alte Frau u. s. w.

„Wer seid ihr, und warum weint ihr so?“ [Der Alte] antwortete und sprach: „Ich bin eine irdische Gottheit[3] und
heisse Ashi-nadzu-chi.[4] Meine Frau heisst Te-nadzu-chi.[4]
Dieses junge Mädchen ist unser Kind und heisst Kushi-nada-
hime.[5] Der Grund, warum wir weinen, ist, dass wir früher
acht[6] Töchter hatten, von denen in jedem Jahre [eine] von

---

[3] 國神 *kuni-tsu-kami* kann auch „Gottheit des Landes“ bedeuten, wird
aber oft antithetisch zu „Himmelsgottheit, im hohen Himmelsgefilde wohnende
Gottheit“ gebraucht und ist dann am besten durch „irdische Gottheit“ zu
übersetzen, d. h. eine Gottheit, die auf der Erde residiert.

[4] *Ashi-nadzu-chi* „Fuss-streichelnder-Alter,“ *Te-nadzu-chi* „Hand-streichelnde
Alte,“ mit Bezug auf die Liebkosungen, welche sie ihrer Tochter angedeihen
lassen. Ich nehme *nadzu* als Kompositionsform von *nadzuru* „streicheln,“
analog zu *idzu* von *idzuru* in *Idzumo*. Andere erklären *nadzu* als Kontraktion
aus *nade* (Stammform von *nadzuru*) und *dzu* resp. *tsu* (Genetivpartikel), was
gleich möglich ist. H sieht auch hier Schlangengottheiten, und erklärt *chi*
als Abkürzung von 雷 *tsuchi* (wie in 野槌 *nu-dzuchi*) „Schlange.“ Da also,
wie er meint, in diesen beiden Gottheiten Schlangenseelen vorhanden sind, so
wundert er sich darüber, dass die weiter unten erwähnte grosse Schlange die
Kinder derselben, also Glieder ihres eigenen Geschlechtes, verschlingt. In
einer der folgenden Varianten wird *Ashi-nadzu-te-nadzu* „Fuss-streichelnd.
Hand-streichelnd“ zusammengefasst als Name des alten Mannes gegeben, und
seiner Frau der Name *Inada no Miya-nushi Susa no Ya-tsu-mimi* beigelegt. Vgl-
Anm. 23 und 24.

[5] *Kushi-nada-hime* „wunderbare Inada Prinzessin.“ *Kushi* 奇 ist ein
Honorificum, etwa „wunderbar,“ enthält aber wohl zugleich auch eine
Anspielung auf ihre spätere Transformation in einen Kamm *kushi* 櫛. *Nada*
ist eine Aphäresis von *Ina-da* 稲田, lit. „Reis-Feld,“ hier aber ein Ortsname,
wie sich aus *Inada-no-miya-nushi* ergiebt. Unhaltbar ist die Moribe'sche
Etymologie *Kushi-itadaki-hime* 櫛頂姫 „die als Kamm auf den Kopf genommene
Prinzessin.“ Später heisst sie auch nur *Inada-hime,* oder auch *Ma-kami-furu
Kushi-nada-hime.* Siehe weiter unten. Nach ihr benannte Shintōtempel
kommen in verschiedenen Provinzen vor, z. B. in Yamashiro, Distrikt Sagara
ein *Take-Inada-hime-jinja,* im Distrikt Noto der Provinz Noto ein *Kushi-Inada-gi-
hime-jinja* (nach SHIKI), u. s. w.

[6] *Ya* „acht“ ist vielleicht hier im Sinn einer unbestimmten Zahl, = „viele,“
gebraucht, was wohl überhaupt, wie auch manche jap. Grammatiker annehmen,
die Urbedeutung des Wortes ist. Für den Fall, dass sich eine Verwandschaft
zwischen Japanisch und Koreanisch nachweisen lässt, würde (wie Aston thut)
das kor. *yörö* „viel“ und *yöl* „zehn“ zu jap. *ya, yatsu* zu stellen, und auch
jap. *yorodzu* „zehn tausend“ in diese Wortfamilie einzubegreifen sein; die
Grundbedeutung wäre unbestimmte Vielheit.

einer acht-gabligen grossen Schlange [7] verschlungen worden ist, und jetzt ist die Zeit, wo auch dieses junge Mädchen verschlungen werden wird. Es giebt keine Möglichkeit [für sie, diesem Schicksale] zu entfliehen, und darum sind wir voll Kummer." Susa no Wo no Mikoto sprach: „Wenn dies so ist, willst du mir deine Tochter geben?" Er antwortete und sprach: „Eurem Befehle gehorsam will ich sie Euch geben." Daher verwandelte Susa no Wo no Mikoto die Kushi-nada-hime auf der Stelle in einen viel-engzähnigen Kamm [8] und steckte denselben in seinen erlauchten Haarschopf. Dann liess er Ashi-nadzu-chi und Te-nadzu-chi achtmal-gebrauten Sake [9] brauen, errichtete acht erhöhte Gestelle [10] neben

---

[7] *Ya-mata worochi.* In diesem Falle ist offenbar *ya* in der bestimmten Zahlbedeutung „acht" aufzufassen. Die Schlange hat einen Leib, aber acht Köpfe und acht Schwänze. Im Kojiki heissts sie die achtgablige Schlange von Koshi, wobei Koshi entweder als Name des grossen nordwestlichen Länderkomplexes (jetzt die Provinzen Echigo, Echizen, Etchū, Kaga und Noto), oder als Name eines Ortes im Distrikt Kando der Provinz Idzumo zu nehmen ist. Während Motowori Toyokahi und Saheki in ihrem Kojiki-kōgi sich für die letztere Auffassung entscheiden, stimmt Shigetane für die erstere. Mir scheint die letztere die bessere zu sein. Nach I wäre die Provinz *Noto* unter *Koshi* zu verstehen.

Eine vom strengeren etymologischen Standpunkte unhaltbare, nichtsdestoweniger aber recht interessante Erklärung giebt H von *worochi* „Schlange:" *wo*=„Schwanz," hier in den Namen aufgenommen, weil ihr Schwanz, worin das Götterschwert gefunden wurde, ihr bemerkenswertester Teil war; *ro* ein Suffix, wie in Manyōshū Buch 14 *wo-ro*=*wo* „Schwanz;" *chi* „Schlange," wie in *yama-kagachi* (Name einer grossen Schlange) u. s. w.

[8] *Yutsu-tsuma-gushi, yutsu* „viel," *tsuma* „dicht, fein," *kushi* „Kamm."

[9] *Sake* 酒, in der alten Sprache auch *ke* oder *ki* (vgl. *mi-ki* „erlauchter Sake," für die Götter), gewöhnlich durch „Reisbier" oder „Reisbranntwein" übersetzt. Näheres über seine Bereitung siehe in Rein's Japan, vol. II, p. 112 ff. *Ya-shiwo-wori no sake* „achtmal, d. i. viele Male gebrauter Sake." Nachdem nämlich der Auspressungsprocess beendet war, wurde der Rest weggeworfen, der gewonnene Saft aber beim nächstfolgenden neuen Brauen wieder benutzt, und so wieder und wieder. Auf diese Weise sollte ein ganz besonders starker und berauschender Sake gewonnen werden. *ya*=„acht" oder „viel;" *shiwo*= *shiboru* „auspressen," *wori*=*kurikaheshite mono wo suru* „etwas wiederholt thun." Das Wort *kamu* „brauen" ist übrigens identisch mit *kamu* „kauen," und man

einander, stellte auf jedes derselben ein mit Sake angefülltes
Gefäss und wartete. Als der Zeitpunkt gekommen war, kam
die grosse Schlange wirklich zum Vorschein. Sowohl Kopf
als Schwanz waren achtgablig, die Augen waren rot wie Bla-
senkirschen, [11] und Kiefern und Kaya [12] wuchsen auf ihrem
Rücken. Wie sie daherkroch, reichte sie über acht Hügel
und acht Thäler. Als sie nun herangekommen war und den
Sake gefunden hatte, trank sie mit jedem Kopfe aus je einem
der Gefässe, wurde betrunken und schlief ein. Da zog Susa
no Wo no Mikoto das von ihm umgegürtet getragene zehnspan-
nige Schwert heraus und hieb die Schlange in kleine Stücke.
Wie er zum Schwanz kam, bekam die Schneide seines Schwertes eine kleine Scharte; und als er daher den Schwanz
auseinander spaltete und nachsah, kam darinnen ein Schwert
zum Vorschein. Dieses ist das sogenannte Kusa-nagi no
tsurugi (d. i. Gras-mähe Schwert). [13]

  I.—In einer Schrift heisst es:—Der ursprüngliche Name
    desselben war Ama no Mura-kumo no tsurugi. [14]

---

könnte dadurch leicht auf den Gedanken gebracht werden, dass die Japaner
der ältesten Zeit, ähnlich wie noch jetzt die Polynesier ihren Kava-Saft, durch
Kauen und Ausspeien ein berauschendes Getränk hergestellt haben. In der
That soll in einigen Gegenden von Japan noch jetzt als Ersatz für Hefe (kōji)
gekauter Reis bei der Sakebereitung gebraucht werden.

  [10] 假肢 *ka-ki*, jap *sazuki* (jetzt *sajiki*, eine Art Balkon im Theater).

  [11] *Akakagachi*, später *hohodzuki* (*hōdzuki*) genannt. Im Gegensatz zu dieser
allgemein angenommenen Interpretation möchte Hirata die *Akakagachi* als
eine Schlangenart aufgefasst wissen, doch lässt sich zur Begründung dieser
Hypothese schlechterdings nichts beibringen.

  [12] 栢 *kaya*, eine Cypressenart, Torreya nucifera S. u. Z.

  [13] Von diesem Schwerte heisst es KOJIKI, Sect. 83: „Hierauf mählte
[Yamato-take] zuerst mit seinem erlauchten Schwerte das Gras weg u. s. w.“
In folge dessen soll das Schwert den Namen *kusa-nagi* „Grasmäher“ erhalten
haben. Vgl. auch Sect. 82 des KOJIKI.

  [14] „Schwert der sich anhäufenden Wolken des Himmels.“

  Eine seltsame Etymologie des Wortes *tsurugi* „Schwert,“ welche H giebt,
finde hier Erwähnung. H leitet *tsurugi* ab von *tsunu-gi*: *tsunu* „Horn“; *gi=ki*
in *yoki* „Beil“ und *tatsuki* „eine Art Beil mit breiter Schneide“ (vielleicht

Vielleicht bekam es diesen Namen deshalb, weil über dem Orte, wo die Schlange sich befand, beständig Wolkendunst war. Später zur Zeit des Prinzen Yamato-take wurde sein Name in Kusa-nagi no tsurugi umgewandelt.

Susa no Wo no Mikoto sprach :   „ Dieses ist ein Götterschwert.   Wie dürfte ich wagen, es mir selbst anzueignen ?" Hierauf gab er es ehrfurchtsvoll der Himmelsgöttin. [15]

Hiernach ging er auf die Suche nach einem Orte, wo er seine Vermählung vollziehen könnte, und gelangte schliesslich nach Suga [16] in [der Provinz] Idzumo.   Dann sprach er und sagte :   „ Mein Herz ist heiter."—*Deshalb nennt man jetzt diesen Ort Suga.* [17]—Dort baute er sich einen Palast.

a.—Anders heisst es auch :   Nun verfasste Take [18] Susa no Wo no Mikoto ein Gedicht, welches lautet :

In Idzumo, wo viele Wolken aufsteigen,

Einen achtfachen Zaun,

Um die Gemahlin aufzunehmen,

Einen achtfachen Zaun mache ich.—

---

will er darin den Stamm von *kiru* „ schneiden " erblicken ?) und meint, dass die Menschen *tsurugi* trügen, wie die Tiere Hörner haben !

[15] Mit *Ama-tsu-kami* „ Himmelsgottheit " ist die Sonnengöttin *Amaterasu* gemeint, welche im entsprechenden Abschnitt des KOJIKI auch direkt mit Namen genannt wird.   In Gemässheit mit einer der folgenden Varianten, wo es heisst : „ Er schickte Ama no Fuki-ne no Kami, seinen Nachkommen in der fünften Generation, um es im Himmel zu überreichen " meint Hirata, dass Susa no Wo das Schwert nicht sofort selbst überreichte, sieht also in dieser Stelle eine ungenaue Darstellung. Vgl. auch folgendes aus dem TEN-YEN-KI: Als Susa no Wo no Mikoto das Schwert der Göttin Amaterasu überreichte, sagte die grosse Göttin : „ Als ich mich in der himmlischen Felsenhöhle eingeschlossen hielt, fiel dieses Schwert auf den Berg Ibuki in Afumi.   Dieses ist mein Götterschwert."

Schon Aston weist auf die Aehnlichkeit dieser Sage mit der von Perseus und Andromeda hin.

[16] Im Distrikt Ohohara in Idzumo.

[17] *Suga* im geminierten Adjektiv *suga-sugashi* bedeutet „ heiter." Nach dem KOJIKI-DEN soll der frühere Name des Ortes *Inada* gewesen sein.

[18] *Take* = wild, heftig, ungestüm.

Oh, über den achtfachen Zaun ! [19]

---

[19] Text:

> Ya-kumo-tatsu
> Idzumo ya-he-gaki:
> Tsuma-gome ni
> Ya-he-gaki tsukuru—
> Sono ya-he-gaki wo!

Dasselbe Gedicht findet sich im KOJIKI mit einer unbedeutenden Variante, nämlich der intransitiven Form *tsuma-gomi* statt der transitiven *tsuma-gome*. Während eine Anzahl konservativ gesinnter Japanologen dies Gedicht für das älteste der jap. Literatur erklären, halten es Andere für jüngeren Datums als viele andere Gedichte des KOJIKI und NIHONGI, eine Ansicht, welcher ich zustimme. Die regelrechte 31 silbige Tanka-Form weist entweder auf verhältnismässig späten Ursprung, oder doch mindestens auf spätere Ueberarbeitung. Moribe möchte mit Weglassung der Wiederholungen als ursprünglichen Bestand des Gedichtes, freilich recht willkürlich, herausschälen:

> Tachi-idzuru kumo mo
> Tsuma-gome ni
> Ya-he-gaki tsukuru yo!
> „ Sogar die sich erhebenden Wolken
> Zum Einschliessen der Gatten
> Machen einen vielfachen Zaun.“

Ich nehme *Idzumo* als den Namen der Provinz, und zwar als Lokativ; das Makura-kotoba *ya-kumo-tatsu* „ [wo] acht Wolken aufsteigen “ bezieht sich auf die volksetymologische Erklärung von *Idzumo* 出 雲 = *idzuru kumo* „ hervorkommende Wolken “ (während die richtige etymologische Erklärung von *Idzumo* wahrscheinlich *idzu-mo* „ heilige Gegend “ ist). Das *kaki* in *ya-he-gaki* „ acht-facher Zaun “ möchte I nach Moribe's. Vorgang nicht als „ Zaun,“ sondern als „ Scheidewand im Inneren des Hauses “ (*neya no hedate*), die vielleicht aus Tuch war, auffassen. Moribe bemerkt nämlich, dass in der ältesten Zeit die jap. Häuser keine Thüren u. s. w. gehabt hätten, und dass das weite Gebäude blos mit Vorhängen (*kinu* Seidentücher) in mehrere Räume geteilt wurde. *tsuma* kann entweder auf beide Gatten bezogen werden, wie z. B. I thut, oder man kann auch blos die „ Gemahlin “ Kushi-nada-hime darunter verstehen. Zweifellos liegt eine Anspielung auf Errichtung einer Vermählungshütte vor. Vgl. Seite 15, Anm. 8. Unter den vielen verschiedenen Interpretationen dieses überaus schwierigen Gedichtes hebe ich die von Aston als besonders beachtenswert hervor. Auch er glaubt, dass das Gedicht zweifellos auf den Namen der Provinz Idzumo anspielt, weicht aber darin von mir ab, dass er als Grundbedeutung von *idzumo* an dieser Stelle eine Kontraktion aus *idzure mo* „ auf allen Seiten “ annehmen möchte. Er übersetzt demnach:

Hierauf pflegten sie geschlechtlichen Verkehr mit einander,[20] und es wurde ein Kind geboren [mit Namen] Oho-na-muchi no Kami.[21]

Demnach sprach [Susa no Wo no Mikoto]: „ Die Häupter des Palastes meines Sohnes sind Ashi-nadzu-chi und Te-nadzu-chi.“   Daher verlieh er diesen beiden Gottheiten den Namen[22] Inada no Miya-nushi no Kami.[23]

> „ Viele Wolken erheben sich,
> Auf allen Seiten ein vielfacher Zaun,
> Um darinnen die Gatten zu empfangen,
> Sie bilden einen vielfachen Zaun—
> Oh! über den vielfachen Zaun!

Vgl. auch die Chamberlain'sche Erklärung a. a. O. pag. 64 f.

H lehnt sich im allgemeinen an Arakida's Erklärung an. *Idzumo* will er von *itsu-mo* „ schönes Seegras “ ableiten; *ya-kumo-tatsu* nimmt er im Sinn von *ya-kumi-tatsu* „ vielfach in einander verschlungen wachsend,“ als mak. kot. zu *mo* „ Seegras “ gebraucht; *kaki* im Sinn von *kabe* „ Wand,“ *ya-he-gaki* also etwa „ mit vielfachen Wänden versehenes Haus “; *tsuma* bezieht er nur auf Kushi-nada-hime.

[20] So der Sinn der chinesischen Phrase 相 與 遭 合; transskribiert mit *kumi-do ni mito no maguhahi shite*. *kumi-do* wird mit *kakure-dokoro* „ Verbergungsstätte, geheime Stätte,“ oder mit *komori-dokoro* „ Einschliessungsstätte “ erklärt und bezeichnet die extra errichtete Vermählungshütte, worin neuver-mählte Ehepaare in der ältesten Zeit den ersten ehelichen Umgang pflegten; *mi-to* „ erlauchter Ort,“ ein anderes Wort für die Vermählungshütte: *maguhahi suru* „ geschlechtlichen Verkehr pflegen“ also: „ in der Vermählungshütte den vermählungshüttlichen Verkehr pflegen.“

[21] Die herkömmliche Erklärung von *Oho-na-muchi* oder *Oho-na-mochi* ist „ Gros-ser-Namen-Besitzer,“ wegen der vielen Namen, welche er hat.   Die neuere Forschung verwirft aber diese Erklärung, und ich halte mit **I** und **H** dafür, dass *muji* oder *muchi* (es lässt sich nicht entscheiden, welche von diesen beiden Formen die bessere sei) ein Honorificum wie in *Oho-hirume no Muchi* ist, und welches ich durch „ Edler “ übersetzen möchte. *Oho* „ gross “; *na* nach **I** = „ Name,“ von **H** aber als Kosewort etwa „ Lieber,“ gefasst (*na* = *ne*). Die nebenstehende Kana-Lesung bei **A** und eine zugefügte Glosse im Text von **I** geben die Lesung *Oho-ana-muchi*, doch wird dieselbe nicht anerkannt. Vgl. Anm. 39. Ich gebe dem Namen die Bedeutung „ der grosse liebe Edle.“

[22] 號 *na* „ Name “ wird hier von Shigetane im Sinn von *shokushō* „ Beruf “ genommen.

[23] *Inada no Miya-nushi* „ Palast-Herr oder Tempel-Herr von Inada.“ *Inada*

Nachdem dies erledigt war, begab sich Susa no Wo no Mikoto endlich nach dem Unterlande.

I.—In einer Schrift heisst es :—Als Susa no Wo no Mikoto vom Himmel herabgestiegen war, gelangte er an den Oberlauf des Flusses Hi in Idzumo. Da sah er Susa no Yatsu-mimi's,[24] des Herrn des Inada Schreins,[25] Tochter mit Namen Inada-hime. Hierauf pflegte er geschlechtlichen Verkehr mit ihr und zeugte einen Sohn mit Namen Suga no Yu-yama-nushi Mina-sa-moru-hiko Ya-shima-shinu.[26] Anders heisst er auch

---

ist nach dem KOJIKIDEN der ältere Name von Suga. Vgl. Anm. 17. *Kami* „Gott."

[24] Im WAMYŌSHŌ ist ein Ort *Susa* im Distrikt Iishi der Provinz Idzumo aufgeführt, und manche Interpretatoren wollen unser *Susa* mit diesem Ortsnamen identificieren. Dagegen wendet sich Shigetane, und ihm sich anschliessend **I**, indem er *Susa* für den ersten Bestandteil des Götternamens *Susa no Wo* erklärt. Er ist der Ansicht, dass dieser Miya von Anfang an dem Gott *Susa no Wo* angehörte, und dass deshalb der Name *Susa* sich in die Namen des Gottes *Susa no yatsu-mimi* und seiner Frau eingedrängt habe. Der ursprüngliche Name dieses alten Götterpaares soll einfach blos *Yatsumimi* gewesen sein, ohne den Vorsatz. Das *ya* von *Ya-tsu-mimi* erklärt **I** als *ya* 家 „Haus," *tsu* als Genetiv Partikel, und stellt es in Parallele mit *ya-tsu* in *ya-tsu-ko,* *mi-ya-tsu-ko* „Kind des Hauses," resp. „Kind des erlauchten Hauses," während die älteren Erklärer darin das Zahlwort *yatsu* sahen. *Mimi* ist zwar mit dem Zeichen 耳 *mimi* „Ohr" geschrieben, wird aber kaum diese Bedeutung haben. Wir haben es wohl als ein Honorificum aufzufassen, welches aus den Elementen 御身 *mi-mi* „erlauchter Körper, erlauchte Person" besteht. Vgl. Kap. V, Anm. 17.

Im KOJIKI hat dieser Name übrigens als ersten Bestandteil *Suga* statt *Susa*; dies *Suga* sieht **I** als den Namen des Schreins an, des *Suga no jinja,* der noch jetzt existiert.

[25] *Inada no miya-nushi.* Vgl. Anm. 23.

[26] *Suga no Yu-yama-nushi*=„Heiss Wasser-Berg-Herr von Suga." *Mina-sa-moru-hiko*: **II** *mina*=*mine* „Gipfel;" *sa-moru* „bewachen," worin *sa-* das gebräuchliche Verbalpräfix wäre,=*moru*; *hiko* „Prinz;" **I** möchte *Minasa* als Ortsnamen fassen, *moru* „bewachen;" Motowori empfiehlt die Lesung *Mi-tsuna-sa-moru*: *mi* „erlaucht, *Tsuna* ein Eigenname oder Ortsname, *sa*=*saka* „Abhang, Hügel, *moru* „bewachen:" „den Abhang von Mi-tsuna bewachend." *Ya-shima* „acht Inseln," *shinu*=*shiru-nushi* „besitzender Herr." Nach **I** also etwa: „Suga's

Suga no Kake-na-zaka Karu-hiko Yashimate no Mikoto.[27] Noch anders heisst er auch Suga no Yu-yama-nushi Mina-sa-moru-hiko Yashima-nu.[28] Ein Nachkomme dieses Gottes in der fünften Generation war Oho-kuni-nushi no Kami.[29]

Heisswasser-Berg-Herr Minasa bewachender Prinz besitzender Herr der acht Inseln.“ **I** meint ferner, dass dies ein anderer Name für *Oho-na-muji* sei und so ziemlich dieselbe Bedeutung habe wie dessen Name *Oho-kuni-nushi no Mikoto* „Seine Hoheit der grosse Landes-Herr.“ Die Lesung *saro* (**Su**) statt *sa-moru* geht nicht an.

[27] *Kake-na* nimmt **H** in der Bedeutung *na wo kakeru* „einen Namen angeheftet bekommen,“ *Kake-na-zaka* also „Namen-behafteter Abhang.“ **I** sieht darin einen dem *Yu-yama* des vorhergehenden Namens entsprechenden Ausdruck. *Karu* „flink,“ *hiko* „Prinz;“ *Ya-shima* „die acht Inseln;“ *te* nach **I** eine etymologisch mit dem Kosewort *ne* verwandte Partikel, was wahrscheinlich das Richtige trifft. Im Original ist *te* phonetisch 手 *te* „Hand“ geschrieben, für dessen ideographische Schreibung **H** das Zeichen 舅 „Alter, Schwiegervater“ einsetzt; **H** liest übrigens *ji* statt *te*.

Wie Motowori schon oben die Lesung *Mi-tsuna-samoru* vorschlug, so empfiehlt er hier *Tsuna-saka* statt *Kake-na-zaka* zu lesen, wobei *Tsuna* Eigenname wäre; doch lässt sich eine solche Aenderung nicht rechtfertigen.

[28] *Yashima-nu* „Herr der acht Inseln.“ 野 *nu* (nicht *no*) ist phonetisch gebraucht, statt 主 *nu = nushi* „Herr.“ Vgl. oben Anm. 26 *nu* in *shi-nu = shinu-nu = shiru-nushi*.

[29] „Der Gott Herr-des-grossen-Landes.“ Mit *Oho-na-muji* identisch, welches der ursprüngliche Name des Gottes ist. Wie der Gott, nach der Legende, zum Namen Oho-kuni-nushi kommt, ist im Appendix, Sect. 23 des KOJIKI, berichtet. Später hat man ihn auch mit dem Gotte des Reichtums *Dai-koku-ten*, oder *Dai-koku*, einem der sieben Glücksgötter, identificiert, was aber auf einer oberflächlichen Verwechslung beruht. Der Gott *Dai-koku-ten* 大黑天 „gross-schwarz-Himmel“ ist eine durch den Buddhismus nach Japan verpflanzte indische Gottheit *Mahakala* (er verleiht reichliche Nahrung und wird besonders von den Kaufleuten u. s. w. um Glück angefleht); indem man nun die beiden ersten Elemente des Namens *Oho-kuni-nushi*, nämlich 大 國 *Oho-kuni* mit sinico-japanischer Aussprache *Dai-koku* las, wurde eine äussere lautliche Identificierung der beiden Namen bewirkt; von der grundverschiedenen Bedeutung der beiden gleichlautenden Lautkomplexe sah man ab und identificierte beide Götter, und zwar so, dass man den buddhistischen *Dai-koku* als eine spätere Auflage des schon von jeher in Japan vorhandenen *Oho-Kuni-nushi* ansah. *Dai-koku* spielt unter den Shintō Gottheiten eine ganz hervorragende Rolle, z. B. in der fast durchaus shintoistischen Provinz Idzumo, eben weil man in

II.—In einer Schrift heisst es:—Zu dieser Zeit stieg Susa no Wo no Mikoto hinab und gelangte an den Oberlauf des Flusses Ye[30] in der Provinz Agi. An jenem Orte war ein Gott Namens Ashi-nadzu-Te-nadzu.[31] Der Name seiner Frau war Inada no Miya-nushi Susa no Ya-tsu-mimi.[32] Diese [weibliche] Gottheit war damals gerade schwanger, und Mann und Frau miteinander waren in Betrübnis. Darauf berichteten sie Susa no Wo no Mikoto und sprachen: „ Obgleich der von uns gezeugten Kinder viele sind, kommt jedesmal nach der Geburt eine achtgablige grosse Schlange und verschlingt sie, und wir haben kein einziges am Leben erhalten können. Jetzt sind wir wieder im Begriff ein Kind zu bekommen und sind in Furcht, dass es auch verschlungen werden wird. Deshalb sind wir traurig und betrübt." Hierauf belehrte sie Susa no Wo no Mikoto und sprach : „ Ihr sollt allerhand Früchte nehmen und daraus acht Krüge Sake brauen, und ich will für euch die Schlange töten." Die beiden Gottheiten bereiteten seiner Unterweisung gemäss Sake. Als die Zeit der Geburt

---

ihm den Gott *Oho-kuni-nushi* erblickt, aber eigentlich mit Unrecht, wie sich aus obiger Argumentation ergiebt. Dieser Gott ist eines von den zahlreichen Beispielen für die innige Vermengung echt japanischer und ausländischer Elemente und zeugt von dem tiefgehenden Einfluss des Buddhismus auf den Shintoismus in alter Zeit.

[30] Die Provinz *Agi* heisst jetzt *Aki*.

I acceptiert die Ansicht eines gewissen Fujihara no Norimasa, wonach der Fluss *Ye* identisch sei mit dem *Hōki no ohogawa* „ grosser Fluss von Hōki" und auch *Hata-gawa* heisse. Derselbe entspringt auf dem Berge Kudzuno an der Grenze der beiden Distrikte Nita und Ou von Idzumo. Norimasa identificiert *Agi* ferner mit *Yasuki*. **H** aber wendet sich gegen Norimasa's Konjektur und adoptiert die Ansicht von Katawoka Masaura, einem Eingeborenen der Provinz Aki. Danach hätten wir es mit einem Fluss *Ye* zu thun, der auf dem Berge Hiba in der Provinz Hōki seinen Ursprung hat.

[31] „ Fuss-streichelnd-Hand-streichelnd." Vgl. oben Anm. 4.

[32] Vgl. Anm. 23 und 24.

herangenaht war, kam in der That jene grosse Schlange vor die Thür [des Hauses] und war im Begriff das Kind zu verschlingen. Susa no Wo no Mikoto redete die Schlange an und sprach: „Du bist eine ehrfurchtgebietende Gottheit. Wie könnte ich wagen dich nicht zu bewirten?" Hierauf nahm er die acht Krüge Sake und goss einen in jedes Maul [der Schlange]. Die Schlange trank den Sake und schlief ein. Susa no Wo no Mikoto zog sein Schwert heraus und zerhieb sie. Als er dazu kam den Schwanz zu zerhauen, da bekam die Schneide seines Schwertes ein wenig eine Scharte, und wie er [den Schwanz] auseinander spaltete und nachsah, da war mitten in dem Schwanz ein Schwert. Dieses Schwert nennt man Kusa-nagi no tsurugi. Dasselbe befindet sich jetzt in dem Dorfe Ayuchi[33] in der Provinz Wohari. Dieses ist nämlich die Gottheit, welcher die Hafuri[34] von Atsuta[35] in Ehrfurcht dienen.

---

[33] *Ayuchi* jetzt *Aichi*.

[34] Die *Hafuri* sind eine niederere Klasse von Shintōpriestern, unter den Kannushi stehend. Das Wort hängt wahrscheinlich etymologisch mit dem noch jetzt gebrauchten Verbum *haberu* 侍 „aufwarten" zusammen und bedeutet daher ursprünglich „die [den Göttern] Aufwartenden". Nicht annehmbar erscheint mir **H**'s Ableitung „die Kriechenden" von *hafu* „kriechen" mit dem Suffix *ri*, etwa „Mensch," welches analog wie in *hitori, toneri, kikori* suffigiert sein soll. Satow (Ancient Jap. Rituals, T. A. S. J. VII, pag. 112 f.) leitet im Anschluss an eine jap. Autorität *hafuri* von einem Verbum *hafuru* „wegwerfen" = *haufuru* = modernes *haumuru* (*hōmuru*) „begraben" her, indem angenommen wird, dass es ursprünglich die spezielle Aufgabe der *Hafuri* war, die Toten zu begraben und die Leichenrede zu halten. „Die chinesischen Zeichen 祝部, womit *hafuri* geschrieben wird, bedeuten wörtlich glückwünschende Gruppe, und beziehen sich auf die Aufzählung der ruhmvollen Thaten der Toten, welche einen Teil des Rituals oder der Rede am Grabe desselben ausmachte." Ich sehe jedoch nicht, dass irgend welche Ueberlieferung uns berechtigt, die Hafuri gerade mit dem Toten- und Begräbnisdienst in Verbindung zu bringen, und halte daher die Ableitung vom Verbum *haburu* (modern *haberu*) „dienen, aufwarten," nämlich den Göttern, sowohl sprachlich als sachlich für die naheliegendste.

[35] Nicht weit von Nagoya. Vgl. Satow's Handbook, 2. ed. pag 74.

Das Schwert, womit die Schlange zerhauen wurde, heisst Worochi no Ara-masa.[36] Es befindet sich jetzt in Iso-no-Kami.[37]

Hiernach wurde das Kind, welches von Inada no Miya-nushi Susa no Ya-tsu-mimi geboren wurde, nämlich Ma-kami-furu Kushi-nada-hime,[38] nach dem Oberlauf des Flusses Hi in der Provinz Idzumo fortgeschafft und dort grossgezogen. Darauf machte Susa no Wo no Mikoto sie zu seiner Gemahlin, und der Nachkomme in sechster Generation des von ihm mit ihr gezeugten Kindes hiess Oho-na-muchi no Mikoto.[39]

---

[36] *Ara* bedeutet eigentlich „rauh," aber nach **I** ist es eine Kontraktion von *akara* „hell, glänzend." *Ma-sa* wird als *ma-sahi* „treffliches Schwert" erklärt. Also „das rauhe oder glänzende treffliche Schlangenschwert."

[37] Einige halten dies für *Iso-no-Kami* im Distrikt Akasaka der Provinz Bizen; Motowori aber meint, es müsse der allbekannte und berühmte Ort im Distrikt Yamabe von Yamato sein, denn wenn nicht dieser Ort, sondern das verhältnismässig unbekannte Iso-no-kami in Bizen zu verstehen sei, so wäre gewiss die nähere Bezeichnung „in Kibi" (alter Name für Bizen) hinzugefügt worden. **I** giebt übrigens die Kana Lesung *Iso-no-miya*. „Iso Schrein."

[38] *Ma-kami-furu* „das treffliche Haar berührend" ist eine Art von Makura-kotoba zu *kushi* „Kamm." *Kushi* 奇 im Namen der Prinzessin bedeutet zwar „wunderbar," ist aber wortspielend zugleich in der Bedeutung „Kamm" genommen, und zu dieser ist das Makura-kotoba als Epitheton ornans zugesetzt. Die Makura-kotoba (Kissenwörter, weil sich das folgende Wort wie auf ein Kissen darauf lehnt) entsprechen in etwa solchen stehenden Beiwörtern wie im homerischen „das *schwarze* Schiff," die „*blauäugige* Athene" u. s. w. Der Sinn des Namens liesse sich umschreiben durch „Kushi-nada-hime, bei deren Namenselement *kushi* man an einen das herrliche Haar berührenden Kamm denkt." Unter den Götternamen finden sich noch andere, welche solche Makura-kotoba enthalten, wie z. B. Konohana no Sakuya-hime, Komo-makura Taka-mi-musubi no Mikoto, Ama-zakaru Muka-tsu-hime no Mikoto, Asagiri Kibata-hime, Ishikiri Tsurugiya no Mikoto u. s. w.

[39] Hinter 大己貴神 *Oho-na-muchi no Kami* steht hier die phonetische Glosse: dies ist hier *o-ho-a-na-mu-chi* zu lesen. Die Angabe der Glosse wird aber allgemein als falsch verworfen, und **II** hat deshalb auch den Lautcharakter *a* 婀 aus der Glosse hinausgeworfen. *Oho-ana-muchi* würde „Gross-Loch-Besitzer" oder besser „Gross-Loch-Edler" (*muchi* Honorificum, vgl. Kap. II,

III.—In einer Schrift heisst es:—Susa no Wo no Mikoto
wünschte Kushi-nada-hime zum Weibe zu haben und
bat um sie. Ashi-nadzu-chi und Te-nadzu-chi ant-
worteten [40] und sprachen: „Wir bitten dich zuerst
jene Schlange zu töten, und dann wird es gut sein,
wenn du sie zur Frau nimmst. Jene grosse Schlange
hat auf jedem Kopfe Fels-Kiefern,[41] und an beiden
Seiten [des Leibes] hat sie einen Berg. Sie ist
überaus fürchterlich. Wie willst du es anfangen sie
zu töten?“ Susa no Wo no Mikoto überlegte hierauf,
braute giftigen Sake und gab ihn [der Schlange]
zu trinken. Die Schlange wurde betrunken und
schlief ein. Susa no Wo no Mikoto nahm hierauf
sein Schwert Worochi no Kara-sahi,[42] hieb ihr den

Anm. 9) bedeuten; erstere Bedeutung von Hosoda Tominobu, dem Verfasser
des TOKIHA-GUSA, angenommen und in Verbindung mit der Geschichte
gebracht, welche KOJIKI sect. 23 (siehe Appendix) erzählt wird. Der Gott
verbarg sich nämlich in einem Mauseloch auf einem Felde, um sich vor dem
Feuer zu retten, das Susa no Wo rings herum angezündet hatte. Diese Erklärung
sieht stark wie eine der Anekdote angepasste Volksetymologie aus. Vgl.
Anm. 21.

[40] So interpretiere ich nach der von den besten japanischen Autoritäten
angenommenen Interpretation. Aston aber zieht die beiden Namen als zweites
Objekt zu 乞之 „and asked her of Ashinadzuchi and Tenadzuchi, who
replied . . . ,“ und bemerkt dazu in einer Note: Man beachte, dass die Mutter
sowohl wie der Vater gefragt wurde.

[41] 石松 **Su** *iwa-matsu,* **I** *ihaho-matsu;* **H** aber liest *hikage-dzura,* was dem
jetzigen *hikage no Kadzura* Lycopodium clavatum entspricht. Vgl. Kap. VI,
Anm. 32.

[42] „Schlangen-Kara-Schwert.“ *Kara* = Korea; eigentlich ist *Kara* nur einer
der alten Staaten, welche Korea ausmachten, und wurde von den Japanern
gewöhnlich *Mimana* genannt. Es entspricht im wesentlichen demjenigen Teile
der gegenwärtigen koreanischen Provinz Kyöng-sang-do, welcher im Südwesten
des Flusses Nak-dong-gang 洛東江 liegt; nur ein kleiner Teil von Kara
erstreckte sich auch nordöstlich von diesem Flusse. Hier bedeutet *Kara-sahi*
überhaupt ein „koreanisches Schwert,“ welche wegen ihrer Güte im Altertum
berühmt waren. Man vergleiche damit den Ausdruck *Kure no ma-sahi* „treffliche
Schwerter aus Kure, d. i. China“ in Buch 22, Seite 37, Anm. 9.

Kopf ab und zerhieb ihren Leib. Als er ihren Schwanz zerhieb, bekam die Schneide seines Schwertes ein wenig eine Lücke, weshalb er den Schwanz auseinander spaltete und nachsah. Da war da ein anderes wunderbares Schwert, welches er Kusa-nagi no tsurugi nannte. Dieses Schwert befand sich früher bei Susa no Wo no Mikoto. Jetzt befindet es sich in der Provinz Wohari. Das Schwert, womit Susa no Wo no Mikoto die Schlange zerhieb, befindet sich jetzt bei den Kamu-tomo [43] von Kibi. [44] Der Ort, wo die Schlange getötet wurde, ist der Berg am Oberlauf des Flusses Hi in Idzumo.

IV.—In einer Schrift heisst es:—Susa no Wo no Mikoto's Betragen war frech. Deshalb erlegten ihm alle Götter eine Busse von tausend Tischen auf und verbannten ihn schliesslich. Zu dieser Zeit stieg Susa no Wo no Mikoto in Begleitung seines Sohnes Idakeru no Kami [45] nach dem Lande Shiragi [46] hinab und wohnte

---

[43] 神部 *Kamu-tomo, Kamu-tomo no Wo* oder *Kambe.* Es müssen hier Shintôpriester im allgemeinen gemeint sein. Nach Shigetane sind unter den *Kamu-tomo* (sprich *Kantomo*) die Familien der Nakatomi und Imube und überhaupt alle Leute, welche dem Götterkult obliegen, zu verstehen. Aber man macht auch einen Unterschied zwischen *Kamu-tomo* und *Hafuri*, und zwar sind jene die Beamten des Kultusamtes, diese die Priester in den Tempeln. Demnach würde der Ausdruck *Kamu-tomo* hier nicht genau passen, da ja nicht Kultusbeamte, sondern Tempelpriester gemeint sind. I führt aus dem KOKONKENCHU für 神部 die Lesung *Kamu-hafuri-be* „göttliche-Hafuri-Gruppe" an, welche in der That aufs schärfste den Sinn wiedergiebt, welchen der Ausdruck in unserer Nihongistelle haben muss. *Kamu-tomo* bedeutet wörtlich „göttliche Gefolgschaft," *Kamu-tomo no Wo* „Männer der göttlichen Gefolgschaft," *Kambe* „göttliche Gruppe."

[44] *Kibi* ist die jetzige Provinz Bizen; gemeint ist also der Tempel *Futsu no Mitama* von Iso-no-kami im Distrikt Akasaka, Bizen.

[45] 五十猛 wird *Idakeru* oder *Itakeru* gelesen; die Lesung *Iso-takeru*, welche man aus den Zeichen 五十 *i-so* „fünfzig" schliessen könnte, wird nicht anerkannt. *Takeru* „tapfer, ungestüm;" *i* (*i-so*) ist wahrscheinlich, wie *ya-so* 80 in anderen Namen, ein von dem Zahlwort abgeleitetes Honorificum mit

in dem Orte Soshimori.[47]   Dann   erhob   er   seine

---

einer allgemeineren Bedeutung als der des Zahlworts, etwa „ sehr gewaltig ;" *Idakeru* also etwa „ der sehr Tapfere." Hirata's Meinung weicht hiervon ab: er betrachtet *i* als Abkürzung von *ika, ikashi* „ würdig, stattlich " und verweist darauf, dass es in Idzumo einen Tempel *Iya-take-jinja* giebt, und dass nach dem KIDZUKI-OHOYASHIRO NO KI der Gott *Igatake Daimyōjin* identisch mit *Itakeru no Kami* ist. (Hirata nimmt also wohl einen nicht anzuerkennenden Lautübergang *ika-iga-i* an). Der im KOJIKI Sect. 22 genannte *Oho-ya-biko no Kami* „ Gross-Haus-Prinz " und Sect. 29 genannte *Kara no Kami* „Gottheit von Korea " wird mit *Itakeru* identificiert. Wahrscheinlich ist *Itakeru* auch mit 伊太氏 *Idate* identisch. Im ENGISHIKI heisst es:—出雲國意宇郡玉作湯神社, 同社坐韓國伊太氏神社. Beachtenswert ist diese Benennung „ *Idate von Kara*," was dem eben erwähnten *Kara no Kami* des KOJIKI entspricht. Wir haben es also wohl mit einer ursprünglich koreanischen Gottheit zu thun, und *Idakeru* könnte eine japanische Adaption des originelleren *Idate* sein.

[46] *Silla* 新羅, von den Japanern *Shinra* oder *Shiragi* genannt, war das östlichste der drei alten koreanischen Königreiche Silla, Koryö und Pèkché. Später vereinigte Shiragi die ganze Halbinsel von Korea unter dem Dynastienamen 新羅 Silla. Die alten Araber nennen diesen Staat *Syla.*

[47] *Soshimori* ist im Text nur phonetisch geschrieben, und die Kommentatoren sind zweifelhaft, ob es ein Personenname oder Ortsname sei. Erstere Auffassung hat z. B. **H** (dann wäre zu übersetzen: und wohnte bei Soshimori). Wir haben es hier jedenfalls nicht mit einem japanischen Worte zu thun, und **H**'s Versuch, das Wort auf jap. Weise erklären zu wollen, muss daher von vorn herein als vergeblich betrachtet werden. Er erklärt *soshi* = *sojishi* „ Rückenfleisch," d. i. mager, unfruchtbar (SILLA wird nämlich weiter unten im Text des NIHONGI *Sojishi no muna-kuni* „ das leere Land " genannt), *mori* „Wächter." *Soshimori* ist aber ein koreanischer Ortsname und bedeutet „Ochsenkopf." Es ist aller Wahrscheinlichkeit nach der uralte Name für 春川府 in 江原道, Chhun-chhön in der Provinz Kang-wön-do, gewesen. Diese Stadt wurde im Jahre 637 officiell 牛首 *U-su* oder 牛頭 *U-du* „Ochsenkopf" benannt, offenbar in Anlehnung an die damalige Sitte, die Ortsnamen ins Chinesische umzuwandeln. Die moderne Stadt und der nahe daran im Nordosten liegende Berg 牛頭山 *U-du-san* liegen ungefähr in 128° O. Länge und 38° N. Breite am 深淵江 *Sim-yöng-gang*, welcher im unteren Laufe 漢江 *Han-gang* genannt wird und bei Seoul vorbeifliesst. Man erinnere sich ferner daran, dass *Susanowo* unter dem Namen 牛頭天王 *Gōzu-Tennō* „ Kaiser Ochsenkopf" an vielen Orten verehrt wird. Es giebt noch in Japan eine Art Gakkyoku (Musik-Melodie), welche *Soshimori* heisst und wahrscheinlich eine Volksmelodie aus diesem Orte ist. Nach einer Stelle bei **Ts** giebt es eine koreanische (Komaner) Melodie Namens *Kwai-tei-gaku*, von der ein Rest noch im JIN-CHI-Yō-ROKU vorhanden ist. Auf einem

Stimme und sprach: „In diesem Lande will ich nicht wohnen!“ Schliesslich nahm er Lehmerde, machte daraus ein Schiff, setzte sich darauf und fuhr nach Osten hinüber, bis er an der Bergspitze Tori-kami no Mine,[48] welche am Oberlauf des Flusses Hi in der Provinz Idzumo liegt, ankam. Nun war an diesem Orte eine menschenfressende grosse Schlange. Hierauf nahm Susa no Wo no Mikoto sein Schwert Ama no Haha-kiri[49] und zerhieb die grosse Schlange. Da, als er den Schwanz der Schlange zerhieb, bekam die Schneide [seines Schwertes] eine Scharte. Darauf spaltete er sie auseinander und sah nach. Mitten im Schwanz war ein göttliches Schwert. Susa no Wo no Mikoto sprach: „Dieses darf ich nicht zu meinem eigenen Gebrauch nehmen.“ Darauf schickte er seinen Nachkommen in fünfter Generation, Ama no Fuki-ne no Kami,[50] um es im Himmel zu überreichen. Dieses nennt man jetzt das Schwert Kusa-nagi.

Bilde, welches diesen Tanz darstellt, beugt sich der mit Regenmantel und breitem Hut (*mino-gasa*) bekleidete Tänzer zur Seite, und es liegt die Vermutung nahe, dass dieser Tanz das Umherirren des Susa no Wo im Elende darstellt (vgl. die Schilderung von der Verbannung Susa no Wo's). Nach Arai Hakuseki ist die oben erwähnte Tanzmelodie *Soshimori* und dieser Tanz *Kwai-tei-gaku* ein und dasselbe.

[48] *Tori-kami no Mine* oder *Tori-kami no Take* im Distrikt Nita von Idzumo. Nach dem Kojiki-den heisst dieser Berg noch jetzt *Funa-tohori-yama* „der Berg, wo das Schiff vorbeifährt,“ welcher Name vielleicht auf die Sage von Susa no Wo's Fahrt Bezug nimmt.

[49] **Su** *hawe-kiri*, **I** *hahe-kiri*, **H** *haha-kiri*. Das Zeichen 蝿 *hahe* „Fliege“ steht phonetisch für *hahe, haha* „Schlange.“ Es ist dasselbe Wort wie *habu*, womit auf den Liukiu Inseln die dort vorkommende grosse Giftschlange bezeichnet wird. Nach dem Kogoshūi heisst in der ältesten Sprache eine grosse Schlange *haha*. Hängt vielleicht dies Wort etymologisch mit *hafu* „kriechen“ oder *hamu* „verschlingen“ zusammen? *Ama no haha-kiri* bedeutet also „der himmlische Schlangen-Zerschneider.“

[50] Im Kojiki *Ama no Fuyu-kinu no Kami*, Chamb. pag. 67 the Deity Heavenly-Brandishing-Prince-Lord; vgl. Anm. 14 daselbst. *Fuki* soll die

Zuerst als Idakeru no Kami vom Himmel herabstieg, nahm er in grosser Menge Baumsamen mit sich herab. Er pflanzte sie jedoch nicht im Lande Kara, sondern brachte sie alle wieder zurück [51] und säete sie schliesslich von Tsukushi aus anfangend [52] allüberall im Inneren des Landes Oho-yashima, und auf diese Weise entstanden die grünen Berge. Aus diesem Grunde bekam Idakeru no Mikoto den Namen Isawo no Kami.[53] Er nämlich ist die grosse Gottheit, welche im Lande Kii [54] wohnt.

V.—In einer Schrift heisst es:—Susa no Wo no Mikoto sprach: „In der Gegend des Landes Kara [55] giebt es Gold und Silber. Es wäre nicht gut, wenn das von

---

Bedeutung *furi* (das Schwert) „schwingend“ haben; *ne* erklärt **H** als Kosewort. Die Erklärung scheint mir unbefriedigend.

[51] **H** zieht 盡 zu 不殖 und liest *uwe-tsukusazu*, d. h. er säete [den Samen] nicht vollständig aus, sondern brachte ihn [teilweise] zurück.

Zum Pflanzen der Bäume bemerkt **I**: In den fremden Ländern wurden Bäume und Kräuter von Oho-na-muchi und Sukuna-muchi gepflanzt. Als diese zwei Gottheiten das Land rundum bereisten, fiel Reissamen im Dorfe Tane in Idzumo herab. Eine chinesische Ueberlieferung hat, dass zur Zeit des Königs Shinnō 神農 (d. i. der sagenhafte chinesische Kaiser Shên Nung, 2838 vor Chr., der den Ackerbau erfunden haben soll) Hirse vom Himmel herabfiel.

[52] Südwestlich von der Provinz Hizen auf Tsukushi (d. i. Kyūshū) liegt im Meere eine Insel *Idakeru-shima*, und einige haben die Vermutung ausgesprochen, dass der Gott Idakeru auf seiner Tour vielleicht zunächst diese Insel erreicht habe.

[53] D. h. „der verdienstvolle Gott.“

[54] Das Land *Ki*, wie es ursprünglich hiess, bedeutet „das Land der Bäume.“ In folge des Ediktes der Kaiserin Gemmyō vom Jahre 713, wonach hinfürdero alle Ortsnamen nach chinesischem Vorbilde mit 2 chinesischen Charakteren geschrieben werden mussten, wurde die Silbe 伊 *i* zu *Ki* hinzugefügt, und 木 *ki* Baum in das gleichlautende sinico-jap. 紀 *ki* verwandelt, also 紀伊 *Ki-i*.

[55] 韓 *Han*, sin-jap. *Kan*, jap. *Kara* genannt: Korea. Wörtlich heisst es: 韓郷之島 „auf der Insel (*shima*) des Landes Kara“; *shima* wird aber auch oft im Sinn von *kuni* „Land, Gegend“ gebraucht. *Silla* speziell ist gemeint.

meinem Sohne regierte Land keine schwimmenden
Schätze [56] hätte." Hierauf riss er sich die Barthaare
aus und verstreute sie, und es entstanden Krypto-
merien. [57] Ferner riss er sich die Haare an der Brust
aus und verstreute sie und diese wurden Hinoki
Bäume. [58] Die Haare seines Hinteren wurden Maki
Bäume. [59] Die Haare seiner Augenbrauen wurden
Kampferbäume. Nachdem dies geschehen war, bestimmte er, wozu sie zu brauchen seien. Hierauf
nahm er das Wort und sprach: „ Was diese beiden
Bäume hier, nämlich die Kryptomerie und den Kam-
pferbaum, anbelangt, so sollen daraus schwimmende
Schätze gemacht werden; aus dem Hinoki Baum
soll man Bauholz für schöne Paläste [60] machen;
aus dem Maki Baum soll man Behältnisse machen,
worin das sichtbare grüne Menschengras [61] in abge-
schlossenen verlassenen Stätten (d. i. Gräbern) liegen

---

[56] Die „schwimmenden Schätze" *uku-takara* sind *Schiffe.*

[57] *Sugi.* Vgl. Rein, II, 278 f.

[58] Chamaecyparis obtusa. Rein, II, 276 ff.

[59] Podocarpus macrophylla. Rein, II, 276.

[60] Oder Shintōtempel, denn *miya* bedeutet beides. Da der Hinoki gerade
im Shintōkult, zum Bauen von Tempeln und Anfertigen von Gerätschaften
für den Kult, die reichlichste Verwendung findet, ist vielleicht die letztere
Interpretation vorzuziehen.

[61] Nach der Kanalesung: *utsushiki awo-hito-kusa,* d. h. das irdische Menschengeschlecht.

[62] 奥津棄戸將臥之具 *oki-tsu sutahe ni mochi-fusan sonahe,* oder nach dem
SHIKI: *oku tsu sutahe no mochi-fusu sonahe,* eine überaus schwierige und
verschieden interpretierte Stelle. Die Interpretation wird sich am besten
möglichst genau an die chinesischen Zeichen anschliessen, mit Berücksichtigung
ihrer specifischen Bedeutung im Altjapanischen. 奥 *oku* „ verborgene, abge-
schlossene Stätte," worunter eine Grabstätte verstanden werden kann, wie das
Kompositum *oku tsu ki* „ Grab," lit. wohl „ verborgnes Schloss," das öfters
im MANYŌSHŪ (z. B. Buch 3, geschrieben 奥榔 oder 奥城, Buch 9 奥津城)
vorkommt, bezeugt. 津 *tsu* ist die Genetiv- etc. Partikel. Sprachlich möglich
ist es auch, wenn man die Lesung *oki* annimmt, in *okitsu* ein Präteritum vom

soll [62]."   Was die zur Nahrung notwendigen achtzig

Verbum *oku* „ verlassen, aufgeben " zu sehen: „ verlassen, aufgegeben." Für beide Auffassungen kommt in Betracht, dass die ältesten Japaner sich als Wohnstätten sogenannter *ihaya* und *muro*, Felshöhlen und Erdhöhlen, bedienten, dieselben aber verliessen, für immer aufgaben und durch ein *shime-naha* Strohseil abschlossen, wenn darin Jemand gestorben und beigesetzt war. Diese Sitte, den Bewohner in seiner Wohnstätte zu beerdigen und dieselbe dann nicht mehr zu benutzen, finden wir ja auch bei anderen Völkern, z. B. jetzt noch bei manchen Stämmen der Ureinwohner Formosas. 棄戸 *suta-he* leite ich ab vom Verbum *sutaru* 棄 „ weggeworfen, verlassen werden," und *he* oder *ihe* „ Haus," also „ verlassenes oder zu verlassendes Haus," d. h. die Wohnstätte, welche zur Begräbnisstätte geworden, und verlassen und abgeschlossen worden ist. Aber schon seit einer Reihe von Jahrhunderten vor Abfassung des NIHONGI bestand diese Sitte nicht mehr, und wir hören nur von Anlegung besonderer Gräber, indem die eingesargte Leiche in die Erde gelegt, mit Steinen umgeben und mit einem Erdhügel bedeckt wurde. Wie es scheint, hatte sich jedoch der Ausdruck *oku tsu sutahe* erhalten, nur dass er nicht mehr streng im ursprünglichen Sinne, sondern für „ Grabstätte" überhaupt angewendet wurde, wie wohl hier im NIHONGI zu verstehen ist. Das hölzerne „ Behältnis" 具 *sonahe* muss dann den Sarg bedeuten, und zwar einen solchen, wie man im späteren Sprachgebrauch als *ne-gwan* „ Liege- oder Schlafsarg" bezeichnet, worein der Tote lang liegend gelegt wird, zum Unterschied vom *kwan*, worin der Tote in sitzender Stellung mit angezogenen Knien untergebracht wird, was die allgemein übliche Einsargungsmethode der Buddhisten ist.

Im RUISHI steht statt 戸 das Zeichen 尸 „ Leiche," und so interpretieren **Ts. H** und andere *suta-he*=„ weggeworfene Leiche "; **H** scheint dabei *okitsu* als Verbalform zu betrachten, denn er sagt, 奥 bedeute „ an entlegener Stelle begraben." Nach ihm wäre also zu übersetzen: Behältnisse (d. i. Särge) worin die an-entlegener-Stätte-begrabenen weggeworfenen Leichen der Menschen liegen sollen. Es ist jedoch einzuwenden, dass ein Wort *he* „ Leiche" sich nicht nachweisen lässt, und man somit diese Interpretation zwar durch Aenderung von 戸 in 尸 auf den chinesischen Text stützen, aber nicht recht mit der unzweifelhafte Autorität besitzenden japanischen Lesung in Einklang bringen kann.

Aston hat für *sutahe* die von Hepburn unter *sutabe* angegebene Bedeutung „ Begräbnisplatz" angenommen, und übersetzt sonst ähnlich wie ich: the Podocarpus was to form receptacles in which the visible race of man was to be laid in secluded burial-places.

Ganz verschieden ist die Interpretation von Shigetane, welcher das Wegwerfen der Leichen anstössig findet und bei dieser Aufzählung von Schiffen, Miya und Särgen die Wohnhäuser der Lebenden vermisst und meint, dass damit den Lebenden, die doch grössere Rechte als die Toten besitzen, nicht

Fruchtarten[63] anbelangt, so säete und pflanzte er sie alle in gehöriger Weise.

Der Sohn des Susa no Wo no Mikoto hiess nun also mit Namen Idakeru no Mikoto, [und dessen beide] jüngere Schwestern Oho-ya-tsu-hime[64] und nach ihr Tsuma-tsu-hime[65] no Mikoto. Alle diese drei Gottheiten säeten und verstreuten ebenfalls in gehöriger Weise den Samen der Bäume und begaben sich dann hinüber nach dem Lande Kii.

Hiernach wohnte Susa no Wo no Mikoto auf dem Gipfel des Berges Kuma-nashi[66] und schliesslich ging er in das Unterland ein.

VI.—In einer Schrift heisst es :—Oho-kuni-nushi[67] no Kami

Genüge geschähe. Er erklärt *oku* als „Hinterteil oder innerer Teil des Hauses" (eine jetzt gangbare Bedeutung); *sutahe* als *su tsu uhe* „auf dem Su," d. i. Fussboden oder Matte aus Bambus gefertigt, wobei er die Lautverschiedenheit von *tsu* und *ta* dadurch begründen will, dass er auf den Namen der Provinz *Toho tsu Afumi* (so im MANYŌSHŪ; jetzt *Tōtōmi* gesprochen) hinweist, welcher im WAMYŌSHŌ *Toho ta Afumi* geschrieben ist. I möchte in *su* das Wort *sumu* „wohnen" erblicken; nach beiden hätten wir etwa „Ruhestätte" zu übersetzen, und der Sinn des Ganzen wäre dann: die Maki soll für das sichtbare [lebende!] Menschengeschlecht als Gegenstand zum Schlafen auf der Bambusmatte im Hinterteil des Hauses verwendet werden.

[63] 木種 *ko-dane*, lit. „Baum-Samen." Nach **Ts** soll *kudamono* „Früchte, Obst" aus *ko-dane-mono* „Baumsamen-Dinge" entstanden sein.

[64] „Prinzessin des Grossen Hauses." Wie schon oben Anm. 45 erwähnt, heisst ihr älterer Bruder *Idakeru* auch *Oho-ya-hiko* „Prinz des Grossen Hauses."

[65] *Tsuma* ist zwar mit dem Zeichen für *tsume* „Nagel" geschrieben, bedeutet hier aber „Bauholz": „Bauholz-Prinzessin." Sonach liegt in den Namen aller 3 Geschwister eine Beziehung auf das Haus oder den Hausbau.

[66] **H** *Kumanashi*, **I** *Kumanari*. Motowori will *Kumanasu* lesen und behauptet, dies sei dann in *Kumanu* zusammengezogen worden, so dass wir es also hier mit dem Berg *Kumanu* im Distrikt Ou von Idzumo zu thun hätten. Im benachbarten Orte *Suga* schlug allerdings Susa no Wo seine Residenz auf, wie weiter oben berichtet wurde. I lässt die Frage unentschieden, meint aber, dass dem Zusammenhange nach der betreffende Berg in Kii gewesen zu sein scheint.

[67] Vgl. Anm. 29.

heisst auch Oho-mono-nushi [68] no Kami. Ferner heisst er auch Kuni-tsukuri Oho-na-muchi [69] no Mikoto. Ferner heisst er auch Ashi-hara no Shiko-wo. [70] Ferner heisst er auch Ya-chi-hoko [71] no Kami. Ferner heisst er auch Oho-kuni-tama [72] no Kami. Ferner heisst er auch Utsushi-kuni-tama [73] no Kami. Seine Kinder alle zusammen waren hundert und einundachtzig Gottheiten.

Also Oho-na-muchi no Mikoto und Sukuna-

---

[68] *Oho-mono-nushi* „grosser Geister Herr." *Mono* bedeutet in der ältesten Sprache oft „Geist"; vgl. auch *mono-masa* in Buch 2. Im MANYŌSHŪ wird das Zeichen 鬼 *ki* „Geist" geradezu phonetisch für *mono* gebraucht. *Mono* bedeutet auch „Mensch," und diese Bedeutung wird von Motowori hier angenommen, mit dem Bemerken, dass *mono-nushi* dann sowohl „Herr der Menschen" als „Herr der Götter" bedeute, weil ja die Götter die Menschen des Götterzeitalters gewesen wären! Nach **H** hat der Gott den Namen, weil er sowohl die Menschen als die Geister beherrscht.

[69] *Kuni-tsukuri*, „ Land-Macher," d. i. „ Land-Schöpfer." *Tsukuru* hat hier den Sinn von *katame-nasu* „fest machen," aus dem Chaos zu fester Gestalt bringen. *Oho-na-muchi* erkläre ich wie oben Anm. 21 „ Grosser-lieber-Edler," aber **H** will dem Namen an dieser einen Stelle eine von sonst verschiedene Bedeutung geben, nämlich „ Besitzer der grossen Erde": *muchi=mochi* „ Besitzer;" *na=*„ Erde." Das sonst unbekannte Wort *na* „ Erde" sucht er auf folgende Weise zu belegen: für *ji-nushi* „Gutsbesitzer" sagt man auch *na-nushi*, also *na=ji* „ Erde;" *Daimyō* „Fürst" wäre die sinico-jap. Lesung für ursprüngliches *Oho-na* „grosse Erde"; in *nawi* „ Erdbeben" will er als ersten Bestandteil *na* „ Erde" entdecken. Ein wahrer etymologischer Salto mortale.

[70] „ Des Schilfgefildes abschreckender Mann." 醜 *shiko* bedeutet für gewöhnlich „ hässlich," ist hier aber als „ abschreckend" zu nehmen. **H**'s Erklärung von *shikoru* „ sich vertiefen" ist nicht annehmbar.

[71] Nach dem KOJIKI-DEN=der Gott der 8000 Speere; so auch **H**. Shigetane nimmt es im Sinn von „ mit einem Speer 8000 Feinde erlegend."

[72] Nach den Zeichen „Gross-Land-Juwel." Die im KOJIKI-DEN vorgeschlagene Interpretation *tama=*„Seele, Geist" scheint mir aber vorzuziehen, zumal da im KOGOSHŪI der Name mit dem Zeichen 魂 *tama* „Seele" geschrieben ist. Also „ Gross-Land-Geist."

[73] „ Geist des sichtbaren Landes," „Geist des Landes der Lebendigen."

biko-na[74] no Mikoto machten mit vereinten Kräften und einmütigen Herzens die unter dem Himmel befindliche Welt.[75] Sodann bestimmten sie zu Gunsten

---

[74] *Sukuna-biko-na* oder ohne Nigori *Sukuna-hiko-na*. *Sukuna* hat jetzt nur die Bedeutung „wenig,“ in der alten Sprache aber auch „klein,“ und ist daher im MANYŌSHŪ gerade in diesem Namen mit dem Zeichen 小 „klein“ geschrieben; Gegensatz zu *oho* „gross.“ *Hiko* „Prinz,“ *na* = *ne* Kosewort, beide Wörter als Honorificum gebraucht: „ *das kleine liebe wunderbare Kind.* “ Dass *na* nicht = „Name,“ sondern das Kosewort *ne* sei, wird durch das HARIMA-FŪDOKI bezeugt, wo direkt *Sukuna-hiko-ne* steht; im IDZUMO-FŪDOKI steht mit Weglassung des Kosewortes *Sukuna-hiko no Mikoto* (wenn *na* = „Name“ wäre, so hätte es kaum weggelassen werden können). Ich verwerfe daher die Interpretation Motowori's, welcher Chamberlain pag. 86 folgt: Little-Prince-the-Renowned-Deity. Der Gott hat noch andere Namen. In einem Verzeichnis der Götternamen vom 11. Jahre Bummei, d. i. 1480, wird parallel mit *Oho-na-muchi* ein *Sukuna-muchi* genannt, also eine Analogiebildung. Ferner nach dem OHO-MIWA-CHIN-ZA-KI heisst der Gott auch *Tema no Ama-tsu-kami* „ der Himmelsgott von Tema.“ Dieser Gott war nämlich eines von den 1500 Kindern des Taka-mi-musubi. Er war sehr ungehorsam und fiel zwischen den Fingern seines Vaters hindurch, woher der Name *Tema no Ama-tsu-kami* „ der durch den Hand-Zwischenraum (*te-ma*) [hindurchfallende] himmlische Gott.“ So ist *Tema* auch der Name des Ortes, wo der Gott auf die Erde herabfiel. Im KOJIKI, Sect. 22, heisst es *Hahaki no kuni no Tema no yama-moto* „ am Fusse des Berges von Tema in der Provinz Hōki,“ warum man diesen Ort an der Grenze von Hōki und Idzumo vermutet. Nach dem IDZUMO-FŪDOKI ist eine Insel *Ha-shima*, im Distrikt Ou in Idzumo, auch *Tema no shima* benannt, und darauf ist ein Tempel des Gottes *Sukuna-hiko-na*. Das *Ha* von *Ha-shima* soll „ Land “ bedeuten, und daher hat man *ha-shima* im Sinn von „ Landinsel,“ d. h. = *misaki* „ Landvorsprung, Kap“ aufgefasst. Unter diesem Kap wäre dann kein anderes als das schon oft genannte Kap *Kumanu*, welches man im Landstrich Tema vermutet, zu verstehen.

Hirata widmet diesem Gotte eine längere Abhandlung und preist ihn als den Erfinder der Medizin und des Sake-Brauens. Er identificiert ihn weiterhin mit dem Gotte *Ebisu*, einem der sieben Glücksgötter, dem Schutzgott des Handels und der Industrie. Diese Indentification steht aber wahrscheinlich auf nicht stärkeren Füssen, als die von mir Anm. 29 besprochene Identificierung des Gottes *Oho-kuni-nushi* mit *Daikoku-ten*.

[75] Dies ist die genaueste Uebersetzung des chinesischen Ausdrucks 天下 *ame no shita*, womit die Chinesen die Welt und ihr mit derselben hochmütig identificiertes Reich bezeichneten.

des sichtbaren grünen Menschengrases und des Viehs
die Methode Krankheiten zu heilen, und ferner, um
das von Vögeln, Tieren und kriechendem Gewürm
herrührende Unheil abzuwenden, bestimmten sie die
Methode der Hinwegbeschwörung. [76] Bis auf den

---

[76] 禁厭之法 **H** *mazinahi no nori* „Beschwörungsmethode,“ **I** und **Su**
mazinahi-yamuru no nori „Methode des Beseitigens durch Beschwörung.“ Das
mazi von *mazinahi* will Hirata mit dem Stamm *mazi* von *maziru* „sich mischen“
in Verbindung bringen und sagt, darin liege der Sinn, dass die Seele des
Beschwörenden mit dem Körper des zu Beschwörenden in Verbindung trete.
Mazinahi „Beschwörung“ wird gewöhnlich als „Wegschaffung von Unheil
mit Hülfe der Shintōgötter oder Buddha's“ definiert. Wenn ansteckende
Krankheiten oder sonstige Uebel vorkamen, wurde in alter Zeit in der
Hauptstadt ein besonderes Fest gefeiert, das *Tatari-gami wo utsushi-yarafu
Matsuri* „Fest zur Verlegung-an-einen-anderen-Ort und Wegtreibung der
Fluchgötter,“ wobei ein besonderes Norito recitiert wurde, No 25 meiner
vorbereiteten Ausgabe. Die Götter, welche das Unheil verhängten, wollte
man dadurch aus der Hauptstadt umziehen lassen, sie versöhnen und besänf-
tigen. Vgl. gegen Schluss des betreffenden Norito: „und ohne allergnädigst
Unglück zu verhängen, und ohne euch gewaltsam zu zeigen, möget ihr nach
Orten, wo Berge und Flüsse breit und rein sind, umziehen und in eurer
Eigenschaft als Götter besänftigt wohnen!“ Zugleich wurden allerhand
Opfergeschenke, welche im selben Norito aufgezählt sind, dargebracht. Dass
Unglück als Strafe der Götter aufgefasst wurde, zeigt z. B. auch der Ausdruck
ten-kei-byō „Himmels-Strafe-Krankheit“ für den Aussatz.

Das „von Vögeln, Tieren und kriechendem Gewürm herrührende Unheil“
wird auch im *Oho-harahe* erwähnt: „Was irdische Sünden anbelangt, so werden
zum Vorschein kommen.........Unglück durch kriechendes Gewürm, Unglück
seitens der Götter in der Höhe, Unglück ausgehend von Vögeln in der
Höhe, das Töten des Viehs [anderer Leute], die Sünde der Behexung Anderer.“
Hafu-mushi no wazahahi „Unglück durch kriechendes Gewürm,“ d. h. Gebissenwerden durch Schlangen, Tausendfüsse u. s. w. In der ältesten Zeit hatten die
Häuser der gewöhnlichen Leute nicht Decken und Fussböden wie jetzt, und
daher war man dergleichen Unglücksfällen überaus häufig ausgesetzt. Ausserdem werden, auch jetzt noch, vom Volke Zahnschmerzen, Kinderkrämpfe
und dgl. mehr auf den Einfluss von *mushi* Gewürm zurückgeführt. *Taka-tsu-kami
no wazahahi* „Unglück seitens der Götter in der Höhe,“ d. h. seitens der
Tengu (Himmelshunde) und des Donnergottes mit seinem Blitz. Die *Tengu*
entführen Menschenkinder beiderlei Geschlechts in unwirtliche Berge. Indem
ich, dem allgemeinen Volksglauben folgend, die Tengu hier erwähne, will ich

heutigen Tag erfreut sich das Volk des wohlthätigen Einflusses dieser [Einrichtungen].

Noch ehe dies geschah, sprach Oho-na-muchi no Mikoto zu Sukuna-biko-na no Mikoto: „Wie können wir sagen, dass das von uns gemachte Land gut gemacht ist?“ Sukuna-biko-na no Mikoto antwortete und sprach: „Teilweise ist es vollkommen und teilweise ist es unvollkommen.“—Diese Unterredung hat wahrscheinlich eine tiefere Bedeutung. [77]

Hiernach begab sich Sukuna-biko-na no Mikoto nach dem Kap Kumanu [78] und ging schliesslich ins Land der Unvergänglichkeit [79] hinüber.

---

aber nicht unterlassen zu bemerken, dass erst seit Einführung der Shingon-Sekte durch Kūkai von ihnen in Japan die Rede ist und dass sie vorher nicht bekannt waren. Wahrscheinlich sind sie durch Kūkai aus Thibet nach Japan verpflanzt worden. Vgl. auch Kap. I, Anm. 9. *Taka-tsu-tori no wazahahi* „Unglück von Vögeln in der Höhe,“ d. h. Fallen von Vogelmist durch das Rauchabzugsloch im Dache der Häuser auf den Herd, oder von schmutzigen Sachen aus den Schnäbeln der Vögel. *Kemono-tafushi* „Töten des Viehs“ [Anderer]; *tafusu*=„ sterben lassen,“ von *tafuru* „ sterben, fallen “; es ist also nicht das Gebissenwerden von wilden Tieren gemeint. Für eine andere Auslegung des Ausdrucks *kemono-tafushi* vgl. meine Anmerkungen zum Oho-harahe Ritual, T. A. S. J. vol 27, part 1, pag. 94. *Mazimono seru tsumi* „die Sünde auf Andere Uebel heraufzubeschwören, sie zu behexen.“ Vgl. unseren bösen Blick u. s. w. Ein schweres, hier nicht berührtes, Unglück ist auch das Behextwerden durch Füchse, Tanuki, Mujina, Kawauso (Otter).

[77] Ich halte diesen Satz für eine spätere Interpolation.

[78] Im Distrikt Ou, Idzumo. Vgl. auch Anm. 74.

[79] *Toko-yo no kuni, toko* „ ewig, unveränderlich,“ *yo* „ Welt.“ Die Auslegung von **I** (in teilweiser Anlehnung an Motowori): *toko=soko*, und *soko* von *soki* „ entlegene Gegend, Fremdland,“ also *toko-yo*=„ weit entlegene Welt,“ scheint mir vom etymologischen Standpunkt etwas zweifelhaft, wenn auch zugestanden werden muss, dass eine Bedeutung wie „ fernes Fremdland “ vortrefflich passt, und ein solches überdies auch gemeint ist. Aus dem Umstande, dass eine Bedeutung gut passt, darf man aber noch lange nicht folgern, dass dieselbe als *etymologisch* berechtigt anzusehen sei. Vgl. auch Kap. 1, Anm. 6 den Namen *Kuni no Toko-tachi no Mikoto*, und Kap. 6, Anm. 15 den Ausdruck *toko-yo no naga-naki-tori*, wo dieselbe Schwierigkeit betreffs *toko* wiederkehrt. Das Land

VIa.—Anders auch heisst es, dass er sich nach der Insel Aha [80] begab, wo er auf einen Hirsen-Halm hinaufkletterte. Er wurde jedoch [von dem sich wieder aufrichtenden Halm, der sich beim Hinaufklettern, niedergebeugt hatte] abgeschnickt und begab sich darauf nach dem Lande der Unvergänglichkeit.

Wo immer seit dieser Zeit im Lande ein noch nicht vollkommener Ort war, dort reiste Oho-na-muchi no Kami allein umher und machte es ordentlich. Als er endlich in die Provinz Idzumo gelangte, nahm er das Wort und sprach: „Dieses Mittelland des Schilfgefildes ist von je her wüst und öde gewesen. Sogar die Felsen, Kräuter und Bäume sind alle recht ungestüm gewesen. [81] Aber ich habe sie nun schon

---

der Unveränderlichkeit ist eine Art paradiesischen Landes in weiter Ferne jenseits der Grenzen des Ozeans; wer dort wohnt, wird nicht alt und stirbt nicht. Vgl. die Ballade vom Fischer Urashima, MANYŌSHŪ Buch 9. Die Vorstellung von einem solchen Lande ist möglicherweise nicht japanisch, sondern den Chinesen, oder durch deren Vermittlung den Indern (vgl. das buddhistische *Sukhavati*) entlehnt. Im Bericht über den Kaiser Suinin wird im KOJIKI, sect. 74, und NIHONGI, erzählt, dass die *Orange von dort gebracht* worden sei, und zwar durch Tajima-mori, einen Mann *koreanischer* Abkunft. Mit Bezug darauf wird die Orange in einem Gedicht im 18. Buche des MANYŌSHŪ auch *tokoyo-mono* „ein Ding aus dem Toko-yo" genannt. In dem poetisch angehauchten Bericht Tajima-mori's im NIHONGI, Buch 6 Schluss, heisst es, dass er 10,000 Meilen weit über den Ozean gegangen sei, und dass das Land der Unveränderlichkeit kein anderes sei als das geheimnisvolle Reich der Götter und Genien, wohin kein gewöhnlicher Sterblicher gelangen könne. Nach allem scheint ein wirklich existierendes fern entlegenes Land, etwa im Südwesten von Japan, gemeint zu sein, von dem man aber nur sagenhafte Kunde besass, und das man mit japanischen oder fremden mythologischen Vorstellungen verband. Südchina oder die Liukiu-Inseln sind möglicherweise gemeint. Arawi Hakuseki's Hypothese, dass die japanische Provinz Hitachi gemeint sei, ist als gar zu oberflächlich zu verwerfen.

[80] *Aha-shima* im Distrikt Aimi von Hōki. Später zur Zeit des Kaisers Montoku (851–858) sollen Sukuna-biko-na und Oho-na-muchi vom Toko-yo Lande nach der Provinz Hitachi zurückgekehrt sein (MONTOKU-JITSUROKU).

[81] Unter anderen wird auch im Norito zur Wegbannung der Fluchgötter und im Oho-harahe von den sich heftig gebahrenden Göttern der Erde, welche

zur Unterwerfung gebracht, und sie sind nun alle ohne Ausnahme willfährig." Schliesslich sagte er daher: „Derjenige, welcher jetzt dieses Land in Ordnung bringt,[82] bin nur ich ganz allein. Ist vielleicht irgend jemand vorhanden, der mit mir zusammen die unter dem Himmel gelegene Welt in Ordnung bringen könnte?" Hierauf erleuchtete ein göttlicher Glanz das Meer, und plötzlich war da etwas, was auf ihn zugeschwommen kam und sprach: „Wenn ich nicht hier wäre, wie könntest du dann dieses Land ordentlich unterwerfen? Nur darum, weil ich hier bin, ist es dir möglich geworden eine so grosse verdienstliche That zu leisten." Hierauf erkundigte sich Oho-na-muchi no Kami und sprach: „Wenn dies so ist, wer bist du dann?" Die Antwort lautete: „Ich bin dein Schutzgeist, der wunderbare Geist.[83] Oho-na-muchi no Kami sprach:

mit göttlicher Bannung gebannt und mit göttlicher Versöhnung versöhnt wurden, und von den früher sprechenden Felsen, Baumstümpfen und vereinzelten Blättern der Kräuter, welche zum Verstummen gebracht wurden, gesprochen.

[82] So die Bedeutung des Zeichens 理, welches von Shigetane und I mit *osamuru* „regieren," von II mit *tsukuru* „machen" erklärt wird. Auch Motowori zieht die Bedeutung „in Ordnung bringen" vor.

[83] 幸魂奇魂 *saki-mitama kushi-mitama*. *Saki-mitama* „glücklich oder selig machender erhabener Geist" (*sakiku arashimuru mi-tama* nach einer Erklärung im SHI-KI), im KOJIKI-DEN: *sono mi wo mamorite saiwai arasuru mi-tama* d. i. „Schutzgeist". *Kushi-mitama* „wunderbarer erhabener Geist" Beide Ausdrücke stehen in Apposition zu einander. Man unterscheidet nämlich, nach Hirata, auch bei gewöhnlichen Menschen einen sog. *nigi-mi-tama* „sanften erlauchten Geist" und einen *ara-mi-tama* „wilden oder rauhen erlauchten Geist," welche je nachdem in verschiedenem Verhältnis in jedem vorhanden sind. Das erinnert also in etwa an das Faustische „Zwei Seelen wohnen, ach, in meiner Brust u. s. w." Wenn einer dieser Geister besonders kräftig ist, so verlässt er den Körper und wirkt verschiedene Wunder. Motowori meint, dass damals in Oho-na-muchi nur der *ara-mi-tama* vorhanden gewesen sei, welcher bei der Unterwerfung der ungestümen Götter zwar notwendig war, aber zur friedlichen

„ Wohlan denn, ich weiss es nun. Du bist mein Schutzgeist, der wunderbare Geist. An welchem Orte wünschest du nun zu wohnen ?" Die Antwort lautete : „ Ich wünsche auf dem Berge Mimoro [84] in der Provinz Yamato zu wohnen." Daher also baute er einen Tempel an diesem Orte und liess [den Geist] dahin gehen und dort wohnen. Dieses ist der Gott Oho-miwa. [85]

Die Kinder dieser Gottheit waren die Kamo no Kimi [86] und die Oho-miwa no Kimi, [86] und ferner auch Hime-tatara Isuzu-hime [87] no Mikoto.

Regierung des Landes nicht ausreichte. Daher habe ihm wohl Kami-musubi no Kami seinen eigenen *nigi-mi-tama* in sichtbarer Gestalt gezeigt. Der *Saki-mi-tama* und *Kushi-mi-tama* unseres Textes sind ein und derselbe *Nigi-mi-tama* von zwei verschiedenen Gesichtspunkten aus betrachtet.

[84] Der Berg *Mimoro* ist der jetzige *Miwa-yama* im Distrikt Shikijō von Yamato, so genannt, weil dort ein göttliches *mi-muro*, d. i. ein „ erlauchter Schrein," steht. *moro* ist die ältere Form von *muro*. *moro* bedeutet nach Shigetane eigentlich „ Schlafzimmer," aber besser scheint mir die Ableitung I's von *mori* „ Hain, Tempelhain." Es befindet sich dort ein prächtiger, uralter Tempelhain.

[85] *Miwa* ist ein Ortsname, und *Oho-miwa no Kami* bedeutet daher „ der grosse in Miwa residierende Gott." Der Anm. 84 erwähnte Berg *Miwa-yama* wird auch *Oho-miwa-yama* genannt.

[86] Sie sind spätere Nachkommen des *Oho-na-muchi*. Sein Sohn war Kushi-hi-kata no Mikoto, und dessen Nachkomme in siebenter Generation Oho-tata-neko no Mikoto ist der Urahn der beiden Geschlechter. *Kamo* ist ein Ort im Distrikt Katsujō von Yamato, wonach das Geschlecht benannt ist. Oho-kamo-dzumi no Mikoto errichtete an diesem Orte einen Tempel für die Gottheit Koto-shiro-nushi und bekam deshalb den Namen *Kamo no kimi* „ Herr von Kamo." *Oho-miwa no kimi*=„ Herr von Oho-miwa," vgl. Anm. 84 und 85. *Kimi* wurde später ein Kabane, d. i. ein Klassenverbandsname.

[87] *Hime-tatara Isuzu-hime;* *hime* „ edles Weib," *tatara*=*tatsu* „ stehen," nach Anderen Name einer Pflanze, einer Art Heterotropa, *isuzu*=*isuzuki* „erschrocken auffahren." Der Name verdankt folgender Geschichte seinen Ursprung: (KOJIKI Sect. 51): Der Gott Oho-mono-nushi verwandelte sich in einen rotbestrichenen Pfeil und stiess in die Vagina der Seya-tatara-hime, worauf diese erschrocken auffuhr. Sie legte den Pfeil auf den Boden, und dieser verwandelte sich nun in einen schönen jungen Mann, welcher sie zum Weibe nahm und mit ihr ein Kind erzeugte. Das Kind bekam den Namen *Hoto-*

VI. b.—Ferner heisst es auch, dass Koto-shiro-nushi no
Kami [88] sich in ein acht Faden [langes] Bären-Seeunge-

---

tatara-isuzuki-hime no Mikoto (*hoto* = Vagina) oder auch *Hime-tatara-isuke-yori-hime.*
Unsere *Hime-tatara-isuzu-hime* ist mit diesem Mädchen identisch. *Hime* im
ersten Teil des Namens ist der spätere anständigere Einsatz statt *hoto* „ Vagina.“
Der Name bedeutet also ursprünglich „ die in die Vagina gestossene erschrocken
auffahrende Prinzessin.“ Anders ist jedoch *isuzu* in dem Namen der *Isuzu-
yori-hime no Mikoto*, einer Tochter des Koto-shiro-nushi, welche im Suizei-ki,
2. Jahr, Buch 4 erwähnt wird, zu deuten. Daselbst bedeutet *isuzu* „ 50
Klingeln, d. i. viele Klingeln,“ und ihr Name rührt wohl daher, dass sie an
Händen und Füssen Klingeln als Schmuck trug. *yori* wird als *yoroshi* „ gut,
schön “ erklärt.

[88] Der Gott *Koto-shiro-nushi* „ der die Dinge (das Wirken der Substanz)
regierende Herr.“ *shiro - nushi* nach Shigetane = *shiri - nushi* „ regierender
Herr;“ so heisst z. B. auch *Oho - mono - nushi*, der Vater dieses Gottes,
mit anderem Namen *Oho - mono - shiro - nushi* „ der grosse über die Geister
regierende Herr.“ *mono* = „ Substanz,“ *koto* = „ Wirken der Substanz.“ Eine
andere Erklärung giebt Hirata: *koto* = „Wort, Rede,“ *shiro* = *shirushi* „ Zeichen,
Zeugnis“ (so auch Mabuchi), also „ Rede-Zeichen-Herr,“ d. h. der welcher
ein Zeichen der Wahrheit seiner Rede giebt, und begründet den Namen
durch Hinweis auf folgende Geschichte, welche im Kojiki Sect. 32
erzählt wird: Bei der Herabkunft des himmlischen Enkels sagte dieser
Gott, dass er sich dem Befehle der himmlischen Götter nicht widersetzen,
sondern das Land dem Sprossen der Sonnengöttin übergeben wolle, und
als Bezeugung dieser Rede (Zusatz des Kommentators!) stürzte er sein
Schiff mit einem Fusstritt um, klatschte in die Hände und verbarg sich oder
verschwand hinter einem Zaun von grünen Zweigen. (Vgl. Chamberlain's Bemerkungen zur Interpretation dieser Stelle a. a. O. pag. 101, Anm. 20). Aehnlich
ist Motowori's Erklärung, welcher aber *koto* im Sinn von „ Ding “ auffasst:
der Gott, welcher ein Zeichen dessen, was er that, gab. Shigetane's einfache
und ungekünstelte Erklärung scheint mir aber vorzuziehen, zumal da der
analoge Name *Oho-mono-shiro-nushi* die erstgegebene Erklärung des Wortes
shiro = *shiru* als die über allen Zweifel richtige zeigt. Längere Formen desselben
Namens sind *Ya-he-koto-shiro-nushi* „ der die achtfachen (d. h. alle) Dinge
leitende Herr,“ und *Tsumi-ba-ya-he-koto-shiro-nushi* (*tsumiba* Bedeutung unbekannt).

Koto-shiro-nushi ist ein Sohn des *Oho-mono-nushi* (auch *Oho-mono-shiro-nushi*,
alias *Oho-na-muchi, Oho-kuni-nushi*). Die Zeichen 事代主, womit der Name
geschrieben, bedeuten „ Ding-Stellvertretung-Herr.“

heuer [89] verwandelte, mit Mizo-kuhi-hime [90]—anders.

---

[89] 八尋熊鰐 *ya-hiro kuma-wani*. Das Zeichen 鰐 und das Wort *wani* bedeutet zwar für gewöhnlich ein „Krokodil," da aber die alten Japaner Krokodile überhaupt nicht kannten, muss *wani* allgemeiner als „Seeungeheuer" gefasst werden. In der That ist eine Art *Drache* darunter zu verstehen. Ich citiere einen Teil von Astons Note zu dieser Stelle:)) Satow und Anderson haben bemerkt, dass das *Wani* in der Kunst gewöhnlich als ein Drache dargestellt wird, und dass Toyo-tama-bime, welche nach einer Legende bei der Geburt eines Kindes sich in ein Wani als ihre eigentliche Gestalt verwandelt, nach einer anderen Version sich in einen Drachen verwandelt. Nun aber war Toyo-tama-bime die Tochter des Meergottes. Dies bringt auf den Gedanken, dass der letztere einer von den Drachen-Königen war, welche in der chinesischen (vgl. Mayers' Manual, p. 142) und koreanischen Sage so oft erwähnt werden und herrliche Paläste auf dem Meeresgrunde bewohnen. Es ist unnötig hier die Drachen-Könige bis in die indische Mythologie zu verfolgen, wo sie als Nāga-rāja oder Cobra-Könige erscheinen. Der wissbegierige Leser möge Anderson's British Museum Catalogue p. 50 einsehen. Chamberlain hat bemerkt, dass „die ganze Geschichte vom Palast des Meergottes chinesische Züge an sich trägt und der dabei erwähnte Kassienbaum sicherlich chinesisch ist." Wäre es möglich, dass wir in *wani* das koreanische *wang-i* „König" hätten, wobei *i* die koreanische Definitpartikel wäre wie in *zeni, fumi, yagi* und anderen chinesischen Wörtern, welche über Korea nach Japan gekommen sind? Wir haben denselben Wechsel von *ng* in *n* in dem Namen des Koreaners, welcher den japanischen Kronprinzen zur Regierungszeit des Ōjin Tennō im Chinesischen unterrichtete. Sein Name war *Wang-in* im Koreanischen, wurde aber von den Japanern *Wani* ausgesprochen.((Ich glaube, dass Astons Vermutung das Richtige trifft, und dass *wani* eigentlich „König," d. i. „Drachenkönig" bedeutete.

Kuma-wani „Bären-Seeungeheuer," d. h. ein Seeungeheuer so mächtig und stark wie ein Bär, ein Kompositum ähnlich gebildet wie die sanskritischen „ein Manntiger, d. i. ein Mann wie ein Tiger" u. s. w. Ohne Zweifel war der Bär auf den japanischen Inseln in der alten Zeit ausserordentlich verbreitet, wie er ja auch in Nordjapan noch jetzt sehr häufig ist, und war das wegen seiner Stärke angesehenste Tier. Der von den Ainu, den Ureinwohnern Nordjapans, geübte Bärenkult hat jedenfalls so weit nach Südjapan gereicht, als die Ainu ursprünglich sesshaft gewesen sind, und die ältesten japanischen Einwanderer mögen selbst sich diesen Kult wenigstens zeitweise angeeignet haben. Das Beiwort *kuma* im obigen Sinn findet sich noch mit anderen Tiernamen verbunden: *kuma-taka* Bären-Falke, *kuma-washi* Bärenadler, *kuma-bachi* Bärenbiene, d. i. Horniss, *kuma-gera* grosser schwarzer Specht, *kuma-ari* eine Art grosser schwarzer Ameise, *kuma-abu* eine Art Fliege; auch mit

heisst sie auch Tama-kushi-hime [91]— von [der Insel] Mishima [92] Verkehr pflegte und mit ihr ein Kind erzeugte [Namens] Hime-tatara Isuzu-hime no Mikoto. Dieselbe wurde die kaiserliche Gemahlin des Kaisers Kamu-Yamato Ihare-biko Hoho-demi.[93]

Vorher noch begab sich Oho-na-muchi no Kami, zur Zeit als er das Land unterwarf,[94] an das Strändchen von Isasa [95] in der Provinz Idzumo, und war gerade im Begriff Speise und Trank zu sich zu

---

Pflanzennamen: *kuma-zasa* Bambusa nana *Roxb.*, *kuma-dara* Fatsia horrida *Sm.*; *kuma-itchigo* Rubus morifolius *Sieb.*; *kuma-gashi* (gebraucht für Shirakashi in 筑前) Quercus glauca *Thunb.*; *kuma-giku* Mallotopus japonicus *Fr. et Sav.*; *kuma-kokimomo* Uva-urusi der Apotheke; *kuma-shide* Carpinus japonica *Bl.*; *kuma-tsuzura* Verbena officinalis *L.*; *kuma-warabi* Aspidium lacerum *Sw.*; *kuma-yanagi* Berchemia racemosa *S. et Z.*

[90] *Mizo-kuhi* „Graben-Pfahl,“ Tochter des Gottes Mizo-kuhi-mimi von Mishima in der Provinz Settsu.

[91] *Tama-kushi*, nach den Zeichen „Juwelen-Kamm,“ phonetisch für „schön-wunderbar,“ also „die wunderbar schöne Prinzessin.“

[92] *Mishima* ist der Name einer Gegend oder Landschaft in Settsu, und wurde später in *Mishima no Kami* und *Mishima no Shimo*, Ober- und Unter-Mishima, eingeteilt. *Mishima* lit. = 3 Inseln.

[93] D. i. der erste Kaiser *Jimmu-tennō*; vgl. Buch 3. *Ihare* ein Ortsname in Yamato, *Kamu-Yamato-Ihare-biko* also „der göttliche Prinz von Ihare in Yamato.“ *Hoho-demi* „Feuer-Lieber“ siehe Buch 2, Kap. III, Anm. 25.

[94] Nach Shigetane ist die Zeit der Unterwerfung die Zeit seit der Rückkehr des Oho-na-muchi aus der Unterwelt, aber vor der Zusammenkunft mit Sukuna-biko-na. Die darauf folgende Zeit könnte nach ihm *Kuni-tsukuri no toki* „Zeit der Länderbildung“ genannt werden.

[95] *Isasa* im Distrikt Shutto von Idzumo; heisst auch *Itasa* oder *Inasa* (Man beachte den etymologisch wichtigen Wechsel von *s—t—n*, wie er in den altaischen Sprachen lautgesetzlich ist!). *Wo-bama* „Strändchen“ hat das Deminutivpräfix *wo* vor *hama* „Strand,“ wie wir es in den Namen *Wo-gaha*, *Wo-da*, *Wo-nu*, *Wo-hatsuse*, *Wo-tsukuba* u. s. w. finden, mit der Bedeutung eines Koseworteés. Nach dem Fūdoki-shō ist „*Inasa no wo-bama*, d. i. das Strändchen von Inasa beim Dorfe Karimiya im Bezirk Kidzuki (Idzumo). Der Strand bei diesem Orte heisst populär *Inasa-bama*.“ Diese Gegend ist dieselbe wie die im Nihongi genannte. *Inasa* wird von einigen Erklärern von *Ina-se* „Nein oder ja“ abgeleitet. Vgl. *Inase-hagi*, Buch 2, Kap. II, Anm. 17.

nehmen, als auf der Oberfläche des Meeres sich
plötzlich eine menschliche Stimme vernehmen liess.
Als er darüber erstaunt Nachsuche hielt, war nichts
zu sehen. Nach einer Weile kam ein Zwerg zum
Vorschein, welcher sich aus Kagami-Rinde [96] ein
Schiff verfertigt hatte und aus Zaunkönigs-Federn [97]

---

[96] *Kagami* oder *Kagami-gusa* Ampelopsis serjaniaefolia Rgl., eine weintrauben-
artige Pflanze mit einer 3 bis 4 Zoll langen Beere von Flaschenkürbisähnlicher
Form, die, wie Chamberlain bemerkt, im ausgehöhlten Zustande mit einem
Schiff in Miniatur ziemlich grosse Aehnlichkeit haben würde.

[97] Im KOJIKI „Gänsefedern," was allgemein verworfen wird. Vgl. Chamb.
pag. 85, Anm. 4. Für die Bekleidung der kleinen Gestalt des Zwerges war
der Balg eines Zaunkönigs genügend. Aston bemerkt: Dr. Schlegel erwähnt
in seinen „Problèmes Géographiques" eine Notiz über ein Han-ming-kuo
[genanntes Land], deren Bewohner Vogelbälge zu Kleidern zusammennähen.
Er identificiert dieses Land mit den Kurilen, wo neuere Reisende diese Sitte
vorgefunden haben. Der Vogel, dessen Balg so verwendet wird, ist der
Procellaria gracilis (Sturmvogel).

Die vorliegende Variante kommt der Erzählung, wie sie im KOJIKI, Sect.
27 gegeben ist, am nächsten. Die Kojiki-Erzählung enthält aber noch einen
ganz besonderen Zug, nämlich die Teilnahme einer Kröte am Gespräche der
Götter. Sie lautet: „Nun als der Gott Oho-kuni-nushi am erlauchten Kap
von Miho in Idzumo residierte, kam auf dem Kamm der Wogen in einem
Schiff aus himmlischer Kagami eine Gottheit gefahren, gekleidet in einen mit
vollständigem Abzug abgezogenen Gänse-Balg. Obgleich man sie nun nach ihrem
Namen fragte, gab sie keine Antwort; und obgleich man überdies die sie
begleitenden Gottheiten befragte, sagten [diese] alle, dass sie es nicht wüssten.
Da sprach die Kröte und sagte:)) Dies wird Kuye-biko sicherlich wissen. ((
Hierauf berief [Oho-kuni-nushi] den Kuye-biko, und fragte ihn, worauf dieser
antwortete und sprach:)) Dies ist der Gott Sukuna-biko-na, das erlauchte Kind
des Gottes Kami-musubi. ((Als sie daher nun Seine Hoheit Kami-musubi-mi-
oya ehrfurchtsvoll benachrichtigten, antwortete dieser und sprach:)) Dies ist
in der That mein Kind. Unter meinen Kindern ist er dasjenige Kind,
welches zwischen der Gabel meiner Hand untertauchte (durchschlüpfte). Mit
dir Ashi-hara-shiko-wo no Mikoto soll er Brüderschaft schliessen, und [ihr
beide] sollt dieses Land bilden und ihm feste Gestalt geben. ((Daher bildeten
und festigten von da an die beiden Götter Oho-na-muji und Sukuna-biko-na
dieses Land in Gemeinschaft mit einander. Aber später setzte der Gott
Sukuna-biko-na ins Land der Unvergänglichkeit hinüber. Der [von den
Leuten damals] Kuye-biko genannte [Gott], welcher den Gott Sukuna-biko-na

ein Kleid gemacht hatte. Er kam mit der Flut auf ihn zugeschwommen, und Oho-na-muchi no Kami nahm ihn und setzte ihn auf seine Handfläche. Als er mit ihm spielte, sprang [der Zwerg] empor und biss ihn in die Wange. Er wunderte sich über seine Gestalt und schickte einen Boten ab, um es den Himmelsgöttern zu berichten. Als nun Taka-mi-musubi no Mikoto es vernahm, sprach er : „ Der von mir gezeugten Kinder sind im ganzen ein tausend fünfhundert. Unter ihnen ist ein Kind, das im höchsten Grade böse war und meinen Unter-weisungen nicht gehorchte. Es schlüpfte zwischen meinen Fingern hindurch und fiel herab,[98] und sicherlich ist es dieses. Es sollte mit liebender Sorgfalt aufgezogen werden.“ Dieses [Kind] war nämlich Sukuna-biko-na no Mikoto.

---

kund machte, ist heutzutage die Vogelscheuche auf den Berg-Feldern. Obgleich dieser Gott mit seinen Beinen nicht gehen kann, ist er doch ein Gott, der alle Dinge unter dem Himmel sämtlich kennt.“

[98] Vgl. Anm. 74.

NIHONGI.

Zweites Buch.

Des Götterzeitalters zweiter Teil.

KAPITEL I.

[Herabsendung von Goettern zur Austreibung der boesen Geister aus dem Mittellande. Keiner kehrt nach dem Himmel zurueck. Des Fasanen Botschaft. Tod des Ame-waka-hiko. Ajisuki's Kondolenz im Himmel.]

Masaka-a-katsu Kachi-haya-hi Ama no Oshi-ho-mi-mi[1] no Mikoto, der Sohn der Ama-terasu Oho-mi-kami, heiratete

---

BUCH II.

—

KAPITEL I.

Zum Inhalt vergl. Kojiki Sect. 30 und 31.

[1] Vgl. Buch 1, Kap. V, Anm. 17 und 30. Nach einer Lokalsage der Provinz Buzen lässt man auch diesen Gott nach dem Ashihara no Naka tsu kuni kommen. So sagt das Buzen-fūdoki (im Shaku-Nihongi, Bd. X): 田河郡鹿春 (*Kaharu*) 郷. 昔者神羅國神自度到來住此川原. 名曰鹿春神. Dieser „*Gott von Kaharu, welcher von Shiragi aus sich selber übergesetzt hat*, besteht nach dem 延喜式神名帳: „田川郡三座 (並小) 辛國息長大姫大目命神社. 忍骨命神社. 豐比咩命神社," also aus drei Gottheiten, nämlich: Okinaga-Ohohime-Ohome no Mikoto von Kara (d.h. Shiragi od. Korea überhaupt), Oshihone no Mikoto, und Toyo-Hime no Mikoto. Das Shaku-Nihongi Bd. VIII besagt ferner: „(山城國) 風土記曰. 宇治郡木幡社 (祇社) 名天忍穗根尊云々. 神代上一書曰. 正哉吾勝勝速日天忍骨尊. 骨與穗根者漢字和字同訓也." Nach dieser Sage also wäre *Oshihomimi* oder *Oshihone* auch von Shiragi selber nach Japan herüber gefahren, wie Susanowo und Itakeru.

Taku-hata-chi-chi-hime,[2] eine Tochter des Taka-mi-musubi no Mikoto, und zeugte mit ihr den Ama-tsu-hiko Hiko-ho no Ni-nigi[3] no Mikoto. Deshalb behandelte ihn sein erlauchter Urahn[4] Taka-mi-musubi no Mikoto mit besonderer Liebe und zog ihn mit grosser Achtung auf. Schliesslich wünschte er seinen suveränen erhabenen Nachkommen[5] Ama-tsu-hiko Hiko-ho no Ninigi no Mikoto zum Herrn des Mittellandes des Schilfgefildes einzusetzen. Aber in jenem Lande waren viele Gottheiten, welche wie Johanneswürmchen leuchteten, und böse Gottheiten, welche wie Fliegen summten. Ferner waren da Kräuter und Bäume, welche alle sprechen konnten.[6] Daher rief Taka-mi-musubi no Mikoto alle achtzig Götter zu einer Versammlung zusammen und fragte sie und sprach: „Mein Wunsch ist, dass man die bösen Geister[7] im Mittel-

---

2 *Taku* „Papiermaulbeerrindenzeug," *hata* „Webstuhl" (nach Shigetane, nach Motowori aber=Gewebe), *chi-chi* „tausend und tausend," d. i. unendlich viel. Während der Gott *Oshi-ho-mi-mi* nach dem Reis benannt ist, ist *Taku-hata-chi-chi-hime* nach der Kleidung benannt, beide Gottheiten haben also Beziehung auf Ackerbau und Weberei.

3 „Der himmlische Prinz, der Rot-Reichliche der herrlichen Aehren." Wie ich durch das Komma andeute, haben wir es eigentlich mit zwei Namen derselben Person zu thun, welche in einen zusammengezogen sind. Im Kojiki Sect. 23 haben wir für den ersteren den längeren Ausdruck *Ame-nigishi-Kuni-nigishi Ama-tsu-hi-daka* „Himmels-Fülle Erden-Fülle Himmels-Sonnen-hoher" (d. h. hoch wie die Sonne im Himmel). Im zweiten Bestandteil *Hiko-ho no Ni-nigi* ist *hiko* „Prinz" ein schmückendes Präfix: prinzlich d. h. herrlich; *ho* „Aehre, Reisähre;" *ni* „rot;" *nigi* „reichlich." hier ebenfalls im Sinne eines Honorificums gebraucht. Motowori's Erklärung von *nigi* als *ni+ki* „roter Herr" ist zu verwerfen.

4 *Mi-oya*, stets so zu übersetzen!

5 *Sume-mi-ma*: *sume* „suverän" (vgl. *sumera, subera; subete* etc); *ma* ist nach gewöhnlicher Erklärung eine Abkürzung von *mago* „Enkel," **H** aber erklärt *ma* als verwandt mit *mi* „Leib, Person," *mi-ma* also als „erlauchte Person," was höchst unwahrscheinlich ist. An gegenwärtiger Stelle verwirft **H** überhaupt die Lesung *sume-mi-ma* für 皇孫 und liest *sume-mi-ko* „suveränes erlauchtes Kind," wobei er unter *ko* „Kind" überhaupt Nachkommen im allgemeinen versteht.

6 Vgl. Buch 1, Kap. VII, Anm. 81.

7 邪鬼 *ashiki mono*. Zu *mono*=„Geist" vgl. Buch 1, Kap VII, Anm. 68.

lande des Schilfgefildes fortbanne und unterwerfe. Wen wird
es gut sein zu schicken? Wohlan, ihr Götter alle, verberget
nicht eure Meinung!“ Sie alle sprachen: „Ama no Ho-hi [8]
no Mikoto ist der heldenhafteste der Götter. Sollten wir es
nicht einmal mit ihm versuchen?“

Hierauf liess man [9] also in Gemässheit mit dem Rate
Aller den Ama no Ho-hi no Mikoto dorthin gehen und die
Unterwerfung vornehmen. Dieser Gott jedoch schmeichelte
dem Oho-na-muchi no Kami und that ihm schön, und es
waren schon drei Jahre verflossen, ohne dass er einen Bericht
von seiner Mission gegeben hatte. Daher schickte man [vom
Himmel] seinen Sohn Oho-se-ihi-Mikuma no Ushi, [10] der mit

---

[8] Vgl. Buch 1, Kap. V, Anm. 18 (Seite 80).

[9] Man kann auch *Taka-mi-musubi* allein als Subjekt annehmen. Chamberlain bemerkt an der entsprechenden Stelle im KOJIKI, dass in dieser Legende
[im KOJIKI] der Name des Gottes *Taka-mi-musubi* beständig mit dem der
Sonnengöttin zusammen genannt wird, welche bisher allein als Beherrscherin
des Himmels aufgetreten war.

[10] *Oho-se-ihi* nach den Zeichen „gross-Rücken-gekochter Reis.“ **H** nimmt
se als „Körperlänge;“ sowohl *Ihi* als *Mikuma* betrachtet er als Ortsnamen,
und verweist einerseits auf ein vom WAMYŌSHŌ citiertes *Ihi-ishi* im Distrikt
Ihi-ishi von Idzumo, und andrerseits ein im selben Distrikt gelegenes *Kumagaya;*
ushi 大人 „Herr.“ Nach **H** also etwa „der grossgestaltige Herr von Ihi und
(oder bei) Mikuma.“ Das *mi* in *Mikuma* wäre ein Zusatz (=erlaucht) wie in
Mi-Yoshinu, *Mi-Kumanu* u. s. w. **H** analysiert das Wort *ushi* den Zeichen
entsprechend in *u-shi=*„grosser Mensch.“ Das Wort *u* „gross“ will er durch
ukari, was eine grosse Art *kari* „Wildgans“ bedeutet, und durch *umi* „Meer“
=*u-mi* „grosses Wasser“ 大水 belegen. *Shi=*人 „Mensch“ findet er in
醫=藥人 *kusushi* (wohl aus *kusuri-shi* Medizin-Mensch) Arzt, 矢人 *ya-shi*
Pfeilmacher, 塗人 *nu-shi* Lackierer, 鑄物人 *imono-shi* Giesser (Metallgiesser).
In allen diesen Wörtern wäre zwar 師 *shi* geschrieben, aber *shi* habe die
Bedeutung 人 Mensch. Hierher zieht er auch 山人 *yama-shi* Spekulant, 世
間人 *seken-shi* Hochstapler u. s. w. Die Hypothese ist jedoch hinfällig, da
kein Zweifel obwalten kann, dass wir es bei den zuerst genannten Beispielen
in *shi* mit dem oft auch an rein japanische Wörter (weil ins japanische
Sprachbewusstsein übergegangen) zur Wortbildung angehängten chinesischen
師, 士 zu thun haben. Anders erklärt den Namen **I.** Er identificiert diesen
Gott mit dem in Kap. II dieses Buches genannten *Ina-se-hagi*, dem Gott
„Nein-Ja-Schenkel.“ Ausserdem liest er *Oho-se-hi no Mikuma no Ushi: oho*

anderem Namen auch Take-mikuma no Ushi[11] hiess. Auch dieser jedoch gehorchte seinem Vater und erstattete schliesslich keinen Bericht von seiner Mission. Daher versammelte Taka-mi-musubi no Mikoto wiederum alle Götter und fragte sie, wer geschickt werden sollte. Sie alle sprachen: „ Ame-waka-hiko,[12] der Sohn des Ama no Kuni-tama.[13] Er ist ein tapferer Mann. Versuche es mit ihm! “ Hierauf gab Taka-mi-musubi no Mikoto dem Ame-waka-hiko einen himmlischen Hirsch-bogen[14] und himmlische gefiederte Pfeile[15] und schickte ihn ab. Dieser Gott war ebenfalls untreu, und so bald als er [unten] angelangt war, nahm er die Shita-teru-hime,[16] eine

---

„gross,“ *se* „ja,“ *hi* kontrahiert aus *hagi* „Schenkel;“ der Herr von *Mikuma* hiesse er nach dem Namen des Schiffes „ (das vielhändige Schiff von Kumanu,“ vgl. Kap. II, Anm. 14). Alles nicht überzeugend.

[11] „ Der ungestüme oder tapfere Herr von Mikuma.“ *Take* ist ein blosses Honorificum und kommt auch noch in anderen Götternamen als solches vor, z. B. *Take Susa no Wo* u. s. w.

[12] „ Himmlischer junger Prinz.“ Zu diesem Namen *Ame-waka-hiko* wird niemals das Prädikat *kami* „ Gott “ oder *Mikoto* „ Hoheit “ gesetzt, und einige Erklärer haben behauptet, dass dies geschehe, um dem Abscheu vor der Bosheit des Gottes Ausdruck zu geben.

[13] Nach den Zeichen: „ des Himmels Erd-Juwel,“ nach anderer Interpre-tation aber *tama* = „ Geist :“ „ des Himmels Erden-Geist.“

[14] *Ame no kago-yumi.* *Kago* ist ein Deminutiv von *ka* „ Hirsch,“ lit. „ Hirsch-Kind.“ Er wird auch *ame no hazi-yumi* „ himmlischer Bogen aus Hazi-Holz“ genannt. (Oder sollte *hazi-yumi* das jetzige *hajikiyumi* „ Schnapp-bogen “ sein?).

[15] *Ame no ha-ha-ya.* Nach den Zeichen „ Feder-Feder-Pfeile.“ Man will aber *ha-ha-ya* aus *ha-hari-ya* „ Feder-beklebter Pfeil “ erklären. Ein anderer Name ist auch dafür (KOJIKI Sect. 31 und 34) *ame no kaku-ya* „ himmlische Hirsch Pfeile.“ Es sollen Pfeile mit sehr breiten und grossen Federn sein.

[16] „ Unten-scheinende-Prinzessin.“ Sie soll von grosser Schönheit gewesen sein, und man hat daher in den Namen die Bedeutung gelegt : die Prinzessin, deren Schönheit unter ihren Gewändern hindurchschimmerte, in Analogie zu dem Namen der *So-tohoshi no iratsume,* von der es in einer Glosse zu KOJIKI Sect. 137 heisst, dass sie ihren Namen „ (die das Gewand durchdringende Dame) “ deshalb habe, weil der Glanz ihres Körpers durch ihre Gewänder durchkam. **H** aber will *shita* im Sinn von *uruhashiki* „ schön “ nehmen, und

Tochter von Utsushi-kuni-tama,[17] zum Weibe.—*Mit anderen Namen heisst sie auch Taka-hime oder Waka-kuni-tama.*[18]—Also er blieb und wohnte dort und sprach: „ Auch ich wünsche das Mittelland des Schilfgefildes zu regieren." Schliesslich erstattete er keinen Bericht von seiner Mission. Da wunderte sich Taka-mi-musubi no Mikoto darüber, dass er so lange keinen Bericht von seiner Mission gab, und schickte den Fasanen Na-naki[19] ab, um sich nach ihm zu erkundigen. Der Fasan flog herab und setzte sich auf den Wipfel eines viel-ästigen Cassienbaumes,[20] welcher vor dem Thore [des Hauses]

---

citiert als Beleg mehrere Stellen aus Gedichten, ohne aber dadurch seine Hypothese wahrscheinlich zu machen, dass *shita* jemals diese Bedeutung haben könne.

[17] „ Des sichtbaren Landes Juwel" oder „ Sichtbarer-Landes-Geist," ein anderer Name für Oho-kuni-nushi.

[18] *Taka-hime* „ hohe Prinzessin," nach Hirata eine Abkürzung von *Taka-teru-hime* „ hoch-scheinende-Prinzessin."

Waka-kuni-tama nach den Zeichen „ Jung-Landes-Juwel."

[19] *Na-naki* ist hier mit den Zeichen 無名 „ ohne Namen " geschrieben, und **I** acceptiert diese Bedeutung. Im KOJIKI Sect. 31 stehen jedoch die Zeichen 名鳴 *na-naki*=„ den [eigenen] Namen rufend," und dies scheint die richtigere Etymologie, da in der That das Wort *kigishi* oder *kigisu* „ Fasan " ein onomatopoetisches Wort ist (modernes *kiji* ist aus *kigishi* kontrahiert). Der Fasan ist nach dem Ruf, den er ausstösst, benannt. Aston citiert analog gebildete onomatopoetische Namen: *uguhisu* Nachtigall, *kakesu* Dohle, *kirigirisu* Heuschrecke, *hototogisu* Kuckuck, deren Endung *su* er als *suru* „ machen " erklärt. Eine dritte, wenn auch nicht unvernünftige, doch unwahrscheinliche Erklärung ist, dass *na* ein überflüssiger Vorsatz sei; im KOJIKI steht nämlich *Na-naki-me* „ Namen schreiendes Weib," und weiter unten wird der Fasan zum *naki-me* „ Heulweib " eingesetzt (im NIHONGI wird der Zaunkönig das Heulweib); so hat man *na-naki-me*=*naki-me* gesetzt. Doch mag in diesem Beispiel der Vorsatz *na* durch falsche Analogie hinzugefügt worden sein.

[20] 杜木 *kadzura*, auch 桂, 香木 oder 楓 geschrieben. Welcher Baum darunter zu verstehen sei, ist nicht klar; jedenfalls ist er von dem jetzt *kadzura* oder *katsura* genannten Baum, Cercidiphyllum japonicum, einer Magnolienart, in Nordjapan (vgl. Rein, II, 309), verschieden. und ist überhaupt keine Magnoliacee, sondern ein Trochodendron. **H** hält ihn entweder für den 桂 *katsura*, Olea fragrans, oder 楓 *kahede* Ahorn, Acer palmatum. Ich habe Chamberlain's Deutung übernommen.

des Ame-waka-hiko stand. Da sah ihn Ama no Sagu-me [21] und sprach zu Ame-waka-hiko: „ Ein seltsamer Vogel ist gekommen und sitzt auf dem Wipfel des Cassienbaums." Hierauf ergriff Ame-waka-hiko den himmlischen Hirschbogen und die himmlischen gefiederten Pfeile, welche er von Taka-mi-musubi no Mikoto erhalten hatte, und tötete den Fasan durch einen Schuss.[22] Der betreffende Pfeil durchbohrte die Brust des Fasanen und [indem er bis zum Himmel hinaufflog,] gelangte er vor den Sitz des Taka-mi-musubi no Mikoto.[23] Als nun Taka-mi-musubi no Mikoto diesen Pfeil sah, sprach er: „ Dieser Pfeil ist einer von den Pfeilen, welche ich ehedem dem Ame-waka-hiko gegeben habe. Dass er mit Blut befleckt ist, mag wohl daher kommen, dass [Ame-waka-hiko] mit den irdischen Gottheiten einen Kampf gehabt hat."[24] Hierauf ergriff er den Pfeil und warf ihn wieder zurück nach unten.[25] Im Herabfallen traf der Pfeil oben auf die Brust[26] des Ame-

---

[21] „ Das ausspähende Weib des Himmels."

[22] Im Kojiki reizt Ama no Sagu-me ihn zu dieser That an, indem sie sagt: „ Der Ton des Schreis dieses Vogels ist sehr schlecht; deshalb solltest du ihn tot schiessen." Ebenso weiter unten in der Variante.

[23] Nach dem Kojiki war dieser Sitz im Flussbett des achtströmigen Flusses des Himmels, d. i. der Milchstrasse.

[24] Im Kojiki sagt er: „ Wenn Ame-waka-hiko diesen Pfeil unserem Befehle gehorsam gegen die bösen Gottheiten [des Mittellandes] abgeschossen hat, so soll [der zurückgeschleuderte Pfeil] ihn nicht treffen. Wenn er aber unlautere Gesinnung hat, so soll Ame-waka-hiko durch diesen Pfeil zu Grunde gehen."

[25] Im Kojiki: durch das Pfeilloch hindurch [welches der hinauffliegende Pfeil in die Himmelsdecke gebohrt hatte].

[26] *Muna-saka ni.* Shigetane macht auf die Analogie zwischen den Benennungen von Körperteilen und Teilen eines Berges aufmerksam:

muna-saka	Brust eines Liegenden	———*saka* Abhang eines Berges.
itadaki	Scheitel	———Gipfel.
hana	Nase	———Vorsprung.
hara	Bauch	———Gefilde.
kura in *mata-gura* die Gabelung		
zwischen beiden Oberschenkeln	———Thal.

waka-hiko. Zu dieser Zeit nämlich hatte Ame-waka-hiko von dem neuen Schmaus genossen [27] und lag gerade schlafend auf dem Boden. Von dem Pfeil getroffen, starb er auf der Stelle. Dieses ist der Grund, warum die Leute dieser Welt sagen: „Vor einem zurückgesandten Pfeile muss man sich fürchten.“[28]

Die weinende und kläglich trauernde Stimme von Ame-waka-hiko's Gemahlin Shita-teru-hime war bis in den Himmel hinein hörbar. Da hörte Ama no Kuni-tama die weinende Stimme und wusste sofort, dass jener Ame-waka-hiko schon tot sei, und schickte [den Gott des Wirbelwindes] Haya-ji,[29] um den Leichnam zum Himmel heraufzubringen.[30] Hierauf errichtete man ein Trauerhaus und setzte die Leiche temporär

---

[27] Ueber das *Nihi-name* Fest siehe Buch 29, Seite 20, Anm 29. Dass in der ältesten Zeit dieses Götterfest in jedem Hause gefeiert wurde, geht aus den Adzuma-uta in MANYŌSHŪ Buch 14 hervor.

[28] Vgl. auch Chamb. pag. 96, Anm. 17.

[29] *Haya-ji* ist der Gott des Wirbelwindes und heisst auch *Haya-tsu-muji no Kami.* Ihm sind mehrere Shintōtempel in Idzumo geweiht. *Haya* „schnell;“ *ji* oder *chi* „Wind“ nur in Zusammensetzungen, vgl. auch *kochi* Ostwind. *Haya-ji* ist in jetziger Sprache *haya-te* „Orkan auf dem Meere.“ (Beachte den Wechsel von *chi, ji* und *te,* und den von *de* und *ne* Buch 2, Kap. III, Anm. 25).

[30] Im KOJIKI kommt Ama no Kuni-tama, der Vater des Ame-waka-hiko, mit der Frau und den Kindern des Getöteten, welche während seiner irdischen Mission im Himmel zurückgeblieben waren, auf die Erde herab an den Ort, wo der Tote lag, und die Begräbnisceremonien, von deren urältester Beschaffenheit wir hier eine kleine Schilderung bekommen, fanden auch in Idzumo statt (nach dem NIHONGI aber im Himmel).

[31] Im 喪屋 *mo-ya* „Trauer-Haus“ wurde die Leiche eingesetzt, bis das definitive Begräbnis in der inzwischen hergestellten Begräbnisstätte, oft einem aus grossen Steinen gebauten Grabgewölbe, stattfand. Die Dauer der Beisetzung in der *mo-ya* war, wie H angiebt, je nach den Ständen verschieden, und zwar bei Vornehmen länger als bei Geringen. Dies hat seinen Grund darin, dass die Errichtung der Grabstätten der Vornehmen, und besonders der Kaiser, viel Arbeit und Zeit erforderte, zumal sich nach und nach dabei ein grosser Luxus entwickelte (eine Beschreibung der *Misasagi* „Grabstätten“ der Kaiser siehe Aston's NIHONGI, vol. I, pag. 135–137, woselbst auch Abbildungen gegeben sind). Manchmal verflossen mehrere Jahre, ehe das definitive Begräbnis

darin bei.[31] Fluss-Wildgänse [32] wurden zu Hänge-Kopf-Trägern [33] und zu Besen-Trägern [34] gemacht.—*Anders heisst es auch: Die*

---

stattfinden konnte. So wird berichtet, dass Kaiser Jimmu 19 Monate, die Kaiserin Suiko 18 Monate, Kaiser Ankō und Buretsu 3 Jahre, u. s. w. im *Moya* temporär beigesetzt waren. Ausführliches bei A. H. Lay, Japanese Funeral Rites, T. A. S. J. vol. 19, pag. 507 ff. Die *mo-ya* wurde in jedem Falle speziell gebaut. Die sich versammelnden Verwandten enthielten sich alles Weins, Fleisches und überhaupt jeder schmackhaften Kost. Mit Tanz und Gesang erfreuten sie die Seele des Verstorbenen. Shikida (der Verfasser von **H**) hat über die alten Totenbräuche ein besonderes Werk geschrieben unter dem Titel 古葬徴 *Ko-sō-chō* „ Alte-Begräbnisse-Beweise.“

[32] 川鴈 *kaha-gari*. Moribe, welcher diesen Vogel in Ise selbst gesehen haben will, beschreibt ihn als langbeiniger und schlanker, wei die gewöhnliche Wildgans. **H** vermutet, dass *kaha-gari* überhaupt nicht eine Wildgans sei, sondern vielleicht eine Vogelart, welche man *kaha-garasu* (Sibirischer schwarz-schnäbliger Taucher, Pallas-Taucher) nennt. Wenn er Menschen gewahr wird, so fliegt er den Fluss entlang weit weg. Ein Vogel von schwarzer Farbe.

[33] So wörtlich nach den Zeichen 持傾頭: 持 „ haben, tragen;“ 傾頭 „ den Kopf zur Seite neigen.“ Die gewöhnliche jap. Lesung ist *kizari-mochi*, ein dunkles archaisches Wort. Der einzige etymologische Versuch, dieses Wort zu erklären, rührt von Kurokawa Harumura her: *kizari-mochi* von *ke-kazari-mochi; ke* „Schale,“ worauf die Speise für den Toten gelegt wird, *kazari* „Schmuck,“ *mochi* „Träger.“ Die *kizari-mochi* gehen beim Begräbnis zu Seiten des Sarges her und tragen die Speise für den Toten. **H** aber liest *kabushi-mochi*, d. h. „solche welche den Sarg von unten stützen,“ um zu vermeiden, dass er auf eine Seite überneige (von *kabusu* „neigen “).

[34] *Hahaki-mochi (hōki-mochi).* Sie kehrten die Leichenhütte *mo-ya* nach dem Begräbnis aus, was wohl zugleich das Wegfegen aller Verunreinigung symbolisierte. In den Hokuroku Provinzen im Norden besteht noch jetzt die Sitte, dass, nachdem die Leiche hinausgetragen ist, das Zimmer mit einem Besen gekehrt und dieser Besen dann auf der Grabstätte weggeworfen wird. Beim schintoistischen Begräbnis echten Stiles werden zwei grosse Besen vor dem Leichenzuge hingeschleift. Das oben erwähnte Auskehren des Zimmers nach dem Hinaustragen der Leiche hat insofern auf den Volksaberglauben eingewirkt, als man vermeidet, nach dem Weggehen (oder Abreise) Jemandes gleich zu kehren. (Erwähnt in einem Gedicht von MANYŌSHŪ 19.) **I** citiert aus einem älteren Werke auch noch eine Sitte, welche im Tempel zu Ise bestand (oder noch besteht?). Dort fegte man nämlich, sobald man bemerkte, dass der Gast aufbrechen wollte, vermied aber aufs peinlichste, nach dem Weggange des Gastes zu fegen.

Hühner [35] *wurden zu Hänge-Kopf-Trägern und die Fluss-Wildgänse zu Besen-Trägern gemacht.*—Ferner die Sperlinge wurden zu Stampf-Weibern* [36] gemacht.*—Anders heisst es auch : Die Fluss-Wildgänse wurden hierauf zu Hänge-Kopf-Trägern und ferner zu Besen-Trägern gemacht, der Eisvogel wurde zum Stellvertreter des Totengeistes* [37] *gemacht, die Sperlinge zu Stampf-*

[35] Ob Hähner oder Hühner zu verstehen seien, ist nicht klar.

[36] 舂 女 **H** und **I** *tsuki-me* „Stampfweiber," **O** *usu-dzuki-me* „Mörser-Stampf-weiber," im KOJIKI *usu-me* „Mörser-Weiber." (Noch jetzt heissen Reis stampfende Männer *usu no mono* „Mörserleute." Dass früher das Geschäft immer von Weibern vollzogen wurde, ergiebt sich aus den Adzuma-uta in MANYŌSHŪ 14). Beim Begräbnis wurde Reis zu verschiedenen Zwecken gebraucht, z. B. dem Toten wurde Reis als Opfer dargebracht, und diejenigen Weiber, welche den dazu erforderlichen Reis stampften, d. h. enthülsten und von der Kleie reinigten, hiessen *tsuki-me*. In einigen Gegenden besteht noch jetzt die Sitte, wenn Jemand gestorben ist, im Garten mehrere Mörser auf-zustellen und darin massenhaft Reiskörner zu stampfen. Vielleicht ist dies ein Ueberbleibsel der alten Sitte. Auch der Reis zur Speise der Trauernden wurde wahrscheinlich von den *tsuki-me* gestampft. Der Reis wurde dem Toten teils als *shitogi*, aus Reis bereiteter Mochi, teils als *kashiyone* oder *kumashine*, d. i. rein gewaschener Reis, dargeboten. (Unter *tsuku* „stampfen " ist nicht etwa „pulverisieren " zu verstehen, denn dieses heisst *hiku*. Gestampften Reis nennt man jetzt *haku-mai* weissen Reis).

[37] 尸 者 *mono-masa*＝物 座: *mono* „Geist, Seele [des Toten]," *masa* leitet **I** von *masu* „sein " ab, also „ der an Stelle der Seele Seiende." **I** vermutet, dass der Eisvogel, *sohi* oder *soni*, dazu benutzt wurde, weil die grüne Farbe des Vogels der des Totenkleides ähnlich gewesen sei. Er ist der Ansicht, dass die Trauerkleider und Totenkleider ursprünglich grün waren, was er durch einen Hinweis auf ein Gedicht des Ya-chi-hoko im KOJIKI (siehe den Appendix) begründen will. Ein Kleid von Eisvogel-grüner Farbe scheint nach diesem Gedicht etwas Schlimmes zu bedeuten, und **I** sieht dieses Schlimme eben darin, dass Grün die Farbe des Totenkleides war. Das ist zwar nicht unwahrscheinlich, aber mit gleichem Rechte liesse sich dies auch behaupten von dem im selben Gedichte mit Abscheu erwähnten schwarzen Kleide (*nubatama no kuroki mi-keshi*). **H** erklärt *masa* durch 正, und will ihm die Bedeutung *sama* „ Beschaffenheit, Wesen " geben. Er vergleicht es mit *masa* in *ura-masa* (*ura-masa ni*＝richtig nach der Weissagung), *ana masana ya, masana to*.

Eine nicht unähnliche Sitte bestand vor alters in China, wie aus dem LI-KI hervorgeht. Zu dem im Text des LI-KI erwähnten Ausdruck 虞 尸 *gu-shi* bemerkt der chinesische Kommentar: „*gu* bedeutet „beruhigen " [*gu-shi* also:

Weibern, die Zaunkönige zu Heulweibern,[38] *die Weihen zu
Totenkleidmachern,*[39] *und die Raben zu Speisebereitern.*[40] *Sämt-
lichen Vögeln insgesamt wurde die Angelegenheit anvertraut.—*

---

die Leiche, den Toten beruhigen]. Nach Beendigung des Begräbnisses kehrt
man mit der eingeladenen Seele zurück und verehrt sie am Mittag in dem
hinkyū 殯宮 (Tempel des temporären Begräbnisses), um sie zu beruhigen. Bei
männlichen Toten wird der Sohn, bei weiblichen Toten die Tochter zum 尸 *shi*
(Leichnam, dem jap. *mono-masa* entsprechend) gemacht. 尸 *shi* bedeutet so viel
wie 主 *shu* „Herr." Wenn man die Gestalt der Eltern nicht sieht, so hat
unser Herz keinen Anhaltepunkt. Deshalb setzt man einen 尸 *shi* ein, lässt
ihn die Kleidung des Toten anziehen und lässt das Herz des pietätvollen
Kindes hier Herr sein." Nach einer Stelle im LI-KI (儀禮記虞 Gi-rai-ki-
gu), welche H citiert, trägt der *Shi* (*Mono-masa*) das Oberkleid des Verstorbenen; bei männlichen Toten wird ein Mann, bei weiblichen Toten ein
Weib zum *Shi* gemacht, immer aber ein Mensch von verschiedenem Familien-
namen 姓, und niemals werden Unfreie 賤者 dazu verwendet.

Sollte vielleicht zwischen der chinesischen und japanischen Sitte ein
Zusammenhang existieren?

[38] 哭者 „Heuler," im KOJIKI genauer 哭女 *naki-me* „Heul-Weib"
geschrieben. Sie wurden gemietet, um beim Begräbnis den Sarg nach der
Grabstätte zu begleiten und dabei zu heulen. Die einst allgemein verbreitete
Sitte findet sich jetzt noch in den Kinai Provinzen, und zwar heissen die
betreffenden Weiber *naki-baba* „heulende alte Frauen," gleichgültig ob sie alt
oder jung sind. Bei den alten Koreanern scheint die Sitte des Heulens noch
intensiver ausgeübt worden zu sein als bei den Japanern. Vgl. im NIHONGI
Buch 13, Ingyō-tennō 42. Jahr; Buch 19, Kimmei-tennō 32. Jahr; Buch 25,
Kōtoku-tennō, 5. Jahr Taikwa; Buch 26, Saimyō-tennō 5. Jahr (9 tägiges
Trauern!), Buch 30, Jitō-tennō 1. Jahr.

[39] 造綿者 *wata-tsukuri,* lit. „Wata-macher, Baumfaser-Krempler." Drei
Meinungen sind vertreten: a) Leute, welche die Kleider der Toten verfertigen; b) Leute, welche im Sarg die Lücken zwischen Sarg und Leiche mit
Wata ausstopfen (Hirata); c) Leute, welche mit in Wasser getränkten Baum-
fasern die Leiche waschen.

[40] 宍人者 *shishi-hito,* lit. „Fleisch-Menschen," im KOJIKI 御食人 *mi-ke-hito*
„erlauchte-Speise-Menschen," bereiteten die Speise, welche dem Toten dargereicht
werden sollte. Vgl. auch die interessante Stelle Buch 14, Yūryaku 2. Jahr 10.
Monat, wo von der Einsetzung eines *Shishi-hito Be* „Fleischer Be" berichtet
wird. Ueber die weitverbreitete Sitte, den Toten Speisen darzubringen, siehe
Tylor, Anfänge der Cultur, vol. 2, Kap. 12.

Acht Tage und acht Nächte [41] lang weinten sie und sangen
sie traurige Lieder. [42]

Noch ehe dies geschah, stand Ame-waka-hiko, zur Zeit als
er im Mittellande des Schilfgefildes wohnte, mit Aji-suki-taka-
hiko-ne [43] no Kami in guten freundschaftlichen Beziehungen.
Deshalb stieg Aji-suki-taka-hiko-ne no Kami zum Himmel
hinauf, um den Toten zu betrauern. Nun war aber dieser
Gott in seinem äusseren Aussehen aufs vollkommenste ähnlich
dem Ame-waka-hiko, wie derselbe bei Lebzeiten gewesen war,

---

[41] Nur in diesem Falle ist die Dauer des temporären Begräbnisses auf
acht Tage angesetzt, und im Saimyō-ki, Buch 26, auf neun Tage. Sonst sind
stets nur sieben Tage üblich. In chinesischen Chroniken, wie dem HOU-HAN-
SHU, WEI-CHI etc. wird darauf hingewiesen, dass bei den Japanern der Aufschub
des Begräbnisses (d. h. das temporäre Begräbnis) über zehn Tage dauere—eine
nicht ganz genaue Angabe. I bemerkt, dass die chinesischen Historiker
wahrscheinlich etwas von den Sitten von Tsukushi (Kyūshū) gehört hatten.

[42] Im KOJIKI: „und nachdem sie so alles angeordnet hatten, brachten
sie acht Tage und acht Nächte mit lustigen Vergnügungen zu." Unter diesen
Vergnügungen sind Musik, Tanz und Gesang zu verstehen, wodurch man die
Seele des Verstorbenen zu belustigen suchte; die Ansicht Motowori's, dass
man die Seele dadurch wieder ins Leben zurückrufen wollte, wird von I verworfen, und zwar mit Recht, wie mir scheint. Auf den Gedanken der
Wiedererweckung des Toten sind Motowori und Hirata wohl nur gebracht
worden, weil sie in diesen Aufführungen und in denen, womit die Sonnengöttin
aus ihrer Höhle wieder in die Welt hinausgelockt wurde, eine Analogie
sahen. Aus solch äusseren Aehnlichkeiten kann man aber doch unmöglich so
weitgehende Schlüsse auf den Volksglauben ziehen, zumal da sich sonst kein
Anhaltepunkt für eine solche Hypothese findet. Die Nihongistelle „und
sangen traurige Lieder" wird von Hirata als chinesische Floskel verworfen: es
müsse wie im KOJIKI heissen. Auch im HOU-HAN-SHU wird bezüglich der
japanischen Totenfeier erwähnt, dass die Familie des Toten weinte und klagte,
und dass die Freunde Gesang, Tanz und Musik (wohl lustiger Art) aufführten.

[43] *Aji-suki* ist schwer zu erklären. I möchte *aji* als Kontraktion von *umashi*
„geschmackvoll, angenehm" auffassen; *suki* „Pflug." Dieser Gott, ein Sohn
des Oho-kuni-nushi, ist vielleicht als mit seinem Vater beim Landbebauen
thätig gedacht worden, woher das Element *suki* „Pflug" in seinem Namen.
Taka-hiko-ne „hoher-Prinz-lieber." Er war nach dem KOJIKI der ältere
Bruder von Shita-teru-hime, der Gemahlin Ame-waka-hiko's.

und daher sprachen Ame-waka-hiko's Verwandte, Frau [44] und
Kinder sämtlich: „Unser Herr ist noch am Leben!" Dabei
klammerten sie sich an sein Gewand und seinen Gürtel, und
waren teils erfreut, teils befremdet. [45] Da wurde Aji-suki-taka-
hiko-ne no Kami vor Zorn rot und rief: „Die Art und
Weise [der Verpflichtung] zwischen Freunden ist eine solche,
dass es sich mit Recht geziemt einander zu kondolieren.
Deshalb habe ich mich vor der Verunreinigung [46] nicht gescheut,
sondern bin von fern her herbeigekommen, um zu trauern.
Warum verwechselt man mich mit dem Toten?" Hierauf zog
er sein umgegürtetes Schwert Oho-ha-gari [47]—*mit anderem
Namen heisst es auch Kamu-do no tsurugi* [48]—heraus und hieb
damit das Trauerhaus zusammen. Dasselbe fiel [auf die Erde]
herab und wurde zu einem Berg. Es ist jetzt der in der
Provinz Minu am Oberlaufe des Flusses Awimi [49] gelegene
Mo-yama [50] [d. i. Trauer-Berg]. Dieses ist der Grund, warum

---

[44] Die erste, im Himmel gebliebene Frau des Gottes, nicht seine auf der
Erde wohnende zweite Frau Shita-teru-hime, welche natürlich den Bruder
mit dem Gemahl nicht verwechselt hätte.

[45] So nach der Transliteration *madohiki*. Das Zeichen 慟 bedeutet „wehklagen."

[46] Teilnahme an einem Begräbnis etc. verunreinigt nach Shintōbegriffen.
So darf man bei der Heimkehr von einem Begräbnis unterwegs keinen
Besuch abstatten. Das *Sankei suru* (einen Shintōtempel besuchen und dort
beten) ist nach strengster Observanz durch viele Einzelvorschriften verboten.
Näheres hierüber siehe Buch 1, Kap. IV, Anm. 54 (S. 57).

[47] *Oho-ha-kari* oder *Oho-ha-gari.* Die Hirata'sche Deutung *oho-ha* „grosse
Klinge" ist die beste; *kari* „Mäher, Zerschneider;" also „[mit] grosser-Klinge-
Mähendes." Noch **H** „grosser-Schlangen-Zerschneider."

[48] So im KOJIKI benannt: „das Schwert von Kamudo." *Kamudo* oder
Kando ist ein Distrikt in Idzumo.

[49] Der Fluss *Awimi* entspringt im Distrikt Gujō von Minu. Es ist derselbe
Fluss, welcher in seinem Unterlauf als *Nagara-gawa* oder *Sumimata-gawa* durch
die Forellenfischerei mit Kormoranen so berühmt ist. Etwa fünf Ri oberhalb
von Gifu, da wo er durch die Dörfer Kōdzuchi, Maino u. s. w. des Distriktes
Mugi fliesst, heisst er noch jetzt *Awimi-gawa.*

[50] Der *Mo-yama* „Trauer-Berg" liegt beim Dorfe Ohoyata im Distrikt
Mugi. In der Nähe dieses Dorfes giebt es eine Strasse Namens *Ya-ochi-kaidō*,

die Leute der Welt verabscheuen eine lebende Person mit einem Toten zu verwechseln.

—————

KAPITEL II.

[FUTSU-NUSHI'S UND TAKE-MIKADZUCHI'S ERFOLGREICHE MISSION. OHO-KUNI-NUSHI'S ABDANKUNG. BERUHIGUNG DES LANDES.]

Hiernach versammelte Taka-mi-musubi no Mikoto abermals sämtliche Götter, um irgend jemand auszuwählen, den sie nach dem Mittellande des Schilfgefildes schicken könnten. Sie alle sprachen: „ Es wird gut sein Futsu-nushi[1] no Kami zu schicken, den von Iha-saku-ne-saku[2] no Kami's Kindern Iha-tsutsu-wo und Iha-tsutsu-me[3] gezeugten Sohn.“

Nun aber gab es Götter, welche in den Felsenhöhlen des Himmels[4] wohnten, nämlich Mika-haya-bi[5] no Kami, ein Sohn

—————

d. i. „ Pfeil-Fall-Strasse,“ und auch einen Ort *Kiji-i-da* „ Fasanen-schiess-Feld;“ ferner befindet sich im Dorfe Ohoyata auch ein Tempel, in welchem *Ame-waka-hiko* zusammen mit *Susa no Wo* verehrt wird. Wir haben es also in der ganzen Geschichte von Ame-waka-hiko offenbar mit einer Lokalsage aus dem Distrikt Mugi der Provinz Minu zu thun. Interessante Einzelheiten über diese Lokalsage hat der aus Minu gebürtige Miura Chiharu in einem Büchlein 大矢田神蹟考 OHOYATA-SHIN-SEKI-KŌ zusammengetragen.

—————

KAPITEL II.

ZUM INHALT VERGL. KOJIKI SECT. 32.

[1] „ Zisch-Herr.“ Vgl. Buch 1, Kap. IV, Anm. 16.

[2] „ Fels-spalter-Wurzel-spalter.“ Vgl. Buch 1, Kap. IV, Anm. 21.

[3] „ Fels-Altehrwürdiger-Mann “ und „ Fels-Altehrwürdiges-Weib.“ Vgl. Buch 1, Kap. IV, Anm. 22.

[4] Hirata meint, diese *Ama no iha-ya* seien Höhlen, welche entweder von Natur aus vorhanden, oder aus Felsen künstlich hergestellt gewesen seien. Im KOJIKI wird von einer Felsenhöhle am Oberlauf des himmlischen Flusses Yasu-gaha gesprochen, und I meint, dass diese Felsenhöhle der *Kashima no miya* am Oberlauf desselben Flusses wäre. Im HITACHI-FŪDOKI heisst es

des Itsu no Wo-bashiri[6] no Kami; [sodann] Hi-haya-bi[7] no
Kami, ein Sohn des Mika-haya-bi no Kami; [und drittens]
Take-mika-dzuchi[8] no Kami, ein Sohn des Hi-haya-bi no
Kami. Dieser [letztere] Gott trat vor und sprach: „Ist etwa
Futsu-nushi no Kami einzig und allein ein Held? Und bin
ich nicht ein Held?" Seine Worte waren mit heftig aufgereg-
tem Atem gesprochen. Man gesellte ihn daher dem Futsu-
nushi no Kami zu und gab [auch ihm] den Auftrag das
Mittelland des Schilfgefildes zu unterwerfen. Die beiden Götter
stiegen hierauf herab und gelangten an das Strändchen von
Itasa[9] in der Provinz Idzumo. Darauf zogen sie ihre zehnspannigen Schwerter heraus, pflanzten sie umgekehrt [mit der
Spitze nach oben] auf dem Erdboden[10] auf, hockten mit

---

nämlich: „Der vom Takama-no-hara herabgekommene grosse Gott heisst
Kashima no Ama no Oho-kami „der himmlische grosse Gott von Kashima."
Im Himmel heisst [sein Tempel] Kashima no miya, auf der Erde Toyo-
Kashima no miya."

[5] „Klingenglänzender-schneller-wunderbarer Gott." Vgl. Buch 1, Kap. IV,
Anm. 18.

[6] *Itsu* „gewaltig," *wo* „Mann, männlich "; *hashiri* ist nach **I** aus *ha-hashiri*
zusammengezogen: *ha* „Schneide des Schwertes," *hashiri* (von *hashiru* laufen)
soll beim Schwert die Bedeutung „scharf" haben, also *Itsu no Wo-bashiri*
„der gewaltige männliche Schwertschneiden-scharfe" Gott. Er ist ein Schwert-
gott. Im KOJIKI heisst er *Itsu no Wo-ha-hari no Kami*, und ebenfalls im
KOJIKI, Sect. 8, heisst das Schwert, womit Izanagi den Gott Kagu-tsuchi in
Stücke zerhieb, *Ama no Wo-ha-hari* oder *Itsu no Wo-ha-hari: ha* „Schneide,"
hari „breit ausgestreckt," also wohl ein Schwert mit breitem vorderen Ende,
wie im TOKIHA-GUSA vol. 1, pag. 19 f. und vol. 2, p. 4 f. abgebildet. **H**
kommt auch hier auf seine Schlangenhypothese und will *wo-hashiri* als *wo-
haha-kiri* „Schwanzschlangen-Zerschneider" erklären, was natürlich lautgesetzlich unvereinbar ist.

[7] „Feuer-schnell-wunderbarer Gott." Vgl. Buch 1, Kap IV, Anm. 19.

[8] „Tapferer Klingenglänzender Altehrwürdiger Gott." Vgl. Buch 1, Kap.
IV, Anm. 20.

[9] Vgl. Buch 1, Kap. VII, Anm. 95, wo der Name *Isasa* geschrieben war.
H liest übrigens mit Nigori *Idasa*.

[10] Im KOJIKI: *nami no ho ni* „auf dem Kamm einer Woge."

gekreuzten Beinen [11] auf die Spitzen derselben und befragten Oho-na-muchi no Kami, indem sie sprachen : „Taka-mi-musubi no Mikoto wünscht seinen suveränen erlauchten Enkel herabzuschicken und ihn über dieses Land als Herrn regieren zu lassen. Daher hat er zuerst uns beiden Göttern geschickt, um [die bösen Geister] wegzubannen und zu unterwerfen. Was ist deine Absicht? Willst du dich hinwegbegeben [12] oder nicht?" Da antwortete Oho-na-muchi no Kami und sprach : „Ich muss zuerst meinen Sohn befragen ; dann erst werde ich Antwort geben." Zu dieser Zeit war sein Sohn Koto-shiro-nushi no Kami auf einer Reise begriffen und befand sich am Kap Miho [13] in der Provinz Idzumo, wo er sich damit vergnügte Fische mit der Angel zu fangen. Nach einer anderen Version vergnügte er sich damit Vögel zu fangen. Daher nahm er das vielhändige Schiff [14] von Kumanu [15]—*ein anderer Name desselben ist: das himmlische Tauben-Schiff* [16]—, und indem er seinen Boten Ina-se-hagi [17] darauf setzte, schickte er denselben

---

[11] Nach der Transliteration *agumu*. Das Zeichen 踞 *chü* heisst eigentlich „auf den Fersen hocken."

[12] Shigetane versteht unter *saru* „hinweggehen:" die Herrschaft der sichtbaren Welt abtreten und dann die göttlichen unsichtbaren Angelegenheiten übernehmen.

[13] *Miho* im Distrikt Shimane von Idzumo, etwa acht Ri nordöstlich von Matsuye ; der Halbinsel Yomi gegenüber.

[14] *Moro-te-bune* oder *moro-ta-bune*. Nach **H** ein Boot mit vielen Rudern, nach Shigetane ein von zwei Leuten gerudertes Boot. *Moro-te* bedeutet noch jetzt in der Schriftsprache „alle beide Hände." Jedenfalls ist wohl ein Boot gemeint, das von mehr als einem Schiffer gerudert wird, also ein schnelles Boot.

[15] *Kumanu* im Distrikt Ou (jetzt Iu), Idzumo.

[16] *Ama no hato-bune*, d. h. ein Schiff so schnell wie eine Taube. Man hat auch die Vermutung ausgesprochen, dass *hato* für *haya-tori* „schneller Vogel" stände.

[17] *Ina-se-hagi* „Nein oder Ja Bein," d. i. ein Bote, welcher als Antwort Nein oder Ja holen soll. Auch den oben mehrfach erwähnten Ortsnamen *Inasa* haben Motowori und Andere als *Ina-se* „Nein oder Ja" mit Bezug auf die vorliegende Geschichte erklären wollen, doch scheitert diese Etymologie an den Nebenformen *Isasa* und *Itasa*, welche diese Erklärung nicht zulassen.

ab und erstattete an Koto-shiro-nushi no Kami Bericht von dem Befehle des Taka-mi-musubi no Mikoto. Ferner fragte er, mit welchen Worten er antworten sollte.

Koto-shiro-nushi no Kami sprach nun zu dem Boten: „Jetzt hat die himmlische Gottheit diese befehlende Frage [an uns] gerichtet. Mein Vater sollte ehrfürchtig von dannen gehen, und auch ich will keinen Widerstand leisten." Hierauf machte er im Meere einen achtfachen Zaun aus grünen Zweigen, trat auf das Seitenbrett des Schiffes und ging fort. [18] Nachdem der Bote zurückgekehrt war, gab er einen Bericht von seiner Mission. Daher sprach Oho-na-muchi no Kami in Gemässheit mit den Worten seines Sohnes zu den beiden Gottheiten: „ Mein Sohn, auf den ich mich verlasse, ist bereits von dannen gegangen, daher will auch ich fortgehen. Wenn ich Widerstand leistete, dann würden auch alle Götter innerhalb des Landes sicherlich mit einander Widerstand leisten. Aber da ich jetzt ehrfürchtig fortgehe, wer anders will dann wagen nicht Folge zu leisten?" Hierauf nahm er den breiten Speer, welchen er wie einen Stock benutzt hatte, [19] als er das Land unterwarf, und übergab ihn den beiden Gottheiten, indem er

---

[18] *Funa no he* ist nicht das Vorderteil des Schiffes, wie man gewöhnlich versteht, sondern das Seitenbrett *ayumi*, worauf man geht.

Im KOJIKI heisst es ausführlicher: „ hierauf trat er auf das [Seitenbrett des] Bootes und warf es [so] um, und klatschte mit seinen himmlischen sich entfernenden Händen im grünen Zweig-Zaune und verbarg sich." Also er warf das Boot um, weil er dessen nicht mehr bedurfte—und zwar an einer flachen Meeresstelle, die ringsum mit Pfählen und darauf gesteckten grünen Zweigen eingehegt war, nur mit einem offenen Loche, um die Fische hinein zu lassen—klatschte zum Zeichen des Abschieds in die Hände und verschwand im Meere. So nach Hirata. Die abweichende Deutung Motowori's siehe Chamberlain, pag. 101, Anm. 20. Solche Einfriedigungen zum Zweck des Fischfangs (aus Bambus) werden auch im MANYŌSHŪ erwähnt und sind noch jetzt im Gebrauch. Koto-shiro-nushi war demnach zur Zeit, wo der Bote kam, gerade damit beschäftigt, auf diese Weise Fische zu fangen. Dass der Gott erst, wie das NIHONGI sagt, den Zaun extra hergestellt haben sollte, scheint mir eine Verhunzung der ursprünglichen Sage.

[19] D. h. wie einen Stock in der Hand gehalten hatte.

sprach : „ Mit Hülfe dieses Speeres habe ich schliesslich meine Aufgabe erfolgreich ausgeführt. Wenn der himmlische erlauchte Enkel diesen Speer gebraucht, indem er das Land regiert, so wird er es sicherlich unterwerfen und beruhigen. [20] Ich bin jetzt im Begriff, mich in den weniger als hundert seienden [21] achtzig Wegkrümmungen [22] zu verbergen." Nachdem er seine Rede beendigt hatte, verbarg er sich schliesslich. [23] Hierauf töteten die beiden Gottheiten alle rebellischen Geister und Götter.—*In einer anderen Version heisst es : Die beiden Gottheiten töteten schliesslich die bösen Gottheiten, sowie die verschiedenen Arten von Kräutern, Bäumen und Steinen. Nachdem bereits alle vollständig zur Unterwerfung gebracht worden waren, war da nur noch der Stern-Gott Kagase-wo,* [24] *welcher sich*

---

[20] Im KOJIKI wird von diesem Speere nichts erwähnt. Dagegen macht Oho-na-muchi die Bedingung, dass ihm ein Tempel errichtet werde, dessen Pfeiler fest und sicher auf dem Felsboden errichtet und dessen gekreuzte Giebelbalken bis ans Himmelsgefilde reichen sollten (ein in den NORITO häufig vorkommender Ausdruck !). Ein solcher Tempel wurde ihm denn auch an der Küste von Tagishi in der Provinz Idzumo errichtet. Es ist der berühmte, an Bedeutung nur dem Tempel von Ise nachstehende *Kidzuki no Oho-yashiro* „ grosse Tempel von Kidzuki." *Kidzuki* ist aus *kine-tsuki* „ mit dem Stösse, gestossen," in Anspielung auf das feste Einrammen der Pfeiler in den Bodenl entstanden, und *Tagishi* scheint der ursprüngliche Name des Ortes gewesen zu sein.

[21] *Momo-tarazu* „ weniger als hundert seiend " ist ein schmückendes Beiwort (Makura-kotoba) zu *ya-so* „ achtzig " und einigen anderen Zahlwörtern unter Hundert ; in der Poesie sehr häufig.

[22] Die „ achtzig Wegkrümmungen " oder der Weg mit den 80 Krümmungen *ya-so kumaji* bedeutet einen ungeheuer langen Weg, nämlich den Weg nach dem *Yomi-tsu-kuni* „ Hades," und dann ferner den Hades selbst.

[23] Er „ verbarg sich," d. i. er verschwand in der Unterwelt.

[24] *Kaga-se-wo* „ der glänzend helle Mann," *kaga* „ glänzend " (vgl. *kagayaku* „ scheinen "), *se* nach Hirata kontrahiert aus *saye* „ hell " (von *sayuru* hell sein). Dies ist der einzige Sterngott, welcher in der japanischen Mythologie erwähnt wird, und wegen seiner Widerspenstigkeit wurde er wahrscheinlich als ein Unheil stiftender Gott betrachtet. Auch ihm wird, wie dem Ame-waka-hiko, niemals das Attribut *Kami* oder *Mikoto* beigelegt. H meint, dass die fünfhundert Steine am Ufer des vielströmigen Flusses des Himmels

nicht unterwerfen wollte. Daher schickten sie obendrein den Weber-Gott[25] *Take-ha-dzuchi*[26] *no Mikoto, worauf er sich unterwarf. Daher stiegen die beiden Gottheiten [wieder] zum Himmel empor.—*

Endlich erstatteten sie Bericht von ihrer Mission.

KAPITEL III.

[HERABKUNFT DES SUVERAENEN ERLAUCHTEN ENKELS. SEINE VERMAEHLUNG. FEUERPROBE SEINES WEIBES. SEIN TOD.]

Darauf nahm Taka-mi-musubi no Mikoto die Decke,[1]

Sterne seien, die Steine, welche aus den Blutstropfen des Kagudzuchi entstanden sind. *Hoshi* „ Stern " möchte **H** in *ho-shi* (*ho-ishi*) „ Feuer-Stein " analysieren—eine etwas waghalsige Etymologie. Die einzigen im KOJIKI und NIHONGI erwähnten Sterne sind die Venus, der Mars, die Plejaden, der Weber (α Lyrae; kommt Kap. IV, Anm. 9. in Verbindung mit einer chinesischen Sage vor), Kometen und Sternschnuppen.

[25] 倭文神 *shidori no kami; shidori* aus *shidzu-ori* zusammengezogen : *shidzu* (jetzt *shima* genannt)=„ Streifen, Linie, Strich," *ori* „ Gewebe," *shidzu-ori* also ein Stoff, welcher Streifen als Muster hat, ein streifiges Gewebe. In alter Zeit wurde solches Zeug hauptsächlich zu Gürteln (*obi*) gebraucht und war entweder aus *kachi* (Papiermaulbeer) oder *asa* (Hanf) gefertigt. *Shidori no Kami* heisst also lit. „ der Gott des streifigen Gewebes."

[26] *Take-ha-dzuchi* nach den Zeichen „ Tapfer-Blatt-Schlägel." Hirata fasst *ha* als „ Webstoff," doch scheint **I**'s Ableitung von *haya* „ schnell " plausibler. Zu *tsuchi, dzuchi* vgl. Buch 1, Kap. III, Anm. 4. Also etwa „ der ungestüme schnelle Altehrwürdige."

KAPITEL III.

ZUM INHALT VERGL. KOJIKI SECT. 34, 37 EINGANG, UND 38.

[1] *Fusuma* dick wattierte Kleider mit Aermeln, welche nachts angezogen wurden und statt der Ueberdecken dienten.

welche sein treffliches Bettlager bedeckte, warf sie über [2] seinen suveränen erlauchten Enkel Ama-tsu-hiko Hiko-ho no Ninigi no Mikoto und liess ihn hinabsteigen.   Der suveräne erlauchte Enkel verliess hierauf seinen himmlischen Felsensitz, und indem er sich durch die achtfachen Wolken des Himmels mit gewaltigem Wegbahnen einen Weg bahnte, stieg er auf den Gipfel des Taka-chi-ho in [der Landschaft] So [3] in Himuka [4] herab.

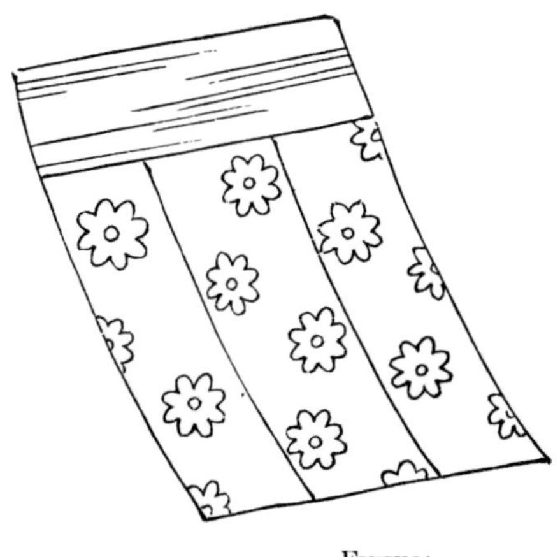

FUSUMA.

[2] Nach anderer Erklärung 覆 = *tsutsumu* „ verhüllte darin."

[3] *So no Taka-chi-ho. So* ist später zu *Soo* geworden und ist der Name eines Distriktes in der Provinz *Ohosumi* (die jetzigen beiden Distrikte *Higashi-Sō* und *Nishi-Sō* im Kagoshima Ken). *Ohosumi* war früher ein Teil von *Himuka,* daher in unserem Text „ *So* in *Himuka.*" Nach dem SHAKU-KI soll *So* „ über einander gehäuft " (von Bergen) bedeuten; I dagegen meint, dass es dasselbe *so* sei, welches in den Verben *sosori* „aufstreben," *sobiyuru* „ hoch emporragen " u. s. w. wurzelhaft enthalten ist und die Bedeutung *sosorika* „ aufstrebend " hat. Ein gewisser Mutaribe Yoshika hat eine Monographie über den Berg *Taka-chi-ho* verfasst, worin er die Ansicht vertritt, dass in dem Ausdruck *So no Taka-chi-ho* der Vorsatz *So* ursprünglich ein Honorificum zum Namen des Berges gewesen sei, weil dieser Berg eine so sonderbare, schroffe Gestalt hat, so dass *So no Taka-chi-ho* also eigentlich „der steil-emporragende Taka-chi-ho " gewesen sein würde. Sodann sei das Epitheton *So* auf die

Nachdem dies geschehen war, nahm der suveräne erlauchte Enkel in folgender Weise seinen Weg: Von der Schwebe-Brücke des Himmels auf dem Wunderbaren Doppelgipfel [5]

Gegend um den Berg herum übertragen worden und auf diese Weise *So* endlich zum Namen eines Distriktes geworden, welcher als Distrikt *So-o* einen Teil der jetzigen Provinz Ohosumi bildet. Ich hege jedoch starke Zweifel, dass der Name der Landschaft von dem Epitheton des Berges hergenommen ist. *So* ist wohl ursprünglich der Name der Stämme, welche den Süden von Kyūshū, die jetzigen Provinzen Hyūga, Ohosumi und Satsuma, bewohnten, und welche wegen ihrer Stärke, Wildheit und Tapferkeit gewöhnlich *Kuma-so* „Bären-So," d. h. „ die *So* welche wie Bären stark und tapfer sind," genannt werden. Daher spricht man vom Lande der *So* (*So no Kuni*) oder *Kuma-so*. Ueber die *Kuma-so* vgl. Buch 7, KEIKŌ-KI, 12. und 13. Jahr.

Unter dem *Taka-chi-ho* „Hohe-tausend-Reisähren " ist der jetzt *Kiri-shima-yama* genannte Vulkan zu verstehen (vgl. Murray's Handbook, 3rd ed. pag. 409). Genau genommen sind zwei Berge zu unterscheiden. Der eine, welcher auch jetzt noch *Taka-chi-ho-take* heisst, liegt im Distrikt Usuki von Hyūga (im Distrikt Usuki liegt auch ein Sato Namens Chi-ho), und zwar am Nordrande von Hyūga, nahe an der Grenze der Provinz Bungo. Die dortige Gegend heisst noch jetzt Taka-chi-ho no shō (庄 estate). Der andere in Betracht kommende Berg, der *Kiri-shima-yama* im Distrikt Morogata von Hyūga, liegt am Südrande der Provinz Hyūga, an der Grenze der heutigen Provinz Ohosumi. (Die heutige Provinz Ohosumi wurde im 6. Jahre Wadō, d. i. 713, aus dem Distrikt *So-o* und drei anderen Distrikten von Himuka gebildet.) Während manche Erklärer noch zweifelhaft sind, ob wir unter unserem *Taka-chi-ho* den jetzigen *Taka-chi-ho-take* oder den *Kiri-shima-yama* zu verstehen haben, entscheiden sich I und überhaupt die besten Autoritäten für letzteren. Man lasse nicht ausser Acht, dass die ehemaligen Provinz- und Distriktgrenzen sich im Laufe der Zeit vielfach verschoben haben und oft Neueinteilungen vorgenommen worden sind!

[4] Die Entstehung des Namens *Himuka* „ Sonnen-zugewendet " wird in Buch 7, KEIKŌ-KI 17. Jahr wie folgt erzählt: „ Der Kaiser begab sich nach dem Distrikt Koyu, wo er das kleine Feld von Nimo besuchte. Als er dann nach Osten hinabsah, sprach er zu seiner Umgebung: , Dieses Land ist gerade der Seite des Sonnenaufgangs zugewendet.' Deshalb nannte er dieses Land *Himuka*."

[5] 槵 日 二 上 *kushibi no futa-kami*. *Kushibi*, im KOJIKI und weiter unten *kushiburu*, =„ wunderbar "; *futa-kami*=„zweigipflig." Auch in MANYŌSHŪ Buch 16 kommt der Ausdruck 二 上 山 *futa-kami-yama* „ zweigipfliger Berg " vor. Der *Taka-chi-ho* ist gemeint. I jedoch will *futa-kami* durch 二 神 *futa-kami* „ zwei Gottheiten, Doppelgottheit " erklären und weist darauf hin, dass in

[fortschreitend] kam er über eine flache Stelle der Schwebenden Sandbank zu stehen, [6] und durch das leere Land, das
mager wie Rückenfleisch war, [7] schritt er über lauter Hügel [8]

---

der ältesten Zeit das Meer und die Berge als Götter betrachtet wurden, und
dass in MANYŌSHŪ Buch 3 die Stelle *futa-kami no* (朋神) *tafutoki yama no
namitachi no mikahoshi yama* vorkommt, wo zwei Berge, die als männlicher
Gott und weiblicher Gott fungieren, die „beiden Gottheiten" genannt werden.
Nach dieser ganz plausiblen Auffassung würden wir zu übersetzen haben: „Von
der Himmlischen Schwebebrücke auf der wunderbaren Doppelgottheit ....."
Der Sinn ist aber wesentlich derselbe, weil unter dieser „Doppelgottheit" die
beiden vergötterten Gipfel des *Taka-chi-ho* Berges zu verstehen sind.

Die *Schwebe-Brücke des Himmels* (vgl. Buch 1, Kap. II, Anm. 1) ist nach
Shigetane zunächst die Leiter, worauf der Gott vom Himmel auf den *Futa-
kami* herabstieg, und welche sodann als Brücke vom *Futa-kami* aus nach dem
Kap *Kasasa* benutzt wurde.

[6] 立 於 浮 渚 在 平 處 *uki-zimari tahira ni tatashite,* eine überaus schwierige
Stelle. 浮 渚 *fu-sho* bedeutet „schwebende Sandbank;" die Kana Lesung *uki-
zimari* (**Su** und **O** *uki-nimari*) erklärt **H** als *uki* „Schlamm," *shimari* „Geron-
nenes, Festgewordenes," also etwa „Schlammboden." Nach Shigetane's und **I**'s
Meinung scheint der Enkel auf der Brücke nach Kasasa gegangen zu sein.
Ich stimme dieser Auffassung zu und gebe der Stelle folgende Bedeutung:
„Auf der Schwebe-Brücke des Himmels vom wunderbaren Doppelgipfel des
Berges Taka-chi-ho aus dahinschreitend, kam er über eine flache Stelle der
Schwebenden Sandbank, worüber die Brücke führte, zu stehen." Die Parallel-
stelle im KOJIKI lautet (teilweise phonetisch geschrieben): *ame no uki-hashi
ni uki-zimari sori tatashite,* was Chamberlain in Anlehnung an Hirata übersetzt:
set off floating shut up in the Floating Bridge of Heaven, „er machte sich
auf den Weg schwebend und eingeschlossen in der Himmlischen Schwebebrücke."
Bei dieser Interpretation ist zu bemerken, dass Hirata die „Himmlische
Schwebebrücke" mit dem „Himmlischen Felsen-Boot" identificiert. Ueber
letzteres vergl. Buch 1, Kap. III, Anm. 18 und 25.

[7] 脊 宍 之 空 國 *so-jishi no muna-kuni* (für 空 國 steht im KOJIKI 韓 國
Kara.) *so* „Rücken," *shishi* „Fleisch," *muna* „leer;" *so-jishi* wird noch
im Satsuma Dialekt für das Rückenfleisch wilder Tiere gebraucht. Das
Land zwischen dem Taka-chi-ho und Kasasa in Satsuma ist gänzlich gebirgig,
mit sehr wenig Reisfeldern und überhaupt wenig angebaut, daher seiner
Ertragslosigkeit wegen mit dem fleischarmen Rücken verglichen (gemeint ist
zumal der mittlere Teil des Rückens am Rückgrad, wie denn auch das Zeichen
脊, hier *so* gelesen, das Rückgrad bezeichnet). Mit fast identischem Ausdruck,
nämlich 脊 之 空 國, ebenfalls *so-jishi no muna-kuni* gelesen, wird in Buch 8,
Chū-ai-ki 8. Jahr, 9. Monat, das Land der *Kuma-so,* also das südliche Kyūshū.

auf der Suche nach Land [9] hindurch und gelangte nach dem
Kap von Kasasa [10] beim Nagaya [11] im [Lande] Ata. [12] In dieser
Gegend war ein gewisser Mann, der sich selbst Koto-katsu-
Kuni-katsu-Nagasa [13] nannte. Der suveräne erlauchte Enkel
fragte: „Giebt es [hier] ein Land oder nicht?" Er antwortete
und sprach: „Hier ist ein Land. Bitte begieb dich dahin, wie
du willst." Daher gelangte der suveräne erlauchte Enkel
dorthin und nahm daselbst seinen Aufenthalt. Nun war da
in jenem Lande ein schönes Mädchen Namens Ka-ashi-tsu-

---

bezeichnet. Sollte vielleicht auch ein Wortspiel zwischen *So*, das Sand der *So*
oder *Kuma-so*, und *so-jishi no muna-kuni* vorliegen, also etwa der Gedankengang:
das unfruchtbare Land der *So*, das so mager ist wie das *So* (Rücken)-Fleisch?

[8] 頓兵 *hita-wo*, *hita* „lauter, rein," *wo* „Hügel:" „lauter Hügel, nichts
als Hügel." Vgl. auch solche Ausdrücke wie *hita-mono*, *hita-sura*, weiter oben
kigishi no hita-tsukahi u. s. w. Aston fasst *so-jishi* und *hita-wo* irrtümlich als
Ortsnamen.

[9] 覓國 *kuni-maki* „Land-Suche;" es soll nicht die Suche nach Land, wo
man wohnen könne, gemeint sein, sondern die Besichtigung der Länder und
Unterwerfung der Ortshäuptlinge. *Maku* ist nach 覓 = *motomuru* „suchen."

[10] *Kasasa* liegt in Satsuma, und im heutigen *Kaseda* haben wir wohl eine
Korrumpierung von *Kasasa* zu erblicken.

[11] *Nagaya* scheint der Name eines Berges zu sein, der jetzige *Chō-ei-san*.
Wahrscheinlich wurde *Nagaya* 長屋 in *Nagaye* korrumpiert, und dafür wurden dann die Zeichen 長永 gesetzt, welche sinico-jap. *Chō-ei* gelesen werden.
Dieser Berg liegt bei Oho-ura-mura im Kaseda-no-sato im Distrikt Kahanabe
von Satsuma, und zieht sich bis zum Kap von *Kaseda* (= *Kasasa*) hin.

[12] 吾田 *Ata* oder *Ada*, auch *Ata no kuni* „das Land (Provinz) Ata," ist
der alte Name von *Satsuma*. Später ist *Ata* der Name eines Distriktes der
Provinz Satsuma geworden.

[13] Ein alter Kommentar erklärt etwas phantastisch *koto-katsu* = „eine grosse
Menge von Bewohnern," *kuni-katsu* = „weiter Umfang von Feldern," *nagasa* =
„Unermesslichkeit der Länge und Breite." Am besten ist die Erklärung von
Hirata: *koto-katsu kuni-katsu* = „tüchtig in Sachen und mächtig im Lande"
(*koto ni sugure kuni ni sugure*), d. i. überhaupt „reich und mächtig." Die
Bedeutung von *naga-sa* 長狹, lit. „lang-schmal," ist nicht klar. Weiter unten
wird dieser Gott als ein Sohn von Izanagi no Mikoto bezeichnet. Shigetane
meint, dass es der Name einer Gottheit sei, in welcher die drei Gottheiten
Soko-dzutsu no Wo, *Naka-dzutsu no Wo* und *Uha-dzutsu no Wo*, drei Söhne von
Izanagi, zu einer Person vereinigt sind.

hime [14]—*mit anderem Namen heisst sie auch Kamu-Ata-tsu-hime* [15]
oder auch Ko no Hana no Saku-ya-hime. [16]—

Der suveräne erlauchte Enkel fragte dieses schöne Mädchen
und sprach: „Wessen Tochter bist du?“ Sie antwortete und
sprach: „Deine Magd [17] ist ein von [dem Berggott] Oho-
yama-tsu-mi [18] no Kami mit einer himmlischen Gottheit erzeug-

---

[14] Die Bedeutung dieses Namens ist unklar. Nach den Zeichen „Hirsch-
Schilf-Prinzessin.“

[15] „Die göttliche Prinzessin von Ata.“ Vgl. Anm. 12.

[16] *Ko no hana* „Baum-Blüten,“ wahrscheinlich Kirschbaumblüten gemeint.
Saku-ya nach Motowori = *saki-haya* „blühend-glänzend,“ nach I aber verwandt
mit *sakayu* „gedeihen.“ Der Sinn ist demnach „die wie Baumblüten blühend-
glänzende (oder gedeihende) Prinzessin.“ Diese Göttin wird jetzt als die
Göttin des Fuji-yama verehrt. Einen ähnlich gebildeten Namen trägt ihre
Schwester *Ko no Hana no Chiru-hime* „die wie Baumblüten fallende Prinzessin,“
welche im KOJIKI Sect. 20 erwähnt wird. Chamberlain's Vorschlag, die
beiden Wörter *saku* (resp. *sakayu*) und *chiru* in kausativem Sinne zu nehmen,
lässt sich zwar grammatisch nicht rechtfertigen, verdient aber um des resul-
tierenden guten Sinns wegen Beachtung: „die Prinzessin, welche die Baumblüten zur Blüte bringt“ und „die Prinzessin, welche das Abfallen der Baumblüten verursacht.“

[17] 妾 „Konkubine,“ mit *yatsuko* „Diener, Sklave, Magd,“ oder einfach
mit dem Pronomen der ersten Person *a* oder *ware* „ich“ umschrieben. 妾 ist
ein specifisch chinesisches Idiom, von Frauen als demütig-höfliche Bezeichnung
ihrer eigenen Person gebraucht.

[18] „Grosser-Berg-Herr“ Vgl. oben Buch 1, Kap. IV, Anm. 5. Der Text
des NIHONGI 天神娶大山祇神所生兒 ist offenbar emendationsbedürftig,
denn dies heisst wörtlich: „ein Kind, welches erzeugt wurde, indem [eine]
himmlische Gottheit Oho-yama-tsu-mi no Kami zum Weibe nahm.“ *Oho-
yama-tsu-mi* müsste demnach ein Weib sein, was der ausdrücklichen Ueberlieferung widerspricht. Sodann ist auch die „himmlische Gottheit“ in dieser
Verbindung Bedenken erregend. *Oho-yama-tsu-mi no Kami* im allgemeinen
Sinn von „Berggottheit“ zu nehmen, wie Aston vorschlägt, geht nicht an; es
werden sonst noch verschiedene *Yama-tsu-mi* erwähnt, aber *Oho-yama-tsu-mi* ist
eine individuelle Gottheit, der oberste Berggott. Um die Schwierigkeit zu
beseitigen, tilgt I die drei Zeichen 天神娶, also „ich bin ein von O. erzeugtes
Kind;“ II dagegen schlägt folgende Emendation vor: 大山祇神娶天神之
女所生兒 „ein Kind, welches erzeugt wurde, indem O. eine Tochter der
himmlischen Gottheit zum Weibe nahm.“ Ich habe für meine Interpretation

tes Kind." Demnach vermählte sich der suveräne erlauchte Enkel mit ihr, [19] worauf sie in einer einzigen Nacht [hoch] schwanger wurde. Der suveräne erlauchte Enkel schöpfte darüber Argwohn und sprach: „Ich bin zwar freilich eine himmlische Gottheit, aber wie kann ich im Zeitraum einer einzigen Nacht eine Frau [hoch] schwanger machen? Das was du in deinem Schosse trägst, ist sicherlich nicht mein Kind." Darüber wurde Ka-ashi-tsu-hime zornig und grollte. Dann machte sie eine thürlose Muro, [20] ging hinein, nahm im Inneren derselben ihren Aufenthalt und sprach mit feierlichem Schwur: „Wenn das, was ich in meinem Schosse trage, nicht die Nachkommenschaft des Himmlischen Enkels ist, so wird sie sicherlich durch Verbrennen zu Grunde gehen; aber wenn es in der That die Nachkommenschaft des Himmlischen Enkels ist, so wird das Feuer ihr keinen Schaden zuzufügen

---

den einfachsten Ausweg gewählt, nämlich eine blosse Umstellung von Subjekt und Objekt.

[19] Die näheren Umstände dieser Vermählung werden in Sect. 37 des KOJIKI und weiter unten im NIHONGI Kap. IV, bei Anm. 80 ff. in einer schönen und tiefsinnigen Erzählung mitgeteilt.

[20] 無戸室 „thürlose Muro," mit *utsu-muro* „leere Muro" umschrieben. Die *Muro* wurde dadurch thürlos, dass Ka-ashi-tsu-hime nach dem Hineingehen den Eingang mit Lehm zuklebte, wie im KOJIKI berichtet wird. Unter *Muro* versteht man ursprünglich eine in der Erde oder über dem Boden mit Erde gebaute Schlafstätte, eine Erdkammer 地室. Ihre einfachste Form ist eine viereckige mehrere Fuss tiefe Grube in der Erde mit einem Dach aus Ried u. dergl. darüber. Eine solche riedbedachte Grube befand sich noch vor wenigen Jahren am Fusse des Oho-yama und wurde von den auf den Berg wallfahrenden Pilgern als Schlafstätte benutzt. Aston erwähnt, dass in Korea mit Stroh oder starkem Oelpapier bedeckte Gruben, *um* oder *um-mak* genannt, den Leuten der ärmsten Klasse als Obdach dienen. Eine Grube von ganz ausserordentlicher Grösse wird in Buch 3 (Jimmu-ki) Kap. III. auf Befehl des Kaisers gegraben und in einem Gedichte daselbst das „ grosse Muro-Haus" genannt. Manchmal waren die Gruben nicht einfach überdacht, sondern enthielten ein primitives Haus, dessen Hauptgestell aus Holz aufgebant war, die einzelnen Holzstücke mit zähen Schlingpflanzen zusammengebunden, die Wände mit Riedgras, Gras und Lehm konstruiert, und das Dach mit Ried gedeckt. Etwas erhöhte Stellen in der Muro dienten als Ruhelager; die Thür

im stande sein." Hierauf legte sie Feuer an und verbrannte die Muro. Das Kind, welches geboren wurde, als der allererste Rauch emporstieg,[21] bekam den Namen Ho no Susori[22] no Mikoto—*er ist der Urahn der Hayahito*[23]—; sodann das Kind welches geboren wurde, als sie sich von der Glut zurückzog

---

zum Hause war innerhalb der Grube, und Stufen führten zu ihr hinab. In der ältesten Zeit wurden Muro sowohl von Vornehmen als von Armen benutzt. So wird im IDZUMO-FŪDOKI berichtet, dass sich Susa no Wo no Mikoto eine Muro machte; von Jimmu-tennō's ältestem Sohne Tagishi-mimi no Mikoto wird erwähnt, dass er in einer grossen Muro zu Katawoka auf einem grossen Bettlager schlief, also offenbar eine Muro als Wohnhaus hatte; die oben angezogene Stelle aus Buch 3 berichtet, dass eine Muro als Banketthalle benutzt wurde, u. s. w. Ueber die *Muro* als *ubu-ya* „ Geburtshaus " siehe Anm. 26. Der Gebrauch des Wortes *Muro* ist ein vielfacher ; man bezeichnet damit z. B. eine Höhle oder einen Keller, worin man Pflanzen, Eis (*hi-muro* „ Eishaus ") u. dergl. bewahrt; ferner ein Treibhaus (gewöhnlich eine 4 bis 5 Fuss tiefe und überdachte Grube), eine Zelle zum Trocknen von Pflanzen oder Lackwaaren ; sodann ein Zimmer in einem Hause, besonders ein Schlafzimmer.

Im KOJIKI steht statt *muro: ya-hiro-dono* „ eine acht Klafter [lange] Halle."

Ueber das Bewohnen von Erd- und Felsenhöhlen im japanischen Altertum vgl. den Aufsatz von Prof. M. Kurokawa 穴 居 説 *Kekkyo-setsu* (Höhlenbewohner) in der Zeitschrift 皇 典 講 究 所 講 演 Heft 37 und 38.

[21] 始 起 烟 末 生 出 之 兒 H *hazime okoru kefuri no suwe yori nari-idzuru mi-ko*, lit. das Kind, welches vom oberen Ende des zuerst aufsteigenden Rauchs geboren wurde. Nach Shigetane hat die Phrase die in der Uebersetzung gegebene Bedeutung; auch H fasst 末 *suwe* nicht als oberes Ende und giebt als Bedeutung: *ichi-do moye-agarite, nochi ni aremaseru* „nachdem es einmal aufgelodert hatte, darauf geboren."

[22] *Ho no Susori* oder *Ho-Susori*, im KOJIKI *Ho-Suseri*, „ Feuer-Anwachs," von *ho* „ Feuer," *susori = susumu* „ grösser werden, zunehmen, fortschreiten." Die Zeichen 闌 降 *ran-kō* bedeuten eigentlich „ abnehmen, kleiner werden," und H giebt mit Bezug hierauf der jap. Lesung *susori* je nach den Umständen die Bedeutung „ abnehmen " oder „ zunehmen." Im SEISHIROKU 2, 19 (Artikel *Ata no Hayahito*) ist die Lesung *Susuri* vertreten.

[23] Die *Haya-hito* „ schnellkühne Menschen " (auch in *hayato* oder *haito* verkürzt; vgl. Buch 25, Seite 3) waren die Bewohner der Provinzen Satsuma und Ohosumi. Hier sind die *Ata no Haya-hito* gemeint (siehe KOJIKI und SEISHIROKU), d. h. die Hayahito von Satsuma.

und [davon weg] blieb, [24] wurde Hiko-ho-ho-de-mi [25] no Mikoto genannt; das danach geborene Kind wurde Ho-Akari [26] no Mikoto genannt—*er ist der Urahn der Wohari no murazi*—. Im ganzen waren es drei Kinder.

Nach längerer Zeit starb Ama-tsu-hiko Hiko-ho no Ninigi no Mikoto und wurde in dem Misasagi von Ye [27] in Himuka in Tsukushi begraben.

---

[24] 避熱而居 *hotohori wo sakete mashimasu toki ni* hat nach **I** die Bedeutung: „nachdem das Feuer abgebrannt war."

[25] *Hiko* ist Honorificum: „ prinzlich, prinzherrlich " *ho-ho* nach **H** „ Feuer," nach Motowori aber „ Aehre Aehre;" *de* ein Kosewort=*ne*; *mi* ein Honorificum. Die Schreibung von *ho-ho-de* 火 火 出, lit. „ aus den Flammen hervorgehend," wird von keinem einzigen Kommentator als etymologisch anerkannt. Also etwa „ der prinzherrliche-Feuer-Liebe." Motowori's Bemerkung, dieser Name bezeichne den Prinzen nach seiner Thronfolge und sei ihm nicht mit Bezug auf das Feuer gegeben, ist mir nicht recht verständlich. Sein im KOJIKI gegebener alternativer Name *Ho-wori no Mikoto* „Seine Hoheit Feuer-Abnahm " bietet gleichfalls Schwierigkeiten, und Motowori's Erklärung von *wori* als Korruption von *yohari* „ Schwachwerdung" ist jedenfalls vom strikt etymologischen Standpunkt aus unhaltbar.

[26] 火 明 *Ho-akari* „ Feuer-Licht;" im KOJIKI 火 照 *Ho-deri* „ Feuer-Schein," welche Lesung **H** auch hier annimmt. **I** hält *Ho-akari* für identisch mit *Ho-susori*, und nimmt somit nicht eine Dreizahl, sondern nur eine Zweizahl von Kindern an. Siehe Tsū-shaku, Jō 上 pag. 1298 ff.

Aston bemerkt sehr wohl: Diese Stelle zeigt, dass die *muro* als *ubu-ya* „ Geburtshaus " gebraucht wurde. Es war im alten Japan Sitte, dass sich die Frauen zum Zweck ihrer Entbindung in eine dafür temporär erbaute Hütte zurückzogen. Satow und Dickens fanden diese Sitte noch auf der Insel Hachijō vor, als sie dieselbe im Jahre 1878 besuchten. Vgl. J. A. S. T. vol VI, 3, pag. 455 f. Das Verbrennen der Geburtshütte erscheint hier als *Ordal;* eine andere, noch jetzt im Shintōceremoniell übliche Feuerprobe ist das Gehen über glühende Holzkohlen mit blossen Füssen. Von Wasserproben ist die Probe des heissen Wassers (*yu-saguri* oder *kukatachi*), unserem mittelalterlichen „ Kesselfang" entsprechend, auch noch in Gebrauch. Ich habe solchen Ordalen im Shintōschrein On-take-san, im Stadtviertel Kanda in Tōkyō, beigewohnt. Vgl. auch Lowell, Esoteric Shintō, T. A. S. J. vol. 21, Seite 118 ff.

[27] Dieses *Ye no misasagi* (*misasagi* „ Grabstätte ") ist identisch mit dem jetzigen *Yahata-yama* im Dorfe Miya-uchi im Midzuhiki-no-sato im Distrikt Takaki, Satsuma. **H** schliesst sich an Motowori's Meinung an, wonach dies

KAPITEL IV.

[VERSCHIEDENE VARIANTEN ZU KAP. I–III MIT INTERMEZZO ZWISCHEN GOTT SARUDAHIKO UND GOETTIN UZUME.]

I.—In einer Schrift heisst es:—Ama-terasu no Oho-mi-kami befahl dem Ame-waka-hiko und sprach: „Das Mittelland des üppigen Schilfgefildes ist eine Gegend, welche mein Kind als Herrscher beherrschen soll. Indem ich jedoch darüber nachdenke, [fällt mir bei] dass es dort rebellische, grausame, gewaltthätige und böse Gottheiten giebt. Deshalb geh du zuerst dorthin und bringe [das Land] zur Unterwerfung." Hierauf gab sie ihm den Himmlischen Hirsch-Bogen und die Himmlischen trefflichen Hirsch-Pfeile und sandte ihn ab. Nach Empfang dieses Befehles kam Ame-waka-hiko [auf die Erde] herab und vermählte sich sofort mit einer grossen Anzahl von Töchtern irdischer Gottheiten.[1] Es vergingen acht Jahre, ohne dass er von seiner Mission Bericht erstattete. Daher berief

---

Ye im Distrikt *Ye* der Provinz Satsuma gewesen sein soll; aber **I** weist a. a. O. pag. 1312 ff. die Ansicht als irrig zurück.

Die Etymologie von *misasagi* ist *mi-sasa-ki* „erlauchtes kleines Schloss." Dass das Grab von den alten Japanern oft als ein „Schloss" bezeichnet wird, habe ich an anderen Stellen dargethan.

KAPITEL IV.

ZUM INHALT VERGL. KOJIKI SECT. 30 bis 35, 37 und 38.

[1] Shigetane meint, dass Ame-waka-hiko mit vielen irdischen Göttern auf diese Weise Verbindungen anknüpfte, weil er die Absicht hatte, das Land für sich selber zu gewinnen. **I** scheint aber 國神 *Kuni-tsu-kami* im Singular zu nehmen: „der irdischen Gottheit," denn er möchte unter den „Töchtern" die Töchter des *Oho-na-muchi* verstehen. Shigetane's Meinung verdient den Vorzug.

nun Ama-terasu Oho-mi-kami [den Denker-Gott]
Omohi-kane no Kami[2] und fragte ihn nach den
Umständen, warum jener nicht [zurück] komme. Da
dachte Omohi-kane no Kami nach und sprach: „Du
solltest obendrein noch den Fasanen hinschicken,
um Erkundigung einzuziehen." Hierauf nun liess sie
in Gemässheit mit dem Plane dieses Gottes den
Fasanen hingehen und spähen. Der Fasan flog herab,
setzte sich auf den Wipfel des vielzweigigen Kadzura
Baumes vor dem Thore des Ame-waka-hiko und
schrie: „Ame-waka-hiko! Warum hast du schon
acht Jahre lang noch keinen Bericht von deiner
Mission erstattet?" Nun war da aber eine irdische
Göttin Namens Ama no Sagu-me,[3] welche diesen
Fasanen sah und sprach: „Ein Vogel von übel
lautender[4] Stimme sitzt auf dem Wipfel dieses Baumes.
Es wird gut sein ihn zu schiessen." Ame-waka-hiko
nahm also den Himmlischen Hirsch-Bogen und die
Himmlischen trefflichen Hirsch-Pfeile, welche die
Himmlische Gottheit ihm gegeben hatte, und schoss.
Da durchbohrte der Pfeil die Brust des Fasanen und
gelangte [im Weiterfliegen] schliesslich bis dahin,
wo die Himmlische Gottheit weilte. Als die Himmlische Gottheit nun diesen Pfeil erblickte, sprach sie:
„Dies ist ein Pfeil, den ich ehedem dem Ame-waka-
hiko gegeben habe. Warum mag er wohl hierher
gekommen sein?" Hierauf nahm sie den Pfeil und
sprach eine Verwünschung[5] darüber aus, indem sie

---

[2] Vgl. Buch 1, Kap. VI, Anm. 14.

[3] Vgl. Buch 2, Kap. I, Anm. 21.

[4] D. i. ominös, Böses bedeutend.

[5] 咒 *hogite,* was nach I aus *hozakite* kontrahiert sein soll. *hozaku* heisst
gewöhnlich „Glück wünschen," nach I aber sowohl „Böses wünschen " als
„Gutes wünschen." Eine andere Lesung von 咒 ist *tokofu* „fluchen."

sagte: „Wenn er mit böser Absicht geschossen hat, so soll Ame-waka-hiko sicherlich von der Wirkung des Fluches getroffen werden;[6] aber wenn er mit lauterer Gesinnung geschossen hat, so soll ihn kein Unheil treffen!“ Mit diesen Worten warf sie ihn zurück. Da fiel der Pfeil herab und traf den Ame-waka-hiko oben auf die Brust, so dass derselbe auf der Stelle starb. Dies ist der Grund, warum die Leute der gegenwärtigen Zeit sagen: „Fürchte einen zurückgesandten Pfeil!“ Hierauf kamen die Frau und die Kinder Ame-waka-hiko's vom Himmel herab, nahmen den Sarg[7] mit sich hinweg hinauf, machten dann im Himmel ein Trauer-Haus, bestatteten ihn darin temporär und weinten. Noch ehe alles dies geschah, war Ame-waka-hiko mit Aji-suki-taka-hiko-ne no Kami in freundschaftlichen Beziehungen gewesen. Deshalb stieg Aji-suki-taka-hiko-ne no Kami zum Himmel hinauf und bezeigte sein Beileid bei der Trauer und weinte sehr. Nun aber war dieser Gott in seiner äusseren Erscheinung von Natur aus dem Ame-waka-hiko ausserordentlich ähnlich, weshalb Ame-waka-hiko's Frau und Kinder bei seinem Anblick sich freuten und sprachen: „Unser Herr ist noch am Leben!“ Darauf klammerten sie sich an sein Kleid und seinen Gürtel und konnten nicht fortgestossen werden. Da wurde Aji-suki-taka-hiko-ne no Kami zornig und sprach: „Mein Freund ist dahingeschieden; deshalb bin ich jetzt hergekommen, um mein Beileid zu bezeigen. Warum verwechselt man den Toten mit mir?“ Hierauf zog er sein zehnspan-

---

[6] 當遭害 *mazikorenamu,* Fut. Pass. von *mazikoru;* nach den Zeichen: „er soll verunglücken.“

[7] 柩 *hitsugi* „Sarg,“ von *hito-ki* „Menschen-Schloss.“ **Su** liest weniger genau *kabane* „Leichnam.“

niges Schwert heraus und hieb das Trauer-Haus
zusammen. Das Haus fiel [auf die Erde] herab und
wurde zu einem Berge. Dies ist demnach der Mo-
yama [d. i. Trauer-Berg] in der Provinz Minu. Dieses
ist der Grund, warum die Leute der Zeit verabscheu-
en, dass man sie mit einem Toten verwechselt.

Nun aber war der von Aji-suki-taka-hiko-ne no
Mikoto [ausgehende] Schimmer[8] so herrlich, dass
er den Raum von zwei Hügeln und zwei Thälern
mit Glanz erfüllte. Diejenigen, welche sich zur Trauer
versammelt hatten, sangen deshalb ein Lied, welches
lautet:

> „Wie die Perlenschnur aus Juwelen,
> Welche um den Hals getragen wird von
> Der jungen Weberin,
> Die im Himmel wohnt—
> Wie [diese] durchlochten Juwelen glänzend
> Ueberstrahlt zwei Thäler
> Aji-suki-taka-hiko-ne."[9]

---

[8] 光儀 **H** *yosohi (yosowohi)*, d. i. der glänzende „Schmuck," den er an
sich trug. **I** aber ist der Meinung, dass *hikari-yosowohi* sich auf den Glanz
seines Körpers beziehen soll; sein Grund, dass der Schmuck wohl nicht
solchen Glanz von sich gegeben haben könne, ist allerdings bei solchen
mythischen Erzählungen nicht überzeugend,

[9] Der Text lautet:

> Ame naru ya
> Oto-tanabata no
> Unagaseru
> Tama no misumaru no
> Ana-tama haya
> Mi-tani
> Futa watarasu
> Aji-suki-taka-hiko-ne.

oto „jung" (Moribe). *tanabata* „Weberin," vollständiger *tanabata-tsu-me*. *unagaseru*
Praeteritum von *unagasu* „um den Hals tragen." *misumaru* „zusammengeschnürte
Juwelen." *ana* „Loch" (Motowori, Moribe). *ana-tama* „durchlochtes Juwel."
watarasu Causativ von *wataru* „sich ausdehnen." *haya* „glänzend" (**I**).

Ferner sangen sie ein Lied, welches lautet:
> „Wie die Maschen des Netzes herankommen,
> [Des Netzes,] welches man hinüberspannt
> Ueber die Tiefe auf der einen Seite—
> Die Tiefe auf der einen Seite des steinigen
> Flusses—
> [Ueber] den engen Wasserlauf, welchen über-
> schreitet
> Das Mädchen vom Lande—
> Dem [von der Hauptstadt] himmelweit ent-
> fernten [Lande]—,
> So komm doch heran, oh [du Mädchen]!
> [Ueber] die Tiefe auf der einen Seite des
> steinigen Flusses." [10]

Anders **II**: *oto* „laut, laut tönend" (vom Geräusch des Webstuhls). *tanabata* „Webstuhl." *unagasu* 1. „sich anschicken zu weben," 2. „um den Hals tragen," also wortspielende Doppelbedeutung. *ana-tama* korrumpiert aus *aya-tama* (mit Verweis darauf, dass man auch *ana-hatori* statt *aya-hatori* sagt)=„gemusterte Juwelen." *ha ya* Partikeln (nach **Su** Bewunderung ausdrückend).

Tanabata „Weberin" ist noch jetzt der Name eines Sternes, der Vega (Stern α Lyrae), welcher in der chinesischen Mythologie zu einer himmlischen Weberin, genannt 織女 *Chih-Niü*, personificiert wurde. Diese „Weberin" spielt eine grosse Rolle in der chinesischen Litteratur, und später auch in der japanischen Poesie in Anlehnung an jene. Vgl. auch Mayers, Chinese Manual, pag. 97 f. So viel ich übersehen kann, nimmt kein einziger jap. Kommentator die „Weberin" unseres Gedichtes als Personifikation des Sternes. Ich glaube aber dennoch bestimmt, wie auch Chamberlain (vgl. die Variante KOJ. pag. 99) und Aston thun, dass schon in diesem Gedicht diese Gestalt der chinesischen Mythologie vorgeschwebt hat. Das Gedicht kann somit erst entstanden sein, nachdem die Japaner die chinesische Astronomie, oder genauer die mit der chinesischen Astronomie verknüpften Mythen, kennen gelernt hatten.

[10] Der Text lautet:
> Ama-zakaru
> Hina tsu me no
> I-watarasu seto
> Ishi-kaha kata-fuchi
> Kata-fuchi ni
> Ami hari watashi

Diese beiden Gedichte sind [von der Art], welche man jetzt Ländliche Weisen [11] nennt.

Hierauf gesellte Ama-terasu Oho-mi-kami die Yorodzu-hata Toyo-aki-tsu-hime [12], die jüngere

Me ro yoshi ni
Yoshi yori ko ne
Ishi-kaha kata-fuchi.

ama-sakaru, Makura-kotoba zu *hina* „Land" (im Gegensatz zur Hauptstadt): *ama* „Himmel," *sakaru* „entfernt sein:" *ama-sakaru* „himmelweit entfernt," *ama-sakaru hina* also „das [von der Hauptstadt] himmelweit entfernte Land." Mabuchi's Interpretation von *ame*=„Hauptstadt" geht natürlich nicht. *hina-tsu-me* ein „Mädchen vom Lande." *i-watarasu*=*watarasu* (*i* Präfix) „überschreiten." *seto* „enge Wasserstrasse." *ishi-kaha* „steiniger-Fluss," ein Fluss, dessen Bett voll Steingeröll liegt. *kata-fuchi* „einseitige Tiefe," d. h. die tiefe Stelle auf der einen Seite eines Flussbettes, während die andere Seite des Flusses bei gewöhnlichem Wasserstande blos voll Steingeröll und ganz trocken liegt, was fast bei allen japanischen Flüssen der Fall ist. *ami* „Netz." *hari-watasu* „hinüberspannen." *me* „Maschen des Netzes." *ro* eine bedeutungslose Partikel, die blos um des Wohllauts willen als Füllsel gebraucht wird. *yoshi*= *yoru* „herannahen" (vom Netz, welches vom Fischer herangezogen wird; mit diesem Heranziehen des Netzes wird bildlich das Herannahen von Menschen verglichen). *yoshi yori ko ne* „oh komm doch heran!" (*yoshi-yori*=„heran, herannahend ").

H weicht in einzelnen Punkten hiervon ab: *yoshi*=„Gelegenheit;" *me* wortspielend in doppelter Bedeutung: 1) „Maschen" (des Netzes), 2) „Zusammenkunft."

Ich fasse *seto* appositionell zu *kata-fuchi*.

[11] 夷曲 *hina-buri* „Ländliche Weise" ist wohl von dem im 2. Verse des 2. Gedichtes vorkommenden Worte *hina* hergenommen; *furi* „Weise, Stil." Nach den Zeichen: „barbarische Weise." Das zweite Gedicht passt offenbar nicht in den Zusammenhang der Erzählung, und die jap. Kommentatoren meinen, dass es sich hier eingeschlichen habe, weil es gleichfalls wie das erste eine *hina-buri* ist und beide deshalb als zusammengehörig betrachtet wurden. Auch die Musikbehörden rechneten beide Gedichte in eine Gattung. Im KOJIKI steht blos das erstere. Näheres über die textliche oder musikalische Charakteristik der verschiedenen alten Liedergattungen, welche hie und da en passant erwähnt werden, ist nicht bekannt.

[12] „Myriade- Webstühle Ueppige-Libellen-Prinzessin." *Hata* „Webstuhl;" *akitsu* „Libelle." **H** fasst *akitsu* geradezu in der Bedeutung von *usu-ginu* „dünner Seidenstoff," nämlich wie Libellenflügel dünner und zarter Stoff. Im

Schwester des Omohi-kane no Kami, zu Masaka-a-katsu Kachi-haya-bi Ama no Oshi-ho-mimi no Mikoto, [13] machte sie zu dessen Gemahlin und schickte sie [beide] nach dem Mittellande des Schilfgefildes hinab. Zu dieser Zeit stellte sich Kachi-haya-bi Ama no Oshi-ho-mimi no Mikoto auf die Himmlische Schwebe–Brücke, sah hinab und sprach: „Ist dieses Land denn schon beruhigt? Nein, durchaus nicht! Es ist ein den Kopf senkendes,[14] hässlich anzuschauendes Land!“ Darauf kehrte er wieder nach oben zurück und erklärte ausführlich die Gründe, warum er nicht hinabstieg. Deshalb schickte Ama-terasu Oho-mi-kami weiterhin Take-mika-dzuchi no Kami und Futsu-nushi no Kami, um zuerst hinzugehen und [das Land] zu säubern. Nun stiegen diese beiden Götter hinab und gelangten nach Idzumo, worauf sie den Oho-na-muchi no Kami fragten und sprachen: „Willst du dieses Land der himmlischen Gottheit übergeben oder nicht?“ Er antwortete und sprach: „Mein Sohn Koto-shiro-nushi befindet sich gerade beim Kap Mitsu und vergnügt sich mit dem Schiessen von Vögeln. Ich will ihn jetzt fragen und euch [seine Antwort] berichten.“ Nachdem er hierauf einen Boten auf Erkundigung abgeschickt hatte, brachte derselbe die Antwort, welche

---

KOJIKI heisst sie *Yorodzu-hata-toyo-aki-dzu-shi-hime no Mikoto,* worin *shi* von Mabuchi als apokopierte Form von *shima* „Insel“ betrachtet wird, eine keineswegs sichere, aber entschieden bessere Erklärung als die Motowori's, welcher *shi=chijimu* „kraus sein, gekrept sein,“ setzt. Chamberlain übersetzt: Myriad-Looms-Luxuriant-Dragon-fly-Island-Princess.

[13] Vgl. Buch 1, Kap. V, Anm. 17.

[14] 顔傾 *kabushi* „den Kopf auf eine Seite neigend.“ Nach **II**=„den Kopf nach vorn senkend:“ das Land mit gesenktem Kopf, was etwas Schlechtes bedeuten soll. **I** dagegen setzt *kabusu=kaburi-furu* „den Kopf schütteln“ und interpretiert: „Nein,“ sagte er mit geneigtem Haupte, „es ist ein hässlich anzuschauendes Land.“

lautete : „ Wie dürften wir verweigern das zu übergeben,
was die himmlische Gottheit fordert ?“ Hierauf teilte
Oho-na-muchi no Kami die Worte seines Sohnes den
beiden Göttern mit. Die beiden Götter stiegen hierauf
zum Himmel empor und gaben von ihrer Mission
Bericht und sprachen : „ Das Mittelland des Schilfgefildes ist nun schon gänzlich unterworfen.“ Da befahl
Ama-terasu Oho-mi-kami und sprach : „ Wenn dies
so ist, so will ich mein Kind hinabschicken.“ In der
Zwischenzeit, als sie gerade im Begriff war [ihren
Sohn] hinabzuschicken, war ein suveräner erlauchter
Enkel geboren worden, welcher Ama-tsu-hiko Hiko-
ho no Ninigi no Mikoto genannt wurde. Da sprach
[ihr Sohn] zu ihr und sagte : „ Ich möchte, dass du
diesen suveränen erlauchten Enkel an [meiner] Statt
hinabschickest.“ Daher gab Ama-terasu Oho-mi-kami
dem Ama-tsu-hiko Hiko-ho no Ninigi no Mikoto die
drei Schatzstücke, nämlich : den krummen Edelstein
aus Yasaka-Juwel, sowie den acht-händigen Spiegel
und das Schwert Kusanagi, [15] und ferner gesellte sie
zu ihm als sein Gefolge : Ame no Koyane no Mikoto,
den Urahn der Nakatomi ; Futo-tama no Mikoto, den
Urahn der Imube ; Ame no Uzume no Mikoto, die
Urahnin der Saru-me ; [16] Ishi-kori-dome no Mikoto,
den Urahn der Spiegelmacher ; und Tama-ya [17] no
Mikoto, den Urahn der Juwelenmacher, im ganzen

---

[15] Das im Schwanze der grossen Schlange gefundene Schwert. Vgl. Buch
1, Kap. VII, Anm. 13.

[16] Siehe unten Anm. 30.

[17] Oder *Tama-no-ya no Mikoto* „ Edelstein-Haus.“ Weitere Namen desselben
Gottes sind *Ama no Akaru-tama no Mikoto* „ der leuchtende Edelstein des
Himmels ;“ *Toyo-tama* „ Reicher Juwel ;“ *Ha-akaru-tama* „ Glänzend-leuchtender
Edelstein ;“ und *Kushi-akaru-tama* „ Wunderbar-leuchtender Edelstein.“ Vgl.
Buch 1, Kap. V, Anm. 35.

fünf Häuptlingsgötter. [18] Sodann befahl sie dem suveränen erlauchten Enkel und sprach: „Dieses Land der eintausendfünfhundert herbstlichen frischen Aehren des Schilfgefildes [19] ist die Region, welche meine Nachkommen als Herrscher beherrschen sollen. Gehe du, mein suveräner erlauchter Enkel, hin und regiere es! Möge das Blühen und Gedeihen der himmlischen Dynastie wie Himmel und Erde ohne Ende dauern!" Als er hierauf im Begriff war hinabzusteigen, da kehrte einer von den Vorläufern zurück und sprach: „Es ist dort ein Gott, welcher an den himmlischen acht Kreuzwegen wohnt: seine Nase ist sieben Handbreiten lang, und sein Rücken ist mehr als sieben Fuss lang. Ausserdem leuchten sein Mund und sein Hinterer mit hellem Glanze. Seine Augen sind wie der acht-händige Spiegel, und leuchten und glänzen wie die Akakagachi." [20] Hierauf schickte er einen seiner Gefolgs-Götter, um hinzugehen und Erkundigung einzuziehen. Nun waren da zwar achtzig Myriaden Gottheiten, aber unter allen war keine, welche jenem entgegenblicken [21] und ihn fragen konnte. Daher erteilte [der suveräne erlauchte Enkel] im besonderen der Ame no Uzume Befehl und sprach: „Du bist den Anderen in der Stärke des Blickes überlegen. Du solltest hingehen und ihn fragen." Ame no Uzume entblösste hierauf ihre Brüste, zog

---

[18] 五部神 **H**: *itsu-tomo no kami-tachi,* **I**: *itsu-tomonowo no kami. tomo-no-wo* nach Motowori = „Haupt einer Gruppe." Die fünf Götter sind die Ahnen und Häupter von fünf bedeutenden Geschlechtern oder *Be.* Man könnte auch mit Aston übersetzen: „Götter von fünf *Be.*"

[19] Japanisch: *Ashi-hara no Chi-i-ho-aki no Midzu-ho no Kuni.*

[20] Vgl. Buch, 1, Kap. VII, Anm. 11.

[21] 目勝 *ma-katsu* „entgegenblicken," lit. „mit den Augen siegen." Die Götter konnten dem Saruda-hiko nicht entgegenblicken, weil sie von dem von ihm ausgehenden Glanz geblendet wurden.

das Schnürband ihres Rockes [22] bis unter den Nabel
herab und trat ihm so höhnisch lachend gegenüber.
Da fragte der Gott der Kreuzwege sie und sprach:
„Ame no Uzume! aus welchem Grunde thust du
das?" Sie antwortete und sprach: „Ich möchte mir
erlauben zu fragen, wer derjenige ist, der auf diese
[flegelhafte] Weise auf dem Wege verharrt, den das
Kind von Ama-terasu Oho-mi-kami entlang geht?"
Der Gott der Kreuzwege antwortete und sprach:
„Ich habe gehört, dass das Kind von Ama-terasu
Oho-mi-kami jetzt im Begriff ist [vom Himmel]
herabzusteigen, und deshalb bin ich ihm in aller
Ehrfurcht entgegen gekommen, um ihm meine Auf-
wartung zu machen. Mein Name ist Saruda-hiko [23]

---

[22] *Mo* ist das den unteren Teil des Körpers und die Beine bedeckende
Gewand, der Frauenrock.

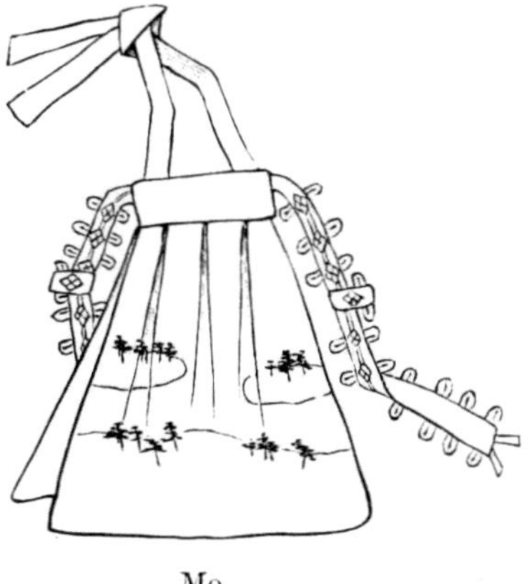

Mo.

[23] Der grosse Gott *Saruda-hiko* „Affen-Feld-Prinz." Andere Lesungen
sind *Saruta-biko* (Motowori), *Sada-biko* (Ban Nobutomo, Hirata, **H**). Nach Ban
Nobutomo soll *Sada* (oder *Saruda*) ein Ortsname sein, was ganz gut möglich ist.
Ein anderer Name des Gottes ist *Oho-tsuchi no Mi-oya no Kami*. *Saruda-hiko*
ist ein Sohn von Oho-toshi-gami und Enkel von Susa no Wo no Mikoto.

no Oho-kami.“ Da fragte ihn Ame no Uzume wieder und sprach: „Willst du vor mir hergehen, oder soll ich vor dir hergehen?“ Er antwortete und sprach: „Ich will als sein Vorläufer vorangehen.“ Ame no Uzume fragte wieder und sprach: „Wohin willst du dich begeben? und wohin wird sich der suveräne erlauchte Enkel begeben?“ Er antwortete und sprach: „Das Kind der himmlischen Gottheit soll sich nach dem Wunderbaren Gipfel des Takachiho[24] in Himuka in Tsukushi begeben, und ich will mich nach dem Oberlauf des Flusses Isuzu[25] in Sanagata[26] in Ise begeben.“ Weiterhin sprach er: „Du bist diejenige Person, welche mich entdeckt[27] hat. Du musst deshalb mich begleiten und mich bis zum Ziele führen[28].“ Ame no Uzume kehrte zurück und erstatte über die Lage der Dinge Bericht. Der suveräne erlauchte Enkel verliess hierauf den himmlischen Felsensitz, stiess die achtfachen Wolken des Himmels auseinander, und indem er sich mit gewaltigem Wegbahnen

---

[24] Vgl. Kap. III, Anm. 3.

[25] *Isuzu* soll = *isozu* „Sandbank“ sein (*iso* „Ufer,“ *su* „Landbank,“ noch jetzt gebraucht; vgl. *Naka-zu*, Name einer Insel im Sumida-gawa in Tōkyō bei der Oho-hashi Brücke, „Sandbank in der Mitte;“ *Su-saki* „Sandvorsprung,“ bei Tōkyō). Der Fluss heisst noch jetzt so. Ein anderes *Isuzu* siehe in dem Namen der Göttin *Hime-tatara Isuzu-hime*, Buch 1, Kap. VII, Anm. 87.

[26] *Sanagata* ist aus *Sana-agata* kontrahiert, etwa „Sana-Bezirk.“ Der jetzige Name ist *Sana-dani* „Sana-Thal,“ im Distrikt Take der Provinz Ise. *Sana* soll früher einen viel bedeutenderen Umfang gehabt haben als jetzt.

[27] Nach Motowori ist damit gemeint, dass sie durch ihre Fragen den Namen und den Grund, warum Saruda-hiko dort sich befand, ausfindig gemacht hatte.

[28] 致 *itasu*. I liest *itaru* „hingelangen“ (nach Ise) wie Shigetane, welcher den Ausdruck darauf bezieht, dass Saruda-hiko die Uzume aufforderte mit ihm sich nach Ise zu begeben. Der Sinn beider Interpretationen ist wesentlich derselbe.

Im Kogoshūi wird eine geheime Verabredung erwähnt, derzufolge Saruda-hiko das *Mitamashiro* (Sinnbild) der Ama-terasu (d. h. den Spiegel) nach Ise

einen Weg bahnte, stieg er vom Himmel herab. [29]
Zuletzt gelangte, wie vorher abgemacht worden war,
der suveräne erlauchte Enkel auf dem Wunderbaren
Gipfel des Takachiho in Himuka in Tsukushi an.
Saruda-hiko no Kami seinerseits begab sich hierauf
nach dem Oberlauf des Flusses Isuzu bei Sanagata
in Ise. Hiernach wartete Ame no Uzume no Mikoto
in Gemässheit mit dem Ersuchen des Saruda-hiko no
Kami demselben auf und begleitete ihn. Nun befahl
der suveräne erlauchte Enkel der Ame no Uzume no
Mikoto: „Du sollst den Namen der Gottheit, welche
du entdeckt hast, zu deinem Kabane und Uji machen!“
Hierauf verlieh er ihr die Bezeichnung Sarume no
Kimi. [30] Dies ist daher also der Ursprung davon,
dass die Sarume no Kimi, die Männer wie die Frauen,
sämtlich die Bezeichnung Kimi führten.

---

bringen sollte. Shigetane meint, dass Uzume von dieser Verabredung gewusst
habe und ihn deshalb fragte, wohin er sich begeben wolle, d. h. wohin er
das Sinnbild der Göttin bringen werde (sic).

[29] Dieser Satz kehrt in den NORITO mehrfach wieder.

[30] *Kimi*, urspr. „Herr, Fürst,“ wurde später zu einem Kabane. *Saru-me*
„Affen-Weib“ ist von dem ersten Bestandteil des Namens des *Saru-da-hiko*
hergenommen, mit Zusatz von *me* „Weib.“ Ban Nobutomo ist der Ansicht,
dass der Name von dem Beruf hergenommen ist. Die *Sarume* waren nämlich
die Tänzerinnen der bei Götterfestlichkeiten aufgeführten Kagura Tänze
(komische Pantomimen, wie der *saru-mahi* „Affen-Tanz“). Auch bei anderen
Shintōfeiern, wie dem Nihi-name Feste u. s. w., fungierten sie mit den
priesterlichen Geschlechtern der Nakatomi und Imube. Vgl. auch Buch 1,
Kap. VII, wo Uzume eine Pantomime aufführt und dann in eine Verzückung
gerät und göttlich inspirierte Worte von sich giebt. Den *Sarume*-Tänzerinnen
wurde später das Kabane *kimi* verliehen, und während Motowori meint, dass
dieser Titel *Sarume no kimi* stets nur von Frauen geführt wurde, behauptet
Nobutomo, dass er auch auf Personen männlichen Geschlechtes (aus der
Nachkommenschaft der Sarume) ausgedehnt wurde. Jedenfalls haben wir es
wohl hier mit einer Ausnahme von der gewöhnlichen Regel zu thun, da den
Frauen sonst dergleichen Titel nicht beigelegt wurden. Als die modernen
Vertreter der *Sarume* hat man wohl die *Miko* zu betrachten, d. i. Jungfrauen,

II.—In einer Schrift heisst es:—Die himmlische Gottheit schickte den Futsu-nushi no Kami und den Take-mika-dzuchi no Kami und liess durch sie das Mittelland des Schilfgefildes unterwerfen. Da sagten diese beiden Götter: „Im Himmel ist eine böse Gottheit mit Namen Ama-tsu-mika-boshi,[31] oder auch Ame no Kagase-wo[32] genannt. Wir bitten, dass man zuerst diese Gottheit hinrichte, bevor wir hinabsteigen und das Mittelland des Schilfgefildes säubern." Zu dieser Zeit wurde der als Leiter des Götterkultus [fungierende] Gott[33] Ihahi no Ushi genannt. Dieser Gott residiert jetzt im Lande Kadori[34] in Adzu-

---

welche in einem Shintōtempel einen pantomimischen Tanz zur Unterhaltung der Götter aufführen, und ferner Frauen, welche vorgeblich mit einem Gott oder mit den Geistern von Abgeschiedenen in Verkehr stehen und wahrsagen.

Als quasi Ergänzung zu dieser *Saruda-hiko* Geschichte betrachte man Sect. 36 des KOJIKI, aufgeführt im Appendix.

[31] „Der himmlische Sake-Krug Stern." **Su** citiert einen Kom., welcher bemerkt: *mika* ist ein Sake-Krug. Die Strahlen dieses unheilvollen Sterns ähnelten wohl in Gestalt wie in Farbe diesem Gefässe. **H** und **I** geben keine Erklärung.

[32] Vgl. Kap. II, Anm. 24.

[33] 齋主神 *ihahi-nushi no kami* (nicht Eigenname wie bei Aston!) „der Gott welcher als *ihahi-nushi* d. i. ‚Kult-Herr' fungiert." Der *ihahi-nushi* hat die Oberleitung bei einer gottesdienstlichen Handlung. Bei dieser Gelegenheit fungierte der Gott Futsu-nushi als *ihahi-nushi*, wie aus dem Folgenden hervorgeht, und zwar deshalb, weil er das Haupt der Mission zur Unterwerfung des Mittellandes war. Eine uralte Sitte erforderte nämlich, dass vor Beginn eines kriegerischen Unternehmens, um den Erfolg zu sichern, Opfer dargebracht wurden, bei welcher Ceremonie der Oberanführer als *ihahi-nushi* fungierte. Vgl. auch folgende Stellen im KOJIKI: (Kaiser Kōrei, Sect. 60, Chamb. pag. 160) „Die beiden Gottheiten Oho-kibi-tsu-hiko no Mikoto und Waka-take-kibi-tsu-hiko no Mikoto miteinander setzten heilige [Sake-] Krüge hin......und unterwarfen und beruhigten das Land Kibi." Eine ähnliche Stelle Sect. 66, Sūjin-tennō, Chamb. pag. 180.

Ihahi-no-Ushi „Kult-Herr," d. i. *Futsu-nushi no Kami.*

[34] *Kadori* ist ein Distrikt in der Provinz Shimōsa, und auch der Name eines Sato in diesem Distrikt, woselbst ein Shintōtempel ist, der *Kadori-jinja,*

ma.[35] Hierauf stiegen die beiden Gottheiten herab und gelangten nach dem Strändchen von Idasa in Idzumo und fragten Oho-na-muchi no Kami, indem sie sprachen: „Willst du dieses Land der himmlischen Gottheit übergeben oder nicht?“ Er antwortete und sprach: „Ich argwöhne, dass ihr beiden Götter keineswegs [mit göttlicher Mission] zu mir gekommen seid.[36] Daher will ich meine Zustimmung nicht geben.“ Hierauf nun kehrte Futsu-nushi no Kami nach oben zurück und erstattete von seiner Mission Bericht. Dann schickte Taka-mi-musubi no Mikoto die beiden Götter wieder zurück und befahl dem Oho-na-muchi no Kami, indem er sprach: „Da ich jetzt deine Worte gehört habe, [so finde ich, dass darin] eine tiefe Begründung liegt. Daher befehle ich noch einmal in ausführlich ins Einzelne gehender Weise: Was die von dir geleiteten weltlichen Angelegenheiten[37] anbelangt, so soll [von jetzt an] mein Enkel dieselben leiten, und was dich anbetrifft, so sollst du göttliche Angelegenheiten[38] leiten. Ferner, du sollst in dem

---

in welchem *Futsu-nushi no Kami* verehrt wird. Vgl. Satow's Handbook, 2. ed. pag. 497.

[35] *Adzuma no kuni* sind die östlichen Provinzen von Japan, östlich vom Usui-tōge; nach dem KOJIKI östlich vom *Ashigara-Passe*, was nur topographisch passt. In alten Zeiten scheint der ganze Hakone Gebirgsstock *Ashigara* geheissen zu haben, und deshalb braucht der uralte Ashigarapass nicht notwendigerweise mit dem modernen Passe desselben Namens identisch zu sein.

[36] Er bezweifelt, dass die beiden Götter von der himmlischen Gottheit wirklich autorisiert sind; wäre letzteres nach seiner Ansicht der Fall, so würde er sich unterwerfen.

[37] Die *weltlichen* Angelegenheiten bestehen in der Regierung des Landes und im sog. *Kuni-tsukuri* „Befestigung des Landes.“

[38] Die *göttlichen* Angelegenheiten sind die Leitung des Schicksals, von Glück und Unglück, sowohl der einzelnen Individuen als auch des ganzen Reiches.

Palaste Ama no Hi-su[39] wohnen, und ich will denselben [für dich] bauen. Sodann will ich ein tausend Faden [langes] Seil[40] aus Papiermaulbeer [rindenfasern] nehmen und es in ein hundert und achtzig Knoten knüpfen. Was die Konstruktion des Palastbaues anbelangt, so sollen dessen Pfeiler hoch und stark sein, und die Bretter sollen breit und dick sein. Auch will ich deine Reisfelder [für dich] bebauen lassen.[41] Ferner will ich als Vorrichtung für dich, wenn du auf dem Meere zum Vergnügen hin und her fährst, eine hohe Brücke,[42] eine Schwebe-Brücke[43] und ein himmlisches Vogel-Boot[44] machen. Ferner will ich auch über den achtströmigen Fluss des Himmels eine Schlagbrücke[45] machen. Ferner will ich dir auch einhundertachtzig Stück weisse Schilde[46] machen; und

[39] *Ama no Hi-su no miya,* im KOJIKI *Ama no Misu.* Sowohl *hi* „Sonne“ als *mi* „erlaucht“ sind nur als Honorificum vor *su* „Nest“ praefigiert, also „des Himmels sonnenherrliches Nest.“ Nach einer anderen Erklärung wäre *hisu=hiso,* der im Verbum *hisomu* „sich verborgen halten“ enthaltene Stamm (vgl. *hisoka* „heimlich“), *Ama no Hisu no miya* dann also „der Versteck-Palast des Himmels.“ Später versteht man darunter den *Kidzuki no Ohoyashiro* in Idzumo (vgl. Kap. II, Anm. 20).

[40] Hirata macht zwei Konjekturen: nach der einen sollte das Seil als Mass (zur Abmessung des Grund und Bodens), nach der anderen zum Zusammenbinden der Balken und Hölzer des Gebäudes gedient haben. Es sei bemerkt, dass in der ältesten japanischen Architektur die Balken eines Gebäudes nicht in einander gefugt oder durch Klammern verbunden wurden, sondern durch Zusammenbinden mit Seilen aus Baumrindenfasern u. s. w. an einander fest gehalten wurden.

[41] D. h. die Leute für die Bestellung der Felder zur Verfügung stellen.

[42] Eine auf Pfeilern fest errichtete Brücke.

[43] Eine *funa-bashi* „Schiffsbrücke“ ist gemeint.

[44] Ein Boot, welches so schnell fährt wie ein Vogel fliegt. Vergl. oben Kap. II, Anm. 16 das „himmlische Tauben-Boot.“

[45] *Uchi-hashi,* d. h. eine fliegende Brücke, welche temporär über einen Fluss geschlagen wird.

[46] *Shira-tate,* nach Hirata Schilde aus weissem Holz, nach H weiss angestrichene Schilde. Vgl. Buch 30, Kap. V, Anm. 1, wo von innen und aussen

ferner soll Ama no Ho-hi no Mikoto derjenige sein, welcher bei deinen [zu deiner Ehre gefeierten] Festen als [Kult-] Herr[46*] fungieren wird." Hierauf antwortete Oho-na-muchi no Kami und sprach: „ Die Befehle und Unterweisungen der Himmlischen Gottheit sind in solchem Grade freundlich, dass ich mich nicht unterstehen darf nicht zu gehorchen. Die von mir [bis jetzt] geleiteten weltlichen Angelegenheiten soll [von jetzt an] der suveräne erlauchte Enkel leiten. Ich will mich zurückziehen und die verborgenen [47] Angelegen-

---

schwarz lackierten Götter-Schilden die Rede ist; daselbst eine genaue Beschreibung der Schilde. Auf der Aussenseite der Schilde wurden Felle aufgenäht, auf der Innenseite oft Tuch; daher spricht man vom Nähen *nufu* der Schilde, und hat die Familie der Schildmacher in der Provinz Tamba, welche die Götterschilde anfertigte, den Namen *Tate-nuhi* „ Schild-Näher." Aus dem gleichen Grunde wird für Schilde, wie an unserer Stelle, das Zählwort *nuhi*, etwa „ Nähung, Nähstück" verwendet. Das Wort *tate* „Schild" ist wahrscheinlich von dem Verbum *tatsuru* „stellen" abgeleitet und bedeutet daher ursprünglich ein „Hinstellding."

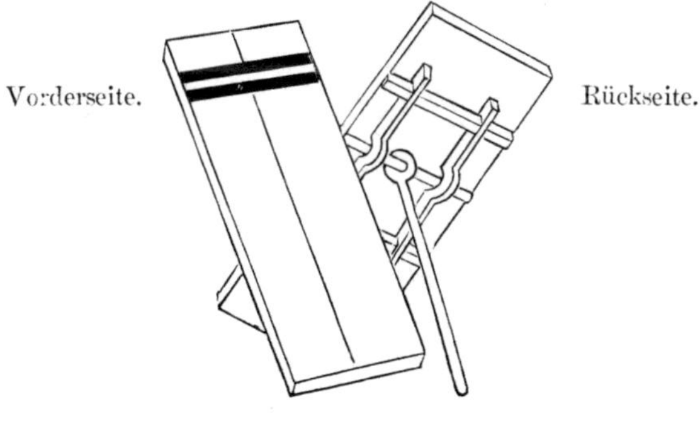

TATE.

[46*] Der Gott, welcher in diesem Lande als Kultherr eingesetzt war, ist eigentlich *Ama no Hina-tori no Mikoto*, ein Sohn des *Ama no Ho-hi no Mikoto.* Er ist der Urahn der Kuni-no-miyatsuko der Provinz Idzumo.

[47] Die *verborgenen* Angelegenheiten sind identisch mit den obigen *göttlichen* Angelegenheiten. Siehe Anm. 38.

heiten leiten.“ Hierauf präsentierte er den beiden Göttern den Funato no Kami [48] und sprach: „ Dieser soll an meine Stelle treten und ehrfurchtsvoll Gehorsam leisten. Ich werde mich von hier entfernen und fortgehen.“ Demnach die reinen Yasaka Juwelen an seinen Körper anlegend verbarg er sich für immer.[49] Daher machte Futsu-nushi no Kami den Funato no Kami zum Wegführer und unternahm eine Rundreise zur Unterwerfung [des Landes]. Diejenigen, welche sich gegen seine Befehle auflehnten, tötete er, und diejenigen andererseits, welche gehorsam waren, belohnte er. Diejenigen Häuptlinge, welche damals Gehorsam leisteten, waren Oho-mono-nushi [50] no Kami und Koto-shiro-nushi no Kami. Darauf beriefen [Oho-mono-nushi und Koto-shiro-nushi] die achtzig Myriaden [irdischer] Götter zu einer Versammlung auf dem Himmlischen Hohen Marktplatze,[51] stiegen an der Spitze [dieser Götter] zum Himmel hinauf und erklärten [vor Ama-terasu Oho-mi-kami und Taka-mi-musubi no Mikoto] ihre loyalste Gesinnung. Da

---

[48] **I** und **H** lesen *Funato*, **Su** *Kunato*. Diese Gottheit ist die Transformation des Stockes von Izanagi. Nach den Zeichen „Scheideweg-Gott;“ *Funato* von *furu na* „gehe nicht vorüber!“ und *to* „Ort, Stelle“ *Kunato* von *ku na* „komme nicht!“ Vgl. Izanagi's Gang nach der Unterwelt, Buch 1, Kap. IV, Anm. 44.

[49] Ich stimme **H** zu, welcher meint, dass unter dem sich für immer Verbergen nicht sein Tod zu verstehen sei, sondern dass er sich nur von den sichtbaren Angelegenheiten in die Unsichtbarkeit zurückzog, um von nun an die göttlichen Angelegenheiten, wie oben erwähnt, zu leiten.

[50] „Grosser-Geister-Herr.“ Vgl. oben Buch 1, Kap. VII, Anm. 88.

[51] Der *Ama no Takechi* ist im Himmel, die Versammlung daselbst konnte daher erst nach dem Hinaufsteigen stattfinden. Um dies deutlicher herauszustellen, schlägt **H** eine Umstellung des Textes vor: „Hierauf stiegen sie an der Spitze [der achtzig Myriaden Götter] zum Himmel hinauf und beriefen die achtzig Myriaden Götter zu einer Versammlung auf dem Himmlischen Marktplatze.“ Diese Emendation ist jedoch nicht unbedingt nötig.

befahl Taka-mi-musubi no Mikoto dem Oho-mono-
nushi no Kami: „Wenn du eine irdische Gottheit
zu deinem Weibe machst, so muss ich immer noch
annehmen, dass du ein nicht williges Herz hast.
Daher will ich dir jetzt meine Tochter Mi-ho-tsu-
hime [52] zugesellen und sie zu deinem Weibe machen.
Nimm die achtzig Myriaden Götter mit dir und seid
für alle Zeiten in Ehrfurcht die Beschützer des suveränen erlauchten Enkels.“ Hierauf liess [Taka-mi-
musubi no Mikoto] sie wieder nach unten zurückkehren. Hiernach wurde Ta-oki-ho-ohi no Kami,[53]
der Urahn der Imube der Provinz Kii, zum Hutmacher[54]

Sanso versteht unter diesem *Takechi* (eben wegen der etwas unklaren
Anordnung des Textes) das *Takechi* in der Provinz Yamato, was aber entschieden falsch ist. Unter dem Hinaufsteigen nach dem Himmel versteht I
speziell das Erscheinen vor Amaterasu und Taka-mi-musubi.

[52] Nach den Zeichen „Drei-Aehren-Prinzessin;“ vielleicht besser „Prinzessin der erlauchten Aehren.“ Oder sollte es heissen „Prinzessin von Miho,“
nach dem Orte *Miho* in der Provinz Idzumo? I erklärt es für unmöglich,
dass diese Gottheit ihren Namen von dem Orte erhalten habe, ich sehe jedoch
keinen stichhaltigen Grund hierfür.

[53] Auch *Te-oki-ho-ohi* gelesen; von *te, ta* „Hand,“ *oki* (die Hand) „anlegen“
(um die Länge zu messen), *ho* soll Kontraktion von *hiro* „Klafter, Faden“
sein (nach dem Zeichen = „Segel“), *ohi* „Träger.“ Nach Hirata ist *Te-oki-ho-
ohi no Kami* identisch mit *Mike-mochi no Kami*, einem Sohn der Kami-musubi
no Mikoto. *Mi-ke* „erlauchtes Holz,“ *mochi* „Verwalter, Besitzer;“ er war
der Gott des Bauholzes und der Tempelbauten. Sein Nachkomme in vierter
Generation Michi-ne no Mikoto wurde zur Zeit des Kaisers Jimmu zum Kuni-
no-miyatsuko der Provinz Kii (Ki) eingesetzt und erhielt das Kabane *Atahi*.
Die *Ki no atahi* waren seine Nachkommen und wohnten im Distrikt Nagusa
von Kii. *Imube* (vgl. oben Buch 1, Kap. VI, Anm. 21) ist wohl ihre Bezeichnung nach ihrem Beruf: sie hatten über Bauholz und Palastbau (Tempelbau)
zu walten, und Hüte und Schilde anzufertigen, die beim Götterkult Verwendung fanden, also überhaupt mit den gottesdienstlichen Gerätschaften zu
thun. Nach dem KOGOSHŪI ist *Te-oki-ho-ohi no Kami* der Urahn der Imube
der Provinz Sanuki, und diese Imube waren *hoko-saho-tsukuri* „Lanzenschaft-
macher.“

[54] *Kasa-nuhi* „Näher von breiten Hüten.“ Die Hüte wurden aus *suge*
„Binsen“ gemacht: *suge-gasa*.

eingesetzt; Hiko-saziri [55] no Kami wurde zum Schildmacher [56] gemacht; Ama no Ma-hitotsu [57] no Kami
zum Metallarbeiter; [58] Ama no Hi-washi [59] no Kami
zum Baumfasermacher; [60] und Kushi-akaru-tama [61] no
Kami zum Juwelenmacher.

[62] Hierauf liess man Futo-tama no Mikoto um

---

[55] „Prinzherrlicher Längenmass Leiter;" *hiko* Honorificum, *saziri* wohl
kontrahiert aus *sashi-ziri*: sashi „Längenmass" (vgl. *mono-sashi* „Massstab"), *ziri*
nigoriert von *shiri* „Führer, Leiter" (Verbum *shiru* führen, leiten, regieren).
Nach Hirata ist er ein Sohn von *Te-oki-ho-ohi no Kami* (Anm. 53).

[56] *Tate-nuhi* „Schildnäher," vgl. Anm. 46. Näheres über die Verfertigung
von Schilden und Speeren siehe im Hyō-go-ryō-shiki, d. i. ENGI-SHIKI, Abt.
Waffen-Speicher-Amt.

[57] „Der einäugige Gott des Himmels," von I *Ame-ma-hitotsu* gelesen. Ein
Sohn von Ama-tsu-hiko-ne no Mikoto, und der Urahn der Imiki von Yamashiro. Das KOGOSHŪI bezeichnet ihn als Urahn der [Imube der] beiden
Provinzen Tsukushi und Ise. Die Einäugigkeit des japanischen Schmiedegottes
bietet eine merkwürdige Parallele zur Einäugigkeit der Kyklopen, der Gesellen
des griechischen Schmiedegottes Hephaistos. Ein rationalistischer Erklärer
will die Einäugigkeit so verstehen, dass sich der Gott das eine Auge verletzt
habe und nur noch mit dem anderen sehen konnte. Der Name ist aber
vollgültiger Beweis dafür, dass man sich den Gott als bloss ein Auge im
Kopf habend vorgestellt hat. Hirata identificiert ihn mit dem im KOJIKI
Sect. 16 (vgl. auch NIHONGI, Buch 1, Kap. VII, Anm. 47) genannten Schmiede-
gott *Ama-tsu-ma-ra* „Himmlischer Penis."

[58] Sie machten Schwerter, Beile, Klingeln u. s. w. Alle hier erwähnten
Gegenstände sollen zum Gottesdienst verwendet sein.

[59] „Sonnen-Adler des Himmels."

[60] *Yufu-tsukuri*; *yufu* ein weisses gewebtes Zeug, das aus den Fasern der
inneren Rinde des Papiermaulbeerbaums *kōzo* (morus papyrifera) hergestellt
wurde. *Yufu*-Zeug wurde bei Opfern den Göttern dargeboten.

[61] „Wunderbar-leuchtender-Edelstein" (*kushi* „Kamm" steht phonetisch).
Nach dem KOGOSHŪI ist er der Urahn der Imube von Idzumo, welche
Juwelenmacher waren.

[62] Diesen und den folgenden Absatz hat **Su** in der Reihenfolge miteinander
vertauscht (so auch Aston, welcher im allgemeinen nach **Su** übersetzt). Ich
kann dieser willkürlichen Veränderung des Textes ebensowenig beistimmen,
als die neueren japanischen Autoritäten, zumal da durch die Umstellung keine
grössere Klarheit in den freilich etwas konfusen und den Eindruck eines
Fragments hervorrufenden Text kommt.

die schwachen Schultern das dicke Armstützband tragen[63] und als Stellvertreter [des suveränen erlauchten Enkels] diesen Gott [den Oho-na-muchi] verehren, und hierin hat [die Sitte des Armstützbandtragens] seinen ersten Ursprung. Ferner war Ama no Koyane no Mikoto derjenige, welcher den Urgrund der göttlichen Angelegenheiten[64] zu leiten hatte. Daher liess man ihn mit der Divinierung der Grossen Divination[65] ehrfürchtig Dienst leisten.

Taka-mi-musubi no Mikoto befahl hierauf und sprach: „ Ich will ein himmlisches Himorogi[66] auf-

---

[63] *Yowa-gata ni futo-tasuki tori-kakte,* ein in den NORITO wiederholt vorkommender Ausdruck, eine stehende Formel. *Tasuki* „Handstützer," eine um den Nacken geschlungene Binde zur Unterstützung der ein Brett mit Opfergaben vor der Brust tragenden Hände. *Futo* „dick" ist nur Honorificum, ebenso *yowa* „schwach" in *yowa-gata* eine Art Epitheton ornans. Das moderne *tasuki* „Aermelaufschürzer" muss von dem alten *tasuki* deutlich unterschieden werden! Vgl. Buch 1, Kap. VI, Anm. 33.

[64] D. h. die *Divination.* Ein anderer Name von *Ama no Koyane no Mikto* (siehe Buch 1, Kap. VI, Anm. 18) ist *Kushi-machi no Mikoto,* was man durch „Wunderbare Divination" erklärt: *machi* als gleichbedeutend mit *mani* in *futo-mani.*

[65] 太占之卜事 *futo-mani no ura-goto.* Wir haben unter der Grossen Divination wahrscheinlich das Wahrsagen aus den Rissen eines über dem Feuer gerösteten Hirschschulterblattes zu verstehen, welche Divinationsmethode auch bei den Chinesen und Mongolen vorkommt. Die Chinesen bedienen sich allerdings meist einer Schildkrötenschale zu diesem Zweck; vgl. Legge, Chinese Classics, vol. III, pag. 335 f. (SHU-KING). Auch die Japaner kennen die Divination mit der Schildkrötenschale, haben aber nach Motowori diese Methode von den Chinesen übernommen; Motowori versteht daher unter der Grossen Divination diejenige mit dem Hirschschulterblatt. Dagegen wendet sich nun I und behauptet, dass wir die Divination mit der Schildkrötenschale zu verstehen hätten; diejenige mit dem Schulterblatt eines Hirsches sei nur vor der *Ama no ihato* „Himmlischen Felsenhöhle" in Anwendung gekommen. Vgl. Buch 1, Kap. II, Anm. 33.

[66] 神籬 *shin-ri* „Götter-Zaun," jap. *himorogi. Himorogi* ist wahrscheinlich zu analysieren in *hi* „Sonne"=Honorificum, etwa „heilig;" *moro* vokalharmonisch aus *mori* „Wald" (nach Moribe); *gi* nigoriert aus *ki* „Baum," also „heiliger Waldbaum" oder „heilige Waldbäume." Moribe ist der keineswegs

stellen und eine himmlische Felsen-Umgrenzung,[67]

---

unwahrscheinlichen Ansicht, dass in der ältesten Zeit, mit Ausnahme von wenigen Orten, natürliche Wälder als Sitz der Gottheit angesehen und keine Tempelbauten errichtet wurden. Auch die folgende Erwähnung der „himmlischen Felsenumgrenzung,“ sowie noch andere Stellen deuten darauf, dass als Kultstätte für den Shintō Gottesdienst einfach ein zu diesem Zweck eingefriedigter Platz dienen konnte. Aston macht auch darauf aufmerksam, dass das moderne Wort für einen Shintōschrein *yashiro* „Haus-Einfriedigung, Haus-Flächenraum“ (siehe Satow, Ancient Japanese Rituals, T. A. S. J. vol. VII, pag. 115, Anm. 10) dieselbe Schlussfolgerung an die Hand gebe. Man vergleiche damit die Etymologie von griechisch τέμενος und lateinisch *templum* (*tem-p-lu-m*) „Abgeschnittenes, Abgegrenztes,“ daher „heiliger Bezirk, Gotteshaus“ (zu griechisch τέμνω „schneiden“). Moribe nimmt daher *himorogi* als identisch mit „Göttersitz.“ Dies stimmt zu dem Begriff, welchen man noch jetzt mit *himorogi* im Shintōkult verbindet. In der Mitte eines achtbeinigen, oben auf der Platte mit einem Geländer versehenen Tisches (*yatsu-ashi no dai*) ist ein Sakaki Zweig mit daran hängenden weissen Papierstreifen aufgestellt. Der Tisch ist gewöhnlich drei Fuss hoch, das Geländer 2½ Fuss, die Länge und Breite des Tisches etwa 3 Fuss, der Sakaki Zweig hat eine Länge von etwa 5 Fuss. Das Ganze heisst *himorogi.* Vor einem Matsuri wird es in einem sog. *harahi-dokoro* „Reinigungsort“ aufgestellt und ein Priester, der *harahi-nushi* „Reinigungsherr,“ ruft durch die Ceremonie des *kami-oroshi* „Herabkommenlassen des Gottes“ den Gott in das *himorogi* herab. Der gerufene Gott heisst der *harahi-dono-kami* „Reinigungspalastgott.“ Darauf werden dem Gott Opfergaben *sonahe-mono* dargereicht und vom Priester wird das Norito *Oho-harahi no kotoba* auswendig hergesagt. Nach mancherlei weiteren Ceremonien, die ich an anderer Stelle ausführlich beschreiben werde, kommt das *kami-age* „Hinaufsendung (Zurücksendung in den Himmel) des Gottes.“ Nunmehr sind die Priester alle rituell rein, und die übrigen Ceremonien des Kultus finden statt.

Nach Hirata hat in diesem Fall Taka-mi-musubi no Mikoto seine eigene Seele in das Himorogi hineinversetzt zum Schutz des suveränen erlauchten Enkels, und um dieses letzteren willen soll es von Ama no Koyane no Mikoto u. s. w. verehrt werden.

Ein *Himorogi* ist in der von mir veranstalteten Sammlung von Shintō-gegenständen im Berliner Königlichen Museum für Völkerkunde zu sehen.

[67] 磐境, von Allen mir *iha-saka*, nur von **I** mit *iha-kura* „Felsensitz“ umschrieben. **I** fasst *iha-kura* als Göttersitz auf und nimmt es als identisch mit dem *ama no iha-kura*, dem „himmlischen Felsensitz,“ welchen der suveräne erlauchte Enkel verliess. Weiterhin sieht er in *himorogi* und *iha-kura* nur einen und denselben Gegenstand, was etwas bedenklich erscheint, vielleicht aber doch richtig ist. Da gleich weiter unten nur noch das *himorogi* erwähnt,

[welche] ich für meinen Enkel ehrfurchtsvoll gottesdienstlich verehren will.[68] Ihr [beiden], Ama no Koyane
no Mikoto und Futo-tama [69] no Mikoto, sollt das
himmlische Himorogi an euch nehmen und nach
dem Mittellande des Schilfgefildes hinabsteigen, und
auch ihr sollt es für meinen Enkel gottesdienstlich
verehren!" Danach gesellte [Taka - mi - musubi no
Mikoto] die beiden Götter dem Ama no Oshi-ho-
mi-mi [70] no Mikoto als Gefolge zu und liess sie
hinabsteigen.

Zu dieser Zeit nahm Ama-terasu Oho-mi-kami
den Schatz-Spiegel in die Hand, übergab ihn dem
Ama no Oshi-ho-mi-mi no Mikoto, äusserte glückwünschende Worte [71] und sprach: „Mein Kind, wenn

---

das *iha-saka* aber mit Stillschweigen übergangen wird, so bin ich geneigt, das
iha-saka als zum *himorogi* direkt zugehörig zu betrachten. Sollte vielleicht das
Geländer um den Sakaki Zweig in meiner obigen Beschreibung des aktuell
gebrauchten *himorogi* die „ Felsen-Umgrenzung " darstellen? Wir hätten dann
im *himorogi* das Symbol der eingefriedigten Kultstätte mit dem heiligen Baum
als Sitz des Gottes darin! Die „Felsen-Umgrenzung" mag ursprünglich ganz
dem Wortlaute gemäss eine Einfriedigung der Kultstätte mit Steinen gewesen
sein; aber man könnte in dem Ausdruck auch eine (oft gebrauchte!) Metapher
sehen: *iha-saka* eine Einfriedigung so ewig dauernd wie Felsen, resp. *iha-kura*
ein Sitz so ewig dauernd wie Felsen.

[68] 奉齋 Aston: to practice religious abstinence; ich glaube aber, dass die
einfache jap. Transskription *ihahi-matsuramu*, welcher ich folge, hier das
Richtige trifft. *Ihafu* nach Modzume =*tsutsushinde kami vo matsuru* „ ehrfürchtig
die Götter verehren." Die gottesdienstliche Verehrung verlangt allerdings
zugleich Vermeidung aller ceremoniellen Unreinheit.

[69] Ahnherr der Imube. Siehe Buch 1, Kap. VI, Anm. 20.

[70] Siehe Buch 1, Kap. V, Anm. 17.

[71] Die „glückwünschenden Worte" sollen in dieser Rede nicht ein-
geschlossen, sondern besonders gesprochen worden sein. Man betrachtet den
hier erzählten Vorgang als den Ursprung der späteren Sitte, dass bei jeder
Thronbesteigung der *Nakatomi* die sog. Gratulationsworte der himmlischen
Gottheit recitierte, und der *Imube* die göttlichen Insignien, Spiegel und
Schwert, überreichte.

du diesen Schatz-Spiegel [72] ansiehst, so soll es so sein als ob du mich ansähest. Lass ihn mit dir auf demselben Lager und in derselben Halle sein und betrachte ihn als einen heiligen Spiegel.“ Ferner befahl sie dem Ama no Koyane no Mikoto und Futo-tama no Mikoto: „ Bitte, ihr beiden Götter! seid auch ihr zusammen zu Diensten im Inneren der Halle und bewahret und schützet ihn wohl!“ Weiterhin befahl sie und sprach: „Auch die Reisähren des reinen Hofes,[73] welche ich im hohen Himmelsgefilde geniesse, will ich meinem Kinde[74] [zum Genusse] übergeben.“ Gleich darauf gesellte sie Taka-mi-musubi no Mikoto's Tochter mit Namen Yorodzu-hata-hime zu Ama no Oshi-ho-mi-mi no Mikoto, machte sie zu dessen Frau und schickte sie hinab. Zu dieser Zeit nun, als sie [beim Hinabsteigen] sich in der Himmelsleere[75] befand, gebar sie ein Kind, welches Ama-tsu-hiko Ho no Ninigi no Mikoto hiess. Daher wünschte

---

[72] In der ältesten Zeit soll der Kaiser den Spiegel an seinem *motodori* „Zopf“ getragen haben.

[73] 齋庭 *yu-niha* ist nach Hirata ein *niha* (Hof, Platz), welcher durch Ceremoniell in den Zustand ritueller Reinheit versetzt worden ist, damit die Göttin Amaterasu den Grossen Schmaus (*oho-nihe*) geniessen könne, d. i. das Fest der ersten Früchte feiern könne. Nach anderer Ansicht wäre unter den „Reisähren des reinen Hofes“ (*yu-niha no inaho*) der Reis von den *ihahi-ta* „geweihten Reisfeldern,“ d. i. den in Buch 1, Kap. VI Anfang erwähnten himmlischen schmalen Reisfeldern und langen Reisfeldern (*ame no sanada nagata*) der Sonnengöttin, zu verstehen. Modzume's Daijirin erklärt *yu-niha* einfach als Ort, wo man nach ceremonieller Reinigung die Götter verehrt. In unserer Stelle scheint *yu-niha* das Feld zu bezeichnen, wo der Reis für den Genuss der Göttin unter Bedingungen strenger ceremonieller Reinheit gebaut wird, also das oben genannte *ihahi-ta*.

[74] Nach Hirata soll damit der suveräne erlauchte Enkel selbst und alle seine Nachkommen gemeint sein.

[75] *Oho-sora*, der Raum zwischen Himmel und Erde, wohl zu unterscheiden von dem Hohen Himmelsgefilde *takama no hara*.

sie [76] diesen suveränen erlauchten Enkel statt seiner Eltern hinabzuschicken. Deshalb teilte sie den Ama no Koyane no Mikoto, den Futo-tama no Mikoto und die Häuptlingsgötter der verschiedenen Be samt und sonders ihm [77] zu, und übergab ihm ferner die nötige Ausstattung, [78] wie vorher [seinen Eltern]. Nachdem dies geschehen war, kehrte Ama no Oshi-ho-mi-mi no Mikoto wieder in den Himmel zurück.

Nun also stieg Ama-tsu-hiko Ho no Ninigi no Mikoto auf den Gipfel des Wunderbaren Takachiho in Himuka herab und passierte auf der Landsuche durch das wie Rückenfleisch magere und leere Land über lauter Hügel und kam über eine flache Stelle der Schwebenden Sandbank zu stehen. Hierauf berief er den Herrn des Landes [Namens] Koto-katsu Kuni-katsu Naga-sa und fragte ihn, worauf derselbe antwortete und sprach : „ Hier ist ein Land. Jedenfalls deinen Befehlen gemäss.“ Da nun errichtete der suveräne erlauchte Enkel einen Palast und ruhte darin. Als er nachher am Seestrande [79] dahinging, sah er ein schönes Mädchen. Der suveräne erlauchte Enkel fragte sie und sprach : „ Wessen Kind bist du ? “ Sie antwortete und sprach : „ Deine Magd ist ein Kind von Oho-yama-tsu-mi no Kami. Ich heisse Kamu-Ata-Ka-ashi-tsu-hime ; auch heisse ich Ko no Hana no Sakuya-bime.“ Dann sagte sie : „ Ich habe auch eine ältere Schwester Iha-naga-hime.“ [80] Der

---

[76] D. i. Amaterasu.

[77] Dem suveränen erlauchten Enkel.

[78] D. i. Nahrung, Kleidung und alles zur Reise Benötigte. Die japanischen Interpretatoren verstehen darunter nicht die Kaiserlichen Insignien Schwert, Spiegel und Edelstein, wie Aston thut, und haben darin zweifellos Recht.

[79] Wohl *Kasasa no misaki* gemeint.

[80] „ Wie Felsen langdauernde Prinzessin,“ auch *Koko-mushi no Kami* „ Moosüberwucherte Gottheit “ genannt (weil sich die Felsen mit der Zeit mit

suveräne erlauchte Enkel sprach : „ Ich wünsche dich
zu meiner Frau zu machen. Wie wäre es ? “ Sie
antwortete und sprach : „ Deine Magd hat einen Vater
[Namens] Oho-yama-tsu-mi no Kami. Bitte frage
ihn ! “ Der suveräne erlauchte Enkel sprach demgemäss zu Oho-yama-tsu-mi no Kami : „ Ich habe
deine Tochter gesehen und möchte sie zu meiner
Frau machen.“ Hierauf nun schickte Oho-yama-tsu-
mi no Kami seine beiden Töchter mit hundert Tischen
Speise und Trank, um sie ehrfürchtig darzubieten.
Nun aber hielt der suveräne erlauchte Enkel die
ältere Schwester für hässlich und wollte sie nicht
zur Frau ; und somit schickte er sie zurück. Die
jüngere Schwester aber, da sie eine erklärte Schönheit
war, nahm er mit sich und beschlief sie.[81] Hierauf
wurde sie in einer einzigen Nacht schwanger. Daher
fühlte sich Iha-naga-hime in hohem Masse beschämt
und fluchte ihm und sprach : „ Wenn der suveräne
erlauchte Enkel mich nicht zurückgewiesen, sondern
mich zu seiner Frau gemacht hätte, so würden die
Kinder, die ihm geboren werden, langlebig gewesen
sein und würden eine ewig lange Existenz gehabt
haben gleichwie die Felsensteine. [82] Da er jedoch
jetzt nicht so gehandelt hat, sondern nur meine

Moos bedecken). Sie ist identisch mit der sog. *Koyasu-myōjin* „ Geburt-
erleichternde leuchtende Gottheit,“ welche auch *Iha-hime* „ Felsen-Prinzessin “
genannt wird. Ein Tempel, wo sie verehrt wird, befindet sich nach dem
ENGI-SHIKI im Distrikt Kamo der Provinz Idzu, genannt *Iha-no-hime-jinja.*
Iha-naga-hime soll der Geist der Felsen, ihre Schwester *Ko no Hana no
Sakuya-hime* (vgl. Kap. III, Anm. 16) der Geist der Kirschen sein.

[81] Nach dem Zeichen 幸 lit. „ beglücken.“ Dies ist eine spezifisch
chinesische Ausdrucksweise : „ einem Weibe Glück geben,“ indem man ihr
beischläft und dadurch ihr allerlei Glück zukommen lässt. Uebrigens ist der
Ausdruck nur von Suveränen gebraucht. Die jap. Lesung sagt unverblümt
mito atahasu „ auf dem erlauchten Bett Beischlaf pflegen.“

[82] Anspielung auf ihren Namen.

jüngere Schwester zum Weibe genommen hat, so
werden die Kinder, welche er zeugen wird, sicherlich
wie Baumblüten [83] abfallen."

II a.—In einer anderen Version heisst es: Iha-naga-hime
war voll Scham und Groll, spie aus und weinte mit
Fussstampfen,[84] indem sie sagte: „Das sichtbare
grüne Menschengras soll so schnell absterben und
vergehen wie die Blüten der Bäume wechseln und
welken." Dies ist der Grund, warum das Leben der
Menschen dieser Welt so kurz ist.

Danach sah Kamu-Ata-Ka-ashi-tsu-hime den
suveränen erlauchten Enkel und sprach: „Deine
Magd ist mit einem Kinde des himmlischen Enkels
schwanger. Es passt sich nicht, dass es insgeheim
geboren werde." Der suveräne erlauchte Enkel sprach:
„Ich bin zwar das Kind einer himmlischen Gottheit,
aber wie könnte ich in einer einzigen Nacht bewirken,
dass eine Frau schwanger werde. Oder sollte es etwa
gar nicht mein Kind sein?" Ko no Hana no Sakuya-
bime war darüber im höchsten Grade voll Scham
und Zorn. Hierauf machte sie eine thürlose Muro,
that einen Schwur und sprach: „Wenn das Kind,
welches ich im Schosse trage, das Kind einer anderen
Gottheit ist, so soll es sicherlich nicht glücklich
gedeihen. Aber wenn es in Wirklichkeit das Kind
des himmlischen Enkels ist, so soll es sicherlich
unversehrt am Leben bleiben."[85] Danach begab sie
sich in das Innere der Muro hinein und verbrannte

---

[83] Anspielung auf den Namen der jüngeren Schwester. Noch besser
würde aber die Anspielung auf den Namen der dritten Schwester *Ko no Hana
no Chiru-hime* passen. Vgl. Kap. III, Anm. 16.

[84] *Isachite*, d. h. wie ein zorniges Kind den einen Fuss am anderen Beine
reibend.

[85] So in Uebereinstimmung mit **I** (*iki-tamahe*); **II** interpretiert *aremasamu*
„geboren werden."

sie mit Feuer. Da als die Flammen zuerst aufstiegen, wurde gleichzeitig ein Kind geboren mit Namen Ho-suseri no Mikoto; sodann, als das Feuer die höchste Höhe erreicht hatte, wurde ein Kind geboren mit Namen Ho-akari no Mikoto; sodann wurde ein Kind geboren mit Namen Hiko-ho-ho-de-mi no Mikoto, [86] oder mit anderem Namen Ho-wori no Mikoto.

III.—In einer Schrift heisst es:—Als zuerst die Flammen des Feuers hell wurden, wurde ein Kind geboren [Namens] Ho-akari no Mikoto; sodann als die Feuersglut ihre höchste Höhe erreicht hatte, wurde ein Kind geboren [Namens] Ho-susumi [87] no Mikoto, auch genannt Ho-suseri no Mikoto; sodann als sie sich von der Feuersglut zurückzog, wurde ein Kind geboren [Namens] Ho-wori-hiko-ho-ho-de-mi no Mikoto—im ganzen drei Kinder. Das Feuer vermochte ihnen keinen Schaden zuzufügen, und die Mutter ebenfalls wurde nicht im geringsten verletzt. Sodann schnitt sie mit einem Bambusmesser [88] die Nabelschnur

---

[86] Während bei den beiden ersten Brüdern *Mikoto* mit dem Zeichen 命 geschrieben ist, ist es hier durch das ehrenvollere 尊 wiedergegeben, denn dieser letztere ist der Ahnherr der Kaiser. Vgl. Buch 1, Kap. I, Anm. 6.

[87] „Vorrücken des Feuers."

[88] Dies wurde in gleicher Weise auch später praktiziert. **Su** erwähnt das Durchschneiden der Nabelschnur mit einem bambusnen oder kupfernen Messer als eine Lokalsitte, und **I** citiert die Namen einiger Aerzte, welche diese Methode empfahlen. Auch die Sitte des Durchbeissens der Nabelschnur, wobei ein dünnes Gewand zwischen Nabelschnur und Zähne gelegt wurde, wird erwähnt. Vor dem Schneiden soll man die betreffende Stelle sieben Mal anhauchen. Ein merkwürdiger Aberglaube zeigt sich darin, dass man für das Schneiden der Nabelschnur (*hozo no wo*) nicht das Verbum *kiru* „schneiden," sondern ein Verbum mit dem Sinn des Gegenteils, nämlich *tsugu* „zusammenfügen" gebraucht. Das Wort *kiru* wird in diesem Falle als ominös verabscheut. Nach einem Werke FUJIN-YASHINAHI-GUSA soll das Bambusmesser bei männlichen Kindern aus weiblichem Bambus, und bei weiblichen Kindern aus männlichem Bambus verfertigt sein. Wenn nämlich

der Kinder durch. Das von ihr weggeworfene Bambusmesser wurde endlich zu einem Bambuswalde. Daher
nannte man den betreffenden Platz Taka-ya. [89]

Nun bestimmte Kamu-Ata-Ka-ashi-tsu-hime durch
Divination ein Reisfeld [90] und gab ihm den Namen
Sana-da. [91] Mit dem Reis, welcher auf diesem Reisfeld
[gewachsen war], braute sie himmlischen süssen [92]
Sake und bewirtete ihn damit. Ferner nahm sie Reis
von dem [Reisfeld Namens] Nu-na-da, [93] bereitete
daraus gekochten Reis und bewirtete ihn damit. [94]

---

ein Bambusrohr beim ersten Aufspriessen nur einen Zweig aus dem Stamme
hat, so heisst es männlich; wenn sich zwei Zweige zugleich abzweigen, so
heisst es weiblich.

Aston bemerkt noch: „Aberglaube und Ritual haben eine Vorliebe für
Messer aus primitiverem Material als Eisen. Medea schneidet ihre Zauber-
kräuter, ‚curvamine falcis ahenae,‘ und Zipporah vollzieht den Ritus der Be-
schneidung mit einem scharfen Steine. Aber ein befreundeter Chirurg suggeriert
eine prosaischere Erklärung der vorliegenden Stelle. Beim Gebrauch stumpfer
Instrumente tritt weniger Blutung ein.“

[89] „Bambus-Haus.“ *Taka-ya* gehörte nach dem WAMYŌSHŌ vor der Wadō
Periode, d. h. vor 708, zum Distrikt Ata der Provinz Satsuma, Himuka;
jetzt aber zum Distrikt Kahabe, Satsuma. Nach dem CHIRI-SAN-KŌ nennen
die Ortsbewohner diesen Ort *Kami-yama* „Götter-Berg,“ oder *Taka-ya ga wo*
„Bambushaus-Hügel“ oder auch *Take ga wo* „Bambushügel.“ Auf dem Gipfel
des Hügels ist ein flacher Platz, wo die *utsu-muro*, die thürlose Muro, gewesen
sein soll.

[90] Zur divinatorischen Auswahl von Reisfeldern in späterer Zeit, beim
Oho-nihe Feste, vgl. Buch 29, Kap. IV, Anm, 30.

[91] D. i. „Sana Reisfeld.“ *Sana* soll nach Hirata nach den himmlischen
Reisfeldern *Sata* und *Nagata* benannt sein, durch Zusammenfügung der ersten
Silben beider Wörter.

[92] Süss = wohlschmeckend.

[93] *Nuna-da* (*Nuna-ta*) erklärt I für identisch mit dem jetzigen Numa-ta:
nu = *numa* „Sumpf,“ *na* = *no* Genetiv Partikel, *ta* „Reisfeld.“

[94] Wie Aston bemerkt, ist dieser Vorfall das mythische Gegenstück zu
dem jährlichen Feste *Nihi-nahe* oder *Nihi-name* (vgl. Buch 29, Kap. IV, Anm.
29), das jetzt am 23. November gefeiert wird, und an welchem der Reis der
neuen Saison den Göttern dargeboten und vom Kaiser gekostet wird.

IV.—In einer Schrift heisst es :—Taka-mi-musubi no Mikoto nahm die Schlafdecke, welche das treffliche Lager zudeckte, und hüllte den Ama-tsu-hiko Kuni-teru-hiko [95] Ho no Ninigi no Mikoto darin ein. Hierauf zog er das himmlische Felsenthor auf, stiess die achtfachen Wolken des Himmels auseinander und liess ehrfurchtsvoll ihn hinabsteigen. Bei dieser Gelegenheit nahm Ama no Oshi-hi no Mikoto, der Urahn der Oho-tomo no murazi, [96] als Begleiter den Ame-kushitsu-Oho-kume, [97] den Urahnen des Kume-Be, [98] mit sich, nahm den himmlischen Felsen-Köcher [99] auf den Rücken, legte an seinem Vorderarm ein mächtiges lauttönendes Anprallpolster an, fasste in die Hand den himmlischen Hazi-Bogen [100] und himmlische gefiederte Pfeile, wozu er noch einen achtlöchrigen Brummpfeil [101] fügte, und umgürtete sich ausser-

---

[95] *Kuni-teru-hiko* „Land bescheinender Prinz," ein Epitheton ornans.

[96] *Oho-tomo* „ grosse Begleitschaft " (des Kaisers); *murazi* „Herr der Gruppe," ein Kabane, worüber vgl. Buch 29, Seite 60, Anm 23. Motowori giebt drei Erklärungen von *Oho-tomo*: a) weil einer von diesem Geschlecht grosse Scharen anführt (die *Oho-tomo* sind ein Kriegergeschlecht !); b) weil dieses Geschlecht viele Genossenschaften (Glieder) hatte; c) *oho* im Sinne von „ ausgezeichnet," weil es sich unter den achtzig Tomonowo besonders auszeichnete.

[97] „ Himmels-wunderbar-gewaltige-grosse-Kriegsschar ; " *kushitsu* kontrahiert aus *kushi-itsu* „ wunderbar-gewaltig." *kume* entweder verwandt mit *kumi* „ Schar," oder, wie Chamberlain suggeriert, eine alte Korrumpierung des chinesischen Wortes 軍 *kün*, sin-jap. *gun* „ Heer." Ich muss aber gestehen, dass mich die Idee der Entlehnung dieses Wortes aus dem Chinesischen etwas befremdet. Im KOJIKI Sect. 34 heisst er *Ama-tsu-kume no Mikoto.*

[98] „ Kriegsschar-Gruppe." Die jap. Erklärer nehmen teils an, dass der Gott seinen Namen daher habe, dass er die *Kume-be* anführte; andere meinen, dass die *Kume-be* nach dem Gott benannt seien. Wenn Chamberlain's Hypothese richtig sein sollte, so war offenbar ersteres der Fall.

[99] „ Felsen-Köcher " ist soviel wie „ harter Köcher."

[100] Vgl. oben Buch 2, Kap. I, Anm. 14.

[101] *Nari-kabura*, lit. „singende Rübe," auch *kabura-ya* „Rüben-Pfeil " genannt. Durch die Löcher pfeift die Luft hindurch und verursacht so ein

dem mit seinem schlägelköpfigen Schwerte. [102] So
stellte er sich vor den himmlischen erlauchten Enkel
und stieg [vor demselben] einhergehend hinab. Auf
der himmlischen Schwebebrücke am Wunderbaren
Doppelgipfel des Takachiho in So in Himuka angelangt, stellte er sich über eine flache Stelle der
Schwebenden Sandbank und passierte auf der Land-
suche durch das wie Rückenfleisch magere und leere
Land über lauter Hügel bis zum Kap von Kasasa
beim [Berge] Nagaya in Ata. Nun aber befand sich
an diesem Orte ein Gott Namens Koto-katsu-Kuni-
katsu-Naga-sa. Daher fragte der suveräne erlauchte
Enkel diesen Gott und sprach: „Ist hier ein Land?“
Er antwortete und sprach: „Jawohl.“ Dann sagte
er: „Deinen Befehlen gemäss will ich es dir über-

---

eigentümliches Surren. Vgl. Buch 27, Seite 5, Anm. 32 Nach Parker sind
die Brummpfeile eine hunnische Erfindung.

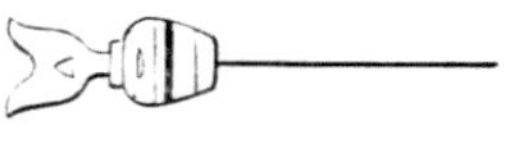

KABURA-YA.

[102] 頭 槌 劔 *kabu-dzuchi no tsurugi*. Das Ende des Schwertgriffes hat, wie
I bemerkt, die Form eines Schlägels. Solche Schwerter befinden sich jetzt im
Museum zu Tōkyō, Uyeno. Damit erledigt sich die sonst interessante Hypothese
Astons, welcher aus der Association dieser Schwerter mit „Stein-Schlägeln“
in einem Gedicht der Jimmu Legende schliessen möchte, dass sie aus Stein
waren und vielleicht identisch mit den schlägelförmigen Gegenständen, genannt
raiko, auf Tafel XI von Kanda's Stone Implements of Japan. In dem betreffenden Gedicht, sowohl im KOJIKI Sect. 48, als im NIHONGI, Jimmu-ki,
werden *kubu-tsutsui* „Schlägelköpfe“ und *ishi-tsutsui* „Stein-Schlägel“ neben
einander genannt, und unmittelbar darauf ist im Jimmu-ki von „Schlägelköpfigen Schwertern“ die Rede. In einem Gedicht des Jingō-ki kommt der
Ausdruck *kubu-tsuchi* „Schlägelkopf“ vor, und somit scheint *kubu* mehr
Autorität als *kabu* zu haben. *Tsuchi* und *tsutsui* sind augenscheinlich leicht
variierte Formen desselben Wortes.

geben." Deshalb blieb der suveräne erlauchte Enkel an diesem Orte. Dieser Koto-katsu-Kuni-katsu no Kami war ein Sohn von Izanagi no Mikoto. Mit anderem Namen heisst er auch Shiho-dzuchi no Wo-ji. [103]

V.—In einer Schrift heisst es:—Der himmlische erlauchte Enkel beschlief Oho-yama-tsumi no Kami's Tochter Ata-Ka-ashi-tsu-hime. Hierauf wurde sie in einer einzigen Nacht schwanger und gebar schliesslich vier Kinder. Daher nahm Ata-Ka-ashi-tsu-hime die Kinder in ihre Arme und kam so auf ihn zu und sprach: „Sollten die Kinder des himmlischen Gottes etwa im geheimen aufgezogen werden?" Deshalb kündete sie ihm den Thatbestand und that es ihm zu wissen. Da sah der himmlische erlauchte Enkel die Kinder an und sprach mit höhnischem Lachen: „Fürtrefflich in der That! Meine Kinder? Eine nette Nachricht, diese Nachricht von ihrer Geburt!" Darüber nun geriet Ata-Ka-ashi-tsu-hime in Zorn und sprach: „Warum lachst du so höhnisch über deine Magd?" Der himmlische erlauchte Enkel sprach: „Weil ich in meinem Herzen darüber meine Zweifel hege, deshalb habe ich höhnisch gelacht. Denn wie sollte ich wohl im Stande sein im Zeitraum einer einzigen Nacht eine Frau schwanger zu machen, wenn ich auch das Kind einer himmlischen Gottheit bin? Fürwahr es sind nicht meine Kinder." Hierüber wurde Ata-Ka-ashi-tsu-hime immer zorniger und zorniger. Sie machte eine thürlose Muro, begab sich in das Innere derselben, that einen Schwur und sprach: „Wenn das, was deine Magd in ihrem

---

[103] 鹽土老翁 *Shiho-dzuchi* (oder *tsuchi*) *no Woji*: „Shiho-dzuchi der Alte," im KOJIKI: *Shiho-tsuchi no Kami* „der Gott Shiho-tsuchi." Der Zusatz *Wo-ji* „Alter" kommt auch blos als Epitheton ornans vor, ist hier aber im eigentlichen Sinne als alter Mann zu nehmen, wie sich aus anderen Stellen ergiebt.

Schosse trägt, nicht die Sprossen des himmlischen
Gottes sind, so sollen sie sicherlich zu Grunde
gehen. Aber wenn sie die Sprossen des himmlischen
Gottes sind, so sollen sie keinerlei Schaden erleiden.“
Hierauf legte sie Feuer an die Muro und verbrannte
sie. Als das Feuer zuerst hell aufloderte, kam ein
Kind daraus mutig stampfend hervor und kündigte
sich selbst an: „Ich bin ein Kind der himmlischen
Gottheit und heisse Ho-akari no Mikoto. Wo ist
mein Vater?“ Sodann als das Feuer seine höchste
Höhe erreicht hatte, kam ein Kind mutig stampfend
hervor und verkündete gleichfalls: „Ich bin ein Kind
der himmlischen Gottheit und heisse Ho-susumi no
Mikoto. Wo sind mein Vater und mein älterer
Bruder?“ Sodann als die Feuersglut im Verlöschen
begriffen war, kam ein Kind mutig stampfend hervor
und verkündete gleichfalls: „Ich bin ein Kind der
himmlischen Gottheit und heisse Ho-wori no Mikoto.
Wo sind mein Vater und meine älteren Brüder?“
Sodann als sie sich von der Feuersglut entfernte,
kam ein Kind mutig stampfend hervor und verkündete
gleichfalls: „Ich bin ein Kind der himmlischen Gottheit und heisse Hiko-ho-ho-de-mi no Mikoto. Wo
sind mein Vater und meine älteren Brüder?“ Hiernach

Shiho „Salz, Salzflut, Meer,“ *tsuchi* Honorificum, also *Shiho-dzuchi* „der Altehrwürdige der Salzflut.“ Eine andere, auch plausible, Erklärung von *tsuchi*
betrachtet dies Wort hier als eine Kontraktion von *tsu mochi* „Besitzer von,
Herr von“ (*tsu* Genetiv Partikel), so dass *Shiho-dzuchi* „Herr der Salzflut“
bedeuten würde. Ganz zu verwerfen ist Motowori's Ableitung von *shiho*
aus *shiri-oho* „Wissens-gross,“ indem er der Gott sei, welcher die Dinge gut
kenne. Wie Shigetane bemerkt, ist *Shiho-dzuchi no Woji* die vermenschlichte
Erscheinung der drei grossen Gottheiten von Sumiyoshi, der aus den Göttern
Soko-dzutsu no Wo, Naka-dzutsu no Wo und *Uha-dzutsu no Wo* bestehenden
Götter Trias (entstanden beim *misogi* des Izanagi, siehe Buch 1, Kap. V). **Ts**
erwähnt auch, dass er der Gott der Salzfabrikanten sei.

kam ihre Mutter Ata-Ka-ashi-tsu-hime mitten aus der Glutasche hervor, ging heran und erhub diese Rede: „Die Kinder, welche deine Magd geboren hat, und deine Magd [selbst] haben aus freien Stücken sich der Gefahr des Feuers ausgesetzt [104] und sind nicht im geringsten davon verletzt worden. Will der suveräne erlauchte Enkel sie etwa nicht ansehen?" Er antwortete und sprach: „Ich wusste von Anfang an, dass sie meine Kinder sind. Jedoch da du in einer einzigen Nacht schwanger geworden warst, so glaubte ich, dass Zweifler vorhanden sein könnten und wünschte allen Leuten samt und sonders darzuthun, dass sie meine Kinder sind, und ferner, dass eine himmlische Gottheit im Stande ist, in einer einzigen Nacht Schwangerschaft zu bewirken. Weiterhin wünschte ich klärlich darzuthun, dass du eine wunderbar seltsame ehrfurchtgebietende Würde besitzest, und dass auch unsere Kinder einen Andere übertreffenden Geist-und-Mut haben. Aus diesem Grunde brauchte ich an [jenem] früheren Tage die hohnlachenden Worte." [105]

VI.—In einer Schrift heisst es:—Ama no Oshi-ho-ne [105*] no Mikoto nahm Taka-mi-musubi no Mikoto's Tochter Taku-hata-chi-chi-hime Yorodzu-hata-hime [106] no Mi-

---

[104] D. h. dem Feuer-Ordal. Vgl. Buch 2, Kap. III, Anm. 26.

[105] Diese ganze Rede des suveränen erlauchten Enkels klingt wie eine Ausflucht; er sieht seinen früheren Irrtum ein und möchte sich auf möglichst gute Weise aus der Verlegenheit ziehen. Die vorliegende Version ist die wohlgesetzteste von allen und liest sich wie ein richtiges Märchen; es dürfte wohl aber auch die jüngste, mit gewissem künstlerischen Geschmack gemachte, Ueberarbeitung der Mythe sein.

[105*] Vgl. Buch 1, Kap. V, Anm. 30 und 17.

[106] Buch 2, Kap. I, Anm. 2 q. v. ist sie nur mit dem ersten Teil dieses Namens benannt. *Yorodzu-hata-hime* bedeutet „Myriaden-Webstühle-Prinzessin," d. i. etwa „überaus reiche Prinzessin."

koto zur Frau—in einer anderen Version heisst es:
Ho no To-hata-hime-ko-chi-chi-hime no Mikoto, [107]
welche eine Tochter von Taka-mi-musubi no Mikoto
war—und erzeugte ein Kind [Namens] Ama no Ho-
akari [108] no Mikoto. Sodann erzeugte er den Ama-
tsu-hiko-ne Ho no Ninigi-ne no Mikoto. [109] Dieses
Ama no Ho-akari no Mikoto's Kind war Ame no
Kagu-yama no Mikoto. [110] Derselbe ist der Urahn
der Wohari no murazi. [111]

---

[107] Nach der einen Auffassung, welcher auch **I** beipflichtet, ist *Ho* (oder
Hi) *no To-hata-hime-ko-chi-chi-hime no Mikoto* ein einziger Name, was vielleicht
wegen des nur einmaligen Vorkommens von *Mikoto* den Vorzug vor der anderen
(von **H** und Hirata anerkannten) Auffassung verdient, wonach wir es mit
zwei Namen zu thun hätten, nämlich: „ *Chi-chi-hime no Mikoto,* Tochter der
Ho no To-hata-hime." Im letzteren Falle wäre zu übersetzen: „ [Er nahm]
Chi-chi-hime no Mikoto [zur Frau], eine Tochter der Ho no To-hata-hime,
welche [ihrerseits wieder] eine Tochter von Taka-mi-musubi no Mikoto war,
u. s. w." Das doppelte Vorkommen von *hime* spricht an und für sich nicht
gegen die Einheit des Namens, denn das gleiche findet sich in dem Namen
Oto-hime-ma-waka-hime no Mikoto. Nach Hirata und **I** soll man 火 *hi*, nicht
ho lesen, *hi* stehe phonetisch für 梭 *hi* „ Weberschiff;" *to=toyo* „üppig" ein
Honorificum wie in *Toyo-akitsu-hime* (Anm. 12); *hata* „Webstuhl;" *hime-ko*
„ Prinzesschen;" *chi-chi* „ tausend und tausend," vgl. Kap. I, Anm. 2. Anders
H, welcher *Ho* die Bedeutung „ ausgezeichnet " 秀 (Abkürzung von *oho?*) giebt,
to=oto 音 „ Ton, Laut, lauttönend," wie in seiner Interpretation des Gedichtes
Ame naru ya Oto-tanabata no u. s. w., vgl. Anm. 9.

[108] Mit den Zeichen 火明 „ Feuer-scheinend " geschrieben, welche jedoch
nur phonetische Geltung haben: die wirkliche Bedeutung von *ho-akari* hier
ist „ Reisähren-rötlich (d. i. reif)," also „ Himmels-Reisähren-Reife." Dieser
Ama no Ho-akari no Mikoto darf nicht mit dem Kap. III, Anm. 26 kommen-
tierten *Ho-akari no Mikoto* „ Feuer-Schein," alias *Ho-deri no Mikoto* (von **H**
immer so genannt!) verwechselt werden! Vollerer Name desselben unten
Anm. 131.

[109] „ Himmels-Prinz-teurer, der Aehren Rot-Reichlich-teurer." Man beachte
den zweimaligen Zusatz des Honorificums *ne* „ teuer, lieb." Vgl. Kap. I,
Anm. 3.

[110] Der Zusatz *Mikoto* fehlt im Original und ist nach anderen Quellen
ergänzt worden. Sein Name ist von dem Berge *Ame no Kagu-yama* (vgl. Buch
1, Kap. VI, Anm. 23) hergenommen. Er wird im Tempel *Wohari no jinja*

Als es dazu kam, dass man den suveränen erlauchten Enkel Ho no Ninigi no Mikoto nach dem
Mittellande des Schilfgefildes ehrfürchtig hinabschickte,
befahl Taka-mi-musubi no Mikoto den achtzig vielen
Göttern und sprach: „ Im Mittellande des Schilfgefildes
haben die Felsen, Baumstümpfe [112] und vereinzelten
Kräuterblätter [113] immer noch die Fähigkeit zu sprechen.
In der Nacht machen sie ein Geräusch wie knisterndes
Feuer, [114] und bei Tage lärmen [115] sie wie Fliegen im
fünften Monat, u. s. w., u. s. w." Nun befahl Taka-mi-
musubi no Mikoto und sprach: „ Ich habe vor einiger
Zeit den Ame-waka-hiko ins Mittelland des Schilfgefildes geschickt, aber da er bis jetzt schon lange

---

im Distrikt Nakajima der Provinz Wohari verehrt. In demselben Distrikt
befindet sich auch ein Shintōtempel Masumida no jinja, wo sein Vater *Ama
no Ho-akari no Mikoto* verehrt wird. Das TEN-SON-HON-GI bezeichnet *Ama no
Michi-hime* als seine Mutter.

[111] Die *Wohari no murazi* hatten ihren ursprünglichen Sitz in Kadzuraki
von Yamato. Kadzuraki hiess auch *Taka-Wohari*, wovon sie ihren Namen
bekamen. Später siedelten sie nach der Provinz *Wohari* über. Man vermutet,
dass die Provinz nach ihnen benannt sei und vordem einen anderen Namen,
welcher jedoch unbekannt ist, besessen habe.

[112] 木株 *ko-dachi*, nach Motowori *kine-dachi* zu lesen (*ki-ne* „Baumwurzel,"
dachi gleichbedeutend mit *kiri-kuhi* „abgeschnittener Pfahl," wahrscheinlich
vom Verbum *tatsu* „schneiden.")

[113] 草葉 *kusa no kaki-ha*. Kommt ebenso wie *ko-dachi* im Norito OHO-
HARAHE NO KOTOBA vor.

[114] 爜火 *hobe*. In Norito 27 IDZUMO NO KUNI-NO-MIYATSUKO NO KAMU-
YOGOTO kommt derselbe Ausdruck *ho-be* 火盞 „Feuer-Becken" vor: „Im
Lande der frischen Reisähren des fruchtbaren Schilfgefildes sind Götter, welche
am Tage wie Maifliegen alle sich erheben und in der Nacht wie Feuerbecken
glänzen." I giebt keine bestimmte Erklärung des Wortes, vermutet aber, dass
hobe vielleicht ein altes Wort für „Sternschnuppe" sei. Da Sternschnuppe
yobahi-boshi heisst, so denkt er sich wohl *ho-be* aus *ho-yobahi* entstanden. Im
Altertum glaubte man, dass die Sternschnuppen ein Geräusch verursachen.

[115] 沸騰 *waki-aguru*, wörtlich „aufsieden," d. h. etwa „lärmend auf-
schwärmen."

Zeit nicht [zurück] gekommen ist, so haben ihn wahrscheinlich einige von den irdischen Göttern mit Gewalt zurückgehalten." So schickte er denn den Fasanen-Hahn Na-naki, um hinzugehen und zu spähen. Dieser Fasan kam herab; aber als er die Hirsenfelder und Bohnenfelder sah, blieb er da und kehrte nicht zurück. [116] Dieses ist der Grund, warum man in der Welt sagt: „der wegbleibende Fasanen-Bote." [117] Daher schickte er später die Fasanen-Henne Na-naki. Dieser Vogel kam herab und wurde von einem von Ame-waka-hiko abgeschossenen Pfeil getroffen, worauf er wieder nach oben ging und Bericht erstattete, [118] u. s. w., u. s. w. Da nahm Taka-mi-musubi no Mikoto die Schlafdecke, welche das treffliche Bett zudeckte, hüllte den suveränen erlauchten Enkel Ama-tsu-hiko-ne Ho no Ninigi-ne no Mikoto darin ein, und indem er die achtfachen Wolken des Himmels auseinanderstiess, schickte er ihn ehrfurchts-voll hinunter. Deshalb gab man diesem Gott den Namen Ame-kuni-nigi-shi-hiko Ho no Ninigi [119] no

---

[116] Dies erinnert auffällig an Noah und die Taube, 1 Mose, Kap. 8, Vers 12.

[117] 雉 頓 使 *kizi no hita-tsukahi*; *hita* „rein, ausschliesslich, lauter," von **H** im Sinn von „wegbleibend" ausgelegt, was zu der Bedeutung des Zeichens „verloren sein" gut stimmt. **I** aber will *hita-tsukahi* durch „der wiederholt geschickte Bote" interpretieren. Im KOJIKI Sect. 31, wo dasselbe Sprichwort vorkommt, übersetzt Chamberlain in Anlehnung an Motowori, welcher *hita = hito* „ein" setzt, „der Fasan als einziger Bote." Nach Motowori's Auslegung soll das Sprüchwort besagen, dass eine Gesandtschaft immer aus mehr als einer Person bestehen müsse.

[118] 上 報 *noborite kaheri-goto mawosu.* **I** möchte 上 „hinaufsteigen" in die Negation 不 „nicht" emendieren. Dann hiesse es: „worauf er keinen Bericht erstattete." Die ursprüngliche Fassung kann nur dann richtig sein, wenn man annimmt, dass der Fasan nicht getötet (wie in den anderen Versionen), sondern nur leicht verwundet wurde. Auf alle Fälle muss man der Stelle den Vorwurf der Unklarheit machen.

[119] „ Himmel-Erde-reichlich-Prinz, Rot-reichlicher der Aehren." *nigi* „reich-

Mikoto. Der Ort nun, wohin er beim Hinabsteigen gelangte, hiess der Gipfel des Sohori-no-yama [120] des Takachiho von So in Himuka. Als er also so dahinging, u. s. w., u. s. w., gelangte er nach dem Kap von Kasasa in Ata, und schliesslich stieg er zum Taka-shima [121] beim [Berge] Nagaya hinauf. Sodann inspizierte er das Land auf einer Rundreise [122] und traf da einen Mann Namens Koto-katsu-Kuni-katsu-Naga-sa. Der himmlische erlauchte Enkel fragte ihn hierauf und sprach: „Wessen Land ist dies?“ Er antwortete und sprach: „ Dies ist das Land, welches Naga-sa bewohnt. Ich will es jedoch jetzt dem himmlischen suveränen Enkel ehrfurchtsvoll übergeben.“ Der himmlische erlauchte Enkel fragte ihn nochmals und sprach: „ Und die Mädchen, welche auf den prächtig aufsteigenden Wellenkämmen eine acht-klaftrige Halle erbaut haben und unter dem Geklingel der Juwelen an ihren Hand [-gelenken] am Webstuhl weben, wessen Töchter sind sie?“ Er antwortete und sprach: „ Es sind die Töchter von Oho-yama-tsu-mi no Kami. Die ältere heisst Iha-naga-hime, und die jüngere heisst Ko no Hana no Sakuya-bime, oder mit anderem Namen auch Toyo-ata-tsu-hime, u. s. w., u. s. w. Der suveräne erlauchte

---

lich,“ *shi* eine Partikel, gewöhnlich in emphatischem Sinne gebraucht. *Ame-kuni-nigishi* ist eine Abkürzung von *Ame-nigishi-Kuni-nigishi*. Der volle im KOJIKI Sect. 33 gegebene Name lautet: *Ame-nigishi-Kuni-nigishi Ama-tsu-hi-daka-hiko Ho no Ni-nigi no Mikoto*. Eine Variante des vollen Namens siehe Anm. 133.

[120] *Sohori* „neben einander stehen,“ ein Parallelausdruck zu „ Doppelgipfel “ in Kap. III, Anm. 5. **H** nimmt es als anderen Namen von *Futa-kami no mine*.

[121] *Taka-shima* „ Bambus-Insel,“ nach **I** ein Berg, nach **H** eine Insel.

[122] So wörtlich. **H** aber möchte es im Sinn von „ er hielt von Taka-shima aus Umschau “ fassen.

Enkel beschlief hierauf Toyo-ata-tsu-hime, und sie wurde in einer einzigen Nacht schwanger. Der suveräne erlauchte Enkel hatte seine Zweifel u. s. w., u. s. w. Schliesslich gebar sie den Ho-suseri no Mikoto; sodann gebar sie den Ho-wori no Mikoto, der mit anderem Namen auch Hiko-ho-ho-de-mi no Mikoto heisst. Nachdem der Schwur der Mutter schon seine Wirkung gethan hatte, wusste [der erlauchte Enkel] genau, dass es in Wirklichkeit die Sprossen des suveränen erlauchten Enkels waren. Jedoch Toyo-ata-tsu-hime grollte dem suveränen erlauchten Enkel und wollte nicht mit ihm sprechen. Darüber nun betrübt machte der suveräne erlauchte Enkel ein Lied, welches lautete:

„Das Seegras der Tiefsee
Wohl nähert es sich dem Gestade,
Aber auf dem trefflichen Schlaflager
Ach leider! schlafen wir nicht beisammen.
O ihr Regenpfeifer des Strandes!“ [123]

VII.—In einer Schrift heisst es:—Taka-mi-musubi no Mikoto's Tochter Ame-yorodzu-taku-hata-chi-hata-hime. [124]

VII a.—In einer anderen Version heisst es: Yorodzu-hata-

---

[123] Text:

Oki tsu mo ha
He ni ha yoredomo,
Sa-nedoko mo
Atahanu ka mo yo
Hama tsu chidori yo!

◑ liest *yo-doko* „Nachtlager“ statt *ne-doko* „Schlaflager.“ *atahanu*, Neg. von *atafu* „Beischlaf pflegen,“ nach Motowori vielleicht ursprünglich „[das Bett] gemeinschaftlich benutzen.“

[124] „Himmels - Myriaden - Papiermaulbeer - Webstühle-tausend - Webstühel-Prinzessin.“

hime-ko Tama-yori-bime no Mikoto, [125] welche eine Tochter von Taka-mi-musubi no Mikoto war. Diese Göttin wurde die Gemahlin von Ama no Oshi-hone no Mikoto und gebar ihm ein Kind [Namens] Ama no Ki-ho-ho-oki-se [126] no Mikoto.

VII b.—Eine andere Version ist: Kachi-haya-bi no Mikoto's Kind war Ama no Oho-mi-mi [127] no Mikoto. Dieser Gott nahm Nigu-tsu-hime [128] zum Weibe und erzeugte mit ihr ein Kind [Namens] Ho no Ninigi no Mikoto.

VII c.—Eine andere Version ist: Kamu-Taka-mi-musubi no Mikoto's Tochter Taku-hata-chi-hata-hime gebar ein Kind [Namens] Ho no Ninigi no Mikoto.

VII d.—Eine andere Version ist: Ama no Ki-se [129] no Mikoto nahm Ata-tsu-hime zum Weibe und erzeugte mit ihr Kinder, [nämlich] Ho-akari no Mikoto, sodann Ho-yo-ori no Mikoto, [130] sodann Hiko-ho-ho-de-mi no Mikoto.

VIII.—In einer Schrift heisst es:—Masaka-a-katsu Kachi-haya-bi Ama no Oshi-ho-mi-mi no Mikoto nahm Taka-mi-musubi no Mikoto's Tochter Ame-yorodzu-taku-hata-chi-hata-hime zum Weibe und erzeugte mit

---

[125] Auch diesen Namen zerlegt eine andere Ueberlieferung, an welche **H** sich anschliesst, folgendermassen in zwei Namen: „ *Tama-yori-bime no Mikoto, einer Tochter der Yorodzu-hata-hime.*" Vgl. Anm. 107. *yori* = *yoroshi* „vollkommen.*"

[126] Die Bedeutung des Namens ist zweifelhaft. *Ki-ho* nach Motowori vielleicht = *nigi-ho* (**O** liest *Ama no Gi-ho-ho-oki-se*, wobei er *ama no gi* als Kontraktion von *ama no nigi* fassen dürfte), *ho* „Aehre," *oki-se* = *oku-shine* „Spät-Reis," also etwa: „Himmels-reichlich-Aehren-Aehren-Spät-Reis." **H** : *ki* = *kimi* „Herr," *ho-ho* = *oho-oho* „gross-gross," *oki-se* lässt er unerklärt und nimmt vielleicht die Bedeutung der Zeichen „gesetzte Strömung" an.

[127] *Oho-mi-mi* Abkürzung von *Oshi-ho-mi-mi.* Siehe Buch 1, Kap. V, Anm. **17.**

[128] *Nigu-tsu* wohl = *nigo tsu* „sanft:" „Sanfte Prinzessin."

[129] *Ki-se* vielleicht = *oki-se.* Vgl. Anm. 126.

[130] *Ho-yo-ori* 火夜織, nach den Zeichen „Feuer-Nacht-Gewebe." Die wirkliche Etymologie ist unbekannt. **I** liest *Ho-yori no Mikoto* und dürfte

ihr ein Kind Namens Ama-teru-Kuni-teru Hiko-ho-akari no Mikoto. [131] Derselbe ist der Urahn der Wohari no murazi. [132] Sodann [erzeugte er] den Ame-nigishi-Kuni-nigishi Ama-tsu-hiko Ho no Ninigi no Mikoto. [133] Dieser Gott nahm Oho-yama-tsu-mi no Kami's Tochter Ko no Hana no Sakuya-bime no Mikoto zum Weibe und erzeugte mit ihr ein Kind Namens Ho-suseri no Mikoto, und sodann Hiko-ho-ho-de-mi no Mikoto.

KAPITEL V.

[DER BRUDERZWIST ZWISCHEN HO-SUSORI NO MIKOTO UND HIKO-HO-HO-DE-MI NO MIKOTO. IM PALAST DES MEERGOTTES. DAS FLUT-STEIGE-JUWEL UND DAS FLUT-SINKE-JUWEL. BEI-LEGUNG DES ZWISTES. NIEDERKUNFT DER TOCHTER DES MEERGOTTES, TOYO-TAMA-BIME, IM KOR-MORANFEDERN-GEBURTSHAUS.]

Der ältere Bruder Ho-susori no Mikoto hatte von Natur Glück [1] auf dem Meere; der jüngere Bruder Hiko-ho-ho-de-mi

---

vielleicht mit seiner Vermutung, dass *Ho-yori* eine Korruption von *Ho-wori* sei, Recht haben.

[131] „Himmel-bescheinender Erde-bescheinender Prinzherrlich-Aehren-Röt-licher," vollerer Name des Anm. 108 genannten *Ama no Ho-akari no Mikoto*. Im KŪJIKI heisst er *Ama-teru-Kuni-teru-hiko Ama no Ho-akari Kushi-tama-nigi-haya-bi no Mikoto*.

[132] Siehe Anm. 111.

[133] Vgl. Anm. 119, wo statt *Ame-nigishi-Kuni-nigishi* die Abkürzung *Ame-kuni-nigishi* steht. I liest übrigens *Ama no Nigishi Kuni no Nigishi* „Himmels-reichlich Erden-reichlich."

KAPITEL V.

ZUM INHALT VERGL. KOJIKI SECT. 39 BIS 43.

[1] 幸 *sachi*, ein archaisches Wort, „Glück, Glücksgabe, Werkzeug womit man Glück hat."

no Mikoto hatte von Natur Glück in den Bergen. Im Anfang
sprachen die beiden, der ältere und der jüngere Bruder, mit
einander und sagten: „Wir wollen versuchsweise unsere
Glücks[werkzeuge] austauschen. Schliesslich tauschten sie mit
einander, aber keiner von beiden erlangte dadurch irgend
welchen Vorteil. Der ältere Bruder bereute [den Austausch]
und gab seinem jüngeren Bruder dessen Bogen und Pfeile
zurück und verlangte [wieder] seinen eigenen Angelhaken. [2]
Der jüngere Bruder hatte jedoch inzwischen bereits den Angelhaken seines älteren Bruders verloren, und es gab keine
Mittel und Wege ihn zu finden. Deshalb verfertigte er einen
anderen neuen Haken und bot denselben seinem älteren Bruder.
Der ältere Bruder jedoch wollte ihn nicht annehmen, sondern
verlangte den alten Haken. Hierüber betrübt nahm nun der
jüngere Bruder sein Querschwert [3] und schmiedete [4] daraus
neue Angelhaken, häufte dieselben auf einen Worfler und bot
sie ihm dar. Der ältere Bruder aber wurde zornig und sprach:
„Wenn es nicht mein alter Angelhaken ist, so will ich diese
nicht nehmen, wenn ihrer auch eine grosse Menge sind."
Und wieder und wieder verlangte er ihn in heftiger Weise.
Daher war Hiko-ho-ho-de-mi no Mikoto im allerhöchsten
Grade bekümmert und betrübt, und jener ging und wehklagte
am Ufer des Meeres. Da traf er Shiho-dzuchi no Woji. [5]
Der Alte fragte ihn und sprach: „Weshalb bist du hier und
trauerst?" Als Antwort teilte jener ihm den ganzen Sachverhalt

---

[2] Im KOJIKI sagt er dabei: „Bergglück ist ein eigenes Glück und Meerglück
ist ein eigenes Glück u. s. w," d. i. der Eine hat nur Glück als Jäger in den
Bergen, der Andere nur als Fischer auf dem Meere.

[3] 橫刀 nur mit *tachi* „Schwert" umschrieben. Der chinesische Ausdruck
Querschwert rührt wahrscheinlich daher, dass das Schwert an der Seite quer
getragen wurde. Auf eine besondere Schwertform deutet der Ausdruck nicht.

[4] Wie Aston bemerkt, deutet dieser Ausdruck (鍛作 *katasu*) darauf hin,
dass zur Zeit, als diese Geschichte gäng und gäbe wurde, sowohl Schwerter
als Angelhaken aus Eisen verfertigt wurden. Die Angelhaken bei Homer
waren aus Horn (βοὸς κέρας ἀγραύλοιο).

[5] „Der Altehrwürdige der Salzflut, der Alte." Siehe Kap. IV, Anm. 103.

von Anfang bis Ende mit. Der Alte sprach: „Trauere nicht länger! Ich will für dich ein Mittel ersinnen." Hierauf machte er einen maschenlosen Korb,[6] setzte Hiko-ho-ho-de-mi no Mikoto in den Korb hinein und versenkte denselben ins Meer. Darauf befand sich [Hiko-ho-ho-de-mi no Mikoto] unversehens an dem Wonnevollen Kleinen Strand. Nachdem er dann den Korb verlassen hatte und dahinging, gelangte er plötzlich zu dem Palaste des Meergottes.[7] Dieser Palast war mit Umzäunungen und Brustwehren ausgerüstet und prangte herrlich mit hohen Türmen. Vor dem Thore war ein Brunnen, und über dem Brunnen war ein vielzweigiger Kassienbaum mit dichten Zweigen und Blättern.[8] Nun ging Hiko-ho-ho-de-mi no Mikoto hin an den Fuss dieses Baumes und stand und wandelte

---

[6] D. i. ein Korb, welcher aus Bambusstreifen oder dergl. so eng und fest geflochten ist, dass er vollständig wasserdicht wird.

Eine gewisse Aehnlichkeit des Eingangs dieser Erzählung mit manchen Zügen der Algonquin Mythe, welche Lang, Custom and Myth, S. 99 mitteilt, ist nicht zu verkennen. Da wird von zwei Brüdern erzählt, von denen einer einen Pfeil im Wasser verliert; der ältere, Panigwun, watet ihm nach. Ein magisches Canoe fliegt vorbei, und ein alter Magier, der allein darin sitzt, ergreift Panigwun und führt ihn davon nach seiner Insel, wo er mit seinen zwei Töchtern wohnt. Das übrige ist die indianische Form des Jason-Mythus. Panigwun gewinnt die eine der Töchter nach Vollbringung von allerhand schweren Thaten.

[7] Der Name des Meergottes ist *Toyo-tama-hiko no Mikoto* „Ueppig-Edelstein-Prinz" oder *Oho-wata-tsu-mi no Mikoto*, gewöhnlich mit „grosser Meeres-Herr" interpretiert. Man hat den Palast des Meergottes zu lokalisieren gesucht; H vermutet ihn auf den Ryū-kyū Inseln. Hält man alle die folgenden Stellen, welche auf die Lage des Palastes und des „Wonnevollen kleinen Strandes" anspielen, zusammen, so ergiebt sich einerseits, dass der Palast sehr weit vom Strande von Himuka entfernt gedacht wird: ein acht Faden langes Seeungeheuer braucht acht Tage, das schnellste von einem Faden Länge einen Tag für die Reise; anderseits wird der Strand und der Palast als tief unten, mitten im Meere gelegen gedacht, und die Erde, resp. das Land Himuka, wird im Verhältnis dazu als *uha-tsu-kuni* „Ober-Land" bezeichnet.

[8] Mehrere uralte Erzählungen berichten von einem Schlossthor, wovor ein Baum und Brunnen waren, und dass die Ankunft eines Fremden, der sich in oder bei dem Baume verborgen hatte, von einem schöpfenden Mädchen aus

umher. Nach einer Weile erschien eine schöne Maid, welche das Thor öffnete und daraus hervorkam. Schliesslich nahm sie ein edelsteinernes Gefäss, kam heran und war im Begriff Wasser zu schöpfen, als sie ihren Blick erhob und ihn sah. Da war sie erschrocken und kehrte [sofort] ins Innere zurück und berichtete ihrem Vater und ihrer Mutter mit den Worten: „Ein fremder Mensch ist vor dem Thore unter dem Baum!“ Der Meergott breitete hierauf eine achtfache Matte auf dem Boden aus und führte ihn herein. Nachdem sie ihre Sitze eingenommen hatten, fragte er ihn nach der Ursache seines Kommens. Da erzählte ihm als Antwort Hiko-ho-ho-de-mi no Mikoto den Sachverhalt in ausführlicher Weise. Hierauf berief der Meergott die grossen und kleinen Fische zusammen und fragte sie gebieterisch. Alle sagten: „Wir wissen es nicht. Nur die Rote Frau—*die Rote Frau*[9] *ist ein Name für den Fisch Tahi*—hat seit einiger Zeit einen kranken Mund und ist somit nicht hergekommen.“[10] Sie wurde zwangs-

---

seinem Spiegelbild im Brunnen erkannt wurde (wie die Variante I b und II genauer darstellt). Besonders bemerkenswert ist das schottische Märchen von Nicht Nought Nothing, mitgeteilt von Lang, a. a. O. 89–92. Seite 91 heisst es daselbst: „Die Tochter des Riesen riet (ihrem Geliebten, der im Dienste ihres bösen Vaters mehrere Herkules-Arbeiten verrichtet hatte) wegzulaufen und sagte, sie würde ihm folgen. So reiste er denn, bis er an einen Königspalast kam, und der König und die Königin nahmen ihn auf und behandelten ihn sehr freundlich. Des Riesen Tochter verliess das Haus ihres Vaters, welcher sie verfolgte und dabei ertrank. Dann kam sie zu dem Königspalaste, wo Nicht Nought Nothing jetzt wohnte. Und sie stieg auf einen Baum und wartete auf ihn. Als die Tochter des Gärtners in dem Brunnen Wasser schöpfen ging, sah sie den Reflex der Dame im Wasser u. s. w.“ Aehnliches berichtet Lang S. 99 aus einer Malagassy Erzählung.

[9] *Aka-me* „rote Frau,“ ein archaisches Wort für den *Tahi* (sprich *tai*), eine Art Scharfzähner oder Meerbrasse, Pagrus cardinalis. H bemerkt, dass im Meere von Satsuma eine Art Tahi vorkomme, welche *ha-aka-me* heisst, ein offenbar unserem *aka-me* entsprechender Name. Die Bedeutung von *ha* in *ha-aka-me* ist mir unbekannt, da das Wort nur in Kana Zeichen gegeben ist.

[10] Im KOJIKI: „Letzthin hat die Tahi [Frau] darüber Klage geführt, dass ihr etwas im Halse stecke und sie am Essen hindere; sie hat also zweifellos [den Haken verschlungen].“

weise berufen, und als man ihren Mund untersuchte, fand man wirklich den verlorenen Angelhaken. [11]

Nachdem dies geschehen war, nahm Hiko-ho-ho-de-mi no Mikoto des Meergotts Tochter Toyo-tama-bime [12] zur Frau und blieb und wohnte im Meer-Palaste. Drei Jahre waren verflossen, und obgleich er an diesem Orte in Ruhe und Freude lebte, hatte er doch noch ein sehnsüchtiges Verlangen nach seiner Heimat. Deshalb seufzte er von Zeit zu Zeit. Toyo-tama-bime hörte es und berichtete es ihrem Vater, indem sie sprach: „Der himmlische erlauchte Enkel seufzt oft in wehmütiger Weise. Vielleicht sehnt er sich nach seinem Heimatlande und ist deshalb betrübt." Der Meergott zog hierauf den Hiko-ho-ho-de-mi no Mikoto herbei und redete ihn in ruhig gelassener Weise an und sprach: „Wenn der himmlische erlauchte Enkel in sein Heimatland zurückzukehren wünscht, so will ich ihn ehrerbietig hinschicken." Darauf gab er ihm den aufgefundenen Angelhaken und belehrte ihn und sprach: „In dem Augenblick, wo du diesen Haken deinem ält.. .n Bruder übergiebst, sprich heimlich zu diesem Haken: ‚Armer Haken!' Dann erst gieb ihn hin." Ferner

---

[11] Vor der Uebergabe wurde er nach dem KOJIKI erst abgewaschen.

[12] „Ueppig-Edelstein-Prinzessin," nach ihrem Vater „Ueppig-Edelstein-Prinz" so benannt. Vgl. Anm. 7. Die Fahrt Hoho-demi's nach dem Palaste des Meergottes, seine Vermählung mit dessen Tochter, und die in ihm nach einiger Zeit aufsteigende Sehnsucht, in seine Heimat zurückzukehren, bilden zweifellos den Grundstock der späteren Sage vom jungen Fischer Urashima aus Suminoe, deren schlichte und doch ergreifende Fassung als Ballade im neunten Buche des MANYŌSHŪ am bemerkenswertesten und bekanntsten ist. In Einzelheiten weicht die Lokalsage zwar stark von dem alten Mythus ab, aber der Zusammenhang beider ist unverkennbar. Auf die poetische Bearbeitung des Stoffes in der MANYŌSHŪ Ballade hat zweifellos der Geist der chinesischen Litteratur, welche im achten Jahrhundert den ganzen Gedankenkreis der Japaner beherrschte, starken Einfluss ausgeübt. Für weitere Information über diesen Gegenstand vgl. man das 浦島子傳 und 續浦島子傳記 im GUNSHO-RUIJŪ, Bd. 135. Im Appendix siehe die Urashima Sage, wie sie im TANGO-FŪDOKI überliefert ist.

schenkte er ihm das Flut-steige-Juwel [13] und das Flut-sinke-
Juwel [13] und belehrte ihn und sprach: „Wenn du das Flut-
steige-Juwel [ins Wasser] tauchst, so wird die Flut plötzlich
zur Hochflut steigen, und dadurch ertränke deinen älteren
Bruder. Wenn dein älterer Bruder Reue zeigt und um Verzeihung bittet, so tauche andererseits das Flut-sinke-Juwel ein,
und die Flut wird von selbst sich ebben. Damit rette ihn.
Wenn du ihn auf diese Weise plagst, so wird sich dein
älterer Bruder dir unterwerfen.“

Als es dazu kam, dass er im Begriff war sich zur Rückkehr
fortzubegeben, redete Toyo-tama-bime zu dem himmlischen
erlauchten Enkel und sprach: „ Deine Magd ist schon schwanger
und wird in nicht langer Zeit entbinden. Deine Magd wird
jedenfalls an einem Tage, wo Wind und Wellen stürmisch
sein werden, an das Ufer des Meeres hinaus kommen. Bitte
errichte für mich ein Gebärhaus [14] und erwarte mich!“

Nachdem Hiko-ho-ho-de-mi no Mikoto nach seinem Palaste

---

[13] *Shiho-mitsu-tama* „ Flut-füll-Juwel,“ und *shiho-hiru-tama* „ Flut-ebb-Juwel.“
Vgl. das 2. Jahr Chuai, 7. Monat, 5. Tag, wo die Kaiserin Jingō im Meere
einen wunderbaren Edelstein, genannt *Nyo-i-tama* („ zu Gebote stehendes
Juwel,“) findet. Nach einer im USA NO MIYA ENGI aufgezeichneten Parallel-
überlieferung zur letzteren Stelle erhielt die Kaiserin zwei Juwelen aus dem
Ryū-gū oder Drachenpalast, von denen das eine *kan-ju* „ trockenes Juwel,“
und das andere *man-ju* „ Füll-Juwel “ genannt wurde. Offenbar ist dies *kan-ju*
mit unserem *shiho-hiru-tama*, und das *man-ju* mit unserem *shiho-mitsu-tama*
identisch. Nach dem HACHIMAN-ENGI soll das *kan-ju* von weisser, und das
man-ju von blauer Farbe gewesen, und jedes soll etwa fünf Zoll lang gewesen
sein. Der erwähnte Ryū-gū weist gleichfalls auf den Palast des Meeresgottes
hin; der Meergott ist ja ein Nāga-rāja, ein Drachenkönig, und seine Tochter
verwandelt sich bei ihrer Niederkunft in einen Drachen resp. Seeungeheuer
(*wani*) von acht Faden Länge, als ihre ureigene Gestalt. Vgl. das Folgende,
sowie auch Buch 1, Kap. VII, Anm. 89.

[14] Vgl. über *ubu-ya* „ Gebärhaus “ oben Kap. IV, Anm. 26. Nach dem
KOJIKI, Sect. 42, baute Toyo-tama-bime selbst das Gebärhaus. Die Stätte
dieses Gebärhauses glaubt man identificieren zu können: es soll die sog.
U-tono-iha-ya „ Kormoran-Hallen-Felsen-Höhle “ am Ufer des Meeres im
Distrikt Naka der Provinz Hiūga sein.

zurückgekehrt war, befolgte er voll und ganz die Instruktionen des Meergottes. Als nun der ältere Bruder Ho-susori no Mikoto [auf besagte Weise] geplagt worden war, gestand er selbst seine Schuld zu und sprach: „Von nun an und für alle Zeit will ich dein [kurzweilige] Schauspiele aufführender Unterthan [15] sein. Bitte, lasse mich freundlichst leben!" Hierauf liess er ihm schliesslich seinen Bitten gemäss Verzeihung zu teil werden. Dieser Ho-susori no Mikoto wurde der Urahn des Ata no kimi Wobashi und Anderer. [16]

Späterhin kam wirklich Toyo-tama-bime, wie sie vorher versprochen hatte, mit ihrer jüngeren Schwester Tama-yori-bime [17] an das Ufer des Meeres heran, indem sie dem Wind und den Wellen direkt Widerstand leistete. Als die Zeit ihrer Niederkunft herangenaht war, sprach sie bittend: „Während deine Magd im Geburtsakt begriffen ist, bitte ich dich nicht zuzusehen!"[18] Der himmlische erlauchte Enkel konnte jedoch nicht geduldig ausharren, sondern ging heimlich hin und spähte. Da hatte sich Toyo-tama-bime bei dem Geburtsakt in einen Drachen verwandelt. [Weil sie in diesem Zustand gesehen worden war], deshalb war sie in hohem Grade

---

[15] Vgl. unten die Version Variante No II, wo Ausführlicheres hierüber berichtet ist. Im KOJIKI Sect. 41: „So werden bis zum heutigen Tage seine verschiedenen Attitüden beim Ertrinken [durch seine Nachkommen, die Hayahito] unaufhörlich dargestellt;" nämlich durch mimische Tänze bei Hofe. Die Hayahito haben bis in historische Zeit hinein sowohl als Kaiserliche Leibwächter wie als Spassmacher bei Hofe (als eine Art Hofnarren) gedient.

[16] So der ursprüngliche Text, den auch **I** und **H** unverändert anerkennen: *Wobashi* also Name des Individuums. **O** und **Su** (letzterem folgt Aston) nehmen ohne zwingenden Grund, wie mir scheint, die Umstellung in *Ata no Wobashi no kimi* vor, wodurch Wobashi zum Bestandteil des Uji-Namens wird.

[17] „Edelstein-gute-Prinzessin."

[18] Im KOJIKI Sect. 42 sagt sie: „So oft als eine Fremde niederkommt, nimmt sie zur Niederkunft die Gestalt ihres Heimatlandes an. So will ich jetzt beim Geburtsakt meine heimatliche Gestalt annehmen. Bitte, sieh nicht nach mir!"

beschämt [19] und sprach :   „Wenn du mich nicht beschämt hättest, so würde ich das Meer und das Land in wechselseitige Verbindung mit einander gebracht und bewirkt haben, dass sie in Ewigkeit sich nicht wieder von einander trennten. Da du mich aber jetzt beschämt hast, wodurch soll ich nun freundliche Gesinnungen [mit dir] knüpfen?" Hierauf hüllte sie das Kind in Binsengras [20] ein und setzte es am Ufer des Meeres aus. Hierauf sperrte sie den Weg zum Meere ab und begab sich stracks hinweg. [21] Deshalb wurde dem Kinde der

---

[19] Im KOJIKI wird erzählt, dass Ho-ho-de-mi bei ihrem Anblick erschrak und davon lief, und dass Toyo-tama-bime dann erst von seinem heimlichen Spähen erfuhr und sich schämte. Nach dieser Fassung ganz besonders fällt die Analogie mit der Geschichte von Izanagi und Izanami in der Unterwelt, Buch 1, Kap. V, auf. Die Analogie wird noch deutlicher in der weiter unten unter No Ia angeführten Variante, wo Ho-ho-de-mi einen Kamm anzündet und guckt. Offenbar hat in beiden Fällen dasselbe Motiv zur Bildung der Mythe beigetragen.

[20] *Kaya* ist im weiteren Sinne jede Species Gras, die zum Dachdecken benutzt wird, Deckgras.

[21] Auch in der Ballade tritt durch Uebertreten des Verbots der Meer-prinzessin, das Kästchen zu öffnen, ein Bruch der Beziehungen zwischen Oberwelt und Unterseewelt ein: Urashima kann in letztere nicht zurückkehren und stirbt. Lang, Custom and Myth, giebt in dem Kapitel „Cupid, Psyche, and the Sun-frog," Seite 64 ff, viele Beispiele dafür, dass die Braut oder der Bräutigam in Folge der Uebertretung irgend welcher mystischen Regeln verschwinden. Gewöhnlich handelt es sich um eine Etiquettenregel des Ehestandes, deren Uebertretung bestraft wird, und in den meisten Fällen finden wir eine Geliebte oder Gemahlin, die von besonderer, vielleicht sogar über-natürlicher Art (eine Nymphe, eine Fee) ist. In der indischen Erzählung von Urvaçi und Pururavas darf sich der Gatte seiner Gattin nicht nackt zeigen, und sobald dies (freilich unabsichtlich) geschieht, verschwindet Urvaçi. In „Cupido und Psyche" darf der Gatte überhaupt gar nicht angeschaut werden; in der Geschichte von der schönen Melusine darf diese von ihrem Geliebten nicht nackt gesehen werden, u. s. w. Eine besondere Klasse bilden die Erzäh-lungen, wo die Gattin, wie in unserer japanischen Sage, ein metamorphosiertes Tier (hier ein Drache) ist, und der Gatte gewöhnlich irgend eine bestimmte Handlung, wodurch die Association der Frau mit ihrer ehemaligen tierischen Existenz wieder hervorgerufen wird, nicht thun darf. Wenn diese Association durch die verbotene Handlung, oder durch Unterlassung einer anbefohlenen

Name Hiko-nagisa-take U-gaya-fuki-ahezu[22] no Mikoto gegeben. Längere Zeit hierauf starb Hiko-ho-ho-de-mi no Mikoto und wurde in dem Misasagi auf dem Berge Taka-ya[23] in Himuka begraben.

I.—In einer Schrift heisst es:—Der ältere Bruder Ho-suseri no Mikoto pflegte [die Gabe des] Meer-Glücks zu haben, und der jüngere Bruder Hiko-ho-ho-de-mi no Mikoto pflegte [die Gabe des] Berg-Glücks zu haben. Nun wünschten der ältere und der jüngere Bruder gegenseitig ihre Glücksgabe auszutauschen. Deshalb nahm der ältere Bruder den Glücks-Bogen des jüngeren Bruders und ging in die Berge hinein auf die Suche nach wilden Tieren. Aber schliesslich sah er von wilden Tieren auch nicht die geringste Spur. [24]

Vorsichtsmassregel herbeigeführt wird, so verschwindet die Gattin. Hierher gehört die altindische Erzählung vom König und der Froschmaid Bheki, das Ojibway Märchen vom Jäger und der Biber-Frau (Lang, p. 79), die Geschichte vom Schlangenwesen Pundarika Nag und der Brahmanentochter Parvati (Lang 80). In der letzteren ist, ähnlich wie bei der Lohengrinsage, der verhängnisvolle Wendepunkt das Stellen einer verbotenen Frage. Die vorliegende japanische Mythe hat meiner Ansicht nach ihren Ursprung in dem Bedürfnis, eine damals existierende uralte Sitte, nämlich dass der Gatte dem Geburtsakt seiner Frau nicht beiwohnen durfte (der Geburtsakt gilt ja auch als verunreinigend!), durch eine Erzählung zu illustrieren und zu begründen. Dies ist wenigstens das *eine* Leitmotiv. Das *andere* Element für die Sagenbildung besteht in dem Umstand, dass sich Toyo-tama-bime in ihrer eigentlichen Tiergestalt nicht erblicken lassen wollte.

[22] „Prinzherrlich Strand Tapferer, Kormoran[federn] [als] Schilfdach noch nicht ganz zusammengefügt;" im KOJIKI noch mit dem Vorsatz *Ama-tsu-hi-daka* „Himmels-Sonnen-Höhe." Statt *ahezu* „nicht zusammen kommend." findet sich als seltenere Lesart *ahasezu* „nicht zusammen bringend."

[23] Nach dem TAKAYA SANRYŌKŌ lag dieses Misasagi auf dem Hügel Kamiwari-no-woka im nördlichen Teil des Dorfes Fumoto-mura im Misobe-no-sato, Distrikt Aira der Provinz Ohosumi. In der Nähe dieses Hügels befindet sich ein Shintō-schrein *Takaya-jinja*. *Takaya* wird entweder mit den Zeichen „hohes Haus" oder „Falken-Haus" geschrieben.

[24] Jap. *shishi no karato dani mizu*. *Karato* aus *kara-ato* 乾迹 „trockene Spur;" nach H aber *kara*=„leer," was wahrscheinlich richtig.

Der jüngere Bruder nahm seines älteren Bruders Glücks-Angelhaken und begab sich auf das Meer, um Fische zu angeln; aber er bekam gar nichts, und schliesslich verlor er [sogar] den Angelhaken. Da gab der ältere Bruder seinem jüngeren Bruder den Bogen und die Pfeile zurück und verlangte seinen eigenen Angelhaken. Der jüngere Bruder war bekümmert darüber, nahm hierauf das von ihm umgürtet getragene Quer-Schwert, verfertigte daraus Angelhaken, häufte dieselben auf einen Worfler und bot sie dem älteren Bruder dar. Der ältere Bruder aber nahm sie nicht an und sagte: „Ich will meinen Glücks-Angelhaken wieder haben!" Da hierauf Hiko-ho-ho-de-mi no Mikoto nicht wusste, wo er ihn finden sollte, war er nur traurig und stöhnte. Dann begab er sich an das Ufer des Meeres, wanderte da auf und ab und seufzte. Da kam auf einmal ein hochbejahrter Mann daher und nannte sich selbst Shiho-dzuchi no Woji. Dieser fragte ihn und sprach: „Herr, wer bist du, und warum bist du hier in solcher Betrübnis?" Hiko-ho-ho-de-mi no Mikoto erzählte ihm ausführlich die Angelegenheit. Hierauf nahm der Alte aus einem Beutel heraus einen schwarzen Kamm, und als er ihn auf die Erde warf, da verwandelte sich derselbe in ein fünfhundert [halmiges] Bambusgefilde.²⁵ Darauf nahm er diesen Bambus und verfertigte daraus einen grossmaschigen groben²⁶ Korb, setzte den Hiko-ho-ho-de-mi no

---

²⁵ Vgl. Buch 1, Kap. V, wo Izanagi bei seiner Flucht aus der Unterwelt den verfolgenden Scheusslichen Weibern seinen vielzähnigen Kamm hinwirft, worauf sich derselbe in Bambusschösslinge verwandelte.

²⁶ *Oho-ma-ara-ko;* „grob" bezieht sich wohl auf die Grobheit der Maschen, nicht des Materials, und Ⅰ erklärt deshalb durch „einen grossen Korb mit weiten Maschen." Man beachte, dass diese Variante über den Korb gerade

Mikoto in den Korb hinein und warf ihn in das Meer.

I a.—Eine andere Version lautet: Er nahm einen maschenlosen Katama, machte daraus ein Floss, band mit einem dünnen Seile den Ho-ho-de-mi no Mikoto daran und versenkte es so.—*Der sogenannte Katama*[27] *ist das, was man jetzt einen Bambuskorb nennt.*—

Nun aber giebt es auf dem Meeresgrunde von Natur ein [sogenanntes] Wonnevolles Strändchen. Als er hierauf an [diesem] Strande entlang weiter schritt, gelangte er auf einmal nach dem Palaste des Meergottes Toyo-tama-hiko. Dieser Palast hatte erhaben verzierte Schlossturmthore und höchst prächtige Türme und Zinnen. Ausserhalb des Thores war ein Brunnen, und neben dem Brunnen stand ein Kassienbaum. Hierauf ging er an den Fuss des Baumes heran und stand da. Nach einer Weile kam ein schönes Mädchen, das an [Schönheit des] Gesichts alle Welt übertraf und von einer Schar weiblicher Dienerinnen gefolgt war, aus dem Inneren hervor und war gerade im Begriff, mit einem edelsteinernen Gefäss Wasser zu schöpfen, als sie aufblickte und den Ho-ho-de-mi no Mikoto sah. Da kehrte sie erschrocken wieder zurück und meldete es ihrem Vater, dem Gotte, und sprach: „Unter dem Baume neben dem Brunnen vor dem Thore steht ein edler Fremder von nicht gewöhnlicher Gestalt. Wenn er vom Himmel herabgekommen wäre, so würde er das Gepräge[28] des Himmels [an sich]

---

das Gegenteil von dem berichtet, was der Haupttext besagte, wo von einem „maschenlosen“ Korbe die Rede war.

[27] **I** hält diese Glosse für eine späte Interpolation, weil sie ein in der alten Zeit nur zu gut bekanntes Wort erklärt und deshalb gänzlich überflüssig war. Für *katama* finden sich auch die Lesarten *katsuma* und *katatsuma*.

[28] 垢 *ko* heisst wörtlich „Schmutz;“ **H** umschreibt mit *furi* „Betragen, Miene;“ **I** giebt rechts vom Zeichen die herkömmliche Lesung *kaho* „Gesicht,“

haben ; wenn er von der Erde hergekommen wäre, so würde er das Gepräge der Erde [an sich] haben. Sollte er wirklich der herrlich schöne Prinz des Luftraums [29] sein ? “

I b.—Eine andere Version heisst : Eine Dienerin der Toyo-tama-bime schöpfte Wasser mit einem edelsteinernen Eimer, aber schliesslich war sie nicht im Stande ihn zu füllen. Als sie in den Brunnen hinuntersah, da war darin das lächelnde Gesicht eines Mannes umgekehrt wiedergespiegelt. Als sie darauf empor-

---

und links davon *katachi* „Gestalt.“ Dass die jap. Lesung jedenfalls nicht unberechtigt ist, ergiebt sich aus dem WEN-SÜEN, wo der Ausdruck 垢俗 *kō-zoku* vorkommt, welcher durch *shimitsuki-taru shizen no zoku* 染付たる自然の俗 erklärt wird, etwa „das innerste Wesen ausmachende natürliche Weise.“ Da ich zweifelhaft bin, ob die Grundbedeutung des chinesischen Zeichens oder die jap. Lesung den Vorzug verdient, so habe ich die Interpretation „Gepräge“ gewählt, wodurch ich beiden Seiten annähernd gerecht werde. Sollten die Verfasser die eigentliche Bedeutung „Schmutz“ beabsichtigt haben, so wird man lebhaft an eine Stelle im indischen Epos Mahā-bhārata, Vers 25 und 26 des 5. Gesanges der Nala-Episode, erinnert, wo es heisst : „Und alsbald erblickte [Damayantī] die *Göttlichen* (d. i. die vier Götter Çakra, Agni, Varuna und Yama) *schweisslos*, unbeweglichen Blickes, steifkränzig, *staubfrei* und keiner von ihnen berührte beim Stehen den Erdboden. Dagegen stand fest auf dem Erdboden der Nishadher (der *menschliche* König Nala), schattenverdoppelt, welkkränzig, *staub- und schweissbedeckt*, durch Augenblinzeln sich verratend.“ Eine zwar nicht genaue, ober trotzdem bemerkenswerte Parallele. Prof. K. Tsuboi bemerkt zu der Redensart :)) 垢 俗 als *Kompositum* bedeutet zweifellos „die dem Wesen anhaftende Weise;“ 垢 gebraucht als Adjectivum im Sinne „anhaftend.“ Aber in diesem Falle ist dies Zeichen selbständig gebraucht und kann deshalb nur im natürlichem Sinne verstanden werden, bedeutet also „*Schmutz.*“ ((

[29] *Maguhashiki Sora-tsu-hiko.* Im KOJIKI kommt diesem Ausdruck entsprechend *Sora-tsu-hi-daka* „des Luftraums Sonnen-Höhe,“ im Gegensatz zu *Ama-tsu-hi-daka* „des Himmels Sonnen-Höhe“ vor, und nach **Ts** soll ersterer Ausdruck eine Bezeichnung für den *Kaiser* sein, letzterer aber für den *Kronprinzen.* KOJIKI Sect. 40 sagt der Meergott mit Bezug auf Ho-ho-de-mi: „Diese Person ist *Sora-tsu-hi-daka*, das erlauchte Kind von *Ama-tsu-hi-daka*.“ Insofern Ho-ho-de-mi später der erste Kaiser von Japan (Jimmu-tennō) wurde,

blickte, war da ein schöner Gott, welcher an den Kassienbaum gelehnt dastand. Deshalb kehrte sie nach innen zurück und berichtete es dem Könige. [30]—

Hierauf schickte Toyo-tama-bime Jemand, um mit diesen Worten zu fragen: „Fremder, wer bist du? warum bist du hierher gekommen?“ Ho-ho-de-mi no Mikoto antwortete und sprach: „Ich bin der Enkel der himmlischen Gottheit.“ Darauf erzählte er schliesslich den Grund seines Kommens.

Da ging der Meergott ihm entgegen, verneigte sich vor ihm, [31] führte ihn hinein, tröstete

---

sind beide Ausdrücke auf ihn anwendbar, und in der That wird im Kojiki Sect. 38 dem Namen Ho-ho-de-mi's das Prädikat *Ama-tsu-hi-daka* vorgesetzt, indem dort sein voller Name heisst: *Ama-tsu-hi-daka Hiko-ho-ho-de-mi no Mikoto.* Späterhin werden die Prädikate *Ama-tsu-hi-daka* und *Sora-tsu-hi-daka* auch auf andere Personen angewendet.

[30] Auch im Kojiki Sect. 40 sind es Dienerinnen der Toyo-tama-bime, welche beim Wasserschöpfen den Ho-ho-de-mi zuerst erblicken. Nachdem sie aufschauten und ihn sahen, heisst es daselbst weiter: „Sie hielten das für sehr seltsam. Darauf sah Ho-ho-de-mi no Mikoto die Mägde und bat sie, ihm Wasser zu geben. Die Mägde schöpften sogleich Wasser, thaten es in das edelsteinerne Gefäss und reichten es ihm ehrerbietig. Darauf machte er, ohne das Wasser zu trinken, das Juwel an seinem erlauchten Nacken los, nahm es in den Mund und spie es in das edelsteinerne Gefäss. Hierauf blieb das Juwel an dem Gefäss fest hängen und die Mägde konnten es nicht losmachen. Deshalb nahmen sie [das Gefäss] mit dem daran fest anhängenden Juwel und überreichten es der Toyo-tama-bime no Mikoto, u. s. w.“

[31] 拜 *worogami* oder *wogami.* Nach Nagase Masachi soll die uralte Weise des Begrüssens mit der noch jetzt gebräuchlichen identisch gewesen sein: nämlich auf dem Boden kauernd neigte man den Kopf und Oberkörper nach vorn und drückte dabei beide Hände mit den Handflächen flach vor sich auf den Boden. Wie mir Prof. K. Tsuboi mitteilt, hat man bei Ausgrabungen eine *Haniwa-Figur*, die beschriebene Grussweise darstellend, aufgefunden, und kann damit die Nagase'sche Hypothese für *bewiesen* halten. Eine im grossen und ganzen ähnliche Begrüssungsweise der alten Japaner, der 倭, wird in dem chinesischen Geschichtswerk 魏 志 Wei-chi erwähnt (vgl. Buch 22, S. 20, Anm. 24), doch darf man diese und die oben beschriebene Grussform nicht mit einander identificieren.

ihn [32] in freundlicher Weise und gab ihm dann seine
Tochter Toyo-tama-bime zur Frau.   Deshalb blieb er
und wohnte in dem Meerespalast. Nachdem drei Jahre
verflossen waren, seufzte Ho-ho-de-mi no Mikoto
öfters, so dass Toyo-tama-bime ihn fragte und sprach:
„Hat der himmlische erlauchte Enkel etwa den
Wunsch nach seinem Heimatlande zurückzukehren?"
Er antwortete und sprach: „So ist es." Toyo-tama-
bime erstattete hierauf ihrem Vater, dem Gotte,
Bericht und sprach: „Der hier weilende edle Gast
hat den Wunsch nach dem oberen Lande [33] zurückzukehren." Der Meergott versammelte hierauf alle
die Fische des Meeres und befragte sie um den
[Verbleib des verlorenen] Angelhakens. Da antwortete ein Fisch und sprach: „Die rote Frau hat seit
langem eine Mundkrankheit—in einer anderen Version
heisst es: Die rote Frau hat ihn vermutlich ver-
schluckt.—Daher wurde nun die rote Frau vorgefordert,
und als man ihren Mund besah, steckte der Angelhaken noch immer in ihrem Munde. Sogleich nahm
man denselben und überreichte ihn dem Hiko-ho-ho-de-
mi no Mikoto, wozu [der Meergott] ihn belehrte und
sprach: „Wenn du den Angelhaken deinem älteren
Bruder geben wirst, dann musst du zuerst diese
Verwünschung sprechen: ‚Ursprung der Armut, Anfang des Verhungerns, Wurzel des Elends,' und dann
erst gieb ihn hin. Ferner, wenn dein älterer Bruder
über das Meer fahren wird, so werde ich sicherlich
Wirbelwind und hohen Wellenschlag erregen und
ihn durch dieselben in die Qual des Ertrinkens

---

[32] So nach den Zeichen; nach der jap. Transskription *tsukahe-matsuru*
„wartete ihm auf."

[33] Vgl. das Anm. 7 Gesagte.

versetzen." Hierauf setzte er den Ho-ho-de-mi no Mikoto auf ein grosses Seeungeheuer[34] und schickte ihn so nach seinem Heimatlande zurück.

Noch zu einer anderen Zeit, bevor dies [geschah], redete Toyo-tama-bime in ruhig gelassener Weise und sprach: „Deine Magd ist schwanger. Ich werde an einem Tage, wo Wind und Wellen ungestüm sein werden, an die Meeresküste herauskommen. Bitte, errichte für mich ein Gebärhaus und erwarte mich daselbst."

Hierauf kam Toyo-tama-bime wirklich, wie sie gesagt hatte, [an die Küste] heran und sprach zu Ho-ho-de-mi no Mikoto: „Deine Magd wird heute Nacht entbunden werden. Bitte, sieh nicht nach ihr!" Aber Ho-ho-de-mi no Mikoto hörte nicht darauf, sondern nahm einen Kamm, zündete ihn an und sah nach ihr.[35] Da hatte sich gerade Toyo-tama-bime in ein acht Faden [langes] grosses Bären-Seeungeheuer[36] verwandelt und wand sich auf dem Bauche umher.

---

[34] Nach dem KOJIKI setzte er ihn auf den Kopf desselben. Das Seeungeheuer war von einem Faden Länge, vgl. unten Version No. III. Im KOJIKI heisst es sodann weiter: „Hierauf geleitete ihn [das Seeungeheuer] ehrerbietig in einem Tage, wie es versprochen, nach seiner Heimat. Als das Seeungeheuer im Begriff war zurückzukehren, band [Ho-ho-de-mi no Mikoto] den [im Kleid] unter dem Gürtel getragenen Dolch los, legte ihn auf den Hals des Seeungeheuers und schickte es zurück. Daher wird das einen Faden [lange] Seeungeheuer jetzt *Sahi-mochi no Kami* (der Gott Klingen-Besitzer) genannt." Das Fahren übers Meer auf Seetieren ist ein der primitiven Phantasie äusserst naheliegender, und daher vielen Mythen gemeinsamer Gedanke. So reitet Arion auf einem Delphin, Siati in der Samoanischen Mythe auf einem Haifisch, u. s. w. *Toyo-tama-bime* selbst bedient sich, wie weiter unten erwähnt wird (Anm. 59), als Vehikel einer Schildkröte.

[35] Vgl. Buch 1, Kap. V, wo es heisst: „Izanagi no Mikoto hörte jedoch nicht auf sie, sondern nahm heimlich seinen vielzähnigen Kamm, brach den Endzahn davon ab, machte daraus eine Fackel und sah nach ihr." Vgl. auch gegenwärtiges Kap. Anm. 19.

[36] Vgl. Buch 1, Kap. VIII, Anm. 89.

Schliesslich war sie zornig darüber, dass sie beschämt worden war, und kehrte daher stracks nach ihrer Heimat auf dem Meeresgrund zurück, indem sie ihre jüngere Schwester Tama-yori-bime zurückliess, um ihr Kind zu warten und grosszuziehen. Dass man dem Kinde den Namen Hiko-nagisa-take U-gaya-fuki-ahezu no Mikoto gab, hatte seinen Grund darin, dass das Gebärhaus am Meeresufer gänzlich mit Kormoranfedern anstatt des Riedgrases bedacht war, und dass das Kind geboren wurde, als die Ziegel[37] noch nicht zusammengefügt waren. Deshalb benannte man ihn so.[38]

II.—In einer Schrift heisst es:—Vor dem Thore war ein guter Brunnen, und über dem Brunnen war ein hundertzweigiger Kassienbaum. Daher stieg Hiko-ho-ho-de-mi no Mikoto mit einem Sprung[39] auf diesen

---

[37] 甍 *iraka* „Ziegel," ein hier gänzlich unpassender Ausdruck, da die alten Japaner überhaupt keine Dachziegel kannten, sondern die Dächer stets mit *Kaya* deckten. In historischer Zeit kamen hin und wieder auch Schindeldächer vor, wie bei dem im 1. Jahre Saimyō, d. i. 655, erwähnten Palast *Asuka no Ita-buki no miya* „Schindeldachpalast von Asuka." Im selben Jahre wollte man in Woharida einen Palast mit einem Ziegeldach bauen, was eine so ungeheuerliche Neuerung war, dass die Götter selbst sich dagegen ins Mittel legten. Siehe Buch 26, Seite 2. Nach dem FUSŌ-RYAKUKI wurden zuerst im 11. Jahre Jitō, d. i. 697, öffentliche Gebäude mit Ziegeln gedeckt. Da den Verfassern des NIHONGI all dies sehr wohl bekannt war, so müssen wir annehmen, dass sie das Wort „Ziegel" nur als metaphorische Floskel gebrauchten und darunter blos „Dachbedeckung" im allgemeinen verstanden wissen wollten.

[38] Aston erwähnt hier den Aberglauben, dass eine Frau bei ihrer Niederkunft dadurch Erleichterung bekommen soll, dass sie eine Kormoranfeder in der Hand hält. Zu gleichem Zweck wird auch die *koyasu-gai* „Leichtentbindungs-Muschel," eine Art Kauri oder Otternköpfchen, benutzt. Wichtig für eine Frau, welche niederkommt, ist es auch, dass sie den Besengott (*hōki no kami*) nicht durch schlechte Behandlung des Hausbesens, wie Treten, Hinwerfen u. s. w. beleidigt hat.

[39] 跳 昇 *wodorite (odorite) nobori. Odoru* bedeutet „springen, tanzen;" aus

Baum hinauf und stand dort. Zu dieser Zeit kam
des Meergotts Tochter Toyo-tama-bime mit einem
edelsteinernen Gefäss in der Hand daher und war im
Begriff Wasser zu schöpfen, als sie in dem Brunnen
das Spiegelbild eines Mannes sah. Da sah sie empor
und liess erschrocken das Gefäss fallen. Das Gefäss
war in Stücke zerbrochen, aber ohne sich darum zu
bekümmern, ging sie wieder hinein und berichtete
ihrem Vater und ihrer Mutter, indem sie sprach:
„ Ich habe einen Mann gesehen, welcher sich auf
dem Baume neben dem Brunnen befindet. Sein
Gesicht ist ausserordentlich schön, seine Gestalt
zierlich fein, und es ist so zu sagen kein gewöhnlicher
Mensch." Als ihr Vater, der Gott, dies vernahm,
wunderte er sich. Hierauf richtete er eine achtfache
Sitzmatte her, ging ihm entgegen, führte ihn herein
und nahm [mit ihm] Platz. Als er ihn hierauf nach
dem Grunde seines Kommens fragte, gab derselbe
ihm ausführlich betreffs der Sachlage Antwort. Da
fühlte der Meergott gleich in seinem Herzen Mitleid
mit ihm und berief sämtliche breitflossigen und
schmalflossigen Wesen [40] und befragte sie. Alle sagten:
„ Wir wissen es nicht." Nur die rote Frau hatte einen
kranken Mund und war nicht gekommen.—Anders
auch heisst es: die Mund-Frau hatte einen kranken
Mund.—Hierauf rief man sie schleunigst herbei, und
als man ihren Mund [41] untersuchte, fand man auf der
Stelle den verlorenen Angelhaken. Darauf erliess

---

der ursprünglichen Bedeutung „Sprünge machen" ging die von „tanzen
mimische Tänze aufführen" hervor.

[40] *Hata no hiro-mono hata no sa-mono*, d. i. grosse und kleine Fische, ein
in feierlichem Stile, wie in den Norito, öfters wiederkehrender Ausdruck.
Siehe Buch 1, Kap. IV, Anm. 103.

[41] D. i. den Mund der „Mund-Frau" *Kuchi-me.*

der Meergott an sie ein Verbot [42] und sprach: „Du Mund-Frau! Von nun an darfst du niemals wieder einen Köder verschlingen, und ferner sollst du nicht mit zu den Speisen des himmlischen erlauchten Enkels zugelassen werden!“ Dieses ist der Grund, warum der Fisch Kuchime (Mund-Frau) dem Kaiser nicht als Speise vorgesetzt wird. [43]

Als die Zeit gekommen war, dass Hiko-ho-ho-de-mi no Mikoto im Begriff war zurückzukehren, sprach der Meergott zu ihm und sagte: „Ich freue mich in meinem innersten Herzen, dass der Enkel der himmlischen Gottheit sich gnädigst herabgelassen hat mich zu besuchen. Welchen Tag würde ich es je vergessen?“ Sodann nahm er das Juwel, welches die Flut steigen macht, sobald man es denkt, und das Juwel, welches die Flut ebben lässt, sobald man es denkt, fügte sie zu dem Angelhaken und überreichte sie ehrfurchtsvoll, indem er sprach: „Wenn der suveräne erlauchte Enkel auch durch achtfache

---

[42] 制 *semete*, eigentlich „stellte sie zur Rede.“ **I** zieht aber die Lesung *isamete* in der Bedeutung „verbot“ vor.

[43] Im Gegensatz zu der Auffassung von **Su** u. s. w. halte ich es für angezeigt, wenn man den Text nicht korrigieren will, die zwischen den Gedankenstrichen stehende und aus den Worten „Anders auch heisst es: die Mundfrau hatte einen kranken Mund“ bestehende sekundäre Glosse bis zu dieser Stelle, dem Ende des Abschnittes, fortzuführen, denn offenbar ist in dem ganzen Passus nicht vom *Tahi*, sondern vom *Kuchime* als verschieden vom Tahi die Rede. Beide Fische sind nicht identisch (vgl. weiter unten Var. IV, wo von Tahi *und* Kuchime die Rede ist)! Da der *Tahi* Fisch der Göttin Amaterasu, der Ahnin des Kaiserhauses, als Speiseopfer vorgesetzt wird, ist er somit auch nicht von der Tafel des Kaisers verbannt; wohl aber ist dies mit dem Seefisch *Bora* (Mugil cephalotus) der Fall, dessen alter Name eben *Kuchi-me* „Mund-Frau“ war. **I** hat ebenfalls die Konfusion bei der herkömmlichen Lesung bemerkt und möchte sich dadurch helfen, dass er „rote Frau“ 赤 女 vor der sekundären Glosse in „Mund-Frau“ 口 女 verändert. Dann müsste man aber auch in der sekundären Glosse „Mund-Frau“ in „rote Frau“ verändern, und eine Verwechslung der Ausdrücke *Rote Frau* und *Mund-Frau* in

Wegwindungen [44] [von mir] entfernt ist, so bitte ich
doch, dass du von Zeit zu Zeit wieder an mich
denken und mich nicht vergessen wirst!" Sodann
belehrte er ihn und sprach: „In dem Augenblick,
wo du diesen Angelhaken deinem älteren Bruder
übergeben wirst, sprich darüber: ‚Haken der Armut,
Haken des Verderbens, Haken des Untergangs.'
Nachdem du diese Rede beendet hast, wirf ihm
[den Haken] hin, indem du dabei die Hand nach
hinten hältst; [45] gieb ihm aber nicht [den Haken] mit
zugewandtem Gesicht. Wenn dein älterer Bruder
zornig wird und die Absicht hat, dir ein Leids zuzufügen, dann nimm das Flut-steige-Juwel vor und
ertränke ihn damit. Sobald er schon in Gefahr [des
Ertrinkens] ist und um Gnade bittet, nimm das Flut-
sinke-Juwel vor und rette ihn damit. Wenn du ihn
auf diese Weise quälst und plagst, so wird er sich
von selbst dir als dein Unterthan unterwerfen." Als
nun Hiko-ho-ho-de-mi no Mikoto diese Juwelen und
den Angelhaken empfangen hatte, kam er nach seinem
Heimatspalast zurück und handelte in allem der
Instruktion des Meergottes gemäss. Zunächst gab
er seinem älteren Bruder den Angelhaken. Sein
älterer Bruder wurde zornig und wollte ihn nicht
annehmen. Als daher der jüngere Bruder das Flut-

Haupt–und Nebenglosse annehmen. *Mund-Frau* gehört dann in die Haupt-
glosse, *Rote Frau* in die Nebenglosse. Mein Vorschlag scheint mir empfehlens-
werter, da er keine Aenderung des Textes verlangt.

[44] Oft vorkommender poetischer Ausdruck für „sehr weit." Vgl. Kap. II,
Anm. 22, wo von „achtzig Wegkrümmungen" als metaphorischem Ausdruck
für den weit entfernten Hades gesprochen wird.

[45] Das Nachhintenhalten der Hand ist auch noch später eine beim Ver-
fluchen (*majinahi*) übliche Begleitceremonie. Es soll dadurch Abscheu gegen
das Böse ausgedrückt werden.

steige-Juwel vornahm, schwoll die Flut ausserordentlich hoch an und in natürlicher Folge davon ertrank der ältere Bruder [beinahe]. Deshalb sprach er bittend [zu seinem jüngeren Bruder]: „Ich will dir als dein Sklave dienen. Bitte, lass mich am Leben!“ Als der jüngere Bruder das Flut-sinke-Juwel vornahm, trat die Flut von selbst wieder zurück, und der ältere Bruder wurde wieder in Ruhe gelassen. Hiernach aber änderte der ältere Bruder seine vorige Rede und sagte: „Ich bin dein älterer Bruder. Wie kann ein älterer Bruder seinem jüngeren Bruder dienen?“[46] Da nahm der jüngere Bruder das Flut-steige-Juwel vor, bei dessen Anblick der ältere Bruder auf einen hohen Berg hinauf floh. Aber die Flut überschwemmte auch den Berg. Als der ältere Bruder auf einen hohen Baum stieg, überschwemmte die Flut auch den Baum. Nun war der ältere Bruder in grösster Not und hatte keine Zufluchtsstätte mehr. Darauf bekannte er seine Schuld und sprach: „Ich habe gefehlt. Von jetzt an sollen meine Kinder und Kindeskinder für achtzig Generationen beständig dir als Possenreisser dienen.—In einer Version heisst es: als Hunde-Menschen[47]—. Bitte, habe Mitleid!“ Der jüngere Bruder nahm hierauf wieder das Flut-sinke-Juwel vor, worauf die Flut von selbst zurücktrat. Da nun erkannte der ältere Bruder, dass sein jüngerer Bruder wunderbare Macht besass und unterwarf sich endlich seinem jüngeren Bruder.

Aus diesem Grunde verlassen die von Ho-suseri no Mikoto abstammenden verschiedenen Hayahito bis zur gegenwärtigen Zeit nicht die Einfriedigung

---

[46] Der ältere Bruder hat stets den Vortritt vor dem jüngeren.
[47] D. h. als Wächter, welche wie Hunde Wacht halten.

des Kaiserlichen Palastes und leisten statt bellender Hunde ehrfürchtig Dienste. [48]

Dies ist die Ursache davon, dass die Leute der Gegenwart Niemand drängen, eine verlorene Nadel [49] zurückzugeben.

---

[48] Wie schon oben erwähnt, fanden die *Hayahito* aus den Provinzen Satsuma und Ohosumi als Kaiserliche Garde Verwendung. Sie nahmen nach dem ENGI-SHIKI bei gewissen Ceremonien, wie der Neujahrs- und Krönungsceremonie, auf eigentümliche Weise teil. Zwanzig höhere Hayahito, zwanzig sog. Ankömmlings-Hayahito und 132 gewöhnliche Hayahito nahmen gruppenweise vor dem Palasthore links und rechts Aufstellung, und beim ersten Eintreten der Beamten, sowie wenn dieselben ihre Sitze verliessen, mussten die Ankömmlings-Hayahito drei Mal bellen, u. s. w. Also auch hier fungierten sie als „ Hunde-Menschen." K. Tsuboi teilt mir mit, dass in Nara sich eine Skulptur befindet, in der Hayahito mit Hundeköpfen dargestellt sind.

[49] Hier ist für *hari* das Zeichen 針 „ Nadel " gebraucht, während im Vorhergehenden immer das Zeichen 鉤 „ Angelhaken " (jetzt *tsuri-bari* gelesen, aus *tsuru* „ angeln " und *hari* „ Nadel ;" auch *hari* allein wird für „ Angelhaken " gebraucht) stand. Das Wortspiel, welches dadurch entsteht, dass im Japanischen sowohl „ Angelhaken " als „ Nadel " durch dasselbe Wort *hari* repräsentiert werden, ist weder im Chinesischen (2 ganz verschiedene Zeichen!) noch im Deutschen nachahmbar. Das Vorkommen dieses japanischen Wortspiels, welches durch die chinesische Phraseologie so vollständig verwischt wird, hat in meinen Augen grosses Gewicht für die Entscheidung der kritischen Frage, ob die althergebrachte japanische Lesung des NIHONGI, oder die strikte Interpretation nur nach der eigentlichen Bedeutung der chinesischen Wörter beim NIHONGI grössere Autorität habe. Ich bin nämlich der Ansicht, dass insoweit es sich nicht um spezifisch chinesische Vorstellungen, Anspielungen und dergleichen handelt, und soweit die Kanaglossen nicht den Verdacht auf eine spätere, künstliche, rein stilisierende Mache deutlich rechtfertigen (was freilich sehr oft der Fall ist), die japanischen Lesungen eine Autorität besitzen, welche man nicht ungestraft vernachlässigen kann. Wir müssen immer im Auge behalten, dass wir es in den älteren Teilen des NIHONGI meist mit Traditionen zu thun haben, welche Jahrhunderte lang von Mund zu Mund in *japanischer* Sprache überliefert worden waren und denen bei ihrer Aufzeichnung in chinesischen, möglichst chinesisch-rethorisch klingenden Phrasen bald mehr bald weniger Gewalt angethan wurde. So sind wir gezwungen, wo chinesischer Wortlaut und Kanaglosse materiell von einander abweichen, nicht selten in der letzteren die Charakteristica der ursprünglichen Erzählung zu suchen. Für die späteren Teile des NIHONGI, namentlich für

III.—In einer Schrift heisst es:—Der ältere Bruder Ho-
suseri no Mikoto pflegte [die Gabe des] Meerglücks
zu haben und hiess, deshalb Umi-sachi-hiko [50] d. i.
Meerglück-Prinz; der jüngere Bruder Hiko-ho-ho-de-
mi no Mikoto pflegte [die Gabe des] Bergglücks zu
haben und hiess deshalb Yama-sachi-hiko [51] d. i.
Bergglück-Prinz. So oft als der Wind blies und der
Regen fiel, vorlor der ältere Bruder sein gutes Glück;
der jüngere Bruder dagegen, wenn er auch in Wind
und Regen geriet, ging seines guten Glücks nicht
verlustig. Da sprach der ältere Bruder zu seinem
jüngeren Bruder: „Ich möchte versuchsweise mit dir
meine Glücksgabe austauschen." Der jüngere Bruder
gab seine Zustimmung und sie tauschten demgemäss
mit einander aus. Nun nahm der ältere Bruder des
jüngeren Bruders Bogen und Pfeile und begab sich
in die Berge, um wilde Tiere zu jagen; der jüngere

---

die Geschichte des siebenten Jahrhunderts, wo so vieles Chinesische und
Koreanische hereinspielt, nimmt der Prozentsatz des Wertes der Kanaglossen
zusehends ab. Ich wünsche hier ausdrücklich zu betonen, dass ich mich bei
meiner Interpretation von einer zu weit gehenden Skepsis ebenso entfernt zu
halten suche, wie von einem blinden Glauben an die Richtigkeit der herge-
brachten japanischen Auffassung. Bei aller Sorgfalt werden freilich vielfache
Missgriffe nach der einen oder anderen Richtung nicht zu vermeiden sein.

Was das Drängen auf Rückgabe eines vorlorenen Gegenstandes anbelangt,
so teilt Ban Nobutomo einen interessanten Spruch mit, dessen sich die
Knaben der Provinz Wakasa bedienen, wenn sie einen zum Ersatz gebotenen
Gegenstand nicht annehmen wollen. Dann sagen sie nämlich:

Fuite mo, iya iya!

Arōte mo, iya iya!

Moto no hari modose!

„Wenn du es auch abwischest, mag ich's nicht, mag ich's nicht!
Wenn du es auch wäschst, mag ich's nicht, mag ich's nicht!
Gieb die alte Nadel (oder Angelhaken?) zurück!"

[50] Oder *Umi no Sachi-hiko.*
[51] Oder *Umi no Yama-hiko.*

Bruder nahm des älteren Bruders Angelhaken und begab sich auf das Meer, um Fische zu angeln. Aber alle beide erlangten keinen Glücksvorteil, sondern sie kamen mit leeren Händen zurück. Der ältere Bruder gab hierauf dem jüngeren Bruder den Bogen und die Pfeile zurück und verlangte wieder seinen eigenen Angelhaken. Nun aber hatte der jüngere Bruder den Angelhaken im Meere verloren, und es waren keine Mittel und Wege denselben aufzufinden. Daher verfertigte er mehrere tausend andere neue Angelhaken und gab sie ihm, aber sein älterer Bruder wurde zornig und nahm sie nicht an, sondern verlangte ungestüm seinen alten Angelhaken, u. s. w., u. s. w. Darauf begab sich der jüngere Bruder an die Meeresküste und wanderte da bekümmert und ächzend umher. Nun war da aber eine Fluss-Wildgans, die sich in einer Schlinge gefangen hatte und nun in Bedrängnis war. Da hatte er Mitleid mit ihr, machte sie los und liess sie frei. Ein kleines Weilchen danach erschien Shiho-dzuchi no Woji, welcher daherkam, einen Nachen aus maschenlosem Korbgeflecht verfertigte, den Ho-ho-de-mi no Mikoto hineinsetzte und [den Nachen] in die See hinaus fortstiess, worauf derselbe von selbst versank. Plötzlich kam der Wonnevolle Weg [52] zum Vorschein. Als er daher den Weg entlang dahinging, gelangte er von selbst nach dem Palaste des Meergottes. Da kam der Meergott selbst ihm entgegen und führte ihn hinein. Sodann breitete er acht Schichten von See-Esel Fellen [53] hin, liess ihn sich darauf niedersetzen, gab

---

[52] D. i. der Weg am Wonnevollen Kleinen Strande. Derselbe Ausdruck ist im Kojiki Sect. 40 gebraucht.

[53] So nach den Zeichen. Die Kanaglosse hat das sonst unbekannte Wort *michi*. Nach Modzume ist *michi* vielleicht = *ashika* „Seehund." Die Zeichen

ihm einen Schmaus von hundert Tischen, der schon in Bereitschaft gehalten war, und erfüllte so die ceremoniellen Pflichten eines [gastfreien] Hausherrn. Sodann fragte er ihn in ruhig gelassener Weise und sprach : „ Aus welchem Grunde hat der Enkel der himmlischen Gottheit sich gnädigst herabgelassen hierher zu kommen ? "

III a.—Eine andere Version heisst : „ Vor kurzem kam mein Kind [54] und sagte mir, dass der himmlische erlauchte Enkel am Ufer des Meeres in Betrübnis weile. Ich weiss nicht, ob dies wahr oder falsch ist ; vielleicht ist es so."—

Hiko-ho-ho-de-mi no Mikoto erzählte ihm die Angelegenheit von Anfang bis Ende. Darauf blieb er da wohnen, und der Meergott gab ihm seine Tochter Toyo-tama-bime zur Frau. Endlich als schon drei Jahre in herzlicher Liebe verflossen waren, und die Zeit gekommen war, wo er sich anschickte zurückzukehren, liess der Meergott die Tahi Frau holen, und als man ihren Mund untersuchte, fand man den Angelhaken. Hierauf überreichte er diesen Angelhaken dem Hiko-ho-ho-de-mi no Mikoto und instruierte ihn und sprach : „ In dem Augenblick, wo du dies deinem älteren Bruder giebst, musst du folgendes hersagen : ‚Ein trüber [55] Haken, ein elender Haken,

---

海驢 „ See-Esel " werden übrigens noch jetzt zur Schreibung von *todo* „ Seelöwe " gebraucht, und daher ist möglicherweise letzteres die richtige Bedeutung. In der Fassung des KOJIKI werden über die acht Schichten von See-Esel Fellen noch acht Schichten von 絁 疊 *kinu-datami* „ Seiden-Matten " gebreitet.

[54] I will darunter nicht *Toyo-tama-bime*, was doch am plausibelsten scheint, verstanden wissen, sondern eine andere Gottheit, deren Name nicht überliefert sei.

[55] Nach dem Zeichen 大 *oho* „ gross ;" die Schreibung 大 für *oho* wird aber blos als phonetisch betrachtet, und man sieht darin den Stamm des im MANYŌSHŪ mehrfach vorkommenden Wortes *ohohoshiku* „ trübe, trübsinnig."

ein armer Haken, ein dummer [56] Haken.' Nachdem
du dies alles gesprochen hast, musst du ihn mit der
Hand nach hinten überreichen." Hiernach rief er
die Seeungeheuer zusammen und fragte sie und sprach:
„Der Enkel der himmlischen Gottheit ist jetzt im
Begriff sich auf die Rückkehr fortzubegeben. In wie
viel Tagen werdet ihr diesen Dienst verrichten?"
Da bestimmten alle die verschiedenen Seeungeheuer
je nach ihrer verschiedenen Länge oder Kürze [des
Körpers] die Anzahl der Tage. Unter ihnen war
ein [57] einen Faden langes Seeungeheuer, welches selbst
sagte: „Innerhalb eines Tages werde ich es voll-
bringen." Deshalb wurde also das einen Faden lange
Seeungeheuer als seine Begleitschaft geschickt. Weiterhin gab er ihm zwei Schatzstücke, nämlich das
Flut-steige-Juwel und das Flut-sinke-Juwel, und belehrte
ihn über die Art und Weise des Gebrauchs dieser
Juwelen. Ferner belehrte er ihn und sprach: „Wenn
dein älterer Bruder hochgelegene Reisfelder anlegt,
so sollst du tief gelegene Reisfelder anlegen; [58] wenn
dein älterer Bruder tief gelegene Reisfelder anlegt,
so sollst du hochgelegene Reisfelder anlegen." Auf

---

[56] *uruke*, wohl etymologisch identisch mit dem jetzt gebrauchten *oroka*.

[57] Man könnte auch mehrere Seeungeheuer von dieser Länge annehmen,
da Singular und Plural nicht ausdrücklich geschieden sind. Weil aber in
der Parallelstelle des KOJIKI dem Seeungeheuer bei seiner Rückkehr der
Dolch des Ho-ho-de-mi angebunden wird, und dabei offenbar nur von einem
einzigen *wani* die Rede ist, so ziehe ich auch hier die singulare Interpretation vor.

[58] *Taka-da* sind hochgelegene Reisfelder, welche leicht austrocknen, *kubo-da*
„tiefe Reisfelder" dagegen tiefgelegene, wasserreiche Felder, wo der Reis immer
im Wasser steht (Zeichen 濘田 „schlammige Reisfelder.") Die darauf zum
Pflanzen verwendeten Reissorten sind in beiden Fällen verschieden. Im
KOJIKI lautet die betreffende Instruktion weiter: „Wenn du dies thust, so
wird dein älterer Bruder sicherlich im Zeitraum von drei Jahren in Folge
meiner Regulierung des Wassers verarmt sein."

diese Weise half ihm der Meergott ehrerbietig mit
vollster Aufrichtigkeit. Nachdem nun Hiko-ho-ho-de-
mi no Mikoto [in seine Heimat] zurück gekommen
war, befolgte er in allem und jedem die Unterweisungen des Meergottes und handelte demgemäss. Als
nun der jüngere Bruder das Flut-steige-Juwel vornahm,
da hob der ältere Bruder in der Angst des Ertrinkens
die Hände in die Höhe, und als er andererseits das
Flut-sinke-Juwel vornahm, da wurde [der ältere
Bruder] wieder in Ruhe und Frieden gelassen. Hiernach wurde Ho-suseri no Mikoto von Tag zu Tag
immer magerer und sprach klagend: „ Ich bin verarmt." Hierauf unterwarf er sich seinem jüngeren
Bruder.

Noch ehe dies geschah, sprach Toyo-tama-bime
zu dem himmlischen erlauchten Enkel und sagte:
„ Deine Magd ist schwanger. Wie dürfte ich den
Sprössling des himmlischen erlauchten Enkels mitten
im Meere gebären? Daher will ich zur Zeit meiner
Niederkunft sicherlich zu dem Wohnsitz meines Herrn
kommen und ich hoffe, dass du für mich am Ufer
des Meeres ein [Gebär-] Haus errichten und mich
daselbst erwarten wirst." Sobald daher Hiko-ho-ho-
de-mi no Mikoto in sein Heimatland zurückgekehrt
war, errichtete er ein Gebärhaus, wobei er zur Dach-
deckung Kormoranfedern benutzte. Noch ehe das
Dach vollständig zusammengefügt war, kam Toyo-
tama-bime selbst auf einer grossen Schildkröte[59]
reitend in Begleitung ihrer jüngeren Schwester Tama-
yori-bime das Meer mit Glanz bestrahlend heran.
Der Geburtsmonat war jetzt bereits erfüllt und der
Zeitpunkt der Niederkunft in allernächste Nähe ge-

---

[59] Vom Reiten auf einer Schildkröte wird auch im KOJIKI Sect. 47
berichtet: Sawo-ne-tsu-hiko kam auf dem Rücken einer Schildkröte angelnd
daher geschwebt.

rückt. Aus diesem Grunde wartete sie nicht, bis die
Dachbedeckung vollständig zusammengefügt war, sondern ging stracks hinein und weilte darin. Hierauf
sprach sie in ruhig gelassener Weise zu dem himmlischen erlauchten Enkel und sagte: „Deine Magd
wird bald niederkommen. Bitte, sieh nicht nach ihr!“
Der himmlische erlauchte Enkel war in seinem Herzen
über diese Worte verwundert, und als er [trotzdem]
heimlich hinschaute, [sah er] dass sie sich in ein
acht Faden langes grosses Seeungeheuer verwandelt
hatte. Sie wusste, dass der himmlische erlauchte
Enkel durch die Scheidewand geguckt hatte und war
tief beschämt und voller Groll. Nachdem das Kind
geboren war, ging der himmlische erlauchte Enkel zu
ihr hin und fragte: „Wie soll der Name des Kindes
am besten heissen?“ Sie antwortete und sprach:
„Du sollst es Hiko-nagisa-take U-gaya-fuki-ahezu no
Mikoto nennen.“ Nachdem sie so gesprochen hatte,
ging sie stracks von dannen über das Meer hinweg.
Da machte Hiko-ho-ho-de-mi no Mikoto ein Lied
und sang:

> „So lange die Welt besteht,
> Werde ich nie meine Geliebte vergessen,
> Mit der ich schlief
> Auf der Insel, wo die wilden Enten einkehren,
> Die Vögel der Tiefsee.“ [60]

Ferner auch heisst es: Hiko-ho-ho-de-mi no

---

[60] Der Text lautet:

> Oki tsu tori
> Kamo-dzuku-shima ni
> Wa ga wineshi
> Imo ha wasurazi
> Yo no koto-goto mo.

Ein regelrechtes Tanka. Im KOJIKI Sect. 42 mit unbedeutenden
Varianten.

Mikoto nahm [eine Anzahl von] Frauen und machte sie zu Säugammen,[61] Heisswasserfrauen,[62] sowie zu Kauerinnen des gekochten Reises[63] und zu Baderüsterinnen.[64] Alle diese verschiedenen Be wurden dazu eingerichtet und bestimmt [das Kind] ehrerbietig aufzuziehen. Dass man damals zeitweise fremde[65] Frauen dafür in Anspruch nahm, um das erlauchte Kind mit Milch grosszuziehen, war der Ursprung des gegenwärtig bestehenden Gebrauchs Säugammen anzunehmen, um Kinder gross zu ziehen.

Als Toyo-tama-bime hiernach von der Herrlichkeit ihres Kindes hörte, war sie in ihrem Herzen überaus tief von Mitleid bewegt[66] und wünschte wieder zu-

---

[61] *Chi-omo* „Milch-Mutter" 乳母.

[62] *Yu-omo* 湯母 „Heisswasser-Mutter." Eine alte Glosse bemerkt, dass *yu-omo* Frauen seien, welche den Kindern warmes Wasser zu trinken geben (sic!) und Arzneien besorgen. Demnach scheinen sie eine Art ärztlicher Funktion zu haben. **H** nimmt *yu-omo* als „Bade-Mutter;" von eigentlichen Badefrauen ist aber weiter unten gleich die Rede, und wir müssen wohl *yu-omo* und *yuwe* deutlich von einander unterscheiden. *omo* „Mutter" ist identisch mit Mandschu *eme*, Ostjak *am*, Kottisch *āma* etc.

[63] 飯嚼 *Ihi-kami*. Sie kauten den Kindern den Reis vor, ähnlich wie auch bei uns die Mütter ihren kleinen Kindern oft feste Nahrung vorkauen. Das Gleiche geschieht noch jetzt in Japan, wenn natürlich auch von besonderen *ihi-kami* nicht die Rede sein kann.

[64] 湯坐 *yuwe*, **O** *yu-bito* „Badefrauen," welche das Kind zu waschen hatten. *yuwe* ist vielleicht aus *yu-be* „Bade-Volksgruppe" entstanden. *Yuwe* oder *Yube* ist später zu einem wirklichen Geschlechtsnamen geworden. Im Temmu-ki (Buch 29, Seite 62, Anm. 42 werden zwei Zweige der Familie, nämlich die *Oho-yuwe no murazi* und die *Waka-yuwe no murazi* erwähnt. Vgl. auch Buch 25, Seite 27, Anm. 107, und Chamb. Koj. Sect. 71, Anm. 11 (Seite 190). Aston bemerkt treffend: Der Erzähler beschreibt hier offenbar das Personal der Kaiserlichen Kinderstube seiner Zeit.

[65] D. i. andere Frauen als die Mutter des Kindes.

[66] 憐重. Von den verschiedenen Transskriptionen **I**: *awaremi-agamete* „fühlte Mitleid und Hochschätzung," **H**: *kanashi to omohoshi* „war mitleidig gestimmt," **O** *awaremi-kasanete* „häufte Mitleid" scheint letztere am genauesten zu sein.

rückzukehren und es aufzuziehen, aber sie konnte es
von rechtswegen nicht thun und schickte deshalb
ihre jüngere Schwester Tama-yori-bime, um zu
kommen und es aufzuziehen. Darauf nun liess Toyo-
tama-bime [ihre Schwester] Tama-yori-bime [für den
Ho-ho-de-mi no Mikoto] ein Antwortsgedicht mit-
nehmen und überreichen, welches lautete:

> „ Obgleich die Leute sagen, dass
> Rote Edelsteine
> Leuchtenden Glanz haben,
> So ist doch [meines] Herrn Schmuck vor allen
> Prächtig gewesen.“ [67]

Gewöhnlich giebt man diesen zwei Gedichten, dem
gegebenen und dem erwiederten, [68] den Namen
Ageuta. [69]

---

[67] Text:

> Aka-dama no
> Hikari ha ari to
> Hito ha ihedo
> Kimi ga yosohi shi
> Tafutoku arikeri.

In des Fassung des KOJIKI lauten die drei ersten Verse:

> Aka-dama ha
> Wo sahe hikaredo
> Shira-tama no. Vgl. Chamb. KOJIKI, pag. 128.

Das KOJIKI lässt dieses Gedicht als erstes von Toyo-tama-bime geschickt werden
und das obige Gedicht (Anm. 60) die Antwort auf dieses sein.

[68] 贈答二首 von **H, O** und **Su** ungenau nur mit *futa-uta*, von **I** dagegen
richtig mit *okuri-kiheshi no futa-uta* umschrieben.

[69] *Age-uta* „ Hebe-Gedichte “ sind solche Gedichte, bei deren Vortrag im
Singen die Stimme immer höher erhoben wird. Die Bezeichnung bezieht sich
somit nicht auf den Inhalt des Gedichtes, sondern auf die Weise des Vortrages.
Verwandte Bezeichnungen von Gedichtgattungen sind noch *moro-age* „ vollständig (d. h. vom Anfang bis zum Ende die Stimme) hebend;“ *shirage*, aus
shiri-age kontrahiert, „ [die Stimme] am Ende hebend;“ *kata-oroshi* „ auf einer
Seite (d. h. am Ende die Stimme) sinken lassend.“ Die Hypothese von **Su,**

IV.—In einer Schrift heisst es:—Der ältere Bruder Ho-
suseri no Mikoto hatte eine Bergglück[gabe], und
der jüngere Bruder Ho-wori no Mikoto hatte eine
Meerglück[gabe],[70] u. s. w., u. s. w.

Als der jüngere Bruder bekümmert und stöhnend
an der Meeresküste weilte, traf er mit Shiho-dzuchi
no Woji zusammen. Der Alte fragte ihn und sprach:
„Warum bist du so betrübt?" Ho-wori no Mikoto
antwortete und sprach, u. s. w., u. s. w.

Der Alte sprach: „Trauere nicht länger! Ich
will einen Plan ersinnen." Er machte folgenden
Plan und sprach: „Das schnelle Ross, auf welchem
der Meergott reitet, ist ein acht Faden langes Seeungeheuer. Dasselbe befindet sich mit aufwärtsgerichteten
Flossen in der kleinen Strasse von Tachibana.[71] Ich
will mich mit ihm zusammen beraten." Hierauf
nahm er Ho-wori no Mikoto mit sich und ging mit
ihm zusammen, um es zu sehen. Da machte das
Seeungeheuer einen Plan und sprach: „Was mich
anbelangt, so könnte ich den himmlischen erlauchten
Enkel nach [einer Reise von] acht Tagen nach dem
Meerpalast bringen; indessen das schnelle Ross meines Königs ist ein Seeungeheuer von einem Faden
[Länge], und dieses würde dich innerhalb eines einzigen
Tages sicherlich dorthin bringen. Ich will daher
jetzt zurückkehren und jenes hierher hervor kommen
lassen. Du solltest es besteigen und darauf dich in

---

dass *aguru*=*homuru* „loben," also *age-uta*=„Lobgesang" sei, ist zu verwerfen.
Im Kojiki findet sich ausser *age-uta* noch der zusammengesetzte Titel *hinaburi
no age-uta* „[Stimm-] Hebe-Gedicht in ländlicher Weise" (Sect. 141, In-gyō-
tennō).

[70] Diese verschiedene Verteilung der Glücksgaben beruht wohl auf einem
Irrtum.

[71] Siehe Buch 1, Kap. IV, Anm. 55.

das Meer begeben. Wenn du dich in das Meer
hineinbegeben wirst, so wird mitten im Meere der
Wonnevolle Kleine Strand von selbst zum Vorschein
kommen, und wenn du an diesem Strande entlang
hingehst, so wirst du sicherlich nach dem Palaste
meines Königs gelangen. Ueber dem Brunnen am
Thore des Palastes wird ein vielzweigiger Kassienbaum
sein. Du musst auf diesen Baum hinaufklettern und
daselbst verweilen."[72] Nachdem es so gesprochen
hatte, begab es sich ins Meer hinein und ging von
dannen. Den Worten des Seeungeheuers gemäss
blieb also der himmlische erlauchte Enkel da und
wartete acht Tage lang. Nach [dieser] längeren
Zeit kam in der That ein Seeungeheuer von einem
Faden [Länge] herbei. Daher bestieg er es und
begab sich darauf in das Meer hinein und befolgte
in allem die Unterweisungen des vorigen Seeungeheuers. Nunmehr [als er auf dem Kassienbaume
sass], erschien eine Dienerin der Toyo-tama-bime und
trug ein edelsteinernes Gefäss, womit sie im Begriff
stand das Wasser des Brunnens zu schöpfen, als sie
auf dem Grunde des Wassers das Spiegelbild eines
Mannes erblickte. Obgleich sie zu schöpfen versuchte,
konnte sie es nicht bewerkstelligen, und als sie demnach
nach oben blickte, sah sie den himmlischen erlauchten
Enkel. Hierauf ging sie [wieder] hinein und berichtete
es ihrem König, indem sie sprach: „Ich war der
Meinung, dass mein König allein überaus schön sei,
aber jetzt ist da [draussen] ein Fremder, welcher ihn
noch bei weitem [an Schönheit] übertrifft." Als der
Meergott dies vernahm, sprach er: „Ich will es

---

[72] Im Kojiki wird, ungefähr mit denselben Worten, dieser Rat von Shiho-
dzuchi no Woji gegeben. Er erwähnt dabei auch schon, dass die Tochter des
Meergottes ihn auf dem Baume entdecken und ihm Rat geben werde.

versuchen und ihn sehen." Hierauf richtete er drei Räume [zum Empfang] her [73] und lud ihn ein hereinzukommen. Darauf wischte der himmlische erlauchte Enkel in dem zunächst liegenden Raume seine beiden Füsse ab; [74] in dem mittleren Raume drückte er seine beiden Hände gegen den Boden; in dem innersten Raume setzte er sich mit kreuzweise übergeschlagenen Beinen [75] auf die Decke, welche das treffliche Schlaflager bedeckte. [76] Als der Meergott dies sah, da erkannte

---

[73] 牀 von **I**, **O** und **Su** mit *yuka* „erhöhter Fussboden," von **H** mit *toko* umschrieben. Das primitive japanische Haus hatte keine durchgehende Dielung, sondern die Erde selbst, auf der das Haus errichtet war, diente als Fussboden. Nur ein Teil des inneren Raumes wurde vom *yuka*, einem sehr wenig erhöhten, wohl aus Brettern hergestellten, Sims eingenommen, worauf man schlief. Nach und nach wurde das *yuka* immer umfangreicher, bis es als durchgehender Fussboden, wie jetzt, den ganzen Hausraum einnahm. Ich habe mich an **I** angeschlossen, welcher *yuka* hier als gleichbedeutend mit *ma* „Raum, Zimmer" erklärt. Das *hotori no yuka* „der zunächst liegende Raum," von **I** mit *shimo no ma* „das unterste Zimmer" erklärt, bildet eine Art Vorzimmer (**H** : *he-tsu-toko*); das *naka no yuka* eine Art Durchgangszimmer; das *uchi no yuka* das im Innersten des Hauses gelegene Hauptzimmer, **I** : *kami no ma*. Aston interpretiert etwas verschieden : he prepared *a threefold dais;*............the *first step of the dais* u. s. w. Dies ist dann vorzuziehen, wenn man sich das Haus nicht durch Vorhänge oder dergleichen in einzelne Abteilungen getrennt, sondern als einen einzigen grossen Raum denken will. Auf alle Fälle muss man wohl das zweite *yuka* höher als das erste, und das dritte wieder höher als das zweite annehmen.

[74] 拭 其 兩 足 *sono futatsu no ashi wo nugui* „er wischte seine beiden Füsse ab." **I** zieht die Richtigkeit dieser Stelle in Zweifel und vermutet, dass es vielleicht 軾 *hizimazuki* statt 拭 *nugui* heissen solle. 軾 bedeutet gewöhnlich *hizatsuki* „kleine Matte von ½ Jō Grösse," und könnte im Sinn von *hizamazuku* „knien" gebraucht sein. Vgl. Buch 22, Seite 20, Anm. 24, wo der Ausdruck 兩 脚 跪 之 „mit beiden Beinen hinknien" vorkommt. Es liegt offenbar eine Parallele mit dem folgenden „drückte seine beiden Hände gegen den Boden" vor. Vgl. auch Anm. 31.

[75] Diese Art des Sitzens gilt in der modernen Zeit als unhöflich, und war wahrscheinlich auch schon im Altertum weniger höflich als die gewöhnliche Sitzweise auf den nach hinten untergeschlagenen Fersen und Fusssohlen.

[76] Eine schon wiederholt vorgekommene stehende Formel, die als solche

er, dass es der Enkel der himmlischen Gottheit war
und bezeigte ihm immer mehr und mehr Ehrfurcht,
u. s. w., u. s. w.

Der Meergott rief die rote Frau und die Mund-
Frau herbei und fragte sie. Da zog die Mund-Frau
aus ihrem Munde den Angelhaken heraus und überreichte ihn ehrerbietig.—Die rote Frau ist der rote
Tahi; die Mund-Frau ist der Nayoshi.[77]—Da gab
der Meergott dem Hiko-ho-ho-de-mi no Mikoto den
Angelhaken und unterwies ihn dazu und sprach:
„Wenn du den Angelhaken deines älteren Bruders
zurückgiebst, so soll der himmlische erlauchte Enkel
sprechen: ‚Für alle deine Nachkommen bis zu achtzig
Generationen sei es ein armer Haken, ein jämmerlich
armer Haken.‘ Nachdem du so gesprochen hast,
speie drei Mal aus[78] und gieb ihn hin. Ferner wenn
dein älterer Bruder sich zum Angeln auf die See
begiebt, so soll der himmlische erlauchte Enkel am
Ufer des Meeres stehen und eine Windaufregung
bewerkstelligen. Die Windaufregung besteht im
Pfeifen.[79] Wenn du dies thust, so werde ich die
Winde der Tiefsee und die Winde der Küste aufregen
und mit stürmischen Wellen ihn überfluten und

---

wohl kaum wörtlich zu nehmen ist. Allerdings steht der wörtlichen Auffassung
auch nichts im Wege, da ja, wie in Anm. 73 bemerkt wurde, das *yuka* im
primitiven japanischen Hause zunächst als Schlafstätte angelegt war.

[77] In den östlichen Provinzen *bora*, aber in den westlichen Provinzen noch
jetzt *nayoshi* genannt. Vgl. oben Anm. 43. In der Provinz Aha 安房, dem
Fischerlande, heisst dieser Fisch je nach seiner Grösse der Reihenfolge nach:
1. *Ina;* 2. *Nayoshi;* 3 *Bora*; 4. *Toso* (K. Tsuboi).

[78] Das Ausspeien war wohl damals wie jetzt Ausdruck der Verachtung.
Der Zahl „drei" wohnt bei den Japanern keine besondere Symbolik inne.

[79] Vgl. Buch 1, Kap. IV, wo aus dem Atem Izanagi's der Windgott
entsteht. Aehnliche Vorstellungen finden sich bei den Chinesen: der Wind
erhebt sich, wenn der Tiger pfeift (faucht); ferner durch das Pfeifen des
Drachen entstehen die Wolken.

quälen.“ Als Ho-wori no Mikoto [in seine Heimat]
zurückgekommen war, befolgte er aufs genaueste
die Unterweisungen des Gottes, und als ein Tag gekommen war, an welchem sein älter Bruder angeln
ging, da stand der jüngere Bruder an der Küste und
pfiff. Da erhob sich auf einmal ein Orkan, so dass
der ältere Bruder überflutet und gequält wurde und
keine Mittel und Wege sah sein Leben zu retten.
Darauf bat er von weitem seinen jüngeren Bruder
und sagte: „Du hast lange Zeit im Meeresgefilde
gewohnt und besitzest gewisslich eine treffliche Kunst.
Bitte, rette mich damit! Wenn du mich leben lässest,
so werden meine Nachkommen für achtzig Generationen die Nähe deiner [Palast-] Umzäunung
nicht verlassen, sondern werden als deine Schauspiele
aufführenden Unterthanen fungieren.“ Hierauf hörte
der jüngere Bruder auf zu pfeifen, und der Wind legte
sich wieder. Daher erkannte der ältere Bruder seines
jüngeren Bruders Macht und wünschte seine Schuld
zu bekennen, aber der jüngere Bruder war zornig
und redete mit ihm kein Wort. Hierauf sprach der
ältere Bruder, indem er [nur] ein Schamtuch[80] umhatte
und mit roter Erde sowohl seine Handflächen beschmierte und sein Gesicht beschmierte, zu seinem
jüngeren Bruder und sagte: „Auf solche Weise
beschmutze ich meinen Körper und mache mich für
immer zu deinem Possenreisser.“ Hierauf hob er
die Füsse und ging im Tanzschritt einher und übte
die Art und Weise [seiner Bewegungen] in der Qual
des Ertrinkens ein. Zuerst, als die Flut an seine
Füsse reichte, vollführte er die Fuss-Divination;[81]

---

[80] *Tafusaki*, ein altes Wort für *fundoshi*, ein um die Lenden geschlungenes
Tuch, um die Schamteile zu verdecken.

[81] D. h. er bewegte die Beine, wie bei der „ Fuss-Divination.“ **I** und **II**

als sie bis an seine Knie reichte, hob er die Füsse
in die Höhe; als sie ihm bis an die Oberschenkel
reichte, lief er rings im Kreise umher; als sie ihm
bis an die Lenden reichte, wand er seine Lenden
hin und her; als sie ihm bis an die Achselhöhlen
reichte, legte er die Hände auf die Brust;[82] als
sie ihm bis an den Hals reichte, hob er die Hände
empor und schwenkte die Handflächen hin und
her.[83] Seit dieser Zeit bis jetzt hat diese Sitte
nicht aufgehört.

Noch vorher kam Toyo-tama-bime hervor, und
als die Zeit ihrer Niederkunft herangerückt war, bat
sie den suveränen erlauchten Enkel und sprach,
u. s. w., u. s. w.

Der suveräne erlauchte Enkel folgte jedoch nicht
[ihrer Bitte], und Toyo-tama-bime war darüber sehr
ungehalten und sprach: „Du hast auf meine Worte
nicht geachtet, sondern hast mich beschämt. Deshalb
sollst du von jetzt an, wenn Dienerinnen[84] von mir
zu deinem Wohnorte sich begeben, dieselben nicht
wieder [nach dem Orte ihrer Herkunft] zurückschicken,
und wenn Diener[84] von dir nach meinem Wohnorte
gelangen, so werde ich ebenfalls sie nicht wieder
zurücksenden.“ Schliesslich nahm sie die Bettdecke,
welche das treffliche Bettlager zudeckte, und Binsengras, hüllte ihr Kind darin ein und legte es auf den
Strand. Sodann begab sie sich in das Meer hinein

---

ashi-ura, ◐ *ana-ura*, zu geschehen pflegt. Näheres über diese Divinationsar
ist nicht bekannt; man vermutet, dass man vielleicht die Schritte (wo?) zählte
und an die gerade oder ungerade Zahl derselben eine Deutung knüpfte.

[82] Dies ist nach einer alten Glosse Ausdruck der inneren Qual.

[83] Nach einer alten Glosse soll dies das Patschen im Wasser symbolisieren,
◖ meint, es bezeichne die Hülflosigkeit beim Ertrinken.

[84] Wörtlich *nu-hi (yatsuko-domo)* „Sklaven.“

und ging von dannen. Dies ist der Grund, warum zwischen Meer und Land kein Wechselverkehr besteht.

IV a.—In einer anderen Version heisst es: Die Angabe, dass [Toyo-tama-bime] das Kind auf den Strand hinlegte, ist falsch. Toyo-tama-bime nahm das Kind in ihre eigenen Arme und ging von dannen. Längere Zeit darauf sprach sie: „Der Spross des himmlischen erlauchten Enkels sollte eigentlich nicht hier mitten im Meere gelassen werden." Hierauf liess sie Tama-yori-bime ihn [in die Arme] nehmen und schickte ihn hinaus. Zuerst, als Toyo-tama-bime sich von ihm trennte und wegging, waren ihre grollenden Worte nachdrücklich gewesen und Ho-wori no Mikoto wusste daher, dass sie sich nie wieder treffen würden. Darauf schickte er ihr als Geschenk das Gedicht, welches man bereits oben gesehen hat.

Hiko-nagisa-take U-gaya-fuki-ahezu no Mikoto nahm seine Tante Tama-yori-bime zur Gattin und erzeugte mit ihr Hiko-itsu-se [85] no Mikoto, sodann Ina-ihi [86] no Mikoto, sodann Mi-ke-iri-nu [87] no Mikoto, und sodann Kamu-Yamato Ihare-

---

[85] „Prinzherrlich-fünf-Strömungen," oder nach **H**, welcher *itsu* als Honorificum und *se* als „älterer Bruder" fasst: „Prinzherrlicher-stattlicher-älterer Bruder." Motowori's Ableitung, welcher auch Moribe folgt, von *se* aus *shine* „Reis" (*itsu* „stattlich") ist zu künstlich und ist nur durch das Bestreben hervorgerufen, diesen Namen mit den beiden folgenden, welche eine Anspielung auf Nahrung enthalten, in Einklang zu bringen.

[86] Oder *Inahi*, „Gekochter Reis aus Reis;" *ina* (*ine*) „Reispflanze," *ihi* „gekochter Reis." Nach dem KOJIKI begab er sich in das Meergefilde als dem Lande seiner verstorbenen Mutter (Sect. 43).

[87] „Teurer Herr der erlauchten Speise." *Mi-ke* „erlauchte Speise," *iri* = *iro* ein Kosewort „teuer," *nu* = *nushi* „Herr." Weiter unten in Variante II, sowie im KOJIKI Sect. 43, steht nur *Mi-ke-nu* „Herr der erlauchten Speise." Die chinesischen Zeichen ergeben die ganz unsinnige Etymologie „Drei-Haare-eintreten-Feld."

[88] „Göttlicher-Yamato-Ihare-Prinz." *Yamato* ist der Name der Provinz, wo dieser Prinz, der *spätere erste Kaiser Jimmu*, seine Residenz aufschlug, daher

biko [88] no Mikoto; im ganzen erzeugte er vier Knaben. Lange Zeit hiernach starb Hiko-nagisa-take U-gaya-fuki-ahezu no Mikoto im Palaste des westlichen Landes [89] und wurde in dem Misasagi auf dem Berge Ahira [90] in Himuka begraben.

I.—In einer Schrift heisst es: Zuerst erzeugte er den Hiko-itsu-se no Mikoto, sodann Ina-ihi no Mikoto,

---

in den Namen inkorporiert. *Ihare* soll „Versammlung" bedeuten und ist der Name eines Distriktes in Yamato.

Ich möchte hier auf einen Punkt aufmerksam machen, welcher noch genauer erforscht werden muss. Bei der im obigen aufgestellten göttlichen Ahnenreihe der japanischen Kaiser, welche väterlicherseits bis auf die Sonnengöttin Amaterasu Ohomikami, mütterlicherseits auf den Beherrscher des fernen Meerpalastes zurückgeleitet wird, sahen wir in die besonders wichtige Geschichte der unmittelbaren Vorfahren des ersten Kaisers, seines Vaters und Grossvaters, Elemente von zweifellos chinesischem Ursprung (Meerpalast, Drachengestalt der Toyotamabime) eintreten. Man wird daher kaum fehlgehen, wenn man annimmt, dass *diese* Aufstellung der kompleten göttlichen Ahnenreihe der jüngeren Mythenbildung angehört, und dass die Bekanntschaft mit fremdländischen (chinesischen) Vorstellungen dabei mitgewirkt hat. Von den beiden Hauptelementen der shintoistischen Religion, dem *Kult der Naturkräfte* und dem *Ahnenkult*, halte ich, von Kleinigkeiten abgesehen, das erstere für das entschieden ursprünglichere und am reinsten japanische; für das letztere wage ich zwar keineswegs fremden Ursprung zu behaupten, weise aber darauf hin, dass beträchtliche Teile desselben, wie die Ahnenreihe vor Izanagi und Izanami, sehr späte Mache verraten, Mache zu einer Zeit, wo Japan schon stark unter chinesischem Einfluss stand. Was liegt nun näher, denn diesem vor Abfassung des Kojiki und Nihongi schon seit Jahrhunderten wirkenden Einfluss grössere Resultate zuzutrauen, als wir bis jetzt direkt mit Händen greifen können? Ich meine, dass der chinesische Ahnenkultus in der Entwicklung der japanischen religiösen Vorstellungen wenigstens eine sehr beträchtliche Rolle gespielt hat. Es sei schliesslich erwähnt, dass auch Prof. Nobushige Hozumi in seinem Aufsatz „Der Einfluss des Ahnenkultus auf das japanische Recht," Ostasien, Februarheft 1900, S. 494 die Ansicht ausspricht, dass die Ausbildung der Ahnenverehrung in Japan durch die Einführung der chinesischen Civilisation begünstigt wurde.

[89] *Nishi no kuni no miya*, soll identisch mit dem *Takachiho no miya* am Fusse des Kirishima-yama sein.

[90] Der Berg *Ahira* ist der *Naka no take* (Mittel-Gipfel) beim Dorfe Kamimiyau no mura im *Ahira no sato*, Distrikt Kimotsuki der Provinz Ohosumi (früher ein Teil von Himuka).

sodann Mi-ke-iri-nu no Mikoto, und sodann Sanu [91]
no Mikoto, der mit anderem Namen auch Kamu-
Yamato Ihare-biko no Mikoto hiess. Mit dem Namen
Sanu wurde er benamst, als er sich im Jugendalter
befand. Später, nachdem er das Reich gesäubert
und unterworfen hatte und die acht Inseln als Herrscher regierte, wurde ihm deshalb noch der Name
Kamu-Yamato Ihare-biko no Mikoto beigelegt.

II.—In einer Schrift heisst es: Zuerst erzeugte er den
Itsu-se [92] no Mikoto, sodann Mi-ke-nu [93] no Mikoto,
sodann Ina-ihi no Mikoto, und sodann Ihare-biko no
Mikoto, welcher mit anderem Namen auch Kamu-
Yamato Ihare-biko Ho-ho-de-mi no Mikoto hiess.

III.—In einer Schrift heisst es : Zuerst erzeugte er den
Hiko-itsu-se no Mikoto, sodann Ina-ihi no Mikoto,
sodann Kamu-Yamato Ihare-biko Ho-ho-de-mi no
Mikoto, und sodann Waka-mi-ke-nu [94] no Mikoto.

IV.—In einer Schrift heisst es : Zuerst erzeugte er den
Hiko-itsu-se no Mikoto, sodann Ihare-biko Ho-ho-de-
mi no Mikoto, sodann Hiko-ina-ihi [95] no Mikoto, und
sodann Mi-ke-iri-nu no Mikoto.

---

[91] *Sa-nu* „Schmal-Feld,“ nach **H** aber *sa* Honorificum, *nu* = „Herr,“ ist der Name eines Ortes am Fusse des Kirishima-yama.

[92] Hier ohne das Honorificum *Hiko*. Vgl. Anm. 85.

[93] Vgl. Anm. 87.

[94] „Junger Herr der erlauchten Speise.“ Vgl. Anm. 87. Hier liegt wieder eine Konfusion in der Ueberlieferung vor, denn nach der Aufzählung des NIHONGI ist offenbar *Waka-mi-ke-nu* als identisch mit *Mi-ke-iri-nu* und verschieden von *Kamu-Yamato-Ihare-biko* verstanden, während nach KOJIKI Sect. 43 *Waka-mi-ke-nu* und *Toyo-mi-ke-nu* „Ueppiger Herr der erlauchten Speise“ andere Namen von *Kamu-Yamato-Ihare-biko* sein sollen.

[95] *Ina-ihi* mit praefigiertem Honorificum *hiko* „prinzherrlich.“

APPENDIX.

A.—Mythen aus dem Kojiki.

(IM NIHONGI WEGGELASSEN).

Sect. 20:—Geschlechtslinie von Susa-no-Wo bis Oho-kuni-nushi.

[Im Haupttext des NIHONGI, Seite 126, wird *Oho-kuni-nushi* unmittelbar als Sohn *Susa-no-Wo's* bezeichnet; in der Variante Seite 128 als Nachkomme in fünfter Generation von Susanowo's Sohn Ya-shima-nu].

Hierauf wohnte [Susa no Wo] der Kushi - nada - hime bei, und der Name des Kindes, welches gezeugt wurde, war Ya-shima-zi-nu-mi (Acht Inseln Beherrscher). Und nachdem er wiederum eine Tochter des [Berg-] Gottes Oho-yama-tsu-mi Namens Kamu - oho - ichi - hime (Göttliche Prinzessin von Oho-ichi) geheiratet hatte, erzeugte er Kinder: den Gott Oho-toshi (Grosse Ernte) und darauf die Gottheit Uka-no-Mi-tama (Erlauchter Geist der Nahrung). Der ältere Bruder Gott Ya-shima-zi-nu-mi heiratete eine Tochter des Gottes Oho-yama-tsu-mi Namens Ko-no-hana-chiru-hime (die Baumblüten fallen machende Prinzessin), und erzeugte ein Kind: den Gott Fuha-no-moji-ku-nu-su-nu. Dieser Gott heiratete eine Tochter des [Regen-] Gottes Okami Namens Hi-kaha-hime und erzeugte ein Kind: den Gott Fuka-fuchi-no-Midzu-yare-hana. Dieser Gott heiratete die Göttin Ame-no-tsudohe-chi-ne und erzeugte ein Kind: den Gott O-midzu-nu (Grosser Wasser Herr). Dieser Gott heiratete eine Tochter des Gottes Funu-dzu-nu Namens Göttin Fute-mimi (Gewaltige Ohren) und erzeugte ein Kind:

den Gott Ama-no-fuyu-kinu (Himmlischer schwingender Prinz-Herr?). Dieser Gott heiratete eine Tochter von Sashi-kuni-oho-no-kami (Grosser Gott des Kleinen Landes) Namens Sashi-kuni-waka-hime (Junge Prinzessin des Kleinen Landes) und erzeugte ein Kind: den Gott Oho-kuni-nushi (Herr des Grossen Landes), der mit anderem Namen heisst Gott Oho-na-muji (der Grosse liebe Edle), mit noch anderem Namen Gott Ashi-hara-shiko-wo (Abschreckender Mann des Schilfgefildes), mit noch anderem Namen Gott Ya-chi-hoko (Achttausend Speere), mit noch anderem Namen Gott Utsushi-kuni-tama (Geist des Landes der Lebendigen). Der [oben aufgeführten] Namen sind es im ganzen fünf.

Sect. 21:—Der Weisse Hase von Inaba.

Nun hatte dieser Gott Oho-kuni-nushi[1] (Herr des Grossen Landes) achtzig Gott-Brüder; aber sie alle liessen das Land dem Gotte Oho-kuni-nushi, und zwar liessen sie es aus [folgendem] Grunde: Jede dieser achtzig Gottheiten hatte im Herzen den Wunsch, die Prinzessin Yakami in Inaba[2] zu heiraten; und sie begaben sich miteinander nach Inaba, indem sie den Gott Oho-na-muji[3] ihren Sack aufhucken liessen und ihn als Begleiter mitnahmen. Als sie hierauf zu dem Kap Keta gelangten, lag da ein nackter Hase. Da sprachen die achtzig Gottheiten zu diesem Hasen und sagten: „Was du thun solltest, ist: du solltest in dem Meer-Wasser

---

KOMMENTAR ZUM KOJIKI.

———

[Siehe Chamb. KOJIKI Seite 68 bis 92. Hier soll nur das unumgänglich Notwendige kurz angemerkt werden].

[1] Siehe 1, Kap. VII, Anm. 29.

[2] Name einer Provinz, unweit Idzumo.

[3] Ursprünglicher Name des Oho-kuni-nushi.

hier baden, und dich auf dem Abhang eines hohen Berges niederlegen und [so] dich dem Blasen des Windes aussetzen." Darauf folgte dieser Hase der Unterweisung der achtzig Gottheiten und legte sich nieder. Wie hierauf das Salzwasser trocknete, platzte beim Blasen des Windes seine Haut allüberall am ganzen Körper, so dass er vor Schmerzen heulend dalag. Da sah der Gott Oho-na-muji, welcher zu allerletzt herankam, diesen Hasen und sprach: „Warum liegst du da und heulst?" Der Hase antwortete und sprach: „Ich war auf der Insel Oki[4] und wollte nach diesem Lande übersetzen, aber hatte keine Mittel-und-Wege, um überzusetzen. Daher täuschte ich die See-Ungeheuer[5] des Meeres und sprach: ,Ich und ihr, wir wollen einen Wettstreit machen und wollen überschlagen, welche von unseren Sippen die grösste Zahl hat. Deshalb bringet die Gesamtheit eurer Sippe hierher zusammen und lasst sie alle in einer Reihe von dieser Insel bis zum Kap Keta hinüber liegen. Dann will ich auf sie treten und im Hinüberlaufen sie zählen. Dadurch werden wir erfahren, ob meine Sippe oder die eurige grösser ist.' Durch diese meine Rede wurden sie betrogen und legten sich in eine Reihe aneinander, und ich trat auf sie und zählte sie im Herüberkommen, und war gerade im Begriff ans Land herunterzusteigen, als ich sagte: ,Ihr seid von mir betrogen worden.' Als ich eben diese Worte beendet hatte, da packte mich das Seeungeheuer, welches am äussersten Ende lag, und riss mir mein ganzes Kleid vom Leibe. Als ich nun deshalb hier weinte und klagte, da befahlen mir die achtzig Gottheiten, welche vor [dir] dahingingen, und instruierten mich: ,Bade in dem Seewasser, und lege dich dem Wind ausgesetzt hin!' Als ich daher that, wie sie mich gelehrt

---

[4] Unweit der Küste von Idzumo und Inaba.

[5] *Wani*, kann auch mit „Krokodil" übersetzt werden. Vgl. 1, Kap. VII, Anm. 89.

hatten, erlitt ich am ganzen Körper [diese] Verletzungen."
Hierauf belehrte der Gott Oho-na-muji den Hasen und sprach
zu ihm: „ Geh jetzt schnell an die Mündung dieses Flusses,
wasche deinen Körper in dem frischen Wasser, nimm dann
den Blüten[staub] der Seggen, [welche] an der Flussmündung
[wachsen], streue ihn umher und wälze dich darauf herum;
dann wird dein Körper sicherlich wieder eine Haut (ein Fell)
wie ursprünglich bekommen." Als daher [der Hase] that,
wie ihm gelehrt worden war, wurde sein Körper wie er ursprünglich gewesen war. Dies ist der sogenannte Weisse[6] Hase
von Inaba. Er heisst jetzt die Hasen-Gottheit. Daher sagte
dieser Hase zu dem Gotte Oho-na-muji: „ Diese achtzig
Gottheiten sollen die Prinzessin Yakami gewisslich nicht bekommen. Obgleich du den Sack auf dem Rücken trägst, soll
deine Hoheit sie bekommen."

Sect. 22 :—Berg Tema.

Hierauf[7] antwortete die Prinzessin Yakami den achtzig
Gottheiten und sprach: „ Ich will auf eure Rede nicht hören;
ich bin willens den Gott Oho-na-muji zu heiraten." Daher
gerieten nun die achtzig Gottheiten in Zorn, und in dem
Wunsche den Gott Oho-na-muji zu töten, beratschlagten sie
mit einander, und als sie am Fusse des Berges Tema im
Lande Hahaki anlangten, sprachen sie [zu ihm]: „ Auf diesem
Berge befindet sich ein rotes Wildschwein. Wenn wir es nun
herunter treiben, so erwarte und fange du es [unten]. Wenn
du es nicht erwartest und fängst, werden wir dich sicherlich
töten." Nach diesen Worten wälzten sie einen grossen Stein,
den sie mit Feuer glühend gemacht hatten, und der einem

---

[6] „ Weiss " bedeutet hier soviel wie „ bloss, nackt."

[7] Es ist anzunehmen, dass inzwischen die achtzig Gottheiten in Inaba
angekommen waren und bei Yakami-hime ihre Werbung angebracht hatten.

[8] Den Stein, das scheinbare Wildschwein.

Wildschwein ähnelte, hinunter. Dann, als sie ihn[8] hinab verfolgten und er ihn fing, wurde er von dem Steine verbrannt und starb. Hierauf weinte und klagte Ihre Hoheit seine erlauchte Mutter, und stieg zum Himmel empor und brachte ihre Bitte vor Kami-musubi no Mikoto, der darauf sofort Kisa-gahi-hime (Prinzessin Herzmuschel) und Umugi-hime (Prinzessin Venusmuschel) entsandte und ihn lebendig machen liess. Nämlich Kisa-gahi-hime zerrieb[9] und röstete [ihre Muschel], und Umugi-hime brachte Wasser und bestrich [ihn] damit wie mit Mutter-Milch,[10] worauf er ein schöner [junger] Mann wurde und von dannen ging. Hierauf, als die achtzig Gott-heiten es sahen, betrogen sie ihn wieder, nahmen ihn mit sich ins Gebirge, fällten einen grossen Baum nieder, steckten in den Baum, [in welchen sie einen Spalt gemacht hatten], einen Keil und liessen [Oho-na-muji] mitten hinein treten, worauf sie den Keil entfernten und [Oho-na-muji so durch Zerquetschen] töteten. Als dann Ihre Hoheit seine Mutter ihn wieder weinend suchte, bemerkte sie ihn, spaltete sofort den Baum, nahm ihn heraus und brachte ihn zum Leben,[11] und sprach zu ihrem Sohn: „Wenn du hier verweilst, so wirst du schliesslich von den achtzig Gottheiten vernichtet werden." Darauf schickte sie ihn schleunigst nach der erlauchten Stätte des Gottes Oho-ya-biko[12] (Prinz des Grossen Hauses) im Lande Ki. Als sodann die achtzig Gottheiten ihn suchten und verfolgten und ihn erreichten und die Pfeile auflegten [um ihn zu er-schiessen], entging er ihnen, indem er unter die Gabel eines Baumes tauchte, und verschwand.

---

[9] *Kisage*, Wortspiel mit ihrem Namen *Kisagahi*. *Kisagahi* ist identisch mit der jetzt *aki-gahi* (Arca inflata) genannten Muschel, und *umugi* ist die jetzige *hamaguri* (Cytherea Meretrix).

[10] D. i. mit dem milchartigen Brei, der durch das Mischen des Wassers mit der gepulverten Muschel bereitet war.

[11] Wahrscheinlich wieder mit Hülfe eines Zaubermittels, wie vorher.

[12] Siehe 1, Kap. VII, Anm. 45.

Sect. 23:—Das Untere-entlegene-Land
(Ne no katasu Kuni). [13]

[Ihre Hoheit die erlauchte Mutter sprach zu ihrem Sohne Oho-na-muji]: „Du musst dich nach dem Unteren-entlegenen-Lande, wo Susa no Wo no Mikoto wohnt, begeben. Sicherlich wird dieser grosse Gott dir einen Rat geben. Als er daher ihrem Befehle gemäss an der erlauchten [Wohn-] Stätte des Susa no Wo no Mikoto anlangte, kam dessen Tochter Suseri-bime (Prinzessin Vorwärts) heraus und sah ihn, und sie sahen einander an und heirateten sich, worauf sie wieder hineinging und zu ihrem Vater sprach: „Eine überaus schöne Gottheit ist gekommen." Sodann ging der grosse Gott hinaus, und sah nach, und sprach: „Dies ist die sogenannte Gottheit Ashi-hara-shiko-wo[14] (Abschreckender Mann des Schilf-Gefildes),“ rief ihn sofort herein, und liess ihn in dem Schlangen-Gemach schlafen. Da gab seine Gattin Suseri-bime no Mikoto ihrem Gemahl eine Schlangen [Abwehr] Binde[15] und sagte: „Wenn die Schlangen dich beissen wollen, so treibe sie weg indem du diese Binde drei Mal schüttelst." Als er demzufolge that, wie ihm gelehrt worden war, wurden die Schlangen von selbst ruhig, so dass er nach ruhigem Schlaf [wieder unversehrt] heraus kam. Wiederum in der Nacht des folgenden Tages that [Susa no Wo seinen Gast] in das Tausendfüssler- und Wespen-Gemach hinein; aber da sie ihm wieder eine Tausend-

---

[13] Siehe 1, Kap. IV, Anm. 29.

[14] Siehe 1, Kap. VII, 70.

[15] Die Art und Weise, wie Suseri-bime ihrem Geliebten gegen die Arglist ihres Vaters durch magische Mittel hilft, und ihre schliessliche Flucht mit ihm, erinnern so stark an den Jason-Medea Mythus, dass diese Erzählung in das Kapitel „A Far-travelled Tale" von Lang's Custom and Myth aufgenommen zu werden verdient. *Suseri-bime* erinnert speziell an *Medea* durch die übermässige Eifersucht, womit sie ihrem etwas zu galanten Gatten das Leben schwer macht, so dass er schliesslich Reissaus nehmen will. Das Ende ist jedoch, im Gegensatz zur Jason-Medea Geschichte, ein versöhnendes.

füssler– und Wespen-[Abwehr] Binde überreichte und ihn wie vorher belehrte, so kam er ruhig [wieder] heraus. Wiederum schoss [Susa no Wo] einen Brumm-Pfeil mitten in ein weites Gefilde, und liess ihn den Pfeil holen, und sodann, als dieser in das Gefilde hinein gegangen war, steckte er das Gefilde sofort ringsum in Brand. Als hierauf [Oho-na-muji] keine Stelle wusste, wo er hinaus gelangen konnte, kam eine Maus herbei und sprach: „Das Innere ist hohl-hohl, das Aeussere ist schmal-schmal." In folge dieser Rede stampfte er mit dem Fusse auf der betreffenden Stelle, fiel hinein und verbarg sich darin, während welcher Frist das Feuer vorbei brannte. Hierauf kam die Maus heraus, indem sie in ihrem Maule den Brumm-Pfeil hielt, und übergab ihm denselben. Die Federn des Pfeils brachten die Kinder der Maus alle im Maule. Hierauf kam sein Weib Suseri-bime weinend herbei, indem sie Begräbnis–Gerätschaften trug. Der grosse Gott, ihr Vater, glaubte, dass er nun schon tot sei, ging hinaus und stand auf dem Gefilde. Da brachte [Oho-na-muji] den Pfeil und über- reichte ihn ihm, worauf [dieser den ersteren] in sein Haus hineinführte, ihn in ein vielräumiges grosses Gemach hineinrief und sich von ihm die Läuse vom Kopf abnehmen liess. Als [Oho-na-muji] den Kopf [Susa no Wo's] betrachtete, sah er, dass viele Tausendfüssler darauf waren. Als hierauf seine Gemahlin ihrem Gemahl Beeren vom Muku-Baum[16] und rothen Lehm gab, zerkaute dieser die Beeren des Baumes und spuckte sie mit dem rothen Lehm, den er im Munde hielt, aus, so dass der grosse Gott glaubte, er zerkaue die Tausend- füssler und spucke sie aus, worüber er in seinem Herzen [ihm] gewogen wurde und einschlief. Da ergriff [Oho-na-muji] die Haare des grossen Gottes, band sie fest an sämtliche Sparren des Hauses, versperrte mit einem von fünfhundert [Männern] zu schleppenden Felsen den Eingang des Hauses, nahm sein Weib Suseri-bime auf den Rücken, nahm des

---

[6] Aphananthe aspera. *Plauch.*

grossen Gottes grosses Lebens[17]-Schwert und Lebens[17]-Bogen-
und-Pfeile und ferner dessen himmlische Verkündungs-Laute[18]
mit fort, und floh hinaus. Dabei stiess aber die himmlische
Verkündungs-Laute gegen einen Baum, und die Erde hallte
davon wieder. Als nun in folge davon der schlafende grosse
Gott bei dem Getön erschrocken auffuhr, zog und riss er das
Haus nieder. Während er jedoch die an die Sparren gebun-
denen Haare loslöste, war [Oho-na-muji] weithin entflohen.
Als er ihn nun bis an den flachen Hügel des Hades verfolgte,
und von weitem nach ihm blickte, rief er dem Gotte Oho-na-
muji zu und sagte: „Mit dem grossen Lebens-Schwert und
den Lebens-Bogen-und-Pfeilen, welche du trägst, verfolge deine
Halb-Brüder,[19] bis sie auf den erlauchten Abhängen der Hügel
liegen, und verfolge sie, bis sie in die Strömungen der Flüsse
hineingefegt sind, und werde du Kerl[20] zur Gottheit, die über
das grosse Land herrscht (Oho-kuni-nushi no Kami), und
werde auch zur Gottheit Seele-des-sichtbaren-Landes (Utsushi-
kuni-tama no Kami),[21] und mache meine Tochter Suseri-bime
zu deiner Haupt-Gattin,[22] und errichte am Fusse des Berges
Uka die Tempel-Pfeiler fest und sicher in dem untersten
Felsenboden, und errichte die Querbalken hoch bis zum Gefilde
des Hohen Himmels, und wohne da, du Kerl du[23]!“ Als
[Oho-na-muji] nun mit dem grossen Schwerte und dem Bogen
die achtzig Gottheiten verfolgte und zersprengte, verfolgte er
sie, bis sie auf dem erlauchten Abhange jeden Hügels lagen,
verfolgte er sie, bis sie in jede Flusströmung gefegt waren,

---

[17] Der Vorsatz *iku* „Lebens“ soll bedeuten, dass das Schwert, sowie der
Bogen und die Pfeile, dem Besitzer langes Leben gewähren.

[18] *Ame no nori-goto* (天詔琴). Dem Spieler auf dieser Laute sollten wohl
göttliche Inspirationen kommen.

[19] Sie waren von einer anderen Mutter geboren.

[20] Das als Pronomen der zweiten Person gebrauchte *ore* hat verächtlichen Sinn.

[21] Siehe 1, Kap. VII, 73.

[22] *Mukahi-me* (嫡妻), im Gegensatz zu den Nebenfrauen.

[23] *Ko-yatsu yo!*

und begann dann die Länder-Bildung. [24] Daher pflegte nun
Prinzessin Yakami, wie es früher paktiert worden war, mit ihm
Beischlaf. Daher brachte er die Prinzessin Yakami mit sich,
aber da dieselbe sich vor seiner Haupt-Gemahlin Suseri-bime
fürchtete, steckte sie das von ihr geborene Kind in die Gabel
eines Baumes, und kehrte [nach Inaba] zurück. Deshalb
bekam das Kind den Namen Ki-no-mata no Kami (Baum-
Gabel-Gottheit); mit anderem Namen hiess es auch Mi-wi no
Kami (Gottheit-der-erlauchten-Brunnen).

Sect. 24:—Die Werbung der Gottheit Ya-chi-hoko (Acht-tausend-Speere).

Als dieser Gott Ya-chi-hoko, [25] im Begriff sich mit Nuna-
kaha-hime (Prinzessin von Nuna-kaha) [26] vom Lande Koshi zu
verheiraten, dahinging, gelangte er zum Hause der Nuna-kaha-
hime und sang:

> „ [Ich] Seine Hoheit der Gott
> Der achttausend Speere,
> War nicht im Stande, eine Gemahlin zu finden
> Im Lande der Acht Inseln; [27]
> Und da ich hörte, dass da sei
> Ein weises Mädchen
> Im weitentfernten
> Lande Koshi,
> Und da ich hörte, dass da sei
> Ein schönes Mädchen;—
> So stehe ich hier,

---

[24] Er setzte die Länderschöpfung fort, die durch den Tod der Izanami
unterbrochen worden war.

[25] Einer der vielen Namen *Oho-kuni-nushi's.* Siehe 1, Kap. VII, 71.

[26] *Nuna-kaha* wird als ein Ortsname der Provinz Echigo betrachtet.

[27] *Ya-shima-kuni,* das eigentliche Japan, an dessen nördlicher Grenze das
Barbarenland *Koshi* liegt (siehe 1, Kap. II, 19).

Sie wahrlich zu ehelichen;
So gehe ich hin und her
Sie zu ehelichen.
Ohne auch nur die Schnur meines Schwertes
Bisher losgebunden zu haben,
Ohne auch nur den Schleier
Bisher losgebunden zu haben,
Drücke ich zurück
Die von der Jungfrau
Geschlossene Bretter-Thür;
Während ich dastehe,
Ziehe ich sie [28] vorwärts.
Während ich dastehe,
Singt der Nuye [29]
In den grünen Bergen,
Und [die Stimme des] wahren Gefild-Vogels,
Des Fasanen, ertönt;
Der Vogel des Hofes,
Der Hahn, kräht.
O wie schade ist's,
Dass [diese] Vögel schreien!
O, diese Vögel!
Ich möchte ich könnte sie krank hauen! [30]
O schnellfliegender
Am Himmel laufender Bote,
Die Erzählung auch

---

[28] Die Thür. Er reisst an derselben hin und her, da er zu der Jungfrau eindringen will.

[29] Ein fabelhafter Vogel, der klagende Rufe ausstösst.

[30] Der Ruf der Vögel kündet den nahenden Tag. In alter Zeit war es Sitte (wie z. B. noch jetzt bei vielen Stämmen in Formosa), dass der Mann seine Geliebte oder junge Frau nachts in deren Hause besuchte; beim Anbrechen des neuen Tages musste er aber wieder heimkehren. Der enttäuschte Liebhaber macht hier die die Morgendämmerung verkündenden Vögel dafür verantwortlich, dass sie ihm die ersehnte Liebesnacht wegschreien.

Von der Sache,
Diese! " [31]

Hierauf sang Nuna-kaha-hime von innen, ohne dass sie erst die Thür öffnete:

„ Deine Hoheit Gott
Der achttausend Speere!
Da ich ein Weib bin
Wie eine [das Haupt] niederhangende Pflanze,
So ist mein Herz
Fürwahr ein Vogel auf einer Sandbank beim Gestade;
In der That wird es jetzt
Ein Regenpfeifer wohl sein.
Nachher
Wird es ein ruhiger Vogel sein.
Was [dein] Leben anbelangt,
So geruhe ja nicht zu sterben!
O schnellfliegender
Am Himmel laufender Bote,
Die Erzählung auch
Von der Sache,
Diese ! "

[Zweiter Gesang der Nuna-kaha-hime].

„ Wenn hinter den grünen Bergen
Die Sonne untergeht,
In der wie die Nuba-Frucht [schwarzen]
Nacht werde ich hervorkommen.
Wenn wie die Morgensonne
Lächelnd und strahlend du kommst,
Dann [sollen deine] Arme, die weiss sind

---

[31] Die letzten fünf Zeilen sind dunkel. Nach Motowori sollen sie den Sinn haben: „Möge dieser Gesang wie ein Bote zu künftigen Zeitaltern gelangen und für sie die Erinnerung an diesen Vorfall bewahren." Nach Moribe sind diese Verse Hinzufügung der officiellen Sänger, die in späterer Zeit diese Lieder als Begleitung zu Tänzen sangen.

Wie Seile aus Papiermaulbeerrinde,
[Meine] wie schmelzender Schnee
Weiche Brust
Sanft klopfen;
Und [uns gegenseitig] klopfend und uns umschlingend,
Und die Juwelen-Arme,[32]
Die wahrhaften Juwelen-Arme,
Ausstreckend und [gegenseitig] zum Kopfkissen
    machend,
Wollen wir [miteinander] schlafen
Mit ausgestreckten Beinen.
Sprich mir nicht von Liebessehnsucht
Allzusehr,
Du Hoheit, Gott
Der achttausend Speere!
Die Erzählung auch
Von der Sache,
Diese!"

Daher pflegten sie in dieser Nacht keinen Beischlaf, aber in der Nacht des folgenden Tages pflegten sie erlaucht Beischlaf miteinander.

Sect. 25:—Das Gelöbnis mit der Weinschale.

Wiederum war Ihre Hoheit Suseri-bime, die Hauptkönigin (Hauptgattin) dieser Gottheit, sehr eifersüchtig. Daher war ihr göttlicher Gemahl in Betrübnis, und stand im Begriff von Idzumo nach dem Lande Yamato hinaufzugehen; und wie er im vollen Anzug dastand, die eine erlauchte Hand auf dem Sattel des erlauchten Pferdes, und den einen erlauchten Fuss in dem erlauchten Steigbügel, sang er:

,, Wenn ich [meine] Kleider, die so schwarz sind
Wie die Nuba Frucht,

---

[32] D. i. schöne Arme.

Ganz sorgfältig
Nehme und mich darein kleide,
Und wie die Vögel der Tiefsee
Meine Brust beschaue,—
Obgleich ich meine Schwingen (Aermel) erhebe,
[Sage ich, dass] diese [Kleider] nicht gut sind,
Und werfe sie ab
Auf die Wogen an der Küste.
Wenn ich die Kleider, die so grün sind
Wie der Eisvogel,
Ganz sorgfältig
Nehme und mich darein kleide,
Und wie die Vögel der Tiefsee
Meine Brust beschaue,—
Obgleich ich meine Schwingen erhebe,
[Sage ich, dass] auch diese nicht gut sind,
Und werfe sie ab
Auf die Wogen an der Küste.
Wenn ich die Kleider, die gefärbt sind
Mit dem Safte des Färbe-baumes
Aus zerstossener Färberröte (Krapp) welche man
	gesucht hat
Auf dem Berg-Gelände,
Ganz sorgfältig
Nehme und mich darein kleide,
Und wie die Vögel der Tiefsee
Meine Brust beschaue,—
Obgleich ich meine Schwingen erhebe,
[Sage ich, dass] sie gut sind.
Meiner teuren
Jungschwester Hoheit!
Ob du auch sagst
Dass du nicht weinen wirst,
Wenn wie geschaarte Vögel
Ich [meine Mannen] schaare und fortgehe,

Wenn wie dahin geleitete Vögel [33]
Ich [meine Mannen] dahin leite und fortgehe,—
Wirst du doch den Kopf hängen
Wie eine einzeln-stehende Susuki [34]
Auf der Berg-stätte,
Und dein Weinen
Wird sich fürwahr erheben wie feiner Nebel
Des Morgen-Schauers.
O meiner Gemahlin Hoheit,
Die du wie junge Kräuter [lieblich und frisch bist]!
Die Erzählung auch
Von der Sache.
Diese!"

Hierauf nahm seine Kaiserin [35] eine grosse erlauchte Reiswein-Schale, näherte sich ihm, überreichte ihm [die Schale] und sang:

„O deine Hoheit Gott
Der achttausend Speere!
[Du], fürwahr mein [lieber] Herr
Des grossen Landes,
Da du ein Mann bist,
Hast du wahrscheinlich eine Gemahlin,
[Die lieblich ist] wie junge Kräuter,
An all den verschiedenen Landspitzen der Inseln
Die du siehst,
Und an jeglicher Küsten-Landspitze
Die du betrachtest.
Aber ich, ach!
Da ich ein Weib bin,
Habe ich keinen Mann

---

[33] Das Bild ist daher genommen, dass, wenn eine Schaar von Vögeln irgend wo sitzt, und einer auffliegt, sogleich die übrigen ihm folgen.

[34] Eine lange Grasart, Eulalia japonica.

[35] D. i. Gemahlin.

Ausser dir,
Habe ich keinen Gemahl
Ausser dir.
Unter dem Flattern
Der verzierten Umhegung,
Unter der Weichheit
Der warmen Decke,
Unter dem Rascheln
Der tuchnen Decke,—
Mit [deinen] Armen, die weiss sind
Wie Seile aus Papiermaulbeerrinde,
[Meine] wie schmelzender Schnee
Weiche Brust
Sanft klopfend,
Und [uns gegenseitig] klopfend und umschlingend
Und die Juwelen-Arme,
Die wahrhaften Juwelen-Arme
Ausstreckend und [gegenseitig] zum Kopfkissen
    machend,
Wollen mit ausgestreckten Beinen
Wir schlafen.
Erhebe [zum Trunk]
Den herrlichen erlauchten Reiswein!"

Nachdem sie so gesungen hatte, thaten sie [beide gegen
einander] mit der Schale ein Gelübde, wobei sie [einander die
Hände] auf den Hals legten, und bis zur Jetztzeit sind sie in
Frieden. Dies nennt man Götter-Worte.[36]

Sect. 26 :—Die Nachkommen des Gottes
Oho-kuni-nushi.

Nunmehr heiratete dieser Gott Oho-kuni-nushi Ihre Hoheit

---

[36] *Kami-goto*, nach Moribe = Unterredung über göttliche Ereignisse; nach
Motowori wäre *uta* „Lied" zu ergänzen, und ware dies ein Gedichtgattungs-

Ta-kiri-bime (Strom-Nebel-Prinzessin), die Gottheit welche im innersten Tempel von Munakata[37] wohnt, und erzeugte [folgende] Kinder: den Gott Aji-shiki-taka-hiko-ne, darauf dessen jüngere Schwester Ihre Hoheit Taka-hime (Hohe Prinzessin), deren anderer Name Ihre Hoheit Shita-teru-hime[38] ist. Dieser Gott Aji-shiki-taka-hiko-ne ist derselbe, welcher jetzt der grosse erlauchte Gott von Kamo heisst.

Der Gott Oho-kuni-nushi heiratete ferner Ihre Hoheit Kamu-ya-tate-hime (Prinzessin Göttliches-Haus-Schild) und erzeugte ein Kind: den Gott Koto-shiro-nushi[39] (Ding-Zeichen-Herr). Ferner heiratete er die Gottheit Tori-mimi (Vogel-Ohren), die Tochter des Gottes Ya-shima-muji (Acht-Inseln-Edler) und erzeugte ein Kind: den Gott Tori-naru-mi (Vogels-wachsende-Ohren). Dieser Gott heiratete die Gottheit Hina-teri-nukata-bichi-wo-ikochini und erzeugte ein Kind: den Gott Kuni-oshi-tomi (Landes-grosser-Reichtum). Dieser Gott heiratete die Gottheit Ashi-nadaka, deren anderer Name Ya-kaha-ye-hime (Acht-Flüsse-[und]-Buchten-Prinzessin) ist, und erzeugte ein Kind: den Gott Haya-mika-no-take-sahaya-ji-nu-mi (Schnell-gewaltig-tapfer-Sahaya-Herr-Herrscher). Dieser Gott heiratete Saki-tama-hime (Prinzessin Glücks-Geist), die Tochter des Gottes Ame-no-mika-nushi (Himmels-gewaltiger-Herr), und erzeugte ein Kind: den Gott Mika-nushi-hiko (Gewaltiger-Herr-Prinz). Dieser Gott heiratete die Hina-rashi-bime, die Tochter des Gottes Okami,[40] und erzeugte ein Kind: den Gott Tahiri-kishi-marumi. Dieser Gott heiratete die Gottheit Iku-tama-saki-tama-hime (Prinzessin Lebens-Geist Glücks-Geist), eine Tochter des Gottes Hihira-gi-no-sono-hana-madzu-mi, und

---

name: „Göttergespräch-Lied," in Analogie zu solchen Ausdrücken wie „Bauern-Lied," „Höflings-Lied" etc.

[37] Ort in der Provinz Chikuzen.

[38] Siehe 2, Kap. I, 16.

[39] Siehe 1, Kap. VII, 88.

[40] Siehe 1, Kap. IV, 26.

erzeugte ein Kind: den Gott Miro-na-mi. Dieser Gott heiratete die Awo-numa-nu-oshi-hime, eine Tochter des Gottes Shiki-yama-nushi (Herr von Shiki-yama [41]), und erzeugte ein Kind: den Gott Nunoshi-tomi-tori-naru-mi. Dieser Gott heiratete die Gottheit Waka-hiru-me (Jung-Tag-Weib) und erzeugte ein Kind: den Gott Ame-no-hibara-oho-shi-na-domi (Himmels-Hibara-gross-lang-Wind-Reichtum). Dieser Gott heiratete die Gottheit Toho-tsu-ma-chi-ne, eine Tochter des Gottes Ame-no-sa-giri (Himmels-Pass-Grenze), und erzeugte ein Kind: den Gott Toho-tsu-yama-zaki-tarashi (Des fernen Berg-Vorsprungs-Vollkommener).

Von dem oben erwähnten Gotte Ya-shima-zi-nu-mi bis herab zum Gotte Toho-tsu-yama-zaki-tarashi werden sie die Gottheiten der siebenzehn Generationen genannt.

Sect. 29:—Die erlauchten Kinder des Oho-toshi no Kami (Gott der Grossen Ernte) und des Ha-yama-to no Kami (Schnell-Berg-Wohnung Gott).

Nun heiratete Gott Oho-toshi die Inu-hime, eine Tochter des Gottes Kamu-iku-musu-bi (Göttlicher-Lebens-Erzeuger-Wunderbarer), und erzeugte Kinder: den Gott Oho-kuni-mi-tama [42] (Erlauchter-Geist-des-Grossen-Landes); sodann den Gott (von) Kara; sodann den Gott Sohori; sodann den Gott Shira-hi (Weisse-Sonne, oder Mukahi); sodann den Gott Hiziri.—*Fünf Gottheiten.*—Ferner heiratete er Kagayo-hime (Strahlende-Prinzessin), und erzeugte Kinder: den Gott Oho-kaga-yama-to-omi   (Gross-strahlend-Berg-Wohnung-Grande); sodann den Gott Mi-toshi (Erlauchte-Ernte). Ferner heiratete er Ame-shiru-karu-midzu-hime, und erzeugte Kinder: den Gott Oki-tsu-hiko (Prinz des Innern); sodann Ihre Hoheit Oki-tsu-hime (Prinzessin des Innern), deren anderer Name

---

[41] Soll ein Ortsname in Echizen sein.

[42] Siehe 1, Kap. VII, 72.

Gottheit Oho-be-hime (Grosser-Herd-Prinzessin) ist :—dies ist die von allen Leuten verehrte Gottheit des Küchenherdes (Kama no Kami); sodann den Gott Oho-yama-kuhi, der mit anderem Namen Gott Yama-suwe-no-oho-nushi (Grosser-Herr-des-Berg-Endes) heisst:—dieser Gott residiert auf dem Berge Hiye im Lande Chika-tsu-Afumi [43] und ist ferner der zu Matsu-no-wo in Kadzunu wohnende und die Brummpfeile gebrauchende Gott; sodann die Gottheit Niha-tsu-hi (Hof-Feuer); sodann den Gott Asuha; sodann den Gott Hahigi; sodann den Gott Kaga-yama-to-omi (Strahlend-Berg-Wohnung-Grande); sodann den Gott Ha-yama-to (Schnell-Berg-Wohnung); sodann den Gott Niha-taka-tsu-hi-no-kami(Hoher-Gott-des-Feuers-im-Hofe); sodann den Gott Oho-tsuchi (Grosse-Erde), der mit anderem Namen auch Gott Tsuchi-no-mi-oya (Erlauchter-Ahn-der-Erde) heisst.—*Neun Gottheiten.*—

Im obigen Abschnitt sind die Kinder des Gottes Oho-toshi, vom Gott Oho-Kuni-mi-tama herab bis zum Gott Oho-tsuchi, zusammen sechzehn Gottheiten.

Der Gott Ha-yama-to heiratete die Gottheit Oho-ke-tsu-hime (Prinzessin-der-grossen-Nahrung), und erzeugte Kinder: den Gott Waka-yama-kuhi; sodann den Gott Waka-toshi (Junge-Ernte); sodann dessen jüngere Schwester die Gottheit Waka-sa-na-me (Junges-Reis-Umpflanzendes-Weib); sodann den Gott Midzu-maki (Wasser-Sprenger); sodann die Gottheit Natsu-taka-tsu-hi (Hohe-Sonne-des-Sommers), welche mit anderem Namen auch Natsu-no-me-no-kami (Weibliche-Gottheit-des-Sommers) heisst; sodann die Gottheit Aki-bime (Herbst-Prinzessin); sodann den Gott Kuku-toshi (Stengel-Ernte); sodann den Gott Kuku-ki-waka-muro-tsuna-ne (Stengel-Baum-jung-Haus-Seil-Herr).

---

[43] Die der Hauptstadt nahe Provinz Afumi, im Gegensatz zu der fernen Afumi Provinz (Toho-tsu-Afumi, spr. Tōtōmi). *Afumi* (spr. Ōmi) ist aus *Aha-umi* „frische See, Süss-See," einem Namen für den Biwa See, entstanden.

Im obigen Abschnitt sind die Kinder des Gottes Ha-yama-to, vom Gott Waka-yama-kuhi bis herab zum Gott Waka-muro-tsuna-ne, zusammen acht Gottheiten.

Sect. 36:—Gott Saruda-hiko in Azaka.

Als nun dieser Gott Saruda-hiko zu Azaka [44] wohnte, ging er [einmal] Fische fangen, wobei seine Hand von einer Hirabu-Muschel [45] mit dem Maule gepackt wurde, und er in der Salzflut des Meeres ertrank. Daher war sein Name, mit dem er genannt wurde, als er auf den [Meeres-] Boden untersank, Soko-doku-mi-tama (Boden-berührender-erlauchter-Geist); der Name, mit dem er genannt wurde, als das See-Wasser empor gurgelte, war Tsubu-tatsu-mi-tama (Empor-gurgelnder-erlauchter-Geist); der Name, mit dem er genannt wurde, als sich die Schaumblasen bildeten,war Aha-saku-mi-tama (Schaumblasen-bildender-erlauchter-Geist). Hierauf gelangte [die Göttin Uzu-me], indem sie den Gott Saruda-hiko begleitete, zurück [46] und trieb sogleich die Dinge mit breiten Flossen und Dinge mit schmalen Flossen [47] sämtlich zusammen, und fragte sie, indem sie sprach: „ Wollt ihr dem erlauchten Sohne der Himmlischen Gottheit ehrfurchtsvoll dienen [48]? “—worauf alle Fische sämtlich erklärten, dass sie ihm ehrfurchtsvoll dienen wollten. Nur der Trepang [49] sagte nichts. Da sprach Ame no Uzume no Mikoto zu dem Trepang: „ Dieser Mund, he! ist ein Mund, welcher keine Antwort giebt! “, und mit diesen Worten nahm sie ihren

---

[44] Ort im Distrikt Ichishi der Provinz Ise.

[45] Jetzt *aka-gahi* (Arca inflata) genannt.

[46] Nach Ise, dem Heimatsland des Saruda-hiko.

[47] D. i. alle grossen und kleinen Fische.

[48] Als Nahrung.

[49] 海鼠 *ko*, jetzt *namako*.

Gürtel-Dolch [50] und schlitzte damit seinen Mund. Daher ist heutzutage der Mund des Trepang geschlitzt. Deshalb wird im erlauchten Zeitalter [eines jeden Kaisers], wenn von Shima [51] die ersten Erträgnisse zum Mahl [des Kaisers] überreicht werden, [vom Kaiser ein Teil derselben] den Saru-me no Kimi gewährt.

Sect. 65:—Der Gott von Miwa.

[Diese Mythe steht zwar im 2. Buche des KOJIKI, Sect. 75, im Abschnitt der Geschichte Sūjin-tennō's, erscheint aber darin als Einschiebsel und gehört ihrem Charakter nach in die eigentliche Mythologie. Im NIHONGI (Buch 5) ist sie weggelassen. Zur Zeit einer Pestilenz erschien Oho-kuni-nushi dem Kaiser Sūjin im Traum und verhiess, dass die Pestilenz aufhören würde, wenn ein gewisser Oho-tata-neko zum Oberpriester in seinem, Oho-kuni-nushi's, Tempel eingesetzt würde. Oho-tata-neko wurde gesucht und gefunden und als Oberpriester im Tempel zu Miwa, wo Oho-kuni-nushi als grosse Gottheit verehrt wird, eingesetzt. Dieser Shintoschrein, in einem alten Hain gelegen, ist einer der allerältesten und heiligsten Tempel von Japan. Die folgende Mythe ist eingeschoben zur Begründung der Beziehung zwischen Oho-kuni-nushi und Oho-tata-neko.]

Der Grund, warum dieser Oho-tata-neko genannte Mann als Kind einer Gottheit bekannt ist, war, dass die oben genannte Iku-tama-yori-bime (Lebens-Juwel-gute Prinzessin) eine schöne Erscheinung hatte, und dass hierauf ein göttlicher Jüngling, der ihre schöne Erscheinung für ohne Gleichen in der Welt hielt, um Mitternacht plötzlich [zu ihr] kam. Sie liebten sich und verweilten ehelich mit einander, und nach kurzer Weile wurde die Schöne schwanger. Da waren ihre Eltern über ihr Schwangerwerden erstaunt und fragten ihre Tochter: „ Du bist ganz von selbst schwanger geworden, ohne dass du einen Mann hast. Wie kommt es, dass du schwanger bist?"

---

[50] *Himo-gatana*, soll unter dem Kleide, im untersten Gürtel, getragen worden sein.

[51] Kleine Provinz, östlich von Ise.

Sie antwortete: „ Ich bin ganz natürlicher Weise schwanger geworden, indem ein schöner Jüngling, dessen Namen ich nicht kenne, jede Nacht zu mir kommt und bei mir verweilt." Da nun ihre Eltern den Mann zu kennen wünschten, unterwiesen sie ihre Tochter mit den Worten: „ Streue vor dem Bettlager roten Lehm umher, stecke eine Strähne Hanf durch eine Nadel und stich sie in den Saum seines Gewandes ein." Als sie hierauf, wie unterwiesen, gethan hatte, und man am folgenden Morgen nachsah, da war der durch die Nadel gesteckte Hanffaden durch das Loch des Thürhakens hindurch nach aussen gezogen, und es waren nur noch drei Windungen (*mi-wa* 三 勾) von dem Faden zurückgeblieben. Da sie nun den Umstand wussten, dass er durch das Loch des Thürhakens hinausgegangen war, und dem Faden folgend auf die Suche gingen, [sahen sie, dass dieser] nach dem Berge Miwa hinging und im Tempel der Gottheit aufhörte. Hieraus erkannten sie, dass [das gezeugte Kind, Oho-tata-neko] das Kind der betreffenden Gottheit sei. Daher, weil von dem Faden drei Windungen (*mi-wa*) zurückgeblieben waren, nannte man diesen Ort Miwa.—*Dieser erwähnte Oho-tata-neko no Mikoto ist der Ahn der Kimi von Miwa und der von Kamo.*

B.—Aus dem Kūjiki.

Stammtafel der ältesten Götter.

(Zu Buch 1, Kap. I, Anm. 38.)

„ Nun entstand auf dem Gefilde des Hohen Himmels ein Gott mit dem Namen

Ame –	*yudzuru* –	*hi*	*ame*	*no*	*sa* –	*giri*
Himmel	übertragen	Sonne	Himmel's		dicker	Nebel

Kuni   –   yudzuru – tsuki   kuni   no   sa   – giri
Land (Erde)   übertragen   Mond   Landes   dicker   Nebel

no   Mikoto
      Hoheit

welcher allein entstand.   Nach ihm wurden zwei Generationen von zugleich entstandenen Göttern (俱生二代 *tomo ni nari-maseru futa-yo*) und fünf Generationen von gepaarten Gottheiten (耦生五代 *narabi-maseru itsu-yo* oder *takuhi-nareru itsu-hashira no mi-yo*) geboren.   Diese bilden [zusammen] die sogenannten sieben Götter-Generationen (神世七代).

Genealogie des Zeitalters der Götter
(神 代 系 紀):

Der himmlische Ahn *Ame-yudzuru-hi ame no sa-giri Kuni-yudzuru-tsuki kuni no sa-giri no Mikoto.*

Erste Generation (一 代).

Zugleich entstandene himmlische Götter (俱生天神):

Ame   no   mi – naka   –   nushi   no   Mikoto
Himmel   hehr Mitte   Herr   Hoheit
(auch *Ame no Toko-tachi no Mikoto* genannt).

Umashi   –   ashi   –   kabi   hiko – ji   no   Mikoto
Angenehm   Schilf   Schoss   Prinz traut   Hoheit

Zweite Generation (二 代).

Zugleich entstandene himmlische Götter (俱生天神):

Kuni   no   toko   –   dachi   no   Mikoto
Land   ewig   stehend   Hoheit
(auch *Kuni no sa-dachi no M.*, oder *Kuni no sa-dzuchi no M.*, oder *Ha-ko-kuni no M.* genannt).

Toyo	–	*kuni*	–	*nushi*	*no*	*Mikoto*
Ueppig		Land		Herr		Hoheit

(auch *Toyo-kun-nu no M.*, oder *Toyo-ka-fushi-nu no M.*, oder *Uki-fu-nu-toyo-kahi no M.*, oder *Toyo-kuhi-wake no M.* genannt).

EIN ZWEIG (別 *wake* „*Zweigfamilie?*") :

Ame	–	*ya*	–	*kudari*	*no*	*Mikoto*
Himmel		acht		herabsteigen		Hoheit

Dritte Generation (三代).

Himmlische Götter als Paare geboren (耦生天神):

Tsunu	–	*guhi*	*no*	*Mikoto*
Horn		Pfahl		Hoheit

(auch *Tsunu-tatsu-dama no M.* genannt).

Iku	–	*guhi no Mikoto,*	
Leben	Pfahl	Hoheit	seine jüngere Schwester (resp. seine Frau).

EIN ZWEIG :

Ame	–	*mi*	–	*kudari*	*no*	*Mikoto*
Himmel		drei		herabsteigen		Hoheit

Vierte Generation (四代).

Himmlische Götter als Paare geboren :

U	–	*hiji*	–	*ni*	*no*	*Mikoto*	
Schlamm		Erde		teuer		Hoheit	(auch *U-hiji-ne no M.*)

Su	–	*hiji*	–	*ni*	*no*	*Mikoto,*
Sand		Erde		teuer		Hoheit

seine jüngere Schwester (auch *Su-hiji-ne no M.*)

EIN ZWEIG:

Ama	–	*ahi*	*no*	*Mikoto*
Himmel		treffen		Hoheit

Fünfte Generation (五代).

Himmlische Götter als Paare geboren:

Oho	–	*toma*	–	*hiko*	*no*	*Mikoto*
Gross		Matte		Prinz		Hoheit

(auch *Oho-to no ji*, oder *Oho-tomu-ji*, oder *Oho-to-ma-hiko*).

Oho	–	*toma*	–	*be*	*no*	*Mikoto,*
Gross		Matte		Weib		Hoheit

seine jüngere Schwester (auch *Oho-to no be*, oder *Oho-tomu-be*, oder *Oho-to-ma-bime*).

EIN ZWEIG:

Ame	–	*ya*	–	*ho*	–	*hi*	*no*	*Mikoto*
Himmel		acht		hundert		Tage		Hoheit

(Gott der vierten Generation des allein entstandenen Himmelsgottes).

Sechste Generation (六代).

Himmliche Götter als Paare geboren:

Awo	–	*kashiki*	–	*ne*	*no*	*Mikoto*
O!		ehrfurchtgebietend		teuer		Hoheit

(auch *Awa-nagi no M.*, oder *Omo-taru no M.*)

Aya	–	*kashiki*	–	*ne*	*no*	*Mikoto*
Ah!		ehrfurchtgebietend		teuer		Hoheit

seine jüngere Schwester (auch *Kashiko-ne no M.*, oder *Ka-kari-hime no M.*)

EIN ZWEIG:

Ame   no   ya – so   –   yorodzu   –   tama   no   Mikoto
Himmel   achtzig   Myriaden   Geister   Hoheit

(Gott der fünften Generation des alleinstehenden Himmelsgottes).

Siebente Generation (七代).

Himmlische Götter als Paare geboren:

Izanagi   no   Mikoto
Einladender Herr   Hoheit

Izanami   no   Mikoto,
Einladende Frau   Hoheit   (seine jüngere Schwester).

EIN ZWEIG:

Taka   –   mi   –   musubi   no   Mikoto
Hoch   hehr   Erzeuger   Hoheit

(auch *Taka-gi no M.*, Gott der 6ten Generation des allein entstandenen
Himmelsgottes).

IHRE KINDER:

Ame   no   omohi   –   kane   no   Mikoto
Himmel   Gedanken   zusammenfassen   Hoheit

(Ahn der Achi no Hafuri von Shinano).

FERNER:

Ame   no   futo   –   dama   no   Mikoto
Himmel   gross   Juwel   Hoheit

(Ahn der Imibe no obito).

FERNER:

Ame   no   oshi   –   hi   no   Mikoto
Himmel   ertragen   Sonne   Hoheit

(Ahn der Oho-tomo no murazi; auch *Kami-za-hi no M.* genannt).

FERNER:

Ame   no   kamu – dachi   no   Mikoto
Himmel   Gott   stehen   Hoheit

(Ahn der Yamashiro no atahi).

SODANN WAR DA:

Kamu – mi – musubi   no   Mikoto
Göttlich   hehr   Erzeuger   Hoheit

(auch *Kami-musubi no M.*)

KINDER:

Ame   no   mi – ke – mochi   no   Mikoto
Himmel   hehr Nahrung   haben   Hoheit

(Ahn der Kii no atahi).

FERNER:

Ame   no   michi – ne   no   Mikoto
Himmel   Weg   teuer   Hoheit

(Ahn der Kahase no miyatsuko).

FERNER:

Ame   no   kami – tama   no   Mikoto
Himmel   göttlich   Juwel   Hoheit

(Ahn der Kadonu no Kamo no agata-nushi).

FERNER:

Iku – musubi   no   Mikoto   (Ahn der Wi-tsukahi no murazi).
Leben   Seele   Hoheit

SODANN WAR DA:

Tsu – haya – musubi   no   Mikoto
Hafen   schnell   Seele   Hoheit

KINDER:

Ichi – chi – tama (oder *musubi*) *no Mikoto*
Markt   tausend   Seele   Hoheit

[Dessen] Kind:

Kogoto — musubi no Mikoto
Schwangerschafts (?)   Seele   Hoheit

[*Kogoto*, Etym. unbekannt. Im Text zu S. 113, Anm. 75 興台, d. i.
„Schwangerschaft verursachend," daher Etym. vielleicht *ko-goto*
„Kind-Sache," d. i. Schwangerschaft.]

[Dessen] Kind:

Ama no Ko–yane no Mikoto
Himmel   Kind–Dach   Hoheit

(Ahn der Nakatomi no murazi).

Ferner:

Take — chi — nokori no Mikoto
Tapfer   Milch   Ueberbleibsel   Hoheit

(Ahn der Sofu no agata-nushi).

Sodann war da:

Furu — tama (oder *musubi*) *no Mikoto*
Schütteln   Seele   Hoheit

Kinder:

Saki — tama no Mikoto
Glück   Juwel   Hoheit   (Ahn der Kamori no murazi).

Ferner:

Ame no oshi — tate no Mikoto
Himmel   ertragen   stehen   Hoheit

(Ahn der Maki-muku no kannushi).

Sodann war da:

Yorodzu — tama (oder *musubi*) *no Mikoto*
Myriade   Seele   Hoheit

Kind:

Ama　　no　　koha – kaha (oder *tsuyo – kaze*)　*no　Mikoto.*"
Himmels　　　hart Fluss　　　stark Wind　　　Hoheit
(Ahn der Taka-miya no kannushi).

C.—Aus dem Idzumo-Fūdoki. [1]

1.—Die Sage vom Landziehen. [2]

Der Distrikt Ou.

Was den Grund anbelangt, warum man [diesen Distrikt]
Ou nennt, so kündet seine Hoheit Ya-tsuka-midzu-omi Tsunu:
„ Das Land Idzumo, *wo viele Wolken aufsteigen,* [3] ist doch ein
schmaltuchiges [4] junges Land. Das ursprüngliche Land ist klein
angelegt. Darum will ich eine neue Anlage daran hinzunähen."
So sprach er; und als er nach dem Vorgebirge des *wie eine
Taku-Decke* [*weissen*] Shiragi [5] hinschaute, ob es dort vielleicht
einen Ueberfluss an Land gäbe, sprach er zu sich : „ Es giebt
einen Ueberfluss an Land," und räumte weg mit einem Spaten

KOMMENTAR ZU DEN FUDOKI.

——-

[1] Topographische Aufzeichnungen über die Provinz Idzumo. Vollendet
733, 2 Bde. Es ist das einzige vollständig erhaltene von den echten alten
Fūdoki. Die übrigen sind nur bruchstückweise erhalten. Ich citiere nach der
von Motowori Ōhira revidierten Ausgabe von 1806.

[2] *Kuni-biki.* Ed. Ōhira, fol. 4–6. Bei der Interpretation dieses überaus
schwierigen Stückes ist mir Prof. K. Tsuboi's Beistand von grösstem Nutzen
gewesen. Herr Prof. Tsuboi hat auch die Karte hierzu entworfen.

[3] *Ya-kumo-tatsu,* Makura-kotoba zu Idzumo, siehe Seite 125, Anm. 19.

[4] 狹布之 *sa-nu no* „ schmaltuchig " ist nur Epitheton zu *waka* „jung":
jung und niedlich, wie schmales Tuch niedlich ist.

[5] *Shiragi,* ein Staat in Korea, vgl. S. 134, Anm. 46. *Taku-busuma* „Schlaf-

wie der Raum zwischen den Brüsten eines Mädchens,[6] und teilte
es mit Stössen ab *wie man gegen die Kiemen grosser Fische
stösst,*[7] und schnitt es auseinander *wie Fahnen-Susuki,*[8] und
befestigte ein dreifach gezwirntes Tau daran und zog es so
schwankend *wie vom Reif geschwärzte Tsudzura*[9], und so
langsam *wie ein Flussschiff* mit den Worten: „Komm, Land!
Komm, Land!" Das so hinzugenähte Land liegt zwischen
dem äussersten Ende[10] von Kodzu[11] und dem Vorgebirge des
vielgebauten[12] Kidzuki.[13] Der auf solche Weise eingerammte

---

decke aus Papiermaulbeerrindenzeug" ist als Epitheton zu *shira* „weiss" im
Namen *Shiragi* gesetzt, weil ersteres weiss ist. Blosses Wortspiel.

[6] *Wotome no muna-suki-torashite.* In der Redensart *suki-toru* „mit dem
Spaten wegräumen" ist *suki* wortspielend auch als *suki* „Zwischenraum"
genommen, *muna-suki* der Raum zwischen den beiden Brüsten.

[7] *Ofuwo no kida* „Kiemen grosser Fische," vergleichendes Epitheton zu
tsuki-wakete, weil man grosse Fische gewöhnlich durch Stösse gegen die Kiemen
tötet. Man beachte die interessante Kontraktion *ofuwo* aus *oho-uwo*.

[8] *Hata-susuki hofuri-wakete.* Susuki Miscanthus sinensis, (*Anders*); *hata-susuki*
„Fahnen-Susuki," d. h. wie Fahnen aussehende blühende Susuki. Da die
blühende Susuki Aehren (*ho*) hat, so ist dieses Wort als Epitheton zur Silbe *ho*
des Wortes *hofuri* „zerschneiden" gesetzt. Es liegt also kein eigentliches
Gleichnis, sondern nur ein Spiel mit Klängen vor.

[9] *Shimo-kuru-tsudzura hena-hena ni.* „Geschwärzt" d. i. „reif geworden."
Die altjapanische *tsudzura* entspricht der späterjapanischen *kuzu-kadzura* (Pue-
raria Thunbergiana), aus deren Wurzel das Stärkemehl Kuzu bereitet wird.
Sie reift im Spätherbst, und ist dann sehr biegsam und zähe, und ihr Name
ist deshalb als Epitheton zu *hena-hena* gesetzt.

[10] *Uchi-tahe.*

[11] Im selben FŪDOKI wird, im Distrikt Tatenuhi, ein *Kodzu-shima* erwähnt;
ferner ein *Kodzu no hama* „Strand von Kodzu," 100 Bu (Schritte) breit, an
der Grenze der beiden Distrikte Idzumo und Tatenuhi.

[12] *Yahoni* „viel-gebaut," Epitheton zu Kidzuki, Kitsuki, indem man
letzteren Lautkomplex in der Bedeutung *kitsuku* „bauen" auffasst.

[13] *Kidzuki no mi-saki.* Im Abschnitt über den Distrikt Idzumo werden im
IDZUMO-FŪDOKI *Misaki no ama-ko* „Fischerleute von Misaki" erwähnt. *Misaki*
bezeichnet das Küstenland des Idzumo Distriktes. (Idzumo ist nämlich auch
der Name eines Distriktes in der Provinz Idzumo. Er heisst jetzt Shutto).

Pfosten [14] ist der Berg Sahime [15] auf der Grenze zwischen dem Lande Ihami und dem Lande Idzumo. Ferner das Tau, womit gezogen wurde, ist der Lange Strand von Sono. [16] Als er nach dem Lande Saki des Nord-Thores [17] hinschaute, ob es dort einen Ueberfluss an Land gäbe, sprach er zu sich: „Es giebt [18] ....Komm, Land!" Das so herangezogene und hinzugenähte Land ist das Land Sada, [19] welches sich von dem äussersten Ende von Taku [19] an hererstreckt. Als er ferner nach dem Lande Raha [20] des Nordthores hinschaute, ob es einen Ueberfluss an Land gäbe, sprach er zu sich: „Es giebt....................komm, Land!" Das so herangezogene und hinzugenähte Land ist das Land Kurami, [21] welches sich vom äussersten Ende von Taguhi [22]

---

[14] *Kashi*, phonetisch geschrieben, von unklarer Bedeutung. Wahrscheinlich ist es aber ein „Pfosten," an dem ein Schiff festgehalten wurde.

[15] Vgl. Idzumo-Fūdoki Distrikt Ihishi: „Der *Sahime-yama* liegt 51 Ri 140 Bu westlich vom Gunke und bildet die Grenze zwischen den Provinzen Ihami und Idzumo." Jetzt nennt man diesen Berg 三 瓶 *Sambe*.

[16] *Sono no naga-hama;* im Idzumo-Fūdoki (Distrikt Idzumo): „Sono [no hama]. 3 Ri 100 Bu lang, 1 Ri 200 Bu breit, mit vielen Kiefern." Dieser Strand liegt an der Grenze zwischen den zwei Distrikten Idzumo und Kamudo.

[17] *Kita-do Saki no kuni*, d. h. das Land Saki im Norden. Unbekannt.

[18] Derselbe Wortlaut wie oben.

[19] Vgl. Idzumo-Fūdoki (Distrikt Akika): „Fluss *Sada*. Die östliche Quelle ist der sogenannte *Taku* Fluss im Shimane Distrikt. Die westliche Quelle entspringt im Dorfe Watari des Distriktes Akika. Die beiden Flüsse vereinigen sich, und ergiessen sich, südlich fliessend, in den Sada See. Dieser See misst 7 Ri im Umfange, hat Funa (Fisch, Carassius auratus), und ein [anderer] See setzt ihn in Verbindung mit dem Meere. Der [letztere] See ist 150 Bu lang, 10 Bu breit." Das *Land Sada* umfasst das ganze Flussgebiet des Flusses Sada.

[20] 瓦 波 *Ra-ha*, von Einigen *Sunami* gelesen; das Idzumo-Fūdoki-Kō (Mscr.) hat 農 波 *Su-nami;* das Idzumo-Eūdoki-Kanafumi dagegen emendiert in *Oki* (隱 岐). *Raha* oder *Sunami* sind unbekannt.

[21] Nicht genau bestimmbar. Das Idzumo-Fūdoki erwähnt aber im Shimane Distrikt einen Tempel *Kurami*.

[22] Vgl. Idzumo-Fūdoki (Distrikt Shimane): „*Tayuhi no hama*, Strand

an hererstreckt. Als er nach dem Vorgebirge Tsutsu von Koshi [23] hinschaute, ob es einen Ueberfluss an Land gäbe, sprach er zu sich: „Es giebt.....................Komm, Land!" Das so herangezogene und hinzugenähte Land ist das Vorgebirge Miho. [24] Das Tau, womit gezogen wurde, ist die Insel Yomi. [25] Der eingerammte Pfosten ist der Berg Oho-kami [26] im Sande Hahaki. „Jetzt ist es mit dem Landziehen zu Ende." so sprach er, und indem er im Hain von Ou seinen erlauchten Stock einstiess und hinstellte, rief er „*Owe*;" [27] daher heisst es *Ou*.

2.—Die Göttergrotte. [28]

Das Kamu-zaki (Götter-Kap) in Kaka. [29]

Daselbst befindet sich eine Felsengrotte, die etwa zehn

---

von Tayuhi, 50 Bu breit. Man fängt dort Thunfische." Und weiter: „ *Tayuhi no ura*, Bucht von Tayuhi, 42 Bu breit. Es können etwa zwei Schiffe darin ankern." „ *Tayuhi no saki*, Kap Tayuhi. Am Strande befindet sich eine Grotte, 10 Fuss hoch, deren Umfang an der hinteren Seite 30 Bu misst. Zwei Hinoki Bäume (Chamaecyparis obutosa) stehen daselbst."

[23] *Koshi no Tsutsu no misaki*, unbekannt.

[24] Vgl. IDZUMO-FŪDOKI (Distrikt Shimane): „ *Miho no saki; Miho no hama*, 160 Bu breit. Im Westen steht ein Tempel, im Norden sind Volkshäuser. Man fängt dort Thunfische."

[25] *Yomi no shima*, die Seite 48, Anm. 29 besprochene Nehrung im Nordwesten des Ahimi Distriktes der Provinz Hahaki.

[26] *Oho-kami no take*, jetzt *Daisen* genannt, der höchste Berg im San-in-dō Gebiet.

[27] *Owe*, Ausruf der Erleichterung nach überstandener Mühe, etwa „uff!"

[28] Editio Ōhira, fol. 31, b.

[29] Zur Begründung des Namens *Kaka* lesen wir fol. 20 eine kürzere Variante dieser Sage:)) Der Gau *Kaka* liegt 24 Ri 160 Bu nordwestlich vom Gunke (d. i. Rathaus des Distriktes). Hier hat der grosse Gott von Sada seinen Sitz. Als seine erlauchte Mutter Kisakahi-hime no Mikoto, Tochter des Kami-musubi no Mikoto, mit den Worten: „O, dies ist eine dunkle Grotte!" mit dem goldnen Bogen hindurchschoss, wurde es [darin] leuchtendschimmernd (teri-*kakayakeri*). Daher nennt man es *Kaka* („ Schimmer ").((

Fuss hoch ist und einen Umfang von 502 Bu [30] hat. Sie erstreckt sich in der Richtung von Ost nach West, und hat im Norden ein Loch.

Dies ist der Geburtsort des sogenannten grossen Gottes von Sada. [31] Als er eben geboren werden sollte, verschwanden der Bogen und die Pfeile [seiner göttlichen Mutter]. Da wünschte seine erlauchte Mutter Kisakahi-hime, die Tochter des Kami-musubi no Mikoto: „Mögen der Bogen und die Pfeile, welche verloren gegangen sind, wieder zum Vorschein kommen, wenn mein erlauchter Sohn ein Heldengottsohn ist." Da kamen ein Bogen und Pfeile aus Horn vom Wasser getrieben hervorgeflossen. Da sagte der geborene erlauchte Sohn: „Dieser Bogen und die Pfeile sind nicht die meinigen," und warf sie weg. Da kamen ein Bogen und Pfeile aus Gold hervorgeflossen. Da wartete er [bis sie zu ihm heran geflossen kamen], ergriff sie, und mit den Worten „Es ist eine dunkle Grotte" schoss er [durch die Grotte] hindurch. Der Tempel seiner erlauchten Mutter Kisakahi-hime befindet sich hier. Wenn die Leute der Jetztzeit in die Nähe dieser Grotte gehen, so pflegen sie immer [durch starkes Auftreten] ein donnerndes Geräusch zu machen. Wenn man nämlich leise-schleichend geht, so erscheint der Gott und erregt Sturmwind [32] und macht, dass die Schiffe umschlagen. [33]

---

[30] Ein *Bu* 步 „Schritt" war gleich 5 *Shaku* „Fuss." Der alte, sog. Tembyō-shaku, war aber nur 0,978 des jetzigen Shaku, 5 alte Shaku also = 4,89 jetzige, = 1,48 Meter. 1 *Ri* hatte 360 *Bu*, 1 Tembyō-Ri war also = 1760,4 Shaku, = 533,48 Meter.

[31] *Sada no Oho-kami*, auch *Sada-hiko no Kami* genannt, identisch mit *Saruda-hiko*.

[32] *Haya-ji* „schneller Wind."

[33] Dieser Abschnitt, von „Dies ist der Geburtsort" bis zu Ende, ist im Original mit kleineren Zeichen geschrieben, weil er nicht zum eigentlichen Text des FŪDOKI gehört, sondern eine zum Text hinzugefügte Note bildet. Solche Noten, die wir als Ur-Kommentar bezeichnen könnten, haben ungefähr dasselbe Alter wie der Text selbst.

3.—Der Stein Gott am Berge Kaminabi. [34]

Der Berg Kaminabi liegt 6 Ri 160 Bu nordöstlich vom Gunke,[35] ist 1205 Fuss hoch, hat einen Umfang von 21 Ri 180 Bu.

Im Westen des Berges war ein steinerner Gott, Höhe desselben 10 Fuss, Umfang desselben etwa 10 Fuss. Daneben befanden sich ungefähr mehr als hundert kleine steinerne Götter. Nach einer Ueberlieferung der Alten kam Ame no Mikaji-hime no Mikoto, die Gemahlin des Aji-suki-taka-hiko[36] no Mikoto, und nahm ihren Sitz im Dorfe Taku, und gebar hier den Taki-tsu-hiko[37] no Mikoto. Da unterwies [die Muttergöttin ihren Sohn, den sie eben gebären wollte] mit den Worten: „Diese Stätte liegt dem Tempel deiner Hoheit gerade gegenüber. Ich finde es gut, dich hier zu gebären." Der sogenannte Stein-Gott ist mithin die Seele[38] des Taki-tsu-hiko no Mikoto. Wenn man [diesen steinernen Gott] in der Zeit der Dürre um Regen anfleht, so lässt er immer regnen.

4.—Der stumme Aji-suki-taka-hiko, und die Benennung des Gaues Mitsu. [39]

Der Gau Mitsu[40] liegt 25 Ri weit südwestlich vom Dis-

---

[34] Ed. Ōhira, fol. 45.

[35] 郡家 *gun-ke* „Distrikt-Haus," wo der Statthalter des Distrikts residiert.

[36] Vgl. Buch 2, Kap. I, Anm. 43.

[37] Zu diesem Namen vgl. man den der Göttin *Taki-tsu-hime* (oder *Tagi-tsu-hime*), wohl „Prinzessin Wasserfall;" sie wird als Tochter Susanowo's bezeichnet. *Taki-tsu-hiko* wäre „Wasserfall-Prinz," was zu seiner Rolle als Regen spendender Gott gut passt.

[38] 御魂 *mi-tama* „erlauchter Geist, Seele."

[39] Ed. Ōhira, fol. 69 b.

[40] 三津郷 *Mi-tsu no sato.* Die Zeichen bedeuten zwar „Drei-Hafen," doch wird die eigentliche Bedeutung „Heiliger Hafen" sein.

triktgebäude. Aji-suki-taka-hiko no Mikoto, der Sohn des grossen Gottes Oho-na-muchi no Mikoto, weinte noch im Alter, wo ihm ein acht Spannen langer Bart gewachsen war,[41] bei Tag und bei Nacht, und vermochte nicht zu sprechen. Da nahm der Gott Vater den Sohn mit sich auf ein Boot und machte mit ihm eine Lustfahrt um die achtzig Inseln herum und tröstete ihn. Doch das Weinen hörte nicht auf. Im Traume flehte[42] der grosse Gott [Oho-na-muchi], dass ihm die Ursache des Weinens seines Sohnes kund gethan werde. So flehte er im Traume. In derselben Nacht träumte ihm, dass sein Sohn spreche; und als er aufgewacht war und ihn fragte, da sagte der Sohn: „*Mitsu.*“ Und als er dann ihn fragte: „Welchen Ort nennst du Mitsu?,“ da ging der Sohn von dem Angesicht des Vatergottes hinweg, schritt über den Steingeröllfluss[43] und gelangte auf einen Abhang und blieb daselbst, und sagte: „Hier ist's.“ Dann schöpfte er an der Mündung [des Flusses] dort Wasser heraus und wusch sich. Ehe daher die Kuni no Miyatsuko,[44] um die göttliche Glückwunschrede herzusagen, bei Hofe erscheinen, schöpfen sie hier Wasser heraus und benutzen es erst. Demgemäss essen auch in der Jetztzeit schwangere Frauen nicht

---

[41] Vgl. Seite 62, wo vom Grossvater dieses Gottes, nämlich von *Susa no Wo*, genau dieselbe Schilderung gegeben ist!

[42] Zu wem gefleht wird, ist hier ebensowenig, wie oben in der Erzählung von der Grotte, angegeben. Vielleicht ist das Flehen an Kami-musubi gerichtet.

[43] *Ishi-kaha.*

[44] Die „Häuptlinge des Landes,“ nämlich des Landes Idzumo. Wenn ein neuer *Kuni no miyatsuko* ins Amt eintrat, so begab er sich nach der Hauptstadt, empfing dort gewisse Geschenke, kehrte nach Idzumo zurück und führte ein Jahr lang ein rituell reines Leben. Dann ging er mit vorgeschriebenen Geschenken (Schwert, Edelsteinen etc), die zuvor im Wasser der Wasserstauung des Flusses von Mitsu, d. h. der oben erwähnten Mündung des Steingeröllflusses, gewaschen worden waren, wieder an den Hof und recitierte daselbst vor dem Kaiser die göttliche Glückwunschrede, *Kamu-yogoto*, des Landeshäuptlings von Idzumo. Dieselbe ist eines der Norito oder

den Reis dieses Dorfes.[45] Denn wenn sie davon essen, so
können die Kinder, welche sie gebären, nicht sprechen. Daher
heisst der Ort Mitsu.

5.—Der einäugige menschenfressende Dämon. [46]

Der Gau Ayo; 13 Ri 80 Bu südöstlich von dem Distrikt-
hause. Nach der Ueberlieferung der Alten hielt ein Mann
über das Wasser-Feld auf dem Berge, das er kultivierte,
Wache. Da kam ein einäugiger Dämon [47] und frass den Sohn
des Bauern. Die Eltern des Sohnes hatten sich in ein
Bambusgebüsch versteckt. Da bewegten [48] sich die Bambus-
blätter. Da schrie der Mann, welcher eben gefressen wurde:
ayo, ayo![49] Daher heisst der Ort Ayo.

D.—Aus dem Hyūga-Fudoki. [1]

Ueber den Bezirk Chiho.

Was den Bezirk Chiho im Distrikt Usuki anbelangt, [so
heisst es]: Als Seine Hoheit Ama-tsu-hiko-ho no Ninigi
auf dem Gipfel Futa-nobori von Takachiho in Himuka vom

Rituale, No 27 meiner Ausgabe. Die Landeshäuptlinge von Idzumo betrachten
sich als Nachkommen des Gottes *Ame no Ho-hi.*

[45] 彼村 *kono mura* bedeutet hier wohl „Dörfer dieses Gaues.“

[46] Ed. Ōhira, fol. 82 b.

[47] *Ma-hitotsu no oni. Oni* „Dämon, Teufel.“

[48] 動之, hier *ayogeri* gelesen, vom Verbum *ayogu=ayugu.* Es liegt also
schon in diesem Verbum ein wortspielender Hinweis auf *Ayo.*

[49] Etwa „O weh, O weh!“ Vgl. S. 10, Anm. 32 die Interjektionen *aya,
ayu, awo.*

[1] Topographie der Provinz Hyūga, altjapanisch Himuka (Sonnen-zugewendet). Die folgenden Texte gründen sich auf Prof. Kurida's Ausgabe der
bruchstückweise erhaltenen sogenannten *Ko-fūdoki* „Alten Fūdoki:“ 古風土
記逸文, 2 Bde, 1898.

Himmel herabstieg, da war der Himmel ganz dunkel, Tag und Nacht nicht zu unterscheiden, die Menschen verirrten sich auf den Wegen, und die Farben der Dinge waren schwer von einander zu unterscheiden. Da waren [zwei] Tsuchigumo [2] mit Namen Oho-hashi und Wo-hashi. Die beiden sprachen zu seiner Hoheit dem erlauchten Enkel: Wenn Eure Hoheit mit der erlauchten Hand tausend Aehren von Reis auszieht, daraus ungehülsten Reis macht und denselben nach allen Himmelsgegenden verstreut, so wird es sicherlich hell werden. Als er, wie Oho-hashi und Wo-hashi gesagt hatten, tausend Aehren Reis abzog und sie als ungehülsten Reis verstreute, klärte sich der Himmel auf, und Sonne und Mond schienen weit und breit. Daher nennt man [den Ort] Takachiho no Futa-nobori no mine. [3] Die Späteren verwandelten den Namen in Chiho.

———

E.—Aus dem Yamashiro-Fūdoki.

1.—Der Kamo Tempel.

Der Gott, der im Tempel des grossen Gottes in Kamo verehrt wird, ist Kamo-Take-Tsunumi no Mikoto, der auf dem Gipfel des Takachiho in So in Himuka vom Himmel herabstieg. Er nahm seinen Sitz, vor dem Kaiser Kamu-Yamato-Ihare-biko [1] vorantretend, auf dem Gipfel des Berges Katsuragi in Oho-Yamato (Gross-Yamato). Von hier siedelte er allmählich nach Kamo in Okata in der Provinz Yamato über. Er ging am Flusse Yamashiro-gaha hinunter und

---

[2] Mit den Zeichen „Erd-Spinne" geschrieben, und auch gewöhnlich etymologisch so verstanden. Doch ist dies eine Volksetymologie. Die wahre Bedeutung ist: „sich in der Erde Verbergende," d. h. Erdhöhlenbewohner.

[3] „Der Doppel-Aufstieg Gipfel Takachiho," weil Sonne und Mond beide aufstiegen. Vgl. aber Buch 2, Kap. III, Anm. 3.

[1] *Jimmu-tennō.*

gelangte an die Zusammenflussstelle der Flüsse Katsunu-gaha und Kamo-gaha. Da blickte er über den Kamo Fluss hin und sagte: „ Dieser ist zwar schmal und klein, doch ist er ein klarer Fluss von einem Steingeröllfluss,"[2] und er nannte ihn Ishikaha no Se-mi no o-gaha „ das bett-durchsichtige Flüsschen des Steingeröllflusses," und an diesem Flusse hinaufgehend, hielt er sich am Fusse des Nordberges im Lande Kuga auf. Seitdem nennt man [den Gott] Kamo. Kamo-Take-Tsunumi no Mikoto vermählte sich mit Kamu-ika-koya-hime von Kami-nu im Lande Taniha. Die von ihr geborenen Kinder heissen: Tama-yori-biko;[3] das jüngere heisst Tama-yori-hime.[4] Als Tama-yori-hime am bett-durchsichtigen Flüsschen des Steinge-röllflusses sich ergötzte, kam ein mit roter Erde angestrichener Pfeil[5] vom Oberlauf her herabgeflossen. Sie nahm ihn und

---

[2] Solche tautologische Ausdrücke sind im feierlichen altjapanischen Stil, besonders in den NORITO, sehr beliebt. Die jap. Flüsse führen meist sehr viel Steingeröll mit.

[3] Juwel-guter-Prinz.

[4] Juwel-gute-Prinzessin.

[5] 丹塗失 *ni-nuri-ya*. Man vergleiche zu dieser Geschichte, worin der rote Pfeil offenbar den Phallus symbolisiert, die folgende über Oho-na-muji erzählte Mythe in Sect. 51 des KOJIKI, im Abschnitt über den ersten Kaiser Jimmu:

)) Aber als [Kamu-yamato-ihare-biko] nach einer Jungfrau suchte, die er zu seiner kaiserlichen Hauptgemahlin machen könnte, sprach Seine Hoheit Oho-kume: „ Es giebt hier eine Jungfrau, welche man das erlauchte Kind einer Gottheit nennt. Der Grund, warum sie das erlauchte Kind einer Gott-heit genannt wird, ist folgender: Die Tochter des Midzu-kuhi von Mishima, Namens Seya-datara-hime, wurde wegen ihrer Schönheit vom Gott Oho-mono-nushi von Miwa [d. i. Oho-na-muji] bewundert, der sich, als diese Jungfrau gerade auf dem Abtritt war, in einen rotbestrichenen Pfeil verwandelte und aus dem Abtritt von unten her in die Scheide der Jungfrau fuhr. Da erschrak die Jungfrau, stand auf und lief erschrocken davon. Wie sie nun den Pfeil mitnahm und neben ihr Schlaflager legte, verwandelte sich derselbe plötzlich in einen schönen Jüngling, der darauf die Jungfrau ehelichte und ein Kind erzeugte mit Namen Hoto-tatara-i-susugi-hime (*hoto* Scheide, *tatara* vom Namen der Mutter hergenommen, *i-susugi* erschrocken) no Mikoto, oder mit anderem Namen Hime-tatara-i-suke-yori-hime (Prinzessin-Tatara-erschrocken-gute-Prinzessin).—*Dies ist eine spä'ere Veränderung des Namens, weil man die Er-*

steckte in neben ihr Bettlager [in den Boden]. Schliesslich wurde sie durch Einfluss desselben schwanger und gebar einen Knaben. Als dieser aufgewachsen war, baute der Grossvater mütterlicherseits Take-Tsunumi no Mikoto ein achtklafteriges Haus, machte acht Flügelthüren fest, braute achtfach gebrauten Sake, und, eine göttliche Versammlung versammelnd hielt er [mit seinen göttlichen Gästen] ein grosses Gastmahl sieben Tage und Nächte hindurch, und dann sprach er zu dem Knaben: „Gieb diesen Sake demjenigen zu trinken, den du für deinen Vater hältst." Da nahm [der Knabe] den Becher auf und opferte ihn ehrfürchtig gegen den Himmel gewandt. Dann brach er den Dachfirst des Hauses durch und stieg zum Himmel empor. Daher nennt man ihn mit Anlehnung an den Namen seines Grossvaters mütterlicherseits Kamo-waki-ikadzuchi no Mikoto.[6] Der oben genannte mit roter Erde bestrichene Pfeil ist der Gott Ho-no-ikadzuchi[7] im Tempel des Distriktes Otokuni [in der Provinz Yamashiro]. Die drei Gottheiten Kamo-Take-Tsunumi no Mikoto, [seine Gemahlin] Taniha no Kamu-ika-koya-hime [und Tochter] Tama-yori-hime residieren im Tempel Miwi[8] im Flecken Tatekura.

2.—Der Inari Tempel. Veranlassung der Benennung Inari.[9]

Der Urahn der Hada no Nakatsuhe no imiki und der

---

vähnung der Scheide verabscheute.—Aus diesem Grunde heisst sie das erlauchte Kind einer Gottheit. ((

[6] „Seine Hoheit Kamo Zerteilender-Donner." Der Bestandteil *Kamo* ist aus dem Namen des Grossvaters übernommen, und daher nicht etwa als grammatisches Objekt zu *waki* „zerteilend " zu konstruieren.

[7] „Feuer-Donner; " siehe S. 65 unter den acht Donnergöttern.

[8] „Drei Brunnen." Nicht mit dem berühmten, der Kwannon gewidmeten, buddhistischen Tempel *Mii-dera* bei Ōtsu zu verwechseln. Obige Geschichte bildet auch den Stoff des mittelalterlichen Nō Dramas Kamo.

[9] *Inari* „Reis-Mann," von *ina* = *ine* „Reishalme," mit dem Suffix *-ri* gebildet, wie *hitori, futari* etc. aus *hito, futa.*

Seinigen, nämlich Irogu no Hada no Kimi, besass Reishalme (*ine*) in grossen Haufen und war reich. Als es sich einmal zutraf, dass er Reiskuchen-Reis (*mochi-ihi*) zum Ziel des Schiessens machte, verwandelte sich dieser [Reis] in einen weissen Vogel und flog weg, und setzte sich auf den Gipfel eines Berges. Da reiften und wuchsen Reishalme [auf dem Gipfel]. Schliesslich ist daraus der Name des Tempels geworden. Seine Nachkommen bereuten das Vergehen ihres Urahnen und rissen einen Baum des Tempel [grundes] mit der Wurzel [10] aus und pflanzten ihn bei ihrem Hause und beteten ihn ehrfürchtig an. In der Jetztzeit, wenn man einen solchen Baum [aus dem Tempelgrunde] hinpflanzt und dieser fürder am Leben bleibt, so hat man Glück; wenn er aber eingeht, so hat man Unglück.

F.—Aus dem Tango-Fūdoki.[1]

Geschichte von Urashima.[2]

In der Topographie der Provinz Tango heisst es:

Im Distrikt Yosa ist ein Gau (*sato*) Namens Heki, und in diesem Gau ein Dorf (*mura*) Namens Tsutsukaha, und unter den Bewohnern dieses Dorfes war ein Mann Namens Mikaha no Tsutsukaha no Shimako (Inselkind). Dieser war der Urahn der Kusakabe no obito. Dieser Mann war von schöner Erscheinung und ohnegleichen herrlich. Er ist der sogenannte Ura-shima no Ko (oder Ura no Shima-ko) von Midzunowe. Das oben [über ihn Gesagte] weicht nicht ab von der Beschreibung des alten Schriftstellers Iyobe no Umakahi no

---

[10] Vgl. Seite 113.

[1] Wohl zwischen 730 und 750 abgefasst.

[2] Vgl. die Geschichte von *Hohodemi*, NIHONGI.

murazi. Also will ich die Geschichte im allgemeinen hier berichten:

Unter dem Kaiser, welcher im Palaste zu Asakura in Hatsuse das Reich regierte (d. i. Yūryaku-tennō, 457–479), fuhr Shimako allein auf einem Boote ins Meer hinaus und angelte. Aber er fing während dreier Tage und Nächte keinen Fisch. Da angelte er endlich eine fünffarbige[3] Schildkröte. Das kam ihm wunderbar vor, und er legte sie ins Boot und schlief ein. [Die Schildkröte] verwandelte sich plötzlich in ein Mädchen von unvergleichlich schöner Gestalt. Shimako fragte sie: „Der Menschen Häuser liegen weit entfernt von hier, und auf der Meeresebene ist kein Mensch. Wer bist du, und wie kommst du so unerwartet zu mir?" Das Mädchen antwortete lächelnd: „Ich dachte, du hübscher Gesell, du findest dich so allein auf dem Meere und hast Niemand, mit dem du dich unterhalten könntest. So kam ich auf den Lüften her." Shimako fragte wieder: „Von wo bist du auf den Lüften gekommen?" Das Mädchen antwortete: „Ich bin vom Himmel her gekommen. Ich bitte dich, lass deine Zweifel und unterhalte dich in Liebe mit mir!" Da erriet Shimako, dass sie eine Göttin sei, und hegte im Herzen Ehrfurcht. Das Mädchen fuhr fort: „Ich beabsichtige mit dir zusammen zu leben so ewig wie Himmel und Erde, wie Sonne und Mond [zusammen bestehen]. Welcher Meinung bist du?" Shimako antwortete: „Ich wüsste nichts darüber zu sagen." Das Mädchen sprach: „Wenn das so ist, so wende das Boot um nach dem Lande der Seligen.[4] Wenn du meinen Worten folgen willst, so öffne ein Weilchen deine Augen nicht!" Bald erreichten sie eine weite Insel in der Mitte des Meeres. Der Boden der Insel war wie mit Perlen besät; hohe Pforten schimmerten und hohe Paläste glänzten. Seine Augen hatten

---

[3] Die „5 Farben" der Chinesen sind: schwarz, rot, azur (grün, blau), weiss, gelb.

[4] *Toko-yo no kuni*, siehe im NIHONGI.

einen solchen Glanz noch nie erschaut, seine Ohren von solcher Pracht noch nie vernommen. Hand in Hand schritten sie langsam dahin und gelangten vor das Thor eines grossen Hauses. Da sprach das Mädchen: „Bleib hier ein wenig stehen!“, machte das Thor auf und ging hinein. Da kamen sieben Knaben und sprachen zu einander: „Das ist der Gemahl der Prinzessin Schildkröte.“[5] Wiederum kamen acht Knaben daher und sprachen zu einander: „Das ist der Gemahl der Prinzessin Schildkröte.“ Also erfuhr er, dass der Name des Mädchens Prinzessin Schildkröte war. Als das Mädchen heraus kam, erzählte ihr Shimako den Vorgang mit den Knaben, und das Mädchen sagte: „Jene sieben Knaben sind die Plejaden,[6] und jene acht Knaben sind die Hyaden.[7] Hege du keine Verwunderung!“ Und voran-schreitend geleitete sie ihn in das Haus. Der Vater und die Mutter des Mädchens kamen ihm entgegen, grüssten ihn, und alle vier nahmen Platz. Da erklärten [Vater und Mutter] den Unterschied zwischen der Menschenwelt und der Residenz der Seligen, und drückten ihre Freude über das zufällige Zusammentreffen des Menschen und der Gottheit aus, und gaben ihm hunderterlei vortreffliche schmackhafte Speisen zu essen. Ihre Brüder und Schwestern hoben die Becher und reichten sie dar im Austausch.[8] Die jungen Mädchen aus der Nachbarschaft näherten sich ihm scherzend mit roten Wangen, feenhafter Gesang tönte hell und klar, und göttliche Tänze wurden schlängelnd aufgeführt. Die Freude, welche hier genossen wurde, war zehntausendmal grösser als bei den Menschen. Da bemerkte er nicht, dass der Tag dunkel wurde; nur mit der Dämmerung zerstreuten sich alle Seligen allmählich. Nur das Mädchen allein blieb, Augenbraue an

---

[5] *Kame-hime.*

[6] 昴星 *bō-sei.*

[7] 畢星 *hissei.*

[8] Beim japanischen Trinkcomment tauscht man die Trinkgefässe gegenseitig aus, was etwa unserem Anstossen und auf Jemandes Wohl trinken entspricht.

Augenbraue und Aermel an Aermel,[9] und sie verkehrten nach der Art von Mann und Frau. Da vergass er sein früheres Sein und blieb in der Residenz der Seligen. Als drei Jahre verstrichen waren, befiel ihn plötzlich die Sehnsucht nach der Heimat. Er sehnte sich nach seinen Eltern, und Klagen und Kummer kamen ohne Unterlass zum Vorschein, und sein Seufzen und Stöhnen nahm mit jedem Tage zu. Da fragte ihn das Mädchen: „Seit einiger Zeit sehe ich dein Angesicht und bemerke, dass es anders ist als sonst. Bitte, lass mich dein Begehren wissen." Shimako antwortete: „Die Alten sagten: der kleine Mann[10] gedenkt der Heimat, und der tote Fuchs liegt mit seinem Kopf auf dem Hügel [wo sein Bau ist].[11] Ich meinte immer, das sei eine Fabel; jetzt aber empfinde ich, dass es wirklich so ist." Das Mädchen fragte: Wünschest du denn nach der Heimat zurückzukehren?" Shimako antwortete: „Meine Wenigkeit verliess die Heimat der Meinigen und meiner Freunde und kam weit ins Land der Götter und Seligen. Ich fühle mich von Sehnsucht überwältigt. Ich dachte wiederholt bei mir, wenn ich es wünschen darf, so möchte ich für ein Weilchen nach der Heimat gehen und meine Eltern sehen." Das Mädchen sagte, die Thränen trocknend und seufzend: „Ich hoffte, wir würden bis zum Alter von zehntausend Jahren zusammen leben, gleichwie Erz und Stein [so ewig]; warum sehnst du dich nach der Heimat und willst eine Zeit [ohne mich] verbringen?" Da wandelten sie Hand in Hand umher, sprachen mit einander und weinten und klagten. Endlich gingen sie, Aermel an Aermel, dahin und gelangten an einen Scheideweg. Die Eltern und Verwandten des Mädchens nahmen unter Wehklagen von ihm Abschied. Das Mädchen nahm ein Perlenkammkästchen[12]

---

9 Dies entspricht unsrer Redeweise: „Wange an Wange, Brust an Brust."
10 Bauer.
11 Chinesisches Citat.
12 *Tama-kushi-ge,* mit Perlen, Juwelen besetztes Kamm-kästchen.

hervor, und indem sie ihm dieses überreichte, sprach sie:
„Wenn du mich nicht vergessen und wieder mich sehen willst,
so öffne dies Behältnis nimmermehr und sieh nicht hinein!‘‘
Nachdem sie von einander Abschied genommen hatten, schiffte
er sich ein. Sie unterwies ihn, die Augen zuzumachen: da
auf einmal war er in seiner Heimat im Gau von Tsutsukaha
angelangt. Da blickte er den Ort an: die Bewohner und die
Dinge waren ganz anders geworden. Er fand da gar nichts,
woran er sein Haus erkennen könnte. Da fragte er einen
Dorfbewohner: „Wo wohnt jetzt die Familie des Urashimako
von Midzunowe?‘‘ Der Dorfbewohner antwortete: „Woher
bist du, dass du nach einem so alten Manne fragst? Wie ich
aus der Ueberlieferung der alten Leute gehört habe, war in
alten Zeiten ein Mann Namens Urashimako von Midzunowe.
Er fuhr allein in das weite Meer hinaus und kam nicht wieder.
Seitdem sind bis jetzt über dreihundert Jahre verstrichen.
Warum fragst du plötzlich danach?‘‘ Obgleich er unter dem
schmerzlichsten Gefühle der Trennung [von seiner Geliebten]
nach seiner Heimat zurückgekommen war, konnte er nun
doch auch nicht einmal Eines von beiden Eltern treffen, und
so verbrachte er Zehende von Tagen. Da streichelte er das
Perlenkammkästchen und gedachte der Göttin. Da vergass
er das Gelöbnis des vorigen Tages. Auf einmal machte er
das Kästchen auf. Da stieg in einem Nu etwas Duftendes in
die Lüfte und schwebte gegen den blauen Himmel. Damit
hatte Shimako sein Versprechen gebrochen. Er erkannte
auch, dass er seine Geliebte nie wieder treffen würde. Da
wendete er den Kopf [in der Richtung der Insel], aber brachte
[zuerst] die Füsse nicht von der Stelle. Dann wandelte er
schluchzend umher, und endlich wischte er die Thränen ab
und sang:[13]

---

[13] Die Erzählung endet mit diesen fünf phonetisch geschriebenen Liedern
in regelmässiger Tanka Form. Die drei letzten Verse des fünften Liedes sind
Urashima in den Mund gelegt.

Toko-yo he ni	Nach der Richtung des seligen Landes
Kumo tachiwataru	Erhebt sich die Wolke und schwebt
Midzunowe no	Und des Urashima-no-ko ⌊dahin.
Urashima no ko ga	Von Suminowe
Koto mochi wataru.	Worte trägt sie hinüber.

Darauf liess die Göttin aus weiter Ferne her ihre reizende Stimme hören und sang:

Yamato he ni	Nach der Richtung von Yamato [14]
Kaze fuki agete	Weht der Wind hinauf,
Kumo-banare	Und obgleich die Wolke hingerissen
Soki wori tomo yo	In der weit entfernten Gegend bleibt—
Wa wo wasurasu na.	Vergiss mich nicht!

Shimako konnte wiederum seine Liebessehnsucht nicht bezwingen und sang:

Kora ni kohi	Wenn nach der Liebsten mich sehnend
Asa to wo hiraki	Am Morgen das Fenster öffnend
Waga woreba	Ich dastehe,
Toko-yo no hama no	So vernehme ich das Tosen der Wogen
Nami no woto kikoyu.	Am Strande des Landes der Seligen.

Die Leute der späteren Zeit sangen nachher über ihn:

Midzunowe no	Wenn Urashima-no-ko
Urashima no ko ga	Von Midzunowe
Tama-kushige	Das Perlenkammkästchen
Akezu ari seba	Nicht geöffnet hätte,
Mata mo ahamashi.	So würde er wieder [mit ihr] zusammengetroffen sein.

Und ferner auch:

---

[14] Japan.

Toko-yo he ni	Nach dem Land der Seligen ⌈dahin.
Kumo tachi wataru	Erhebt sich die Wolke und schwebt
Tama-kushige	„ Ach, wie traurig ist es, dass
Hadzuka ni akeshi	Das Perlenkammkästchen
Ware zo kanashiki.	Ich ein klein wenig geöffnet habe ! “

G.—Aus dem Ise-Fūdoki.

Benennung des Landes Ise.

Das Land Ise ist der Ort, den der Nachkomme in zwölfter Generation von Ama no Minakanushi no Mikoto, nämlich Ame no Hi-waki no Mikoto, beruhigte. [1] Als der Kaiser Kamu-Yamato-Ihare-biko [2] von seiner Residenz im Westen her die östlichen Länder zu bekriegen kam, kam jener mit dem Kaiser nach dem Dorfe Kumanu im Lande Ki. Der Kaiser ging unter Führung des goldfarbigen Raben [3] hinein ins Mittelland und gelangte in den Unter-Gau [4] Uta. Hier befahl der Kaiser dem Oho-tomo no Hi-omi no Mikoto und sprach: „ Züchtige den Feind Naga-sune [5] von Ikoma schnell !“ Er befahl auch dem Ame no Hi-waki no Mikoto: „ In der Richtung nach dem Himmel [6] ist ein Land. Beruhige es !“ Dann gab er ihm ein Schwert zum Zeichen [seiner Sendung]. Ame no Hi-waki no Mikoto ging dem Befehl getreu mehrere Hunderte von Meilen nach Osten. In dem betreffenden Dorfe war ein Gott Namens Ise-tsu-hiko. Ame no Hi-waki no Mikoto befragte ihn: „ Wirst du dein Land dem göttlichen suveränen Enkel überreichen ?“ Jener antwor-

---

[1] D. h. unterwarf.

[2] *Jimmu-tennō.*

[3] Vgl. *Yata-garasu* im Jimmuki: NIHONGI, Buch 3, 2tes Jahr des Kaisers Jimmu.

[4] *Shimo-tsu-Agata.*

[5] „ Langschenkel,“ vgl. 2tes Jahr Jimmu.

[6] D. h. nach Osten.

tete: „ Ich gewann dieses Land und bewohne es schon seit langem.   Ich kann dem Befehl keine Folge leisten." Als Ame no Hi-waki no Mikoto ein Heer auf die Beine brachte und den Gott töten wollte, sagte dieser in ehrfürchtiger Unterwerfung: „ Ich werde meine Länder alle dem göttlichen suveränen Enkel übergeben.   Ich wage nicht, hier zu wohnen." Ame no Hi-waki no Mikoto liess ihn fragen: „ Wenn du fortgehst, was giebst du zum Zeichen dafür?" Jener antwortete: „ Ich werde in dieser Nacht die acht Winde erwecken und die Meeresflut aufwühlen und auf den Wogen mich nach den östlichen Ländern begeben.   Dies wird das Zeichens meines Fortgehens sein." Ame no Hi-waki no Mikoto stellte sein ganzes Heer in Schlachtordnung und spähte.   Als es Mitternacht geworden war, erhoben sich in allen vier Himmelsrichtungen Sturmwinde, die rauhen Wogen schlugen stürmisch zusammen, und es war so hell wie am Tage.   Land und Meer waren deutlich sichtbar.   Er ging endlich auf den Wogen nach Osten.   Die alte Redeweise Kami-kaze no Ise-no-kuni[7] „ das vom Götterwind [durchwehte] Land Ise " gründet sich hierauf.   Als Ame no Hi-waki no Mikoto dieses Land zur Ruhe gebracht hatte und dem Kaiser davon Nachricht gab, freute sich der Kaiser ausserordentlich und sagte: „ Das Land soll nach dem [ursprünglichen] Gott des Landes benannt werden," und so nannte er das Land Ise, und gab [dem Ame no Hi-waki no Mikoto] das Land zum Lehen.[8]

H.—Aus dem Settsu-Fūdoki.

Yume-nu „ das Traumfeld."

Im Kreis Utomo liegt das Traumfeld.   Die alten Leute erzählen von der alten Zeit folgendermassen:

---

[7] *Kami-kaze no* „ des Götter-Windes " ist das stehende Makura-kotoba oder schmückende Epitheton für *Ise* in der Poesie.

[8] *Yosashi-dokoro.*

Vor alters lebte ein männlicher Hirsch auf dem Felde Toga. Seine [rechte] Hirsch-Frau wohnte auf diesem Felde, seine Hirsch-Nebenfrau aber wohnte auf der Insel Nu-zima[1] im Lande Ahaji. Der Hirsch ging sehr oft nach Nu-zima und stand in sehr inniger Liebesbeziehung zu seiner Hirsch-Nebenfrau. Einstmals, des Morgens, nach der Nacht, wo er bei seiner [rechten] Hirsch-Frau übernachtet hatte, erzählte er seiner Frau: „Heute Nacht träumte mir, dass auf meinen Rücken Schnee fiele und darauf Susuki[2] wüchsen. Was wird dieser Traum bedeuten?" Die Hirschfrau, die nicht wollte, dass ihr Mann wieder zu seiner Hirsch-Nebenfrau gehe, deutete es betrügerischer Weise wie folgt: „Dass auf deinem Rücken Gräser wuchsen, bedeutet dass Pfeilschüsse deinen Rücken treffen werden. Dass darauf Schnee fiel, bedeutet dass man Schaum-Salz[3] auf dein Fleisch streuen wird. Wenn du nach Nu-zima hinübergehst, wirst du gewiss Bootsleuten begegnen und in der Mitte des Meeres tot geschossen werden. Geh nimmermehr dorthin!" Als der Hirsch-Mann, seine Sehnsucht nicht bemeistern könnend, sich doch wieder nach Nu-zima hinüber begab, traf er auf dem Meere mit einem Boote zusammen und wurde tot geschossen. Daher nennt man dieses Feld [von Toga] das Traumfeld.

J.—Aus dem Suruga-Fūdoki.

Der Konu-mi no Hama „Strand der Ausschau nach dem Nichtkommenden" und der Teko no Yobi-saka „Abhang wo das Weib ruft."

Es war ein Gott, der auf dem Strande Konu-mi im Distrikt Iho-hara seine Frau wohnen hatte und sie [dort] zu

---

[1] Feld-Insel.
[2] Eine Rohrart, Eularia japonica.
[3] D. h. aus Meerwasser gewonnenes Salz.

besuchen pflegte. [1] Dieser Gott kam immer über den Berg Ihaki her, aber da auf diesem Berge [ein] gewaltthätiger [böser] Gott wohnte, welcher ihn auf dem Besuchsgang hinderte, so konnte er [oft] nicht zu ihr kommen. Er musste immer die Abwesenheit dieses Gottes ausspähen, um zu ihr hingehen zu können. Daher war das Kommen erschwert. Die Göttin [seine Frau] stand Nacht für Nacht, um auf ihren Gott zu warten, auf der diesseitigen Seite des Berges Ihaki. Wenn sie vergebens auf ihn wartete, so schrie sie, indem sie den Namen des Gottes ausrief. Daher nennt man den Ort Teko no Yobi-saka, u. s. w. Teko heisst in der Sprache der östlichen Länder so viel wie „Weib;“ Tago no ura „die Bucht von Tago“ ist eigentlich Teko no ura „Weibs-Bucht.“

„Nicht fähig, den Teko no Yobi-saka im Ostlande zu überschreiten, werde ich auf dem Berge schlafen müssen, ohne dass ich Obdach finde?“

„Wenn ich über den Teko no Yobi-saka im Ostlande hinschreite, werde ich Liebe geniessen, obgleich ich sie nachher nicht treffen kann.“ [2]

K.—Aus dem Bingo-Fūdoki.

Susa no Wo als Gott der Pestilenz.

Der Tempel des Landes Ye. Als einst vor Zeiten der Gott Take-araki [1] des Nordmeeres zur Tochter des Gottes des Südmeeres zum Liebesgenuss ging, ging der Tag zur

---

[1] Man beachte die eigentümliche Sitte, welche durch zahllose Beispiele aus der ältesten japanischen Litteratur belegt ist, dass der Ehemann nicht mit seiner Frau zusammen wohnt, sondern sie nur nachts in ihrem Hause besucht, beim Morgengrauen und Hahnenschrei aber wieder seiner Wege gehen muss. Viele Lieder, die wir mit unseren mittelhochdeutschen Wächterliedern vergleichen könnten, verdanken dieser Sitte ihren Ursprung.

[2] Zwei Gedichte, denen noch mehrere folgen, welche ich hier unterdrückt habe.

[1] 武塔神 „ungestüm-wütender Gott.“

Rüste. Dort waren zwei Brüder Namens Sominshōrai und Kyotanshōrai.[2] Der ältere Bruder Sominshōrai war äusserst arm, der jüngere Bruder Kyotanshōrai war reich begütert und hatte an die hundert Gebäude und Speicher. Bei diesem bat der Gott Take-araki um ein Nachtlager, aber jener gewährte es ihm nicht aus Geiz. Der ältere Bruder Sominshōrai aber gewährte es ihm. Er machte [dem Gott] aus Hirse-Stroh ein Lager und gab ihm gekochte Hirse zu essen. Nachdem ihm die Speise dargeboten worden war,[3] ging der Gott fort. Nach einigen Jahren kam der Gott mit acht göttlichen Kindern[4] wieder und sagte: „Ich will Shōrai belohnen,“ und fragte ihn: „Sind deine Kinder in deinem Hause?“ Sominshōrai antwortete: „Ich, meine Tochter und meine Frau sind da.“ Da sagte der Gott: „Bindet euch Binsenkränze[5] um die Hüften!“ [Sominshōrai] liess dem göttlichen Befehl gemäss welche umbinden. In dieser Nacht vertilgte der Gott alle Menschen, ausgenommen Somin und seine zwei weiblichen [Angehörigen]; und dann sprach der Gott zu ihm: „Ich bin der Gott Haya-susa no Wo.[6] Wenn in späterer Zeit einmal eine ansteckende Krankheit kommt, so soll man künden, dass man ein Nachkomme von Sominshōrai ist, und einen Binsenkranz um die Hüften binden. Wenn man meinem Wort gehorsam einen solchen umbinden lässt, so werden die Glieder der Familie des Betreffenden von der Krankheit verschont bleiben.“

---

[2] 蘇民將來 und 巨旦將來. Die Lesung dieser beiden Namen ist sinico-japanisch. Ueber ihre Herkunft und Bedeutung weiss ich nichts mitzuteilen. Papierstücke (*ofuda*) mit dem Namen *Sominshōrai* darauf geschrieben werden als Amulett gegen ansteckende Krankheiten gebraucht.

[3] Wohl am folgenden Morgen vor dem Abschied.

[4] Lit. „acht Pfeiler Kindern“; vgl. Seite 5, Anm. 9.

[5] *Chi no wa*. Man beachte die Rolle, welche der „Binsenkranz“ noch jetzt bei der Oho-harahe Ceremonie spielt! Siehe meine ANCIENT JAPANESE RITUALS, a. a. O. pag. 28, wo ein Bild desselben gegeben ist. Vgl. auch oben Seite 99: „mit Chi-Gras umwundener Speer.“

[6] Zur Rolle dieses Gottes als Menschenvertilger vgl. Seite 30.

L.—Aus dem Inaba-Fūdoki.

Der weisse Hase. [1]

Nach der „ Beschreibung von Inaba " [2] ist in diesem Lande ein Distrikt Namens Taka-kusa „ Hoch-Gras." Dieser Name wird zwiefach ausgelegt. Weil nach der einen Auslegung auf dem Gefilde dort hohe Gräser wuchsen, hiess es Takasa, [3] und dieses Gefild hat dem Distrikt den Namen gegeben. Nach der anderen aber hiess der Distrikt Take-kusa „ Bambus-Gras." Früher war hier ein Bambuswald, woher der Name gekommen ist. Sagte man so, weil man dachte, dass der Bambus der Häuptling der Gräser ist? Und um betreffs des Bambus einen Beweis beizubringen, [4] [erzählt man]:

Vor alten Zeiten wohnte im Bambuswalde ein alter Hase. Einst kam plötzlich eine grosse Ueberschwemmung, so dass dieser Bambuswald ein Wasser wurde. Weil die Wellen die Wurzeln des Bambus wegwuschen und bloslegten, stürzte alles zusammen. Der Hase, der auf den Bambuswurzeln [über das Meer] hintrieb, gelangte auf die Insel Oki. [5] Nachdem die Wassermasse sich wieder verlaufen hatte, wollte er nach seiner Heimat zurück, aber er konnte nicht [über das Meer] hinüber. Da kam auf dem Wasser ein Wani „ Seeuntier" genannter Fisch. [6] Der Hase sprach zu dem Wani: „ Wie

---

[1] Weiss „ bedeutet so viel wie „ nackt." Vgl. die Version des KOJIKI, oben Seite 256. Die vorliegende Version des FŪDOKI halte ich fürent schieden ursprünglicher als die des KOJIKI, obgleich die Aufzeichnung etwas später stattgefunden hat.

[2] *Inaba-ki,* wohl Abkürzung von *Inaba-Fūdoki.*

[3] *Takasa* kontrahiert aus *Taka-kusa.*

[4] Einen Beweis für die zweite Auslegung, dass *Taka* von *take* „ Bambus" herzuleiten sei.

[5] Inaba liegt der Insel Oki gegenüber.

[6] Unbeholfene Ausdrucksweise. *Wani* bedeutet im jetzigen Sprachgebrauch „ Krokodil;" für die alte Bedeutung des Wortes siehe Seite 148, Anm. 89.

zahlreich ist deine Sippe?“ Das Wani sagte: „ Meine
Sippe ist so gross, dass sie das Meer füllt. Der Hase sagte:
„ Meine Sippe ist zahlreich und füllt Berge und Felder. Aber
ich will zuerst zählen, wie zahlreich deine Sippe ist. Versammle
die Wani von der Insel Muro bis zum Kap Keta,[7] so will
ich einzeln die Zahl der Wani zählen und die Vielheit deiner
Sippe kennen lernen. Vom Hasen betrogen versammelte das
Wani seine Verwandten und reihte sie Rücken an Rücken.
Da unternahm [der Hase] die Zählung, indem er auf die
Rücken der Wani trat, und gelangte so an das Kap Take-saki
„ Bambuskap.“ Sodann sprach er zu den Wani, im Glauben
seinen Zweck vollständig erreicht zu haben: „ Ich bin hier
herüber gekommen, indem ich euch betrog. In Wirklichkeit
wollte ich die Vielheit eurer Verwandten gar nicht sehen.“
Da wurden die Wani zornig, packten den Hasen, rupften dem
Hasen die Haare aus und machten ihn zu einem haarlosen
Hasen. Darob hatte der Gott Oho-na-muchi Mitleid mit ihm
und lehrte ihn: „ Streife Gama[8]-Blüten ab und wälze dich
darauf umher.“ Als der Hase that, wie ihm gelehrt worden
war, kamen viele Haare wie früher hervor.

M.—Aus dem Afumi-Fūdoki.

1.—Der kleine See Ikago (Das Federkleid).

Nach der Ueberlieferung der Alten:
Der kleine See Ikago im Gau Yogo im Distrikt Ikago
im Lande Afumi liegt im Süden des Gaus. Acht Himmelsmädchen[1] kamen alle in Schwäne verwandelt vom Himmel

---

[7] Weiter unten *Take*. Es sieht fast aus, als ob das eine Wort durch
Silbenumstellung aus dem anderen entstanden sei.

[8] Teichkolbe, Typha japonica.

[1] 天女 *tennyo* oder *ama tsu wotome*, die indischen *Apsaras*. Die Erzählung
ist zweifellos indischen Ursprungs und mit dem Buddhismus nach Japan

hernieder und badeten sich im südlichen Hafen des Sees. Da
bemerkte [ein gewisser] Ikatomi, der sich auf dem Berge im
Westen befand, von ferne das Ungewöhnliche in der Gestalt
dieser Schwäne, und indem er bei sich dachte, dass es wohl
Göttinnen sein müssten, ging er heran und fand, dass es
Göttinnen waren. Da verliebte sich Ikatomi in sie, und vermochte sich nicht wieder hinweg von der Stelle zu begeben.
Heimlich schickte er seinen weissen Hund [vor], liess durch
ihn das himmlische Gefiederkleid [2] der jüngsten der Schwestern
wegstehlen und verbarg es. Die Himmelsmädchen bemerkten
alles, und die sieben älteren flogen in den Himmel hinauf.
Die jüngste allein konnte nicht wegfliegen; alle Himmelspfade
waren für sie ewig versperrt, und sie wurde eine Erdbewohnerin.
Diese Bucht, wo die Himmelsmädchen sich badeten, ist es,
die man in der Jetztzeit Kami-ura, d. i. Götterbucht, nennt.
Ikatomi vermählte sich mit der jüngsten Schwester der Himmelsmädchen und wohnte hier mit ihr. Sie bekamen endlich Söhne
und Töchter: der Söhne waren zwei, und der Töchter zwei.
Der ältere der Söhne hiess Omishiru, der jüngere Nashitomi;
die [ältere] Tochter hiess Iseri-hime, und die nächste Naseri-
hime. Sie wurden die Urahnen der Murazi von Ikago. Nachher
suchte die Mutter ihr Himmels-Flügelkleid heraus, zog es an
und stieg in den Himmel hinauf. Ikatomi lag nun allein im
verlassenen Bette und seufzte ohne Unterlass.

---

gekommen. Sie ist dramatisiert in dem mittelalterlichen Nō-Drama HA-GOROMO
„das Federkleid." Das Drama verlegt die Scene nach dem Strande von
Miho-no-Matsubara in der Provinz Suruga, nahe um Fusse des Fuji no yama.
Doch erlangt darin die Fee ihr Kleid von dem Fischer, welcher es genommen,
nach einigen Bitten unter der Bedingung zurück, dass sie einen himmlischen
Tanz vor ihm aufführt. Die Handlung des Dramas ist äusserst vereinfacht;
lyrische Gesänge und Tanz bilden den Hauptinhalt. Eine Uebersetzung dieses
Stücks giebt *Chamberlain* in CLASSICAL POETRY OF THE JAPANESE, pag. 137-
146; eine deutsche Uebertragung der letzteren findet man in Selenka's „Sonnige
Welten," Seite 252-258.

    [2] *Ama no ha-goromo.*

Entstehung der Insel Tsukubu.

Die Alten erzählen auch :

Tatami-hiko no Mikoto, der Sohn des Shimo-haya-hiko no Mikoto, wird der Gott des Ibuki-Hügels genannt. Die Tochter [des Shimo-haya-hiko], Susashi-hime no Mikoto, welche die ältere Schwester des Gottes des Ibuki-Hügels war, hatte ihre Residenz auf dem Gipfel des Ku-e. Sodann [war da] Asawi-hime, welche die Nichte des Gottes des Ibuki-Hügels war, und auf dem Asawi-Hügel wohnte. Einst stritt der Ibuki-Hügel mit dem Asawi-Hügel, welcher von beiden der höhere sei. Als der Asawi-Hügel innerhalb einer Nacht seine Höhe vermehrte, wurde der Ibuki-Hügel zornig, zog sein Schwert aus der Scheide und schnitt das Haupt der Asawi-hime ab, dass es in den See hinabrollte Dies wurde sogleich eine Insel im See. Was man die Insel Tsukubu-shima nennt, ist wohl dieses Haupt.

N.—Aus dem Tosa-Fūdoki.

Der Fluss Miwa-gaha.

Im Fudoki des Landes Tosa[1] steht :

Die Zeichen 神河[2] liest man *Miwa-gaha*. Der Fluss, in den nördlichen Gebirgen entsprungen, fliesst ins Land Iyo hinein. Weil das Wasser desselben rein ist, so benutzt man das Wasser dieses Flusses, wenn man für den grossen Gott[3]

---

[1] Der hier gegebene Auszug aus dem Tosa-Fūdoki ist im Urkommentar zum 1. Buche des Manyōshū (萬葉注釋卷 一) enthalten. Provinz Tosa auf der Insel Shikoku.

[2] Sinico-jap. *shin-ka*, jap. *kami-gaha* „ Götter-Fluss.“

[3] *Oho-na-muchi*, alias *Oho-kuni-nushi*.

Sake [4] braut. Daher kommt der Flussname. Was den Grund anbelangt, warum man das Zeichen 神 [5] hier *Miwa* liest, so steht im Kojiki des Ohono no uji: [6]

Unter dem Kaiser Sūjin wurde Prinzessin Yamato-hime no Mikoto die Frau des grossen Gottes von Oho-miwa.—Jede Nacht kam heimlich ein Mann zu ihr und ging bei der Morgendämmerung wieder weg. Die Prinzessin fand es sonderbar, zog einen gesponnenen Flachsfaden durch ein Nadelöhr und steckte diese Nadel, als der Mann bei der Morgendämmerung weggehen wollte, in den Saum seines Kleides. Sie fand am Morgen, dass nur drei Windungen im Behältnis übrig geblieben waren. Daher nannten die Leute der damaligen Zeit den Ort Miwa-mura; der Name des Tempels kam auch davon.

---

[4] *Sake* befindet sich unter den Opfergaben an die Götter.

[5] „Gott.“

[6] Kojiki, Sect. 65. Die Uebersetzung dieser Geschichte siehe oben Seite 274; hier haben wir nur ein kurzes Referat derselben. Im Kojiki heisst das Mädchen *Iku-tama-yori-bime.* Der Verfasser des Kojiki ist *Ohono Yasumaro,* dessen Familie noch jetzt existiert; ihr Oberhaupt ist Chef der Kagura Musik am Kaiserlichen Hofe und zugleich Violinist in der Hofkapelle.

Synopsis

DER

Göttergenealogie im Nihongi.

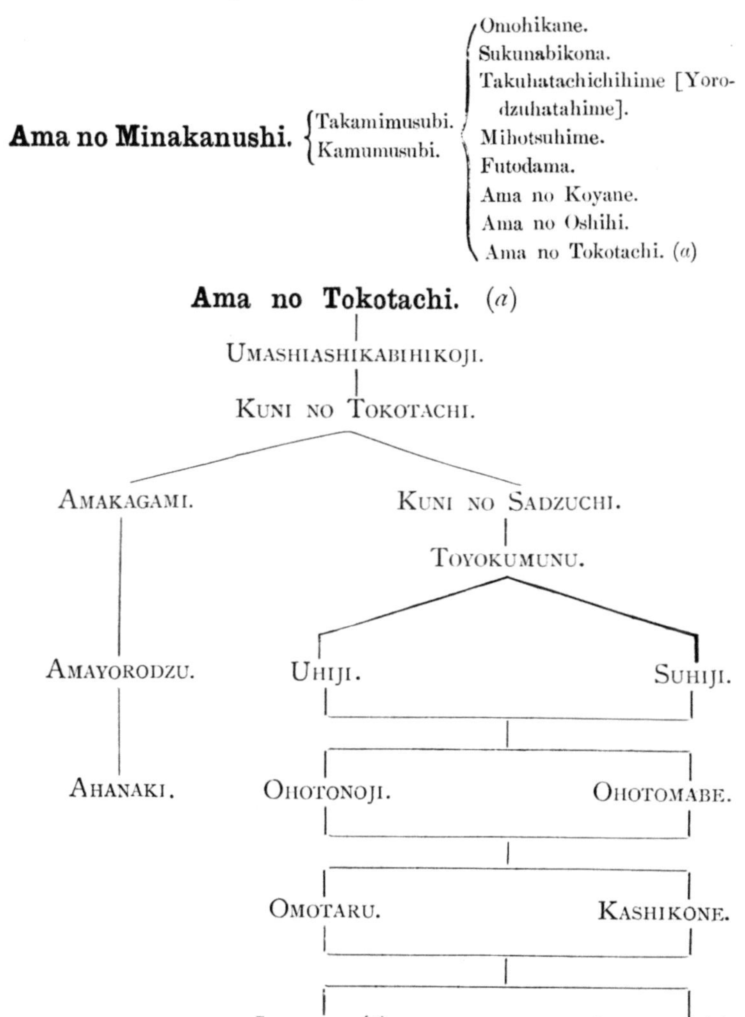

Länder.   **Götter.**

(b + c)
Von Izanagi und Izanami vereint stammen:

Länder:
Onogoro.
Ahashima.
Ohoyamato no Toyoakitsushima.
Iyo no Futana.
Tsukushi.
Oki.
Sado.
Ohoshima.
Kibi.
Ahaji.
Koshi.
Tsushima.
Iki.

Götter:
Hiruko.
Kukunochi (*Baumgott*).
Kayanu-hime (*Kräutergöttin*).

Felsenkampferholzboot.
Mitsuha no Me (*Wassergöttin*).
Haniyamabime (*Erdgöttin*). (*d*)
Kagudzuchi (*Feuergott*). (*e*)
Himl. Kürbis.
Kanayamabiko (*Erzgott*).
Shinatsuko (*Windgott*).
Shinatobe (,,).
Uka no Mitama (*Nahrungsgöttin*).
Hayaakitsuhi (*Flussgott*).
Ama no Akarutama.
Kotokatsu Kunikatsu Nagasa.
Watatsumi (*Meergötter*).
Yamatsumi (*Berggötter*).
Sonnengöttin. (*f*)
Mondgott.
Susanowo. (*g*)

(b)
Von Izanagi allein:

Nakisahame.
Funato.
Nagachiha.
Wadzurahi no Kami.
Akiguhi ,, ,,
Chishiki ,, ,,
Yasomagatsuhi.
Ohoayatsuhi.
Kamunahobi.
Ohonahobi.
Soko tsu Watatsumi.
Sokotsutsuwo.
Naka tsu Watatsumi.
Nakatsutsuwo.
Uha tsu Watatsumi.
Uhatsutsuwo.
(Amaterasu Ohohirume).
(Wakahirume).
(Tsukiyomi).
(Susanowo).

(c)
Von Izanami allein:

Die 8 Donner
Oho-ikadzuchi.
Ho ,,
Tsuchi ,,
Waki ,,
Kuro ,,
Yama ,,
Nu ,,
Saka ,,

(*d + e*)
Erdgöttin
und
Feuergott.

— Wakumusubi — Seidenraupe. / Maulbeerbaum. / Fünf Körnerfrüchte.

(*e*)
Durch
Zerhauen
des
Feuergotts:

Idzu no Wobashiri — Mikahayahi — Hihayahi.
Takemikadzuchi.

Ihasaku.
Nesaku.
Ihatsutsunowo / Ihatsutsunome } —Futsunushi [Ihahinushi].
Kuraokami.
Kurayamatsumi.
Kuramitsuha.

Ohoyamatsumi— Ihanagahime. / Kaashitsuhime [Konohanasa- / kuyahime]

Nakayamatsumi.
Hayamatsumi.
Masakayamatsumi.
Shigiyamatsumi.

(*f*)
Amaterasu:
(Sonnengöttin).

Masakaakatsu Kachihayabi Ama no Oshihomimi. (*h*)
Ama no Hohi—Ohoseihi no Mikuma no Ushi.
Ama tsu Hikone.
Ikutsuhikone.
Kumanu no Kusuhi.
Hi no Hayahi.

(*g*)
Susanowo:

Tagoribime.
Tagitsuhime.
Ichikishimahime
Ohoyatsuhime.
Tsumatsuhime.
Isotakeru (Idakeru).

Ohonamuchi — [od. / Ohokuninushi]. — Kotoshironushi — Himetatara Isuzuhime. / (*Frau Jimmutennō's*). / Ajisukitakahikone. / Shitateruhime.

Ama no Oshihomimi. (*h*)

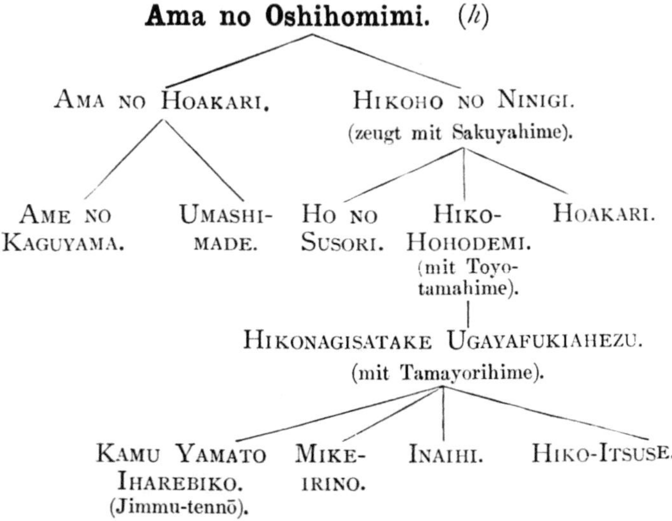

Vergleichendes Namensverzeichnis der wichtigsten Naturgottheiten.

Die oft gemachte Unterscheidung in *Himmelsgötter* (7 Generationen, bis Izanagi u. Izanami) und *Erdengötter* (5 Generationen: Amaterasu, Ama no Oshihomimi, Hiko-ho-ho-Ninigi, Hohodemi u. Ugayafukiahezu) wird von Motowori im Kojiki-den als spätere Erfindung verworfen; die Einteilung der Götter in himmlische und irdische ist nicht rein japanisch, sondern von chinesischen Ideen beinflusst.

Chihayaburu, das oft gebrauchte Makura-kotoba (Epitheton ornans) zu *Kami* „Gott" wird als Abkürzung von *ichi-hayaburu* im Sinn von *araburu* betrachtet. Im Kojiki findet sich auch *chihayaburu araburu* (*kuni tsu kami*), dsgl. im Nihongi: „abscheulich wütender" (Gott). Dies Epitheton wurde in der allerältesten Zeit nur mit Bezug auf böse Götter und starke, wildwütende Männer (*takeki hito*) gebraucht; seit dem Mittelalter aber wurde es auf Götter ganz im allgemeinen angewendet.

(Abkürzungen: **K** = Kojiki, **N** = Nihongi, **E** = Engi-shiki, **M** = Manyōshū, **W** = Wamyōshō).

Sonnengöttin.

K 1:—*Ama-terasu-oho-mi-kami.*

N 1:—*Oho-hiru-me no Muchi ; Ama-terasu-oho-[mi]-kami ; Ama-terasu-oho-hiru-me no Mikoto ; Oho-hiru-me no Mikoto.*

E 10:—*Ama-teru* jinja.

Sagoromo:—*Ama-teru-kami.*

Ko-dai-jingu-gishiki-chō:—*Ama-terasu Oho-hiru-me no Mikoto.*

M Buch 2:—*Ama-terasu Hiru-me no Mikoto.*

„   „   18:—*Ama-terasu kami* no mi-yo (Alter).

In einem **Kagura-uta**:—Ame naru ya *Hiru-me no Kami*
„ im Himmel befindliche Göttin Hiru-me."

Im **Kokinshū** findet sich als Gedichtstitel die Ueberschrift
Hirume no uta, im Gedicht selbst aber kommt der Name
nicht weiter vor.

Mondgott.

Stets *Tsuki-yomi* (*Tsuku-yomi*), einmal **N 1** Var. *Tsuki-yumi.*

Sterngott.

N 1:—*Kagase-wo.* Var: *Ama-tsu-mika-boshi*, mit anderem
Namen *Ame no Kakase-wo.*

Windgötter.

K 1:—*Shina-tsu-hiko.*

N 1:—*Shina-tobe no Mikoto*, oder *Shina-tsu-hiko no Mikoto.*

E 8 (Norito): *Shinato* no kaze.

Nach Mabuchi's Ansicht, citiert von Motowori im KOJIKI-
DEN, werden im Norito 2 Windgötter genannt, und wäre im
KOJIKI etc. die Aufstellung unvollkommen.

Im **Sandaijitsuroku** werden Tempel des Windgottes in
Iyo und Aki erwähnt; dort heisst er 風伯神 *Fuhaku-shin*
„Wind-beherrscher Gott," was ein rein chinesischer Ausdruck
ist. Es wird daselbst auch eine Rangbeförderung des Gottes
erwähnt, nämlich Beförderung vom Range Shō-roku-i no Jō
(1. Klasse des oberen 6ten Ranges) zum Range *Jū-go-i no
Ge* (2. Klasse des unteren 5. Ranges).

N 1:—*Hayaji*, Gott des Wirbelwindes.

Sturmgott.

K 1 und **N** 1:—*Susa no Wo no Mikoto.*

K 1:—*Haya-susa no Wo no Mikoto.*

N 1:—*Take-haya-susa no Wo no Mikoto; Kamu-Susa no Wo no Mikoto.*

Regengötter.

K 1:—*Kura-Okami.*

N 1:—*Taka-Okami.*

Nach Motowori ist *Kura-Okami* eine über den Regen gebietende Drachengottheit in den Klüften, *Taka-Okami* eine entsprechende Drachengottheit auf den Bergen.

Das **Sandaijitsuroku** erwähnt, im Lande Yamato, die Beförderung des *Hanifu no u-shi no kami* vom Range Shō-shi-i no Ge (*shi* = 4) zum Range Ju-sammi (Unterer 3ter). *u-shi* 雨師 „Regen-Herr" ist wieder eine chinesische Terminologie; *Hanifu* ein Ortsname. In einem Gedicht des **Shinyō-wakashū** wird ein *u-shi no yashiro* erwähnt.

Erdbebengott.

N 22, Suiko 7. Jahr, 4. Monat.

Donnergötter. (*Raijin*).

Allgemeiner Name für „Donnergott" ist *ikadzuchi*. Die Einzelnamen der 8 Donnergötter siehe Seite 65 f.

E 9 :—*naru kami* jinja „Tempel des donnernden Gottes." Auch im **N** der Ausdruck *naru kami*.

Wassergottheiten.

K 1 und **N 1**:—*Midzu-ha no Me.* **N 1**:—*Kura-mitsu-ha.*

N 3:—*Itsu Midzuha no Me* (*itsu* gewaltig).

Als Brunnengottheit **K 1** und **E 9** und **10** *Mi-wi no Kami.*

Feuergott.

K 1:—*Hi no Yagi-haya-wo no Kami*, oder *Hi no Kaga-hiko no Kami*, oder *Hi no Kagu-dzuchi no Kami.*

N 1: Var. *Kagu-dzuchi*; *Ho-musubi*.

N 3:—*Idzu Kaga-tsuchi*.

E 8:—*Ho-musubi no Kami*.

E 9:—*Ho-musubi no Mikoto* no jinja.

Grasgöttin (*Kusa no kami*).

N 1:—*Kaya-no hime*, oder *No-dzuchi*.

K 1:—*Kaya-nu-hime no Kami*, oder *Nu-dzuchi no Kami*.

N 3:—*Idzu-no-dzuchi* „gewaltig-Feld-Altehrwürdige.“

E 7:—*No no kami* wo matsuru „die Feldgöttin verehren.“

In einem Lied des **Fubokuwakashō**:— *Kusa-kaya-hime*.

Baumgötter.

K 1:—*Kuku-no-chi no Kami*.

N 1:—*Kuku-no-chi*.

E 8:—*Kukuchi no Mikoto*.

Fubokuwakashō:—*Kuku-no-chi no Kami*.

W:—*Ko-tama* „Baum-Geist.“

Spezielle Baumgottheiten:

K 1:—*Ki no mata no Kami* „Baumgabel-Gott.“

Ōgi-shō:—*Ha-mori no Kami* „blattschützende Gottheit“ ist ein Baumgott.

Makura no Sōshi:—Kashiha-gi ito okashi, *Ha-mori no Kami* no masuran mo ito kashikoshi, d. i. die Eiche ist sehr anziehend, und dass der blattbeschützende Gott darin seinen Sitz nehmen soll, beansprucht unsere Ehrfurcht.

Mei-toku-ki (明德記):— *Kashiha no Kami* „Gott der Eichen.“ Beim Fest des Tempels zu Ise nimmt man manchmal die Blätter von Eichen auf der Insel Sasara östlich von Futami. Aber diese Insel ist sehr steil, und vom [Fest-] Lande aus kann man nicht immer danach hinfahren. Nur zur Zeit der Ebbe hält man mit einem Boot an dieser Insel und schneidet [mit einer Sense] Eichenblätter ab, die auf die Wellen herunterfallen. Diejenigen Blätter, welche zu Gottesbechern dienen sollen, halten sich auf den Wellen; die Blätter, welche nicht verdienen es zu werden, sinken unter. Auf diese Weise erkennt man die Gottesbecher (神 杯), und diese nennt man *Kashiha no Kami* „Eichen-Gott."

Gottheit der Nahrung.

Uke-mochi no Kami „ Speise-bewahrende Gottheit."

N 1:—*Uka no Mi-tama no Mikoto.* Das **Wanyōshō** führt aus dem Nihongi-shiki die Form *Uke no Mi-tama* an.
Var. *Uke-mochi no Kami.*

K 1:—*Toyo-uke-bime no Kami*, Kind von Waku-musubi.
Oho-ge-tsu-hime no Kami, Tochter von Izanagi u. Izanami.
Uka no Mitama, Kind von Haya-Susanowo no Mikoto.
(*Waka-musubi*, **N.** 1 Var., aus dessen Nabel die 5 Körnerfrüchte entstanden, wird von Manchen als Gott des Getreides aufgefasst).

N 3:—(Jahr 663, 9. Monat).........die Nahrung soll *Idzu no Uka no Me* „ Heiliges Nahrungs Weib " genannt werden.

Toyuke no miya gishiki-chō:—die erlauchte Speise-Gottheit *Toyuke no Oho-kami* (*toyuke=toyo-uke*). Im Gekū von Ise verehrt.

E 9:—*Waka-uka no Me no Mikoto.*

E 10:—*Oho-uka* no jinja, in Tango.

Montokujitsuroku:—*Oho-mi-ke-tsu-hiko no Mikoto no Kami* und *Oho-mi-ke-tsu-hime no Mikoto no Kami*, in der Provinz Kahachi.

In einem **Kagura-uta**:—*Toyo-woka-hime no Kami* (*woka* mit Kana geschrieben).

K 1:—*Oho-toshi no Kami* „ Erntegott," Sohn von Susanowo, Geschwistergottheit von Uka no Mitama no Kami.

Kogoshūi :—*Mi-toshi no Kami.*

E 8:—*Mi-toshi no sumera-kami-tachi* (Plural).

E 9:—*Mi-toshi* no jinja, in Yamato.

Erdgottheiten (*Tsuchi no kami*).

K 1:—*Hani-yasu-biko no Kami* und *Hani-yasu-bime no Kami*, Kinder von Izanami.

N 1:—*Hani-yama-bime no Kami;* Var. *Hani-yasu no Kami.*

K 1:—*Oho-tsuchi no Kami*, alias *Tsuchi no Mi-oya no Kami*, Kind von Oho-toshi no Kami.

E 9:—*Take-hani-yasu* no jinja, in Yamato.

Berggötter.

W:—*Yama no kami.*

K 1:—*Oho-yama-dzu-mi no Kami.*

N 1:—*Oho-yama-tsu-mi*

Naka-yama-tsu-mi

Ha-yama-tsu-mi ⎫ 5 Stücke des Feuergottes.

Masaka-yama-tsu-mi

Shigi-yama-tsu-mi

M 1:—*Yama-dzu-mi.*

> **K 2**, Abt. Sūjin-tennō : *Saka no mi-wo no Kami* „ Gott der erl. Schwänze (Abhänge) der Hügel."
> Hierher wohl auch **K 1**:—*Kana-yama-biko no Kami* und *Kana-yama-bime no Kami*, Erz-Berg Gottheiten.

Wegegötter (*Michi no kami*).

K 1:—*Michi no Naga-chi-ha no Kami* und *Chimata no Kami*.

N 1:—*Funado no Kami* und *Naga-chi-ha no Kami*.

N 1:—Var. *Kunado no Mi-oya no Kami*.

Fuboku-waka-shō:—*Naga-chi-ha no Kami*.

E 8:—*Ya-chimata-hiko; Ya-chimata-hime; Kunado* (3 Gottheiten).

W:—*Sahe no Kami*, auf der Strasse stehende Gottheit, 道祖神 *dō-so-shin* (Weg-Vater-Gott).

Flussgötter.

N 11:—*kaha no kami*, einfach erwähnt.

N 20:— „ „ „

M:—*kaha no kami*,

K 2, Abt. Sūjin, wird ein *kaha-se no kami* „ Gott der Flussströmung" ohne besonderen Namen erwähnt.

Meergötter.

W :—*Wata-tsu-mi.*

K 1:—*Oho-wata-tsu-mi no Kami.*

„ „ *Wata-tsu-mi no Kami.*

N 1, Var.—*Wata-tsu-mi no Mikoto.*

K 1:—*Soko-tsu-wata-tsu-mi no Kami.*

> *Naka* „ „ „ „ „ „
> *Uha* „ „ „ „ „ „
> *Soko-tsutsu no Wo no Mikoto.*
> *Naka* „ „ „ „ „
> *Uha* „ „ „ „ „

N 1,—Var. idem.

N 1, Var.—*Oho-kuni-una-hara no moro-moro no kami* „Götter des Landes und des Meeres.“

E 10:—*Wata-tsu-mi* no yashiro, in Harima; *Shika-wata-tsu-mi* no yashiro, in Chikuzen.

Seishiroku:—Hata no miyatsuko, Nachkommen von Furu-tama no Mikoto, Sohn von *Wata-tsu-mi-toyo-tama-hiko no Mikoto.* Daselbst auch der Ausdruck *Wata-tsu-mi no Kami no Mikoto.*

An die Meergötter reihen sich die **Minato no kami** „Wasserthor-Götter,“ d. i. Flussmündungs– oder Hafen-Götter. Ihre Namen sind im

K 1:—*Haya-aki-dzu-hiko no Kami* und seine jüngere Schwester *Haya-aki-dzu-hime no Kami.* Dazu deren Kinder : *Awa-nagi no Kami* „Schaum-Meeresstille Gott;“ *Awa-nami no Kami* „Schaum-Wogen Gott;“ *Tsura-nagi no Kami* „Wasserblasen Meeresstille Gott;“ *Tsura-nami no Kami* „Wasserblasen-Wogen Gott;“ *Ame no Mi-kumari no Kami* „Himmlischer Wasser-Zerteiler;“ und *Kuni no Mi-kumari no Kami* „Irdischer Wasser-Zerteiler.“

N 1:—Die Minato no kami-tachi, welche *Haya-aki-tsu-hi no Mikoto* heissen.

N 8: erwähnt 2 *Meerbusengötter*, Oho-kura-nushi und Tsubura-hime; ferner werden Meerbusengötter **N 19** (Kimmei 5. Jahr, 12. Monat) und **N 26** (Saimyō, 4. Jahr, 4. Monat) genannt.

———

NACHTRAG.

Zu Seite 29.

Aus einem mir kurz vor Beendigung des Druckes zugekommenen Briefe Aston's entnehme ich, dass er seine oben Seite 29 citierte Auffassung von *Susanowo* modifiziert hat und nun mehr mit der meinigen übereinstimmt. Die Sache ist von genügender Wichtigkeit, so dass ich mir erlaube, Aston's Worte hier anzuführen: „I now agree with Hirata that Susanowo is the Moon-god, or rather the God of darkness: 1st of night and the moon: 2nd of the rain-storm; 3rd of the grave." Die Angabe in No 2 trifft den Kern der Sache: *Susanowo* ist der *Sturmgott*, der Gott des Sturms auf dem Lande und Meere und des Gewittersturms. Da er eben auch der Gott des Sturms auf dem Meere ist, so ist verständlich, dass er in einer Ueberlieferung als Beherrscher des Meeres erscheint (Kojiki, Sect. XI). Als Gott des finsteren Gewittersturms entwickelt sich ferner leicht sekundär eine Bedeutung als *Gott der Finsternis* (ich sage absichtlich nicht *Gott der Nacht*), besonders bei der beständigen Kontrastierung mit den leuchtenden Gottheiten der Sonne und des Mondes. Hieraus, und aus seiner Zerstörungswut („er verursachte vielfach den frühzeitigen Tod der Bewohner des Landes," S. 30), und aus seiner Verweisung zum Beherrschen oler Unterwelt (Haupttext S. 30; Var. I S. 31; Var. II S. 32; S. 75 S. 76 „warum giebt er das Land, wohin er gehen sollte [d. h. die Unterwelt] auf und wagt es diesen Ort hier [d. h. den Himmel] auszuspionieren?"; S. 78; S. 115; S. 119; S. 127) ergiebt sich weiterhin seine Funktion als *Gott der Unterwelt, des Totenreiches*. Dagegen ist die Hypothese, dass Susanowo auch der Mondgott sei, ganz entschieden zu verwerfen. Nicht nur giebt es keinen einzigen Beweis dafür, sondern die eklatantesten Beweise dagegen. Im Haupttext Seite 27-30, wie in den Varianten I Seite 30, II Seite 31 f. VI b Seite 60 f. werden in gleich klarer und unverkennbarer Weise die *Sonnengöttin*, der *Mondgott* und *Susanowo* als *drei verschiedene Gottheiten* neben einander gestellt. Der einzige Umstand, dass der Totschlag der Nahrungsgöttin im Nihongi Seite 70 f. und Kūjiki vom Mondgott, im Kojiki Sect. 17 aber von Susanowo ausgeübt wird, ändert daran nichts. Die Version des Kojiki ist hier offenbar eine überarbeitete, entstanden aus der Neigung mancher Ueberlieferer, alles Schlechte dem Susanowo aufs Kerbholz zu schneiden. Und überhaupt macht sich in der Entwicklung der japanischen Mythologie die Tendenz fühlbar, den Mondgott, der als solcher auch der eigentliche Gott der Nacht ist, allmählich zurücktreten zu lassen und seine Funktionen teilweise an den Gott des Gewittersturms und der unterirdischen Finsternis, Susanowo, zu übertragen. In Kap. VII des ersten Buches kommt der mythische Charakter Susanowo's überhaupt nicht mehr zu Geltung; hier erscheint er nur als ein sagenhafter Held und der Stammvater der Beherrscher von Idzumo, der unter anderm einen Abstecher nach Korea macht (S. 133). Das einzige Göttliche, was ihm hier zugeschrieben wird, ist die Schaffung der Bäume und Fruchtarten (S. 137-139), die aber in der vorgerhehenden Variante (S. 136) nicht ihm, sondern seinem Sohne Idakeru zugeschrieben wird. Die zweimalige Erwähnung, dass er „sich schliesslich nach dem Unterlande begab" (S. 127 und 139), klingt hier fast wie eine Todesanzeige, nicht wie der Beginn einer neuen Thätigkeit anderswo.

Zum Namen sei noch folgendes gesagt:

Der volle Name ist, wie schon Seite 29 bemerkt, *Take-haya-susa no Wo* „der tapfre schnelle ungestüme Mann," noch treffender vielleicht „der ungestüme schnelle wütende Mann." So heisst er im Kojiki bei Erwähnung seiner Geburt; das einfache *Susanowo* kommt nur zwei Mal gleich hintereinander im Anfang von Sect. XXIII, bei Anführung einer direkten Rede vor; an allen andern Stellen des Kojiki steht immer nur die Form *Haya-susa no Wo*. Nihongi S. 30 heisst er auch *Kamu-Susa no Wo;* den interessantesten Namen finden wir aber im Bingo-Fūdoki, S. 302, nämlich *Take-araki no Kami* „Gott des ungestümen Wütens." Diese Namensvariante bringt den letzten vollgültigen Beweis für die Richtigkeit meiner Interpretation des Wortes *Susa*.

Der „Sturmgott" *Susanowo* darf nicht mit dem „Windgott" verwechselt werden. Letzterer heisst, von den Namensvarianten abgesehen, *Shina-tsu-hiko* „Atem-langer-Prinz." Man beachte den starken Gegensatz der Attribute *take* „ungestüm," *haya* „schnell," *susa* „wütend" beim Sturmgott, und *shi-na=shi-naga* „lang hingezogener, langsam gehauchter Atem" beim Gott des gewöhnlichen Windes oder vielmehr der Luft. Denn dass wir unter Wind hier mehr die stille, ruhige oder sich sanft bewegende, den Raum zwischen Himmel und Erde füllende Luft zu verstehen haben, ergiebt sich aus Seite 27, Anm. 15 und Seite 38, Anm. 2. Der „Windgott" ist aus dem Mundhauch (Seite 38), der „Sturmgott" aus dem Waschen der Nase Izanagi's (Seite 61; Kojiki Sect. X) entstanden. Es giebt auch noch einen speziellen Gott des Wirbelwindes, *Haya-ji*, über welchen vgl. S. 158, Anm. 29.

REGISTER.

[Die grosse Zahl bezeichnet die Seite, die kleine weist auf die Nummer der Anmerkung im Kommentar. In runde Klammern Gesetztes kommt nicht im Text, sondern nur im Kommentar vor. Als Eigennamen fungierende japanische Wörter haben grosse Anfangsbuchstaben].

A.

Matsu-no-wo 272.

Matte, zum Sitzen 220.

Maulbeerbaum 34, 32.

Maus 261.

mazinahi no nori 142, 76.

Menschengras, sichtbares grünes, 74, 113; 137, 61.

Meergott 24, 1; 219, 7; Palast desselben 219, 7.

Metall 105 ;—arbeiter 196, 58; s, Gold, Kupfer.

Metamorphose 223; 243.

michi, See-Esel 239, 53.

Michi no naka, Ländermitte 84, 33; 91, 50.

Michi-nushi no Muchi 91, 51.

Midzu-maki 272.

Midzunowe 293.

Miho, Kap 166, 13; 285, 24.

Mi-ho-tsu-hime 195, 52.

Mikaha no Tsutsukaha no Shi-mako 293.

Mika-haya-hi 44, 18; 164, 5.

Mika-nushi-hiko 270.

Mi-ke-iri-nu 252, 87.

Mi-ke-nu 254, 93.

Mikoto, Hoheit 4, 6; mit verschiedenen Zeichen geschrieben zur Unterscheidung des Grades 4, 6; 204, 186.

Mimoro, Berg 146, 84.

mino, Regenmantel 115, 84; Aberglaube 116, 85; Abbildung 116.

Minu 7, 21.

Minuma no kimi 92, 52.

Miro-na-mi 271.

misasagi, Grabstätte 177, 27 ; 225; 253.

Mishima, Insel 149, 92.

misogi 58, 56.

mi-tama, Seele 287, 38.

Mi-toshi 271.

Mitsu-ha no Me 33, 29.

Mitsu no sato 287, 40.

Mittelland des Schilfgefildes 70; s. *Michi no naka.*

Miwa 146, 85; Berg und Tempel 275 ;—*no kimi* 275 ;—*gaha* 307.

Mi-wi, Gott 263; Tempel 292.

miya, Palast oder Tempel 137, 60.

Mizo-kuhi-hime 148, 90.

mo, Frauenrock 77, 5; 187, 22; Abbildung 187.

mochi-ihi, Reiskuchen-Reis 293.

mogari, temporäres Begräbnis 64, 81.

momo-tarazu, Makura-kotoba 168, 21.

Mondgott, gezeugt 27; tötet Nahrungsgöttin 70 f.

moro-te-bune, Schiff 166, 14.

Mo-yama, Berg 163, 50.

-muchi, Edler, Edle 26, 9.

mugi 74.

Mukahi, Gott 271.

mukahi-me Hauptgattin 262, 22.

Munakata 270 ;—*no kimi* 82, 26.

mura-gimi, Dorfschulze 74, 114.

P.

R.

S.

T.

Berichtigungen.

S. 10, Z. 6 bis 8 l. Omo-taru[31], Kashiko-ne[32], Aya-kashiko-ne.[32]

S. 20, Anm. 29. Die offenbar schon zur Zeit der Aufzeichnung der Mythen herrschende herkömmliche Interpretation von *Hiru-ko* als „ Blutegelkind " möchte sich vielleicht nur als eine uralte Volksetymologie erweisen, und *Hiru-ko* vielmehr das männliche Korrelat zum weiblichen *Hiru-me* (Sonnengöttin) sein. Seite 28 u. 31 wird *Hiru-ko* gleich nach Sonne und Mond gezeugt, nach ihm andere Naturgottheiten. Sollte *Hiru-ko* daher ursprünglich ein Sterngott gewesen sein? Denn die Erzeugung der Sterne wird seltsamer Weise sonst nicht erwähnt.

S. 35, Z. 17 v. u. ergänze die Nummer der Anm. 36 vor Dahinter.

S. 43, Z. 2. l. Futsu-nushi.[16]

S. 286, Anm. 30. Nach dem Zatsu-Ryō 雜令 hatte 1 *Ri* nur 300 *Bu*, also 1500 alte *Shaku*, = 1467 moderne *Shaku*, = 444, 545 Meter.

Als Supplement der Mittheilungen der Deutschen Gesellschaft

für Natur– und Völkerkunde Ostasiens erschien früher

desselben Verfassers

Nihongi oder Japanische Annalen, Einleitung und

Teil III: Geschichte Japans im siebenten Jahr-

hundert (Buch 22 bis 30). 5 Hefte, 1892-1897.

Mit vollständigem Index im letzten Heft.

Izanagi zündet den Endzahn des Kamms an (S. 50).

Izanagi vertreibt die Donner (S. 65).

Izanagi's Flucht aus dem Hades (S. 54 u. 55).

Susanowo's Unfug (S. 93).

Susanowo am Hi Flusse (S. 120).

Ninigi und Ka-ashi-tsu-hime (S. 174).

Das Feuerordal (S. 176).

Ame-waka-hiko schiesst den Fasanen (S. 157).

Ame-waka-hiko's Tod (S. 158).

Uzume und Sarudahiko.

Das Schlangengemach (S. 260).

Verfolgung des Liebespaars bis zum „Flachen Hügel" (S. 262).

Allerheiligstes des Naigū in Ise.

Tanzende Miko. Heiliger Kagura Tanz.

Himorogi

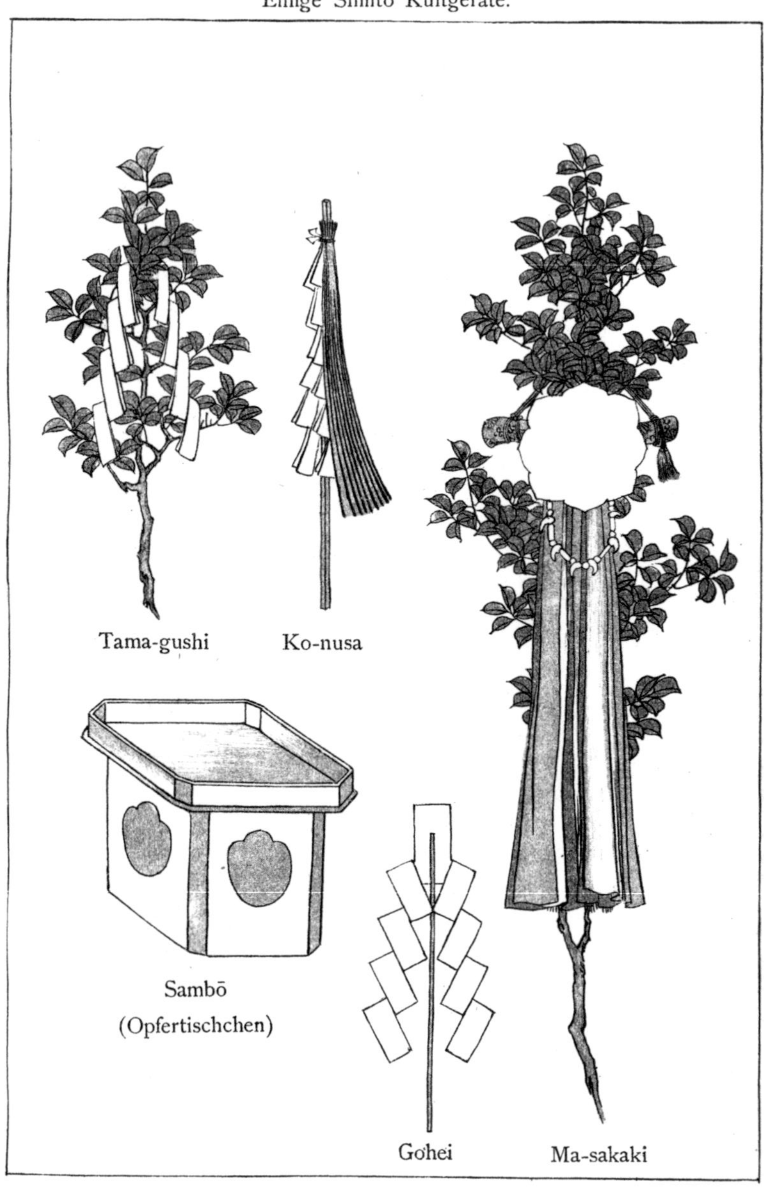

Tama-gushi
Ko-nusa
Sambō
(Opfertischchen)
Gohei
Ma-sakaki

Einige traditionelle Götterdarstellungen.

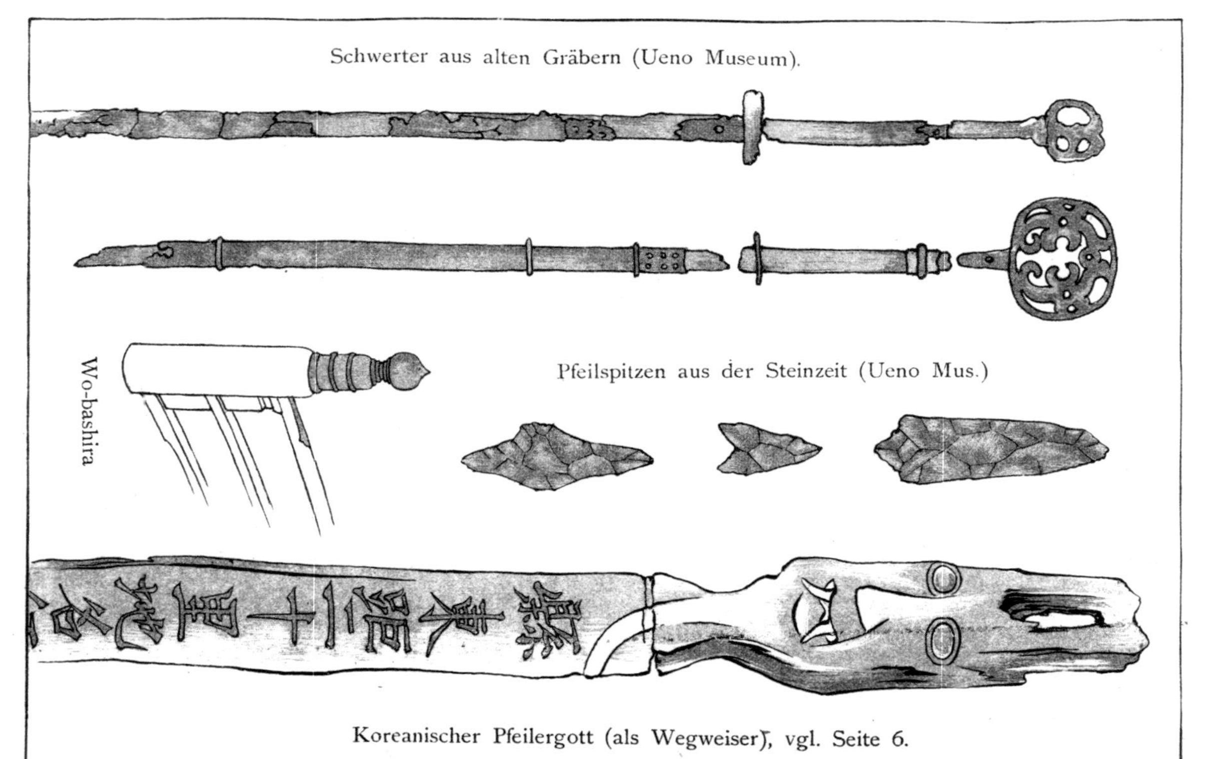

Schwerter aus alten Gräbern (Ueno Museum).

Wo-bashira

Pfeilspitzen aus der Steinzeit (Ueno Mus.)

Koreanischer Pfeilergott (als Wegweiser), vgl. Seite 6.

Eingänge und Inneres der Höhlenwohnungen.

Wohnung und Lebensweise
in der Urzeit.

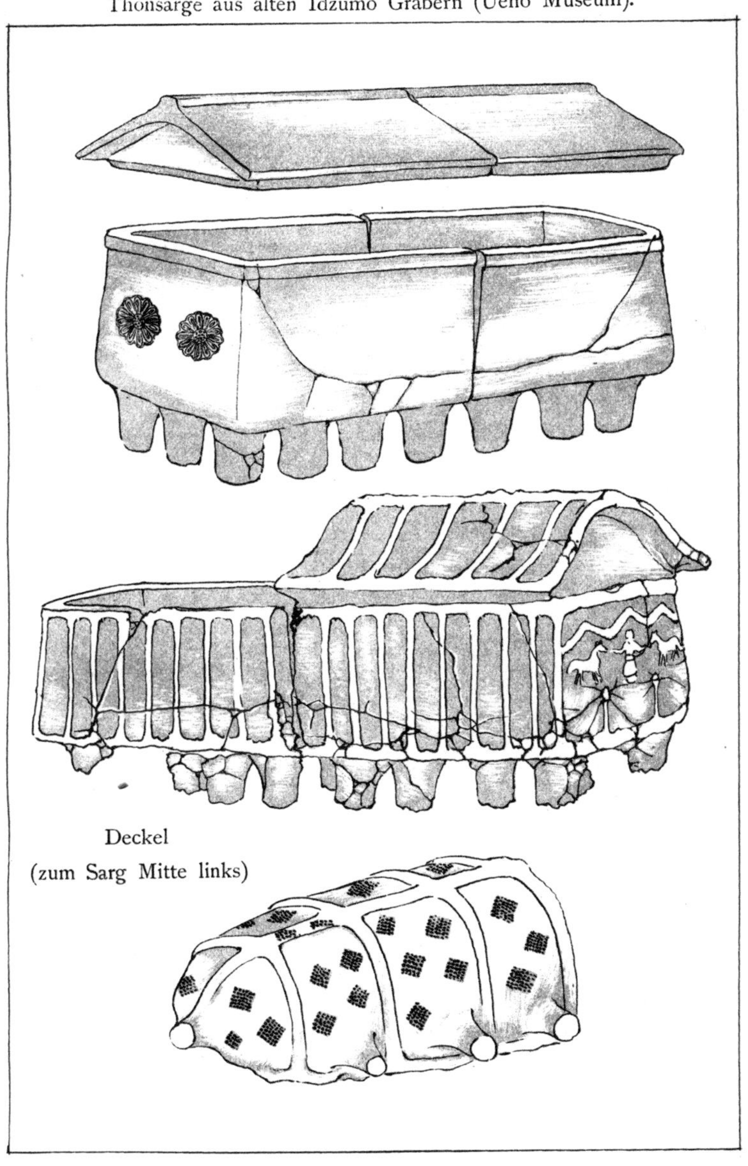

Deckel
(zum Sarg Mitte links)

Die Halbinsel Yomi und die Jnsel Ōne. (Vgl. Seite 47. Anm. 29)

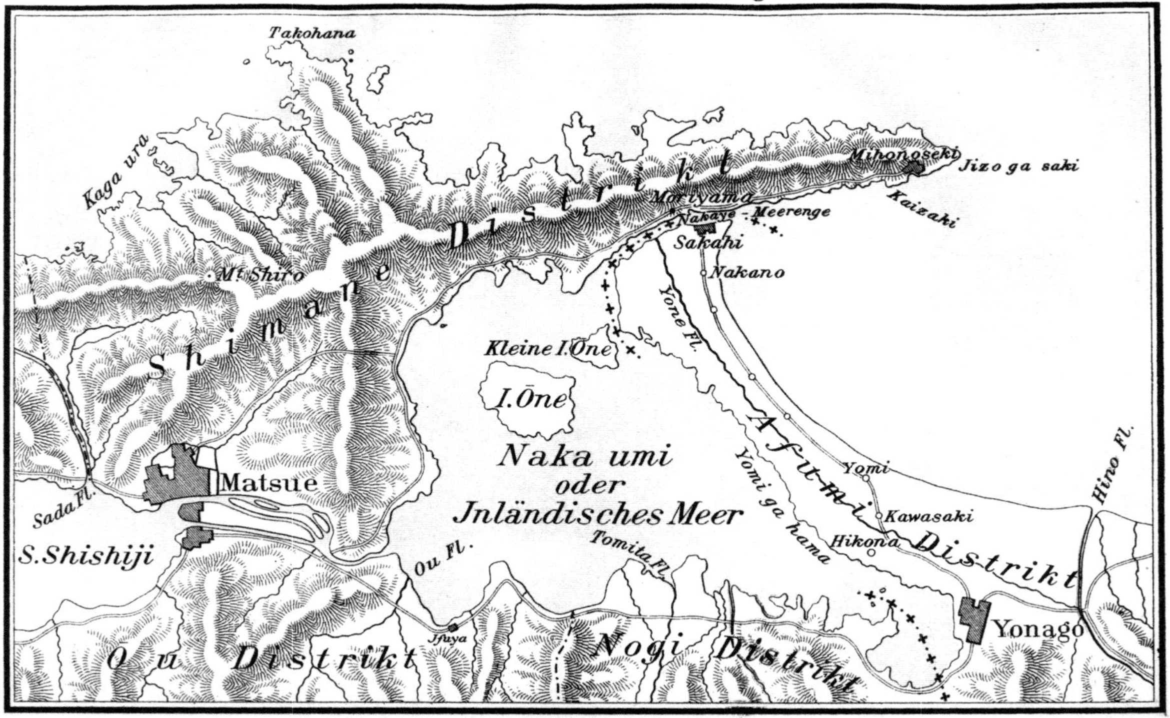

Massstab 1:200000

Karte zum „Kuni-biki" des Idzumo-fūdoki. (Vgl. Seite 282)